"全球南方"经贸合作研究中心

（Global South Economic and Trade Cooperation Research Center）

中亚系列丛书

中国—中亚经贸合作研究报告

研究报告

（2023-2024）

李村璞◎主编　　吕寒◎副主编

Annual Reports on the China-Central Asia
Economic and Trade Cooperation
（2023–2024）

经济管理出版社

ECONOMY & MANAGEMENT PUBLISHING HOUSE

图书在版编目（CIP）数据

中国—中亚经贸合作研究报告．2023-2024 / 李村璞
主编；吕寒副主编；"一带一路"经贸合作研究创新
团队编著．-- 北京：经济管理出版社，2024．-- ISBN
978-7-5096-9915-7

Ⅰ．F125.4；F136.054

中国国家版本馆 CIP 数据核字第 2024XB5131 号

组稿编辑：曹　靖
责任编辑：姜思宇
责任印制：许　艳
责任校对：蔡晓臻

出版发行：经济管理出版社
　　　　　（北京市海淀区北蜂窝 8 号中雅大厦 A 座 11 层　100038）
网　　址：www.E-mp.com.cn
电　　话：（010）51915602
印　　刷：唐山玺诚印务有限公司
经　　销：新华书店
开　　本：787mm×1092mm/16
印　　张：23.75
字　　数：479 千字
版　　次：2024 年 12 月第 1 版　　2024 年 12 月第 1 次印刷
书　　号：ISBN　978-7-5096-9915-7
定　　价：98.00 元

相关资金项目资助情况

（1）教育部人文社会科学研究青年基金项目"语言特质与跨文化培养对'一带一路'贸易畅通的影响机制研究"（项目编号：20XJC790013）

（2）陕西省软科学研究计划一般项目"跨境电商赋能陕西传统产业转型升级路径与对策研究"（项目编号：2024ZC-YBXM-198）

（3）陕西省哲学社会科学重大理论与现实问题研究一般项目、"组态演化视域下陕西传统外贸数字化转型的高质量发展路径研究"（项目编号：22JK0160）

（4）西安外国语大学"研究阐释党的十九届五中全会精神"校级科研专项项目'一带一路'倡议对沿线国家数字鸿沟弥合效应机制研究和实证检验"（项目编号：20XWJ10）

（5）西安外国语大学校级科研一般项目"数字经济发展赋能中国与'一带一路'沿线国家双边贸易研究——机制路径、治理困境与发展策略"（项目编号：23XWC13）

《中国—中亚经贸合作研究报告（2023-2024）》

编委会

主　编：李村璞

副主编：吕　寒

编　著："一带一路"经贸合作研究创新团队

　　　　吕　寒　党　军　杨　蕾

　　　　王　石　张雨微　马嫣然

　　　　陈　策　崔　娜　王津津

前　言

2023 年是"一带一路"倡议贯彻落实的第十年，这项倡议惠及国计民生，在促进沿线经济体之间的经济合作，推动中国与沿线国家产业结构转型升级过程中发挥了重大的积极作用。2018 年以来，中国对"一带一路"沿线国家的投资额保持增长，2013~2022 年累计对"一带一路"共建国家的直接投资超过了 2400 亿美元。以 2021 年为例，中国境内投资者在共建"一带一路"国家设立境外企业超过1.1 万家，涉及国民经济 18 个行业大类，当年实现直接投资 241.5 亿美元。

中亚地区是连接欧亚大陆的重要节点，自古以来既是联通中西的商贸之路，也是中国文明与世界文明交汇融合的重要通道。"一带一路"倡议提出以来，中亚各国积极响应，其地理位置和经济发展潜力使其成为"一带一路"建设的重点区域之一。"一带一路"倡议以及上合组织框架下的一系列合作协议使中国与中亚的未来发展紧密联系在一起。当前，中国已经成为中亚国家第一大贸易伙伴，中国已同中亚五国实现全面战略伙伴关系全覆盖、双边层面践行人类命运共同体全覆盖、签署共建"一带一路"合作文件全覆盖三个全覆盖。中国与中亚五国的合作已经进入高水平发展阶段。

为进一步深化与中亚五国合作，习近平主席 2021 年 11 月在第三次"一带一路"建设座谈会及 2022 年 1 月在中国同中亚五国建交 30 周年视频峰会上的讲话中明确提出，要以高标准、可持续、惠民生为目标，巩固互联互通合作基础，拓展国际合作新空间，建设高质量发展的合作带。2023 年 5 月，中国—中亚峰会在陕西省西安市举行，峰会期间，中国同中亚五国达成系列合作共识，形成了《中国—中亚峰会成果清单》，中国将重点在传统行业贸易优化升级、贸易结构多元化、数字贸易领域、基础设施联通、贸易便利化等多方面推进与中亚国家经贸合作。

为帮助学界、政府部门和国内企业正确理解中国与中亚经贸合作的现实情况和相关政策方针，助力中国—中亚峰会成果顺利落地，进而持续推动新时代中国与中亚贸易高质量发展，本书将全面系统地梳理中国与中亚经贸发展的多层面现状和政策演进情况，并在此基础上深入解读中国—中亚峰会成果的内涵和实现路径。

本书共包括四个部分，分别是总报告、专题篇、政策篇和实践篇。

总报告即本书的第一章，全面梳理了包括双边贸易、双向 FDI、双边承包工程、双边劳务合作等方面的中国—中亚经贸合作形势，在此基础之上，发现中国—中亚经贸合作在传统优势领域、共赢领域及新兴领域的新变化，进而探讨双方当前经贸合作依然存在的阻障，并对未来中国—中亚经贸合作发展趋势进行研判，中国—中亚未来将持续优化贸易结构，进一步加强能源合作、交通物流合作，持续推进贸易投资新业态的合作，深化自贸区合作。

专题篇即本书的第二至第六章，紧密结合《中国—中亚峰会成果清单》中的核心经贸内容展开，系统性地梳理和分析了中国—中亚传统行业贸易优化升级、以扩大制造业贸易和服务业贸易为方向的贸易结构多元化、中国—中亚电子商务合作对话机制潜力挖掘、中国—中亚基础设施建设合作推进、中国—中亚贸易便利化推进等重要问题。

中亚地区拥有丰富的石油、天然气等资源，在农产品、纺织品等传统行业贸易方面优势突出。在"一带一路"倡议的积极推动下，中国与中亚地区传统行业贸易取得显著发展。然而，中国与中亚五国传统行业的贸易发展水平相对较低，技术含量较低的产业仍占据主导地位。亟须在加强高质量经贸合作基础上，全面推动传统行业贸易转型升级。本书第二章针对中国与中亚传统行业贸易优化升级相关内容展开研究。在测算和归纳中国—中亚传统贸易现状和特点的基础上，分别研究中国—中亚农产品贸易、能源贸易、纺织品贸易的优化升级，结合各板块的双边贸易数据，提出各自的优化升级方向和优化升级对策。

中国同中亚五国已有的产业与投资合作有力地维护了区域产业链供应链稳定，提升了地区国家产业发展水平和全球经济参与度。但单一的贸易结构是不可持续的，为了实现双边和多边经贸关系的长远健康发展，促使双方更多的产业、产品和人力资源适应数字时代的需求，获得更多可持续发展的机会，必须着手推进贸易结构的多元化，本书第三章针对中国与中亚国家的贸易结构多元化问题展开研究。重点放在扩大中国与中亚国家制造业贸易和服务贸易，尤其是双方的数字货物贸易和数字服务贸易。在剖析中国与中亚制造业贸易、服务贸易现状与不足的基础上，梳理和构建出扩大中国与中亚制造业贸易和服务贸易的政策。

在数字时代，电子商务日渐成为"一带一路"倡议经贸合作推进过程中的重要领域之一，更是中国与中亚经贸高质量可持续发展的重要引擎。当前中国与中亚跨境电子商务市场蓄势待发，急需构建中国—中亚电子商务合作对话机制，推动中国和中亚地区电子商务市场共同开拓，并促进双方数字经济的发展。本书第四章紧密结合中国—中亚电子商务合作对话机制展开研究，探讨中国—中亚电子商务合作对话机制的背景和内涵，阐述工作机制和内容。在总结国际合作机制的经验基础上，分析中国—中亚国家电子商务合作对话机制的挑战性，并提出模式选择建议，指出中国和中亚在电子商务合作方面的潜力。

基础设施联通是"一带一路"倡议的重要内涵之一，是中国—中亚经贸合作顺畅开展的必要条件，共同推进并建设区域内新的国际交通枢纽、能源运输走廊和国际交通设施对中国和中亚五国的人民福祉、经济增长等具有重要意义。本书第五章针对中国—中亚基础设施建设合作的深化开展研究，在梳理中国—中亚交通基础设施、数字基础设施和绿色基础设施建设等领域取得的成果及建设愿景基础上，测算中国—中亚基础设施建设效率指数，并系统分析中国—中亚基础设施建设规模和效率的影响因素，归纳并预测中国—中亚基础设施建设合作潜力和远景目标，提出加快中国—中亚基础设施建设合作的可行政策建议。

贸易便利化包括为提升贸易效率和降低贸易成本而采取的一切有关简化贸易程序，加快信息交换和数据流转的措施。促进中国与中亚国家贸易便利化，有助于降低双边贸易成本，提高贸易效率，对中国和中亚国家经济繁荣发展有重要意义。本书第六章针对中国—中亚贸易便利化问题展开研究，在深入剖析中国与中亚国家贸易便利化水平的基础上，着重研究提升中国与中亚国家贸易便利化水平的可能路径，包括扩大跨境运输和物流基础设施，协调运输和车辆标准，提高海关效率和透明度，协调过境操作，实施 AEO 制度，增加中欧班列，发展跨境电子商务以及腐败治理等方面。

政策篇即本书的第七章和第八章，系统性整理和分析了中国—中亚经贸合作的双边政策演进和多边政策演进框架，以便读者系统性地理解经贸政策的沿革、趋势，以及政策之于经贸合作发展的重要作用，更为优化双边、多边经贸合作政策提供参考。

第七章着重针对中国—中亚双边政策开展研究。系统梳理了中国与哈萨克斯坦、吉尔吉斯斯坦、塔吉克斯坦、乌兹别克斯坦和土库曼斯坦五国的经贸政策体系，在此基础上，对双边经贸方面的重要政策进行对比及解读，并提出相应的问题与堵点，分析中国—中亚双边经贸政策的优化路径，为制定合理的政策以推动中国与中亚五国未来经贸合作提出相应的建议。

第八章着重针对中国—中亚多边经贸合作机制开展研究。中国—中亚多边经贸合作主要在上合组织框架和"一带一路"倡议框架下开展。通过对上合组织机制和"一带一路"倡议下的中国—中亚多边经贸合作政策进行系统性梳理，可看出"一带一路"倡议在促进中国与中亚五国经贸领域合作中的关键作用，进一步地，通过数据和计量模型验证了"一带一路"倡议对中国—中亚五国经贸合作的贸易效应、影响因素和潜在的作用机制。在此基础上，提出了中国—中亚经贸合作多边政策优化的建议。

实践篇即本书的第九章和第十章，作为专题篇的延伸，紧密结合专题篇中涉及的产业和贸易领域，整理和分析了中国—中亚经贸合作中比较有代表性的合作项目和出口企业，为读者充分理解中国—中亚经贸合作提供现实案例参照，为相关企业走向中亚市场提供有价值的投资参考。其中，第九章从合作项目入手进行研究，选择中国—中亚已经开展的基础设施投资合作项目、能源设施投资合作项目、农业投资合作项目、文旅与"丝路电商"合作项目、已有的中国—中亚经贸合作园区进行梳理和分析；第十章从企业走出去角度，选择面向中亚开展贸易投资合作的企业进行深入分析，以期为相关企业走向中亚市场提供有价值的投资参考。

本书由西安外国语大学经济金融学院院长、"全球南方"经贸合作研究中心主任李村璞教授主编，西安外国语大学经济金融学院副院长、"全球南方"经贸合作研究中心副主任吕寒教授任副主编，带领"一带一路"经贸合作研究创新团队全体成员集体编写完成。西安外国语大学"一带一路"经贸合作研究创新团队成立于2019年，拥有核心团队成员9人。其中，陕西省"青年科技新星"2名，美国斯坦福大学富布赖特学者1名，英国南安普顿大学高级访问学者1名，其成员都为"全球南方"经贸合作研究中心的骨干研究员。

在本书编写中，"一带一路"经贸合作研究创新团队负责人吕寒承担前言、第七章、第八章，"一带一路"经贸合作研究创新团队中的张雨微承担第一章，王津津承担第二章，王石承担第三章，杨蕾承担第四章，崔娜承担第五章，陈策承担第六章，马嫣然承担第九章，党军承担第十章。

参与编写工作的还有，西安外国语大学经济金融学院教师依斯坎达尔，西安外国语大学经济金融学院硕士研究生王乐萌、侯泽轩、王坤、屈敏、刘鑫雅、吴艳伶，以及西安外国语大学经济金融学院优秀本科生任静纹、李华华、李安妮等。

中国—中亚国家双边合作走过了"黄金三十年"，双方安危与共。面对变乱交织的世界，推进友好合作对合作双方和中亚地区都至关重要。希望本书能为政府、企业和学界提供有益的参考，助力中国深化与中亚国家的经贸合作。祝愿中国与中亚各国在文明互鉴中赓续传统友谊，构筑世代友好的基石，携手建设守望相助、共同发展、普遍安全、世代友好的中国—中亚命运共同体，迈向下一个"黄金三十年"。

目　录

第一部分　总报告

第二部分 专题篇

第三部分 政策篇

第一部分　总报告

一、中国—中亚经贸合作形势分析与展望

（一）中国—中亚经贸合作概况

1. 中国—中亚双边贸易发展概况

2022 年是中国与中亚五国建交 30 周年。30 年间，中国与中亚五国贸易额增长超过 100 倍。商务部数据显示，2022 年，中国与中亚五国提前实现 700 亿美元贸易目标，2023 年 1 月至 3 月的贸易额同比增长 22%，发展势头强劲。同时，中国与中亚五国贸易结构不断优化。2022 年，中国自中亚国家进口农产品、能源矿产产品同比增长超过 50%，对中亚国家出口机电产品同比增长 42%。中国与中亚跨境电商贸易额同比增长 95%。

中国与中亚国家的双边贸易一直保持着增长的态势。2014 年以来，中国工业结构和中亚国家的贸易结构进行调整，中亚各国的主要产品价格下降，以及中亚国家间的进口量明显下降。

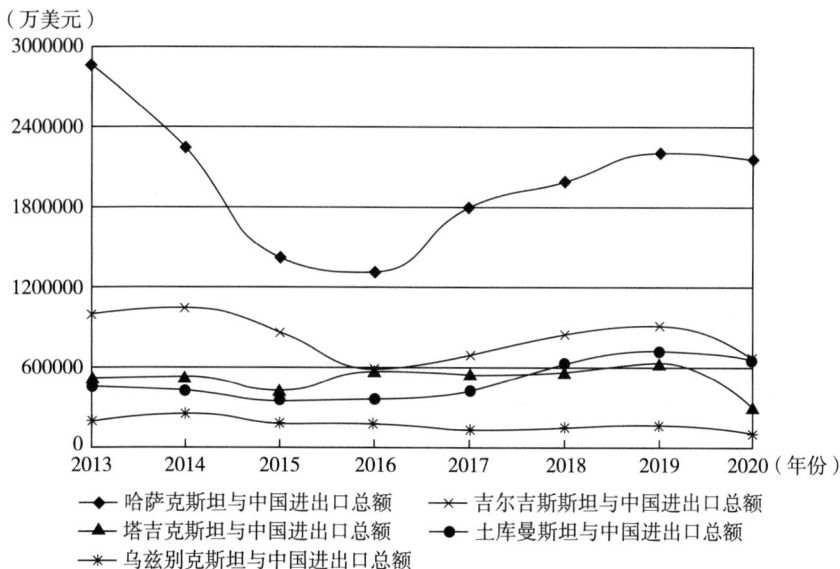

图 1-1　2013～2020 年中国与中亚五国进出口总额

资料来源：国家统计局。

海关统计显示，2023年前7个月，中国对中亚五国进出口3316.9亿元，同比增长35%，保持快速增长态势。2023年上半年，对中亚五国进出口也成为多地对外贸易新增长点——河北对中亚五国进出口22.8亿元，同比增长24.2%；广东对中亚五国进出口同比增长48.4%；新疆对中亚五国进出口1196.6亿元，同比增长75.1%，其中电动载人汽车、锂电池、太阳能电池"新三样"出口达6亿元，同比增长235.2%。

对中亚五国进出口的飙升是中国与中亚五国合作成果的一个缩影。近年来，中亚五国积极参与"一带一路"建设，中国同中亚国家积极对接发展战略，各国间政策沟通、设施联通、贸易畅通、资金融通、民心相通显著加强。中亚五国市场的潜力与活力也为众多中国企业创造了发展机遇。受访企业表示，随着中国与中亚五国合作的不断深入，双方必将迎来更美好的未来。

中国在劳动密集型和技术密集型产业上具有较强的比较优势，而中亚国家在资源密集型产业和部分资本密集型产业上具有较强的比较优势。在开展产能合作时，应充分发挥各自在相应产业和要素方面的比较优势。由于各类不同要素密集型产业在要素投入、产业发展所依赖的条件及发展的配套性要求方面各有不同，因而产能合作的路径也各不相同。鉴于此，以下列举四种产业中的个别货物贸易数据，以说明中国—中亚的贸易发展近况。[1]

（1）劳动密集型产业

中国在纺织服装业具有显著的技术、装备和资金优势，而中亚国家具有丰富的光热资源、低成本的电力资源和劳动力资源，双方具有很好的合作条件。纺织服装业具有市场准入门槛低、市场集中度低、生产者众多、吸纳就业能力强的特点，可作为中国与中亚国家在劳动密集型产业上产能合作的重点产业。

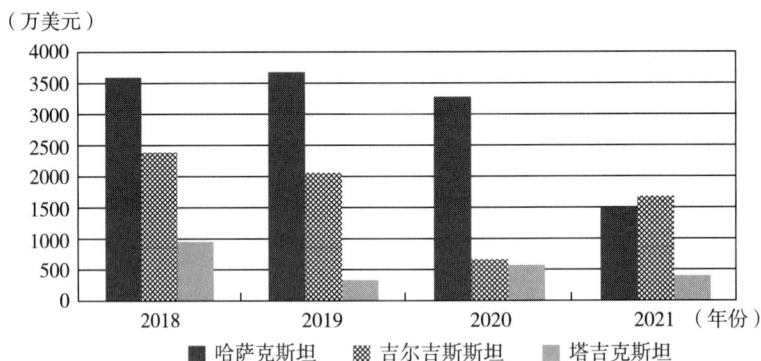

图1-2　中国对哈萨克斯坦、吉尔吉斯斯坦、塔吉克斯坦出口男式棉衬衫的贸易额

资料来源：联合国商品贸易数据库 https://comtradeplus.un.org/。

（2）资本密集型产业

经过多年发展，中国已经成为世界第一化学工业大国，形成了比较完整的产业体系，培育了一批具有国际竞争优势的大型企业，掌握了一批具有自主知识产权的技术，产品种类涵盖基础化学品及一般化工产品，化肥、合成橡胶、合成纤维、烧碱等产品产量位居世界第一。哈萨克斯坦和乌兹别克斯坦两国依托丰富的油气资源具备发展石油化工产业的基础条件，其中，哈萨克斯坦石油化工产业主要以基础性石油化工原材料生产为主，产业结构层次还有待于进一步提升，其国内所需要的大部分化工基础原料、合成纤维、合成树脂等均高度依赖进口；乌兹别克斯坦化工业发展基础较好，主要以一般石油化工产品加工为主，在乙烯、丙烯聚合物、尿素、钾盐等的生产上都具有较大优势。两国都具有发展化工产业的资源优势，并且均把化学工业作为产业发展的重点方向，在化工领域的产能合作上具有广阔的前景。

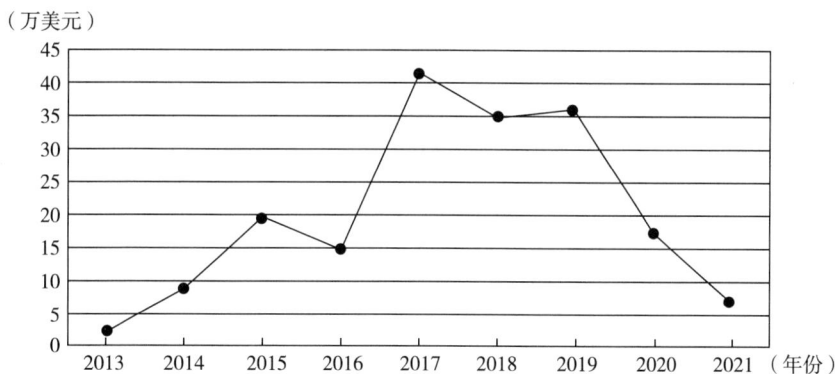

图1-3　中国对哈萨克斯坦出口氨纶（聚氨酯）的贸易额

资料来源：联合国商品贸易数据库 https://comtradeplus.un.org/。

（3）资源密集型产业

石油和天然气开采业是中国与中亚国家能源合作的传统领域。中国作为世界上最大的能源消费国和进口国，在石油和天然气开采上虽然也具备一定生产规模和技术水平，但与日益增长的能源需求相比还显得远远不足。哈萨克斯坦、土库曼斯坦等国油气资源矿藏条件相对优越，开采成本显著低于中国，在油气开采上具有很大优势。石油和天然气开采业是石油化工产业链的发端，为化工工业发展提供最基础的原料，其重要性毋庸置疑。近年来，虽然页岩气等新能源发展异常迅猛，但在未来一段时间内，还无法替代传统能源，传统能源领域的合作还将是中国与中亚国家经济合作的重中之重。

（百万美元）

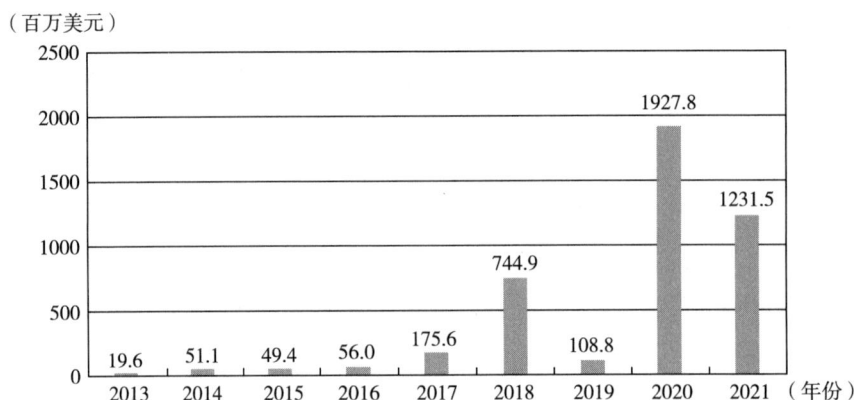

图 1-4 中国进口哈萨克斯坦天然气的贸易额

资料来源：联合国商品贸易数据库 https：//comtradeplus. un. org/。

（4）技术密集型产业

交通运输设备制造业包括汽车制造业、摩托车、挂车、半挂车、拖车的生产和制造。经过多年的技术积累和积淀，中国汽车制造业已经从吸收和引进技术为主发展到如今具备相当程度的自主创新能力，拥有较强的整车制造能力，并涌现出一批国产自主品牌汽车企业，包括长城、奇瑞、吉利、江淮、长安、宝骏等品牌，在国内汽车市场占有率已经达到43.9%。中国在大部分汽车零部件生产上具有较强的比较优势，整车制造上也逐步具备一定竞争优势，汽车类产品占世界汽车制造业出口份额为4.7%。虽然对中亚国家汽车出口占中国汽车出口市场份额不大，但部分汽车产品，如载货汽车、拖拉机、特殊用途机动车辆在中亚国家认可度较高，加上部分国家在交通运输设备制造业及上游金属冶炼产业上具有一定的产业基础，可将交通运输设备制造业作为技术密集型产业产能合作的首选。

（万美元）

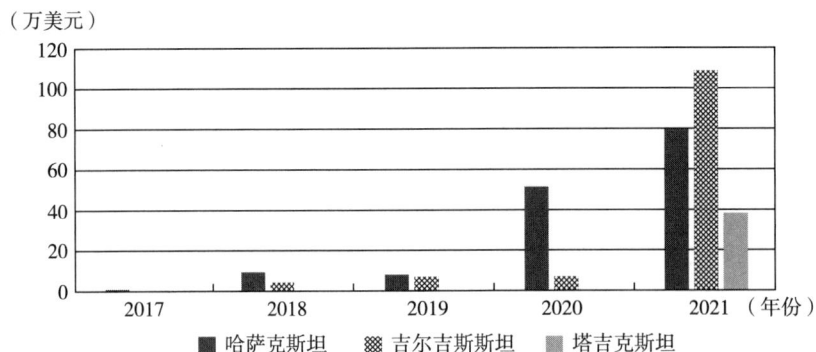

图 1-5 中国对哈萨克斯坦、吉尔吉斯斯坦、塔吉克斯坦出口新能源汽车的贸易额

资料来源：联合国商品贸易数据库 https：//comtradeplus. un. org/。

2. 中国—中亚双向 FDI 发展概况

从投资国别来看，2013~2021 年，中国对中亚五国投资流量最多的是哈萨克斯坦，投资额占五国总投资额的 56.32%；其次是塔吉克斯坦和吉尔吉斯斯坦，分别占 17.78%、16.93%；中国对乌兹别克斯坦的投资额占总投资额的比例为 7.60%；中国对中亚五国投资最少的国家为土库曼斯坦，仅占 1.36%。[2] 具体如图 1-6 所示。

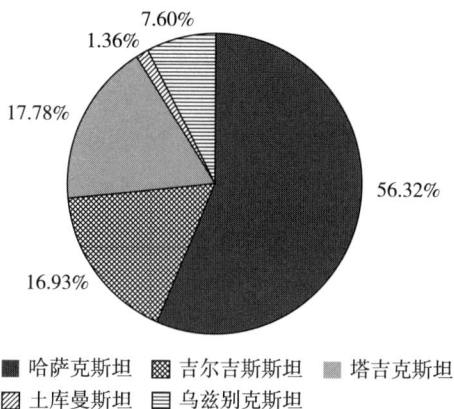

图 1-6　2013~2021 年中国对中亚五国直接投资额比例

中国与中亚五国的合作有比较明显的结合点与互补性，深耕中亚五国市场，加强与中亚五国的投资合作，可以起到连接境内与境外市场的桥梁作用，进而辐射南亚、西亚和中东欧。"一带一路"倡议提出以后，中国企业积极开拓国际市场，对中亚五国的直接投资取得了长足发展。[3]

通过分析 2013~2021 年中国对中亚五国直接投资流量情况（见表 1-1）我们可以得出：中国对中亚五国的直接投资流量分布不均衡，主要集中在哈萨克斯坦、吉尔吉斯斯坦和塔吉克斯坦三国，其中 2013~2021 年中国对哈萨克斯坦直接投资累计流量为 24.3 亿美元，占同期中国对中亚五国累计流量总和的 45.67%，居中亚五国首位，吉尔吉斯斯坦和塔吉克斯坦分别占 26.12% 和 21.16%，紧随其后。乌兹别克斯坦相对较低，占 8.29%，而土库曼斯坦甚至出现对中国的反向投资，为 -1.24%。

表 1-1　2013~2021 年中国对中亚五国直接投资流量情况　单位：亿美元,%

国别	2013 年	2014 年	2015 年	2016 年	2017 年	2018 年	2019 年	2020 年	2021 年	合计	比重
哈萨克斯坦	8.11	-0.40	-25.10	4.88	20.70	1.18	7.86	-1.15	8.22	24.3	45.67

续表

国别	2013 年	2014 年	2015 年	2016 年	2017 年	2018 年	2019 年	2020 年	2021 年	合计	比重
吉尔吉斯斯坦	2.03	1.08	1.52	1.59	1.24	1.00	2.16	2.52	0.76	13.9	26.12
乌兹别克斯坦	0.44	1.81	1.28	1.79	-0.76	0.99	-4.46	-0.37	3.69	4.41	8.29
塔吉克斯坦	0.72	1.07	2.19	2.72	0.95	3.88	0.69	-2.64	2.37	11.26	21.16
土库曼斯坦	-0.32	1.95	-3.15	-0.24	0.47	-0.38	-0.93	2.11	-0.17	-0.66	-1.24
中亚五国合计	10.98	5.51	-23.26	10.74	22.6	6.67	5.32	0.47	14.87	53.21	100.00

资料来源：2013~2021 年度《中国对外直接投资统计公报》。

从投资流量的变化趋势来看，中国对中亚五国的直接投资流量存在波动。哈萨克斯坦波动最为显著，2013 年、2016 年、2017 年、2019 年和 2021 年，中国对哈萨克斯坦的投资流量都稳居中亚五国首位，2018 年仅次于塔吉克斯坦，但 2014 年、2015 年和 2020 年中国对哈萨克斯坦投资流量均为负值，其中 2015 年哈萨克斯坦对中国的反向投资高达 25.10 亿美元。其余四国投资流量波动相对较小，中国对塔吉克斯坦投资流量稳步提升，而对吉尔吉斯斯坦和乌兹别克斯坦投资流量略有降低，中国对土库曼斯坦投资流量多数时期处于净流失。

中国对中亚五国的直接投资涉及石油勘探开发、矿产开采及加工、基础设施、电力电信、金融租赁、航空运输、机电制造等诸多领域。随着"一带一路"倡议的不断推进，以中石油公司、中石化公司、中信集团、北方工业集团等为代表的一批实力雄厚的知名央企，以新疆广汇石油、特变电工、新疆建工、野马集团为代表的一批具有地缘人文优势的新疆企业成为对中亚五国开展直接投资的主力军。

以哈萨克斯坦为例，目前中国在哈萨克斯坦投资的重大项目有：中哈铀开采项目、中哈石油管道项目、斋桑和南依玛谢夫油田项目、阿斯塔纳北京大厦项目、卡拉赞巴斯油田项目等。这些项目不仅提升了当地的基础设施水平，更为本地居民提供了大量工作岗位，极大地促进了哈萨克斯坦经济发展。

当前，中国对中亚五国的直接投资整体呈现快速发展态势，但也面临着诸多问题。中亚五国由于历史原因，计划经济色彩浓厚，与国际市场接轨程度有限，政策透明度较低，行政审批效率不高，法律法规的制定和执行缺乏连贯性。此外，中亚五国交通、电力等基础设施发展，相关产业发展均存在很大上升空间，这些都对中国企业开展直接投资带来了很大挑战。

观察 2013~2021 年中亚五国对中国的直接投资额（见图 1-7），可以得出只有哈萨克斯坦与中国的投资来往密切，且近些年起伏较大，而其他四国对中国的实际商业投资额几乎为零。因此，在吸引中亚五国投资方面，还有很大的提升空间。

（万美元）

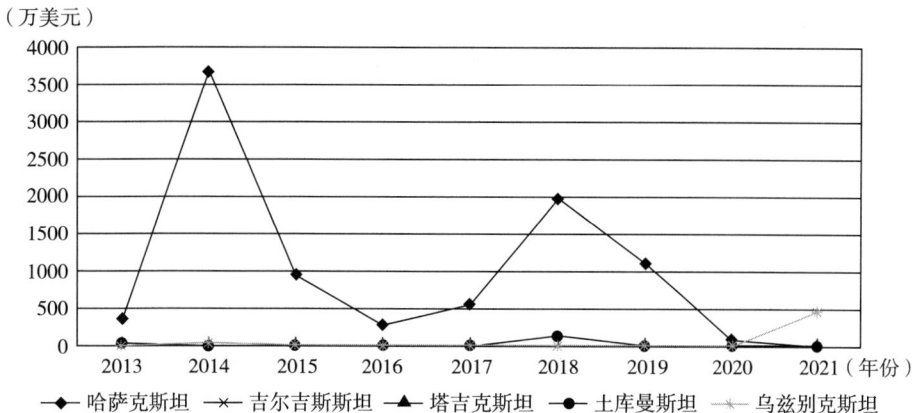

图 1-7　2013~2021 年中亚五国对中国直接投资额

资料来源：2013~2021 年《中国统计年鉴》。

3. 中国—中亚双边工程承包发展概况

作为国际经济技术合作的重要组成部分，对外承包工程（Foreign Contracted Projects，FCP）是一种相对成熟的"走出去"参与国际竞争的方式，它集服务贸易、技术贸易和货物贸易为一体，是一个完备而系统的工程。在拉动国民经济增长、解决能源紧缺问题、促进国内产业结构调整和升级、提高企业竞争力和扩大出口等方面，对外承包工程都发挥了非常重要的作用。[4]

作为中国对外经济合作的重要方式之一，对外承包工程在带动商品、技术和服务出口，加快转变对外贸易发展方式，以及促进国民经济发展等方面作用显著。中国对外承包工程企业开始逐渐升级业务模式，在带动海外投资方面的作用日益显现。对外承包工程企业带动中国对外直接投资主要通过以下三种途径：

其一，对外承包工程以带动出口的方式带动中国的对外直接投资。对外承包工程有助于扩大贸易出口基础设施建设、交通运输和电力等产业，这些产业具有较强的"派生需求"和带动效应，大的总承包项目和交钥匙工程对国产机电设备、原材料和技术服务的出口带动作用明显。据商务部资料，2009 年我国对外承包工程带动出口近 300 亿美元，对国内建筑、制造、运输和金融等多个相关行业的发展都起到了非常大的促进作用。同时，中国的对外直接投资表现出了较强的"出口导向型"特点，进而形成了对外承包工程对中国海外投资的拉动作用。

其二，对外承包工程以"工程换资源"的方式带动中国对外直接投资。通过在东道国实施承包工程，较好地完成其桥梁、公路、铁路、医院和学校等基础设施工程，帮助其经济发展，比较容易获得东道国政府的信任与认可，从而获取当地资源。对于非洲、中东等资源型国家，有时还会以金属矿山、油气资源等作为支付我国承包工程企业的工程费用。例如，2008年，中国中铁股份有限公司（简称"中铁"）与刚果（金）政府签署了合作协议，中铁牵头为刚果（金）进行基础设施建设，刚果（金）政府则为中铁配置境内部分铜钴矿的股权，实现了中国与非洲的互利共赢。

其三，对外承包工程企业通过升级业务模式带动中国对外直接投资。对外承包工程本身包含着货物、资金、技术、劳务等多种因素的运行，高端市场的工程总承包，必定是融资、规划设计、采购、施工及相关咨询服务等综合能力的协调发展，而强大的融资及资本运营能力是其主要支撑点。当前，中国对外承包工程正逐步向高端模式转变，与海外投资活动紧密结合是其业务升级的必然要求，主要方式有：参与国外基础设施的投资运营，以工程承包项目为先导进而投资建材、矿山资源和商业物流等相关产业领域，以收购或合资的方式参股咨询设计公司和承包工程企业等。例如，中国建筑集团有限公司和中国冶金科工集团有限公司等大型承包工程公司充分利用其资金、技术和产业优势，在对外投资领域都取得了比较可喜的成绩。

对外承包工程作为高质量共建"一带一路"的可视性成果，涉及境外工程投融资、设备采购、建设施工、咨询管理等众多方面。2023年上半年我国企业共向境外派出各类劳务人员16.7万人，同比增加4.6万人，承包工程项下派出5.2万人，劳务合作项下派出11.5万人。在共建"一带一路"国家新签对外承包工程项目合同额3301亿元人民币，同比下降2.5%（折合476.4亿美元，同比下降8.8%），占同期我国新签对外承包工程项目合同额的50.3%。其中不乏中亚各国的工程项目，如中国援吉尔吉斯斯坦奥什医院项目，是中国政府在吉尔吉斯斯坦实施的最大援助项目，也是吉尔吉斯斯坦南部最大的、最现代化的、最自动化的大型综合医院。该项目的落成和启用，极大地改善了吉尔吉斯斯坦南部地区医疗条件，对当地提高医疗水平将起到积极的促进作用；塔吉克斯坦 Sayron-Karamyk 道路升级改造项目，位于塔吉克斯坦北部，是塔吉克斯坦与乌兹别克斯坦之间的陆路交通生命线，人员往来以及陆路贸易必经之路。项目于2018年顺利竣工，平均车速从20公里/小时提升到平均车速60~80公里/小时，道路安全性大大提高，不仅方便了当地居民出行，对塔吉克斯坦北部公路网的构建具有重要意义，也极大地提升了塔乌两国之间沟通交流的效率；乌兹别克斯坦布斯坦渠道修复项目1标段，是乌兹别克斯坦西部地区规模较大的农业灌溉项目。2023年3月，该项目顺利通水，水渠全长35.2公里，流水量可达到135立方米/秒，将有效改善当地境内10多万公顷农田的水资源短缺问题。灌溉效率提高了60%，乌兹别克斯坦总统也对中方表示了感谢，这是中乌两国友好合作的最好见证。近年来，中方已在多个建筑工程领域做出了较大贡献，赢得了中亚国家的一致好评。

在2013~2021年中国对于中亚各国承包工程的派遣人数均存在不同程度的减少，因此，全年的总营业额也出现了降幅较大及波动的情况（见图1-8）。在中国—中亚峰会召开后，建筑行业的发展势头仍然强劲，取得的经济效益有望回暖。

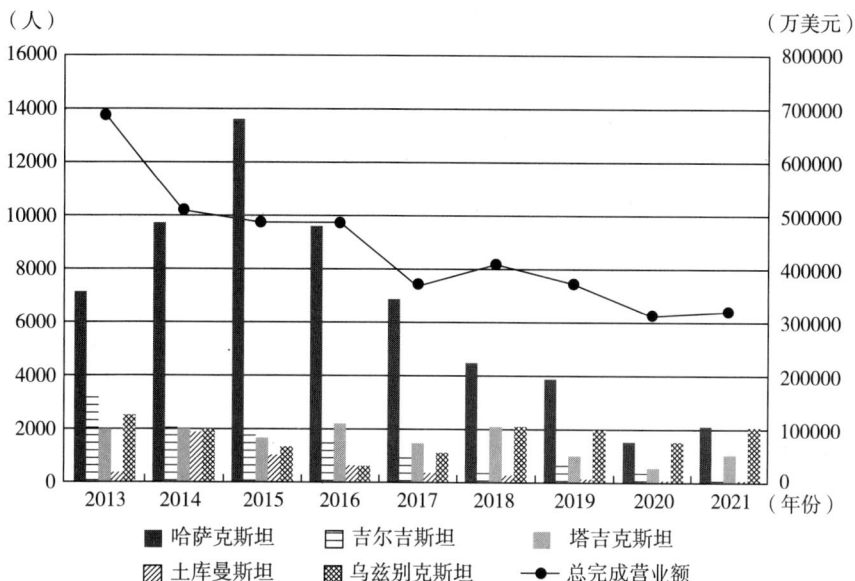

图1-8　2013~2021年中国对中亚五国承包工程派出人数及全年总营业额

资料来源：2013~2021年《中国统计年鉴》。

4. 中国—中亚双边劳务合作发展概况

目前中国正处在老龄化程度不断上升、人口迁移流动更加活跃、城市化快速发展、出生人口性别比高位回落等一系列问题加速显现时期，在就业方面的问题依然突出。反观中亚地区，五国生育率普遍较高，人口持续增长，劳动力充足，年轻劳动力尤为丰富，但就业压力普遍存在。中国与中亚国家人口与劳动力结构的异质性以及劳动力市场互补性使双方的劳务合作具有很大发展潜力。与此同时，中国与中亚地区相互毗邻，伴随"一带一路"项目推进和互联互通的发展，双方之间的交通越发便捷，交通基础设施日趋完善和现代化。中国与中亚各国政府之间政治关系紧密，双方高层互访频繁，沟通交流和互信水平不断提升，在"一带一路"建设和上海合作组织框架下的经贸合作日益扩大，双方战略合作伙伴关系持续推高。中国与中亚在地缘和外交关系的这一优势为双方劳务合作提供了良好的保障。

作为对外投资合作和"走出去"战略的重要组成部分，中国对外劳务合作实现了快速的发展，逐渐成为发展国民经济的一个重要渠道，在我国对外经济合作中也扮演着愈发重要的角色。积极发展对外劳务合作，有利于缓解中国的就业压力以及带动经济发展和民间往来，具有良好的经济效益和社会效益。中亚地区是"一带一路"建设的核心区域，也是中国对外劳务合作的重要市场。研究中国与中亚国家劳务合作的发展与问题、探讨未来发展之道，具有重要的现实意义。

从历史上看，中国与中亚近邻的民间交往和劳动力流动置于双方沿古丝绸之路络绎不绝的商贸往来之中。自 20 世纪 90 年代初中亚国家独立后，中国与中亚国家的改革开放力度持续提升，经贸联系日益密切，许多中国企业和人员抓住双方经贸合作和对外开放迅速发展的契机，积极向中亚地区"走出去"，揭开了中国与中亚劳务合作的序幕。新世纪以来，中国与中亚地区国家政府重视劳务合作，在发展劳务合作方面形成了更多共识，越来越多的企业参与到劳务合作进程中，中国对中亚劳务输出的规模增大，双方劳务合作进入了快速发展阶段。近些年，中国与中亚各领域合作不断扩大，伴随"一带一路"框架下投资和工程承包项目建设的不断推进，中国与中亚的劳务合作呈现积极发展势头，双方劳务合作领域不断拓宽，劳务合作规模和水平提升较快。

中国与中亚劳务合作的现状与特征可概括为如下几点：

（1）中国劳务输出地位突出，但相对规模小

中国是中亚外籍劳务输送的主力军。在中亚的外籍劳务市场中的地位突出。近些年来，中国在中亚的外籍劳务输送者中名列前茅，也逐渐成为中亚经济发展和设施建设的一股重要力量。当前，中国是中亚五国外国劳动力的最主要来源，是哈萨克斯坦、吉尔吉斯斯坦、塔吉克斯坦外籍劳务人员的最大输入国。哈萨克斯坦劳动和社会保障部发布的统计数据显示，截至 2021 年 10 月 1 日，经哈萨克斯坦地方政府批准引进的外籍劳务人员共计 16190 人，其中中方劳务人员为 3807 人，占比 23.5%，在哈外籍劳务人员中位居首位。2019 年塔吉克斯坦总统批准的外籍劳务人员引进配额人数为 7500 人，中国配额为 4900 人，占比约 65%。吉尔吉斯斯坦官方统计显示，在吉实际注册的外国劳工为 12259 人（2015 年），其中，来自中国的劳工为 9848 人，占总数的 80%。这一局面与中国作为中亚国家最重要贸易伙伴和主要投资来源国地位相呼应，并与近些年中国在"一带一路"框架下与中亚国家经贸合作水平提升相联系。[5]

（2）劳务合作由中亚大国主导

从国别分布看，2021 年中国与中亚地区的劳务合作以塔吉克斯坦和乌兹别克斯坦这两个国家为主。

在中国向中亚的劳务输出中，中国向塔吉克斯坦和乌兹别克斯坦输出的劳务人数占绝大部分。从图 1-9 可以看出，2021 年，中国对塔吉克斯坦劳务输出人数占比为 36%，乌兹别克斯坦占比为 48%，二者合计占中国向中亚劳务输出总人数的八成。

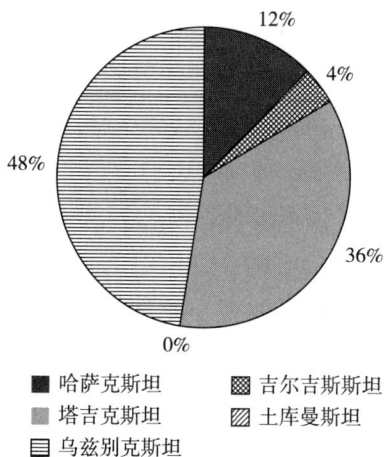

图 1-9　2021 年中国对中亚劳务输出总人数的国别分布

（3）劳务合作业务发展集中化

中国与中亚劳务合作业务表现出较高的集中化发展特征。

一方面，在合作领域上，中国与中亚的劳务合作业务集中在传统优势行业。虽然目前中国与中亚的劳务合作领域已覆盖农林牧渔业、制造业、建筑业、交通运输业、计算机服务和软件业、住宿和餐饮业、科教文卫业等多个行业，但是建筑业、交通运输业、采矿和电、热、燃气等能源生产和供应业依旧占据主导地位。究其原因，主要是中国对中亚劳务输出是依靠工程承包项目和大型投资项目来带动，而中国在中亚的工程承包和大型投资项目主要集中在基础设施建设、能源开发利用、加工制造等领域，因此造成中方劳务输出人员在这些行业的集聚。中国已在各类工程承包和投资项目下向中亚派出从事建筑、交通基建、油气、石化、电力等行业的劳务者，他们多为管理和技术人员。虽然在中亚有一定数量涉足水泥、玻璃、纺织、农业等领域的中小企业和一些从事批发零售、餐饮、养殖的个体经营者，但他们远未构成中国向中亚劳务输出的主力。

需要指出的是，中国对土库曼斯坦劳务输出的行业分布尤其集中。中国与土库曼斯坦经贸互动依托于油气合作，对土库曼斯坦劳务输出呈现"双集中"特点，即中方外派人员高度集中在油气开采行业，并且劳务合作集中围绕阿姆河右岸"巴格德雷"合同区域天然气勘探开发项目展开。

另一方面，在经营主体上，与中亚进行劳务合作的中资企业集中化程度较高。首先，中亚地区中资企业的构成本身具有集中性特点。由表 1-2 可以看出，在中亚五国的中资企业集中在建筑业、交通运输业、能源生产与供应业、制造业、采矿业等领域，且多为实力较强的国企、央企和行业领先的私企。其次，在中亚开展对外劳务合作的中方企业也呈现上述集中化特征，向中亚派出各类劳务人员数量较多的企业多为中国对外劳务合作的骨干企业。例如，在向中亚劳务输出的中资企业中，华为技术有限公司、中国葛洲坝集团股份有限公司、中国路桥工程有限责任公司、北京城建集团有限责任公司、特变电工股份有限公司、中信建设有限责任公司、中国寰球工程有限公司为 2020 年中国对外承包工程业务新签合同额前 100 家企业；中国机械设备工程股份有限公司、中铁国际集团有限公司为 2018 年北京地区外派劳务合作企业前十强；中国电力建设集团公司、特变电工公司为中国对外劳务扶贫试点企业。最后，在中亚从事对外劳务合作业务的中资企业集中来自北京市、上海市、山东省、河北省、四川省、湖北省、广东省、陕西省、新疆维吾尔自治区。[6]

表 1-2　中亚国家主要中资产业一览表

国家	主要中资产业
哈萨克斯坦	华为、中铁二局、西安爱菊、中国化学工程、中信建设、中国南方航空、哈萨克中国银行、中国土木工程集团、中国工商银行、中国石油化工集团、北京城建集团、中油国际、中国水电、金骆驼集团、中国水利电力对外、中色、中国电子进出口、中国北方工业、浙江大华技术、葛洲坝集团、国家开发银行、中粮国际、中信集团、北京大厦·阳光酒店、中国国际航空、上海建工集团等
吉尔吉斯斯坦	中国路桥、特变电工、中兴通讯、华为、南方航空、中铁五局、中水电、北新路桥、紫金矿业、中国黄金、富金矿业等
塔吉克斯坦	中国路桥、中铁五局、中电建建筑集团、中国水电建设集团、特变电工、中石油中塔天然气管道有限公司、中油国际、中国土木工程集团、北新路桥、华为、中兴通讯、中铁十九局、中国重型机械、华新亚湾水泥、塔中矿业、中国地质国际矿业、中国有色国际、紫金矿业、葛洲坝集团、南方航空、中泰、利华棉业集团、烟建集团、经研银海业、塔铝金业等
土库曼斯坦	中石油、中石化、华为、山东科瑞石油装备、智恒（香港）、华油能源集团、PETROTIME HK LIMITED、克拉玛依奥斯特石化设备、烟台杰瑞石油装备技术、国家开发银行、中国南方航空、兰州兰石能源、中工国际工程等
乌兹别克斯坦	中石油、中国寰球工程、中国国家开发银行、中国进出口银行、中国机械设备工程、中工国际工程、中国中元国际工程、中国技术进出口、中信国际合作、中铁隧道局集团、中国路桥工程、中国电力建设集团、保利科技、中国重汽、中建材、中国土木工程、中国华腾工业、中航国际成套设备、中兴通讯、华为、海能达通信、南方航空、东方电气集团、哈尔滨电气国际工程、特变电工、金昇利泰纺织厂、华新吉扎克水泥、卡尔希海螺水泥、费尔干纳亚星水泥、乌鹏盛工业园区发展、乌中合资电子仪表、烟台杰瑞石油装备、明源丝路玻璃厂、上海建工集团、三一重工、中铁电气化局集团、中铁二十局、中国核工业第二二建设、河北建工集团等

资料来源：《对外投资合作国别（地区）指南》：哈萨克斯坦、吉尔吉斯斯坦、塔吉克斯坦、土库曼斯坦、乌兹别克斯坦。

5. 中国—中亚双边经贸合作发展概况

经济全球化和区域经济一体化是当今世界经济发展的两大趋势。20 世纪 50 年代后期，区域经济合作组织主要以地区民族国家为单位形成，加强邻近国家和地区之间的经济合作，最大限度降低风险和产品成本，实现利润最大化。21世纪以来，区域经济合作快速发展，这种合作主要体现在扩大权力范围，加强与非成员国和区域经济组织的合作。

进入新时代，区域经济一体化已经成为当今世界经济发展的主要趋势之一。此外，几乎所有的WTO成员国都加入了一个或多个区域经济合作组织，其地位与成员国地位重叠。世界各国都参加了各种区域经济合作组织和国家集团，因此国际关系上对这种合作持默认态度。随着地区民族性特色的淡化，区域经济集团的一体化逐步加深，各种经济组织（集团）之间的经济合作加强，甚至出现了不断扩大的超越国家地区的经济团体之间的合作现象。区域一体化打破了区域之间的狭隘概念，在整个大陆和海洋建立了区域合作组织。

近年来，随着中国经济快速发展，中国欢迎邻国搭上"中国快速经济增长列车"。2013年9月和10月，中国国家主席习近平对中亚地区国家和东南亚地区国家进行了友好访问。在此期间，习近平主席富有诗意、富有智慧地在国际舞台上首次阐述中国宏观经济的大蓝图：丝绸之路经济带和21世纪"一带一路"新经济政策。[7]

古老的丝绸之路始于中国长安（现陕西省西安市），沿着河西走廊通往新疆，并延伸至连接亚洲、非洲和欧洲，而中亚、西亚和北非是该经贸通道必经之路。欧洲人在海上开辟新航路之前，古老的丝绸之路承载着世界主要的经济、政治和文化交流的传播任务，并间接地促进了欧洲工业革命的来临和现代科学技术的发展。古老的丝绸之路承载着发展人类社会的历史使命，其经验表明沿线国家和地区都对中国存在潜在的贸易吸引力，合作与发展的潜力较大。

2013年9月，中国国家主席习近平率团访问哈萨克斯坦，在纳扎尔巴耶夫大学发表了举世瞩目的重要演讲，提出共建"丝绸之路经济带"的倡议；同年10月，习近平主席在印度尼西亚国会发表重要演讲，提出共建21世纪"海上丝绸之路"的倡议。从此，"一带一路"为欧亚经济关系发展紧密、合作创新开辟了更深、更广的空间。中国和中亚在"一带一路"倡议下，在基础设施建设、运输、贸易、投资便利等方面进行了全面合作。[8]

中亚地区包括五个发展中国家。他们分别是哈萨克斯坦、乌兹别克斯坦、塔吉克斯坦、吉尔吉斯斯坦、土库曼斯坦。这些国家位于欧亚大陆中心，地理位置特殊，具有重要的战略意义。中亚是世界经济体中不可或缺的一个重要组成部分，是古代丝绸之路的必经之地。现在，中亚的战略重要性更加明显。中亚独特的地理位置和丰富的资源，使之成为大国和各种政治势力争夺的场所。中亚已经成为中国能源后方，因此中国与中亚积极推动各种合作，如成立上海合作组织。从全球主要区域贸易协定的经验来看，这类地缘政治优势可以促进区域经济合作的发展，改进贸易基础设施，缩短运输距离，降低贸易成本。

由于中亚各国深受苏联思想体系影响，苏联解体后中亚各国也先后建立了不少区域性经济合作组织，但所有中亚国家都位于内陆，因此出口依靠其他邻国。同时，中亚国家与西方国家在意识形态上的差异很大，与俄罗斯关系极其密切。所以，中亚国家更倾向于与中国的合作，一方面为了出口资源，另一方面为了减少自身内政受到干预。1992年以来，中国和中亚国家相继正式建立了外交关系。受益于双方经济的飞速发展以及产业过剩和能源互补的优势，中亚国家积极赞同中国倡导的共同建设新丝绸之路经济的倡议。[9]

现在，中国与中亚国家合作开发石油、天然气、铀资源，并构筑铁路、高速公路等多条运输通道，呈现出良好的合作势头。2017年中国先后迎来同乌兹别克斯坦、哈萨克斯坦、塔吉克斯坦、吉尔吉斯斯坦和土库曼斯坦建交二十五周年纪念日。建交二十五年来，中国与中亚五国经贸合作得到了快速发展，呈现出基础牢固，前景良好的特点。近几年来中国与中亚五国经贸合作主要表现在以下几方面：

第一方面，中国与中亚五国的贸易稳中求进。近年来，中国同中亚五国的经贸关系在正确的轨道上不断发展进步，中国已经成为吉尔吉斯斯坦、土库曼斯坦这两个国家的主要贸易伙伴，双方的贸易额均达到历史空前的高度。尤其是在双方领导人的重视下，在未来，双方不仅在贸易数量上会取得重要成果，在质量上也会不断取得重要突破。

第二方面，中国与中亚五国的经济合作更加稳固。中国企业在乌兹别克斯坦承建了"安格连—帕普"铁路隧道，虽然在合作初期，面临着诸多困难，但是经过双方真诚友好地交流，最终克服重重困难，实现铁路的顺利通车。在顺利通车后，中国国家主席习近平友好而真诚地指出，"安格连—帕普"铁路是中乌共建"一带一路"的重大成果，是中华人民共和国同乌兹别克斯坦共和国合作的新成就，是两国人民合作进步的新起点。除了乌兹别克斯坦之外，中国企业在吉尔吉斯斯坦也投资建设了许多的炼油厂和矿业公司，这些重大项目顺利实施，为中国同中亚的合作打下坚实的基础。由中国投资建设的比什凯克热电站项目有望提前竣工。在一系列双多边的合作协议中，塔吉克斯坦总统埃莫马利·拉赫蒙多次出席有关于双边合作的剪彩仪式，足以证明中亚国家或者塔吉克斯坦对于中国的高度重视，对"一带一路"倡议的高度重视。两国合资共建了交通设施、基本民生设施、建材公司石化公司等项目，这些项目为塔吉克斯坦经济持续稳定发展注入新鲜活力、新鲜血液。此外，2022年2月，塔吉克斯坦总统埃莫马利·拉赫蒙出席中国冬奥会开幕式，并同中国签署新的合作协议，这将助力两国关系稳步发展。[10]

第三方面，中国与中亚五国的交通新的征程。近年来，中国充分尊重并发挥中亚在欧亚交通中的作用，使中亚充分发挥欧亚大陆桥的作用。

第四方面，中国与中亚五国的融通不断深化。2014 年 10 月，中国同 20 个首批意向创始成员国共同决定成立亚洲基础设施投资银行，中亚五国积极加强同中国的联系交流，并先后加入亚投行。丝绸之路基金也吸引着中亚五国的兴趣。人民币已经成为哈萨克斯坦的储备货币，同中亚的金融合作促进了人民币的国际化。另外，中国还同哈萨克斯坦签署产能合作基金，为两国重大项目的顺利实施提供坚实的资金支持。[11]

除此之外，中国为了落实中国国家主席习近平和中亚五国领导人达成的共识，积极加强双方的政策沟通和对接，促进"一带一路"倡议的合作项目落地生根。不仅如此，中国也在从更多方面更完备地落实中国—中亚合作体系，2023 年 5 月 19 日下午，中国—中亚实业家委员会成立大会在西安国际会展中心举行。中国—中亚实业家委员会的成立，既是落实中国—中亚峰会重要共识的具体行动，也是工商界助力构建中国—中亚命运共同体的生动实践。中国贸促会将充分发挥联通政企、融通内外、畅通供需的功能，织密服务企业网，扩大国际朋友圈。

2013 年 9 月，共建"丝绸之路经济带"倡议首提，为中国与中亚经贸合作指明方向。10 年来，中国同中亚国家共建"一带一路"硕果累累。近 6 万列中欧班列过境中亚，不断织密中国与中亚货物贸易运输网络，推动多方经贸往来合作越发频密；中国—中亚天然气管道、中吉乌公路、中塔乌公路等一大批重点项目的稳步推进，为区域高质量发展持续注入强劲动力。

峰会期间，中国同中亚五国达成一系列多双边文件，签署了诸多领域合作协议。一系列务实合作新举措，为深化互利共赢开启新前景。2022 年，中国与中亚五国贸易额达到 702 亿美元，创历史新高。2023 年一季度，中国与中亚五国贸易额 178 亿美元，同比增长 22%。建交 31 年以来，中国与中亚五国的贸易额增长了 100 多倍，中国成为中亚国家最主要的贸易伙伴。10 年来，中国—中亚天然气管道、中哈原油管道穿越茫茫大漠向东而来，成为保障中国能源安全供应的能源"大动脉"。如今，越来越多的绿色产业沿"一带一路"向西而去，为中亚五国高质量发展提供支撑。截至 2023 年 3 月底，中国对中亚五国直接投资存量超过 150 亿美元。共同实施了哈萨克斯坦阿特劳州化工综合体、吉尔吉斯斯坦新北南公路、塔吉克斯坦电网建设、土库曼斯坦天然气生产、乌兹别克斯坦安格连—帕普铁路隧道等一大批项目，助力各方产业升级，为各国人民带来实实在在的利益。

积极推动可再生能源发展，是中国与中亚未来发展的重点领域之一。中亚五国清洁能源资源丰富，绿色转型发展愿望迫切。中国企业积极落实峰会精神，加大在绿色能源方面投资。从互联互通到能源合作，从数字经济到文旅项目等，中国同中亚经贸合作领域的扩大，为推动高质量共建"一带一路"注入新的生机活力，并将中国同中亚更加紧密地团结起来，扩大合作领域，巩固经贸联系，形成高度共赢的合作新局面。

（二）中国—中亚经贸合作的新变化

1. 优势领域合作深化

能源、资源和农业是中亚国家的主要财富来源，也是过去20多年来对中国最大的出口领域之一。中国是世界上最大的制造业国家，制造业的持续发展带动能源需求持续增加；而中亚各国制造业水平仍有较大上升空间，目前规模较小。因此，两国在石油、天然气、可再生能源以及其他资源领域有着强有力的互补关系。从铀资源合作的角度来看，中国是最大的消费国，作为世界上核电站建设规模最大的国家，中国核电站建设规模的不断扩大，对铀资源的需求也将持续扩大。中国的铀储量仅为18.58万吨，是铀矿资源贫乏的国家。而乌兹别克斯坦有丰富的铀资源，因此乌兹别克斯坦在铀资源方面的合作对中国核电建设非常重要。[12]

中亚五国地处"亚洲心脏"地带，五国受地形、地貌、资源等因素影响导致其社会经济情况各有不同，其中哈萨克斯坦、乌兹别克斯坦和土库曼斯坦三国的经济实力较强与发展前景较好。中亚五国矿产资源储量丰富，各具特色。在石油、天然气和能源消耗方面，中国是世界上最大的石油和天然气能源消费国。哈萨克斯坦、乌兹别克斯坦等国的石油和天然气资源都比较丰富。据统计，哈萨克斯坦拥有超过40亿吨的石油储量，占世界确认储量的3.2%，在世界排名第七。乌兹别克斯坦拥有3.4万亿立方米的天然气储量，是世界第十大天然气生产国。因此，中国与中亚国家之间的油气资源合作前景非常乐观。当前，在全球经济加快驱动下，中亚五国为增强本国综合实力，均提出大力发展矿业经济的战略构想和目标，相继出台一系列法律法规和优惠政策支持国外企业进驻合作开发本国资源，投资环境较好，投资潜力巨大，为我国各地区和企业开发利用中亚五国矿产资源提供了广阔的发展平台，奠定了坚实的合作基础。[13]

在农业领域，中国和中亚国家之间有很大的合作空间。部分中亚国家农业很发达。乌兹别克斯坦农业资源丰富，棉花是世界纺织业的重要投资领域之一。在过去的20年里，棉花是乌兹别克斯坦向中国出口的主要产品。随着交流的增加，棉花等农作物合作将进一步扩大。

2. 共赢领域合作不断加强

中国与中亚国家在基础设施建设领域的合作不仅有利于双边外交事务，也有利于多边合作，从而实现"双赢"。在"一带一路"国际合作高峰论坛开幕式上的主题演讲中，中国政府提出建设沿线各国的基础设施。为了共建"一带一路"，中亚各国也制定了发展基础设施的新战略，继续加大基础设施建设的改革力度，包括道路建设，改造和相关服务设施建设；发展电气化改造和铁路网建设并继续投资建设水力发电厂、火力发电厂；兴建或改造工厂。中亚国家已在基础设施领域与中国相继合作。哈萨克斯坦与中国合作，宣布了"丝绸之路经济带"建设合作计划和"光明之路"新经济政策对接合作。同时，中国与乌兹别克斯坦签署多项合作协议及备忘录，按照《中华人民共和国商务部与乌兹别克斯坦共和国国家投资委员会关于在乌兹别克斯坦共和国建设中小型水电站的合作协议》扩大中国企业在乌兹别克斯坦发展的业务领域，推动中乌产能合作。从双方战略选择发展的起点以及与中国和中亚国家合作的意愿来看，中国和中亚国家在基础设施领域的合作将进一步加强。[14]

3. 新兴领域合作前景广阔

在新兴行业领域，中国和中亚国家之间的产能合作互补。随着太阳能发展、电信、电子等信息产业的发展，中国在光伏太阳能发电、电信等重要应用领域的工业规模与技术达到了全球领先地位，并涌现出了一批跨国公司，跃居世界第一。近年来，中国对乌兹别克斯坦、土库曼斯坦等新兴地区的开发需求持续增大，并将其视为国家战略。中国和中亚国家之间的战略协作发挥市场分工效应，帮助中国企业在短期内完成在中亚的产业业务，实现经济跨越式发展。实际上，乌兹别克斯坦也有着大量的太阳能发电资源，换算成石油约 510 亿吨。但是，效率较低的技术使得被开发的资源仅为 6000 万吨。而中国目前在太阳能资源研究方面具有引领全球的尖端技术和丰富的生产能力等宝贵的经验，所以中亚各国作为中国的战略性后方，在高新兴产业领域的合作潜力很大。在电信建设和电子信息等领域，中国与乌兹别克斯坦和土库曼斯坦的基础设施和电子信息产业发展方面进行广泛协作与咨询服务，双方在新兴资源领域的合作发展前景巨大。

碳中和背景下，双方在气候变化问题上形成共识。中亚五国中，哈萨克斯坦率先宣布 2060 年实现碳中和目标。其他四国，如吉尔吉斯斯坦总统表示计划在 2024—2025 年摆脱能源危机、塔吉克斯坦通过法令确认了《2023—2027 年可再生能源计划》、土库曼斯坦颁布了《土库曼斯坦 2018—2024 年社会经济发展规划》、乌兹别克斯坦发布了《乌兹别克斯坦 2017—2021 年发展可再生能源纲领》……这些政策文件为提倡绿色经济提供了相应的顶层设计和总体规划。中亚五国本就是生态底子脆弱、人口与产业承载力薄弱的地区，绿色发展目标依靠自身力量难以有效完成。"一带一路"倡议的提出缓解了想要治理却又治理不好的问题，为从传统能源转向新能源提供了重要机遇和平台。中国作为"一带一路"倡议的发起者，2015年发布《推动共建丝绸之路经济带和21世纪海上丝绸之路的愿景与行动》，2017年印发《"一带一路"生态环境保护合作规划》《关于推进绿色"一带一路"建设的指导意见》，以及2022年发布的《关于推进共建"一带一路"绿色发展的意见》等文件均明确绿色低碳是推进绿色丝绸之路的重要抓手，势在必行。[15]

新能源的上中下游产业之间相互依存，协同发展：

上游方面，最大限度地利用中亚地区的自然优势，在条件适宜地区推动可再生能源的先导性工程，共同开展新能源资源的选址、勘探与评估。同时，拓展在新能源上游所需的锂、钴、镍、石墨等原材料开采加工方面的合作力度。针对光伏面板、涡轮叶片、储能电池等新能源专业化领域可考虑就地合作、共同开发、降低成本。中国的技术优势不仅体现在成本效益上，而且在技术可靠性和安全性方面更是处于领先地位。尽管中亚在新能源项目方面起步较晚，但从发达国家引进的技术和经验为其发展打下了相对坚实的基础，更好地实现了资源共享和互惠。

中游环节，鼓励中国企业进行基础设施投资，包括管道维护、输电网络、基站建设、电网铺设等涵盖交通、能源、信息通信等多方面的基础设施建设。这一措施旨在优化能源配置，加快推动新能源的规模化应用。提高天然气采收率、采气开发等领域的合作潜力，对现有储气库进行升级改造、依托枯竭气田新建储库，通过投资和技术合作帮助中亚地区进行能源设施的升级和更新。此外，引入先进的发电技术、电网技术和储能技术，提高能源生产和利用效率，全面实现能源设施升级和智能化技术创新。

下游产业涉及新能源在各个领域的应用，特别关注新能源在基本民生建设中的融合，如城市节能照明、新能源交通、生活垃圾能源化利用、新能源供暖等领域，提高民众的生活质量。带动中国的设备、技术、人员服务、行业标准的流转，将物流、资金、人才、技术贯穿于双方经贸合作之中，通过延长产业链和拓宽新能源应用领域，促进产业结构优化升级。鼓励双方私营企业和社会组织合作，打造新能源综合服务体系，如能源管理公司或供应商，不遗余力地推进绿色能源产品贸易多元化发展，共同拓展市场。

（三）中国—中亚经贸合作的国别差异性明显

过去20多年里，中国与中亚五国（哈萨克斯坦、土库曼斯坦、乌兹别克斯坦、塔吉克斯坦、吉尔吉斯斯坦）的贸易规模逐年扩大，双边贸易额由1992年的4.6亿美元增至2021年的500.6亿美元，增长了一百多倍。中国已成为中亚国家的重要贸易伙伴和主要进出口市场。但同时，中国与中亚五国的贸易合作也呈现出不同的国别特征。从贸易合作规模来看，中国与哈萨克斯坦、土库曼斯坦的贸易规模较大，随后是吉尔吉斯斯坦与乌兹别克斯坦，与塔吉克斯坦贸易规模最小。

1. 中国与哈萨克斯坦贸易合作情况

中哈贸易额增长迅速。从最初 1992 年的 3.64 亿美元，增长到 2021 年的 252.5 亿美元，29 年间增长了 68 倍，年均增长率达 23%。这在中国与中亚五国贸易往来中增长速度是最快的。1992 年中哈贸易占哈外贸总额的 20%，中国从而成为哈萨克斯坦的第一大贸易伙伴。之后，中国在哈萨克斯坦贸易地位有所起伏，但都是哈萨克斯坦的主要贸易伙伴。根据哈萨克斯坦统计署数据，2013 年哈萨克斯坦对中国出口占其出口总额的 17.4%，自中国进口占其进口总额的 16.8%，与中国贸易额占其外贸总额的 17.2%。据中国海关统计，2021 年，中国与哈萨克斯坦双边贸易额为 252.5 亿美元，同比增长 17.6%。其中，中国对哈出口 139.8 亿美元，同比增长 19.5%；自哈进口 112.7 亿美元，同比增长 15.3%。因此，中国仍是哈萨克斯坦的第一大贸易伙伴、第二大出口市场和第一大进口来源地。2005 年之前，由于中国从哈萨克斯坦进口原料型产品大于中国对哈萨克斯坦的出口，因此中国对哈萨克斯坦贸易表现为逆差；2005 年之后至 2009 年中国对哈萨克斯坦贸易又表现为顺差，这主要是由于随着哈萨克斯坦经济增长，其国内购买力提高，加大了对中国纺织、机电、交通工具等商品的进口；2010 年之后，中国从哈萨克斯坦进口原油、凝析油数量大幅增加，且此期间国际石油价格不断上涨，如 2011 年石油价格同比上涨 39.3%，导致中国对哈萨克斯坦贸易又转为逆差。到了 2021 年，双边贸易中方顺差为 27.1 亿美元，同比增长 36.2%。[16]

中国与哈萨克斯坦合作占绝大部分的原因之一，是与中国相比，哈萨克斯坦具有丰富的金属矿藏，品种齐全且占总量的绝大部分。且哈萨克斯坦的阿克纠宾斯克州是苏联最大也是世界第三大铬铁矿，卡拉甘达州是世界八大产铜国之一。不仅如此，阿尔泰山区也是目前世界上为数不多的几个产锌国之一，哈萨克斯坦还有储量较大的铝土矿和金矿，主要分布在图尔盖州和哈萨克斯坦北部，许多稀有金属也只有哈萨克斯坦能够生产，除此之外哈萨克斯坦还具有丰富的石油资源，恰好能满足中国在这方面的石油需求。由于受到国家资源的限制和发展需求的不同，长期以来哈萨克斯坦形成了重视重工业、轻视轻工业的现状，因此，哈萨克斯坦在电机制造技术、重型机械制造技术以及大型农机制造技术方面有十分明显的比较优势。

2. 中国与吉尔吉斯斯坦贸易合作情况

自中吉建交起，双边贸易基本保持稳定增长态势，个别年份增速迅猛。尤其是 2002~2008 年，两国贸易额从 2.02 亿美元上升到 93.33 亿美元，7 年来增长了

45.2倍，2008年的增长速度曾一度达到146.97%。2009年，由于受国际金融危机影响，中吉双边贸易额大幅下降至53.3亿美元，降幅达42.89%。2010年由于吉尔吉斯斯坦国内发生骚乱，双边贸易受到负面影响，两国贸易额又下降了21.21%，只有42亿美元。2011年双边贸易开始恢复性增长，增幅达185%，贸易额增长到49.76亿美元。2021年两国贸易额持续增长，达到75.5亿美元。目前，中国成为吉尔吉斯斯坦第二大贸易伙伴、第二大进口来源国和第八大出口对象国，而吉尔吉斯斯坦则成为中国在独联体国家中的第三大贸易伙伴。

中国对吉尔吉斯斯坦投资涵盖矿产资源开发、能源电力、油气加工、交通基础设施建设、建材、农业、医疗等多个领域，为吉尔吉斯斯坦实体经济发展注入活力，创造了大量就业岗位，取得良好的经济效益和社会效益。[17]

3. 中国与乌兹别克斯坦贸易合作情况

20世纪90年代，由于乌兹别克斯坦刚刚独立不久，各项制度还不完善，而且乌兹别克斯坦是双内陆国家，与中国贸易需经过俄罗斯、哈萨克斯坦或吉尔吉斯斯坦，但由于没有与其建立起统一的过境运输和结算体系，中乌贸易运输成本偏高，再加上国际金融危机影响，双方贸易发展缓慢。2000年后，由于中国对棉花需求不断增加，加大了自乌兹别克斯坦进口棉花数量，且上海合作组织的成立拓宽了中乌经济合作的平台，中乌两国贸易额开始稳步上升。2004~2021年，双方贸易在前6年每3年翻一番。2004年双方贸易额为5.76亿美元，2007年翻一番后达到11.28亿美元，2010年又翻一番达到24.83亿美元，直到2021年翻了近四番，达到创纪录的80.37亿美元。目前，中国已成为乌兹别克斯坦第二大贸易伙伴、第一大棉花买家、第一大电信设备和土壤改良设备供应国。

中乌贸易在多数年份里表现为中方顺差，乌方逆差。2000年后，中方顺差额占贸易总额的比重一般在30%~70%。但2003~2006年中方连续出现了四年逆差，这主要是由于中方自乌方进口棉花数量大幅增加的缘故，乌兹别克斯坦成为中亚最大的对华棉花出口国。2010年，中方再次出现逆差，这是由于从2009年开始，中国与乌方合作开发铀矿，2010年中方自乌方进口铀显著增加，金额达到7.9亿美元。2021年，中方再转为顺差。[18]

4. 中国与土库曼斯坦贸易合作情况

中国与土库曼斯坦自1992年建交时就签署了经济贸易协定，中土两国相互给予对方贸易最惠国待遇。在20世纪90年代初期的起步与探索阶段，两国贸易额从1992年的450万美元增长到1997年的1524万美元，但这一时期双方贸易额占两国贸易总额的比例很低。此后受国际金融危机影响，中土贸易连续两年下降。

此后的 2000~2002 年由于两国能源合作出现初步进展，带动土方从中国购买石油设备，两国贸易额开始快速增长，2002 年两国贸易增长率达到创纪录的167.56%。经过 2004 年、2005 年的平稳增长后，自 2006 年起，两国贸易额又开始高速增长，2006~2012 年的年均增速达到 102%，这主要是由于土库曼斯坦加大了开采石油天然气的力度，因而从中国进口机械设备大幅上升，中国连续多年是土库曼斯坦第一大石油机械设备供应国；此外，两国签署的各项天然气合作协议极大地促进了双边贸易的迅速发展。2009 年，随着从土库曼斯坦至中国的天然气管道正式运营，土库曼斯坦对中国的出口额大幅增加，2010 年达到 10.45 亿美元，首次超越了中国对土库曼斯坦的出口额。此后，土库曼斯坦对中国出口额每年都大幅增长。目前，中国已成为土库曼斯坦第一大贸易伙伴和最大天然气出口市场。

2010 年之前，中国对土库曼斯坦贸易都是顺差，且顺差额占中土双方贸易总额的比重较高，2001~2009 年的年均值达到 84%。但自 2010 年中国从土方开始输入天然气，中国对土库曼斯坦贸易转为逆差，且由于进口天然气金额较高，使得中方逆差额占双方贸易总额的比重也较高，2013 年达到 77.28%。2021 年，中国对土库曼斯坦的贸易逆差为 63.31 亿美元，同比增长 12.5%。

5. 中国与塔吉克斯坦贸易合作情况

中塔贸易规模在中国与中亚五国贸易规模中最小。其原因在于塔吉克斯坦经济结构较为简单、市场规模小，且目前中国与塔吉克斯坦的经济合作主要是附加值较低的轻工业产品。2002 年之前，中塔贸易规模都在 2000 万美元以下波动。2003 年之后中塔贸易增长迅速，2003~2008 年平均增速达到 129%，2008 年贸易规模达到 15 亿美元，这主要是由于中国在塔吉克斯坦投资工程项目带动设备出口大幅增加。之后受国际金融危机及塔吉克斯坦内战影响，两国贸易分别在 2009 年和 2012 年呈现负增长。据中国海关统计，2013 年两国贸易额为 19.59 亿美元。2013 年中国为塔吉克斯坦第三大贸易伙伴，中塔贸易额占塔对外贸易总额的12.9%；第三大进口来源国（占塔吉克斯坦进口额的 14.5%）；第五大出口对象国（占塔吉克斯坦出口额的 7.4%）。2021 年两国贸易额波动至 18.59 亿美元，由于塔吉克斯坦物资缺乏，中塔贸易中以中方出口为主，2005 年以来至今中方顺差占双方贸易额的 80% 以上，不少年份达到 90% 以上。

简言之，中国与中亚五国之间进出口贸易主要是能源、原材料和基本制成品之间的交易，交易商品以资源、能源和劳动密集型产品为主，资本密集型与技术密集型产品所占比重有待进一步提高。中亚五国作为中国进口产品来源国的地位和影响存在较大差异，中国对中亚五国出口贸易表现出较大的波动性和不平衡性，但随着在各领域交流日益密切，双边经贸关系仍然得到发展。在中亚五国当中，哈萨克斯坦及土库曼斯坦经济水平相对较高，而其他三国经济水平较低。上述国家为发展本国经济，就需要结合自身发展水平，确认合适的发展目标。由于彼此间国情及经济水平差异性较大，所以发展方针也出现了明显不同，甚至存在相互抵触的情况，这对于双边经贸合作显然是不利的。同时，上述国家与中国在外贸进出口总额及国内生产总值方面存在很大上升空间。经济实力的不平衡对各国协调经济政策产生了一定程度影响，进而提升了区域经济合作的难度。[19]

（四）中国—中亚经贸合作发展趋势研判

1. 共同推动贸易投资新业态发展

（1）强化贸易投资合作

中国从中亚国家进口产品单一，主要集中于石油、天然气等资源类产品，这将制约中国和中亚国家未来贸易合作规模的扩大，不利于双方的持久深度合作。因此，中国应考虑中亚国家平衡双边贸易、扩大对中国出口的关切，加大自中亚国家进口力度，尤其在服务贸易领域，双方在物流、金融、商业服务、文化、旅游、会展、信息等服务业具有较大合作空间。此外，把投资和贸易结合起来，用投资带动贸易发展，鼓励有实力的中国企业在中亚国家投资设厂，利用中方技术优势，结合当地资源优势，将生产出来的产品出口到中国，从而改变当前中亚国家对中国出口以初级产品为主的格局，优化贸易结构。[20]

虽然近些年中国对中亚国家出口贸易结构不断优化，高技术、高附加值产品出口规模不断提高，但占总体出口的比重仍然较低，且中国商品在中亚国家消费者观念中档次质量都不高。即使是相同质量的商品，中国产品大多价格较低，低价竞争导致中国产品利润率不高，只有靠数量扩张获利。因此，未来中国产品应更多地着眼于自身质量、技术含量、品牌价值、售后服务的提升与改善，随着中亚国家近年来经济快速增长，市场需求也在不断发生变化，中国企业应适应市场变化，提升出口商品的档次与附加值，创造和树立良好的中国品牌和形象，从而提高高技术、高附加值产品出口比重。

在投资领域，中国在中亚投资以资源开发类为主，这在一定程度上助长了当地对"中国威胁论"的担心，对中国企业在当地投资经营产生了不利影响。今后中国应进一步扩大与中亚国家在非能源领域，尤其是制造业的投资合作，加大和中亚国家的产能合作。这既符合中亚国家经济发展的需求，也可消化中国当前过剩产能。目前，中国已经开始采取措施推动国际产能合作。2015年5月，国务院发布了《关于推进国际产能和装备制造合作的指导意见》，从专项财税支持政策、融资支持、中介机构、政府服务等各方面大力支持推进装备和产能国际合作。中国和哈萨克斯坦已经开始了相关合作。2014 年底至今，中哈两国多次达成产能和投资合作备忘录，在钢铁、水泥、有色金属、平板玻璃、炼油、水电、汽车等领域产能以及公路、铁路、油网、气网、电网等基础设施项目达成的合作总金额达数百亿美元。以此为基础，中国和其他中亚国家也可开展多领域产能和投资合作，今后双方在风电、太阳能、核电、水电等清洁、可再生能源领域，在能源资源深加工技术、装备与工程服务领域，在农林牧业、农机及农产品生产加工等领域，将大有发展空间。

（2）提升贸易投资便利化水平

推进中国和中亚国家贸易投资便利化是现阶段"丝绸之路经济带"建设的重点。目前中国和中亚国家跨境贸易中还存在海关通关效率低，检验检疫单证等手续复杂，关税、非关税贸易壁垒和"灰色清关"现象普遍的问题。中国和中亚国家应携手采取措施，加大改进力度，从而提升区域贸易便利化水平。因此，中国和中亚国家应顺应当前世界贸易便利化趋势，加强海关信息互换；加强海关监管合作，推进跨境监管程序协调，实现与沿线中亚各国海关监管互认。推进检验检疫标准互认，实现检验检疫证书联网核查；加强认证认可合作，基于各国差异化现实，积极寻求等效性、一致性的解决途径，共同开展国别制度研究、标准比对、能力验证等活动，促进建立沿线国家认证认可体系。加强供应链安全与便利化合作，推进"经认证的经营者"（AEO）① 互认。加强标准计量、统计信息等方面合作。加快边境口岸"单一窗口"建设，由于电子化数据只需提交一次和提交接入点的单一性，"单一窗口"有助于建立数据共享的管理系统，大大提高效率、减少政府和贸易各方成本。改善边境口岸通关设施条件，提升通关能力，打击海关行贿受贿，规范通关手续，公开通关流程，整治"灰色清关"，降低通关成本，提升通关效率。降低关税与非关税贸易壁垒，提高技术性贸易措施透明度。放宽劳务签证要求，提供签证便利；简化游客办理出入境证件、旅游与商务签证、落地签证等手续；提高签证的信息化水平，实行"网络申请签证"或"网络审批签证"制度。

在投资领域，针对在中亚国家办理投资手续复杂、审批时间长、法规对外资企业不利等问题，中国应利用上海合作组织、亚信会议和亚洲合作对话等平台，加强与中亚国家各级政府的沟通协调，促进高层互访达成的共识落到实处。消除投资壁垒，加快投资便利化进程。降低投资准入标准，实行中资企业国民待遇。加强与中亚国家进行避免双重征税协定磋商，推动与更多中亚国家签订双边投资

---

① 认证经营者（Authorized Economic Operation，AEO），这一概念是在 2005 年世界海关组织年会通过的《全球贸易安全与便利标准框架》中提出的，被定义为："以任何一种方式参与货物国际流通，并被海关当局认定符合世界海关组织或相应供应链安全标准的一方，包括生产商、进口商、出口商、报关行、承运商、理货人、中间商、口岸和机场、货站经营者、综合经营者、仓储业经营者和分销商。"它是为防范恐怖主义、有组织的犯罪集团等通过国际供应链进行危害所建立安全机制的措施之一。

保护协定、司法协助与社会保险等政府间协定，为中国企业对外投资和工程承包等活动提供法律保障。此外，中国相关政府部门、行业组织要做好投资风险评估工作，为企业提供相应的风险预警服务，并制定完善法律制度，对企业在对外投资前进行协调、指导及审批管理，对企业的海外经营建立相应的监督和评价机制。针对中亚国家的税收、投资、产业等方面政策依然存在不确定性，中国企业要充分熟悉东道国的政策环境及其变动情况，主动承担社会责任，加强自律，加强与当地新闻媒体、社区民众、民间团体、非政府组织的充分沟通与交流，照顾当地民众需求，牢固基层互信基础，最大限度规避对外投资过程中的各种风险。

2. 开展自贸区合作

目前，中国和中亚国家组建国家层面的自由贸易区（Free Trade Area，FTA）还不具备现实条件，而在与中亚国家邻近的中国新疆地区建设各种类型的自由贸易园区（Free Trade Zone，FTZ）① 则有利于"丝绸之路经济带"建设。新疆具有与中亚国家开展经贸合作的独特区位优势，是向西开放的重要窗口，承载着中国与中亚国家双边贸易 60% 以上的份额，是"丝绸之路经济带"上重要交通枢纽，可以形成商贸物流、文化科教中心和"丝绸之路经济带"核心区。而自由贸易园区在关税、贸易、金融、财政等方面实行特殊政策，可以成为带动中国和中亚国家贸易投资往来和经济发展的增长点，成为沟通国际、国内两个市场的重要桥梁。其优惠、开放的政策既可为中亚客商进入中国市场创造条件，也可为国内企业参与中亚市场竞争架起便捷的桥梁，从而为双方在更高层次开展经贸合作奠定基础，并最终实现中国与中亚国家在"丝绸之路经济带"建设中的全面经济贸易合作。

目前，新疆拥有中哈霍尔果斯国际边境合作中心、2 个综合保税区（阿拉山口综合保税区、喀什综合保税区）、乌鲁木齐出口加工区和奎屯保税物流中心等 5 个海关特殊监管区，此外还拥有 8 个国家级经济技术开发区等多个对外开放特殊区域，对便利中国和中亚国家经贸往来起到了重要作用。中哈霍尔果斯国际边境合作中心作为世界唯一跨境合作中心，国家赋予了合作中心及其配套园区空前的特殊优惠政策，享有中国现行出口加工区和保税区的核心政策，如货物入区报关即缴即退税；入区货物免征关税和进口环节增值税；区内法人企业之间产品交易免征增值税；进入合作中心的中哈两国、第三国及无国籍人员可在区内自由贸易；企业进驻特区享受国家"五免三减半"税收政策；游客在本区域内购物可享受每人每天中方 8000 元人民币、哈方 1500 欧元免税额；实行"一线放开、二线监管"

---

① 自由贸易园区是指在某一国家或地区境内设立的实行优惠税收和特殊监管政策的小块特定区域。我国的经济特区、保税区、出口加工区、保税港、经济技术开发区等特殊经济功能区都具有"自由贸易园区"（FTZ）的某些特征。

的便利海关政策；享有"跨境人民币创新业务试点"政策，是全国首个"境内关外"跨境人民币业务试验区，可直接到境外融资，发放贷款，开展人民币与中亚国家货币挂牌、兑换等业务。中哈霍尔果斯国际边境合作中心作为上海合作组织框架下区域经贸合作的示范区，它形成的贸易投资自由化、便利化平台带动了面向中亚的商贸、服务业发展，成为新疆乃至全国向西开放的桥头堡。

阿拉山口综合保税区于 2011 年 5 月批准成立，2014 年 6 月正式封关运营，是新疆首个综合保税区。保税区依托阿拉山口口岸，重点打造欧亚进出口商品国际中转分拨配送中心，使有色金属、矿产品、农副产品等大宗商品在综合保税区落地交付和配送；依托全国唯一铁路国际邮件交换站优势，实现消费品入区保税存储、分类和集拼配送，推动了跨境电商发展。喀什综合保税区于 2014 年 9 月批准成立，2015 年 4 月封关运营，是新疆第二个、南疆首个综合保税区，它紧邻喀什国际机场、314 国道、315 国道，具备国际中转、国际配送、国际采购、国际转口贸易和出口加工等功能。喀什"五口通八国"的区位优势将转化为经济优势，为新疆吸引外资、承接产业转移，连接中国和中亚经济来往发挥重要作用。此外，乌鲁木齐出口加工区、奎屯保税物流中心、新疆各经济技术开发区等都在中国与中亚国家的经济往来中发挥了重要的渠道作用。

因此，中国应积极采取自贸园区战略，配合"丝绸之路经济带"建设共同推进，积极研究自贸园区战略重点和布局。在新疆地区，乌鲁木齐作为中国连接中亚地区的陆路交通枢纽，是中国扩大向西开放、开展对外经济文化交流的重要窗口，因此应推进设立"乌鲁木齐亚欧经贸合作试验区"，借鉴沿海地区自由贸易试验区改革创新经验，创新政府管理方式，形成与国际投资、贸易通行规则相衔接的制度框架；设立特殊金融贸易区，加快推进国家间企业和个人货币兑换、结算的便利化；推进设立综合保税区；完善乌鲁木齐陆路港信息服务平台，为跨境电子商务提供有力支持，充分发挥乌鲁木齐作为首府城市和区域中心城市的地位和作用。此外，依托乌鲁木齐出口加工区以及吉木乃、巴克图、伊尔克什坦等口岸设立综合保税区或边境自由贸易园区，参照上海自由贸易试验区模式，实行负面清单管理，促进商品、服务、资本、技术、人员等生产要素的自由流动，努力建设成为中国向西开放的重要窗口和对外开放的示范区。以边境自由贸易园区（FTZ）带动中国—中亚自由贸易区（FTA）的建立，为未来在时机成熟时建立"中国—中亚自贸区"创造条件。

3. 深化能源合作

（1）进一步加大能源外交力度

能源领域的合作并不只是简单的企业与企业之间的合作，它更多的是国与国之间外交、经济和战略合作的一种体现，因而政府的主导和推动作用重大。鉴于美国、俄罗斯、欧盟等国家和地区对中亚能源博弈激烈，且中亚能源对保障中国能源供应安全意义重大，中国应加大能源外交力度。

第一，中国与中亚国家间的能源合作可以借助上合组织这一有效的外部平台来开展对话与协调。上合组织原本就是中国和中亚国家开展各领域合作的重要渠道，可以通过这一平台积极倡议成立能源俱乐部，以加强能源生产国与能源消费国之间的合作。在2011年召开的上海合作组织国家能源部长会议上，中国、吉尔吉斯斯坦、俄罗斯、塔吉克斯坦四国就成立上合组织能源俱乐部事宜进行了磋商。2013年9月，在吉尔吉斯斯坦举行的上合组织元首理事会上，中国国家主席习近平提议成立上合组织能源俱乐部，以协调相关国家能源合作，确保能源安全，提高能效和开发新能源。2013年12月，上合组织成员国在莫斯科签署了《上海合作组织能源俱乐部成立备忘录》。上合组织能源俱乐部成立的条件正趋于成熟。中国应积极倡议、主导和利用这一协调机制，以"加强成员国能源政策协调和供需合作，加强跨国油气管道安保合作，确保能源安全"。

第二，借助"丝绸之路经济带"建设这一有利时机，加强中国与中亚各国的国别能源合作，深化中国与中亚各能源生产国、管道过境国之间的战略合作关系。共同规划合作方向与合作目标，全面制订能源合作计划，协调双方能源法律政策体系，制定并严格实施税收保护协定，消除监管障碍。此外，还可通过举办各国间能源管理部门和能源企业定期、不定期会议，能源合作论坛等形式，加强各国间能源发展战略和政策交流。通过政府间政策协调和对话沟通机制解决相互间的利益纠纷和摩擦。

第三，加大能源安全保护合作。针对"三股势力"和跨国有组织犯罪活动对中国与中亚国家能源合作所带来的威胁，中国与中亚国家应加大能源安全保护合作。根据上海合作组织合作协议中关于联合军事演习和联合反恐的规定，开展军事交流，加强军事合作，为能源勘探、开发、生产、运输、储备等提供安全保障。

（2）积极开展可再生能源合作

中亚地区不仅拥有丰富的油气、核能等可耗竭能源，同时还拥有更为丰裕的风能、太阳能、水能和生物能等可再生能源，这为中国与中亚能源合作的长远发展提供了新的合作领域。[21]

中亚地处北半球风带，拥有强对流气候，是世界上最适宜开发风能的地区之一。如哈萨克斯坦50%以上地区年均风速达4~5米/秒，且其中相当一部分地区年平均风速达7~9米/秒，风能年发电潜力达1.8万亿千瓦时。土库曼斯坦风能资源优势也非常明显，具备风能发电潜力的地区面积占其国土总面积的40%以上。

在太阳能方面，土库曼斯坦的卡拉库姆沙漠面积居世界第四位，其太阳能辐射量达 800 瓦/平方米，全年日照时间可达 2500~3000 小时，其总辐射量高于中国太阳能最为丰富的青藏高原。中亚很多地区也具有类似条件。如乌兹别克斯坦夏季每天日照时间可长达 15 小时，冬天不少于 9 小时，发展太阳能拥有得天独厚的自然条件。哈萨克斯坦南部地区也非常适合发展太阳能，日照所产生的能量为每平方米 1300~1800 千瓦时/年，理论发电量 25 亿千瓦时/年。此外，吉尔吉斯斯坦和塔吉克斯坦的太阳能资源也具有巨大的潜力。

中亚地区的水力资源亦十分可观。阿姆河的源头位于塔吉克斯坦境内海拔 4500 米的帕米尔高原冰川，在其流域内积蓄了 6400 万千瓦的水电潜力，相当于 3 个三峡水电站。吉尔吉斯斯坦境内有包括锡尔河在内的河流 252 条，水电潜力约为 1850 万千瓦。目前，这两国的水电实际利用率都不及其潜力的十分之一。

目前，中亚国家已开始采取措施鼓励发展可再生能源，许多国家的企业也已进驻中亚地区开发可再生能源市场。中国凭借地缘优势和相对发达的技术优势，应抓住机遇，积极与中亚国家开展可再生能源合作，实现双方互利共赢。

4. 加强交通物流合作

（1）强化交通基础设施建设合作

由于经济发展缓慢和历史原因，中亚国家的交通基础设施建设仍处于较低水平，运输效率不足，这成为制约中国和中亚国家经贸合作的重要因素之一。而国际铁路等交通基础设施建设周期长，投资巨大，技术含量高，对于中亚国家来说难以承担。中国在公路、铁路、机场、通信等基础设施建设领域具有领先的技术和很强的竞争力，完全有能力参与中亚国家的基础设施建设，还可以带动中国制造业和工程企业赴中亚国家投资，将钢铁、水泥等国内过剩产能转移出去。而且，中国已发起成立亚洲基础设施投资银行、丝路基金，这为中国与中亚国家进行基础设施建设合作提供了资金支持。中亚国家借此可以提升基础设施水平，从而为经济发展创造基础；中国也可借此输出过剩产能，这对于中亚国家和中国将是一种双赢的合作。交通基础设施的改善也将为各国间经贸和人员往来提供便利。

（2）深化交通网络联通合作

虽然中国与中亚国家已签订了多项公路、铁路和航空领域的交通合作协议，开通了多条公路、铁路、航空线路，形成了立体交通网络，但中国与中亚国家间仅有 2 个铁路口岸和 2 个航空口岸，交通网络建设仍不发达。一些"丝绸之路经济带"上比较重要的交通线路的开通与建设遇到阻碍，如中吉乌铁路等。在航空方面，中国与中亚国家间的航空交通仍需要继续发展，使北京和国内重要节点城市与所有中亚国家的首都都能实现直航。因此，中国应充分考虑地区复杂地缘政治环境，加强与相关国家的沟通与协调，积极推进中吉乌、中哈、中塔阿伊等互联互通交通基础设施建设，促进交通运输由"跟跑型"向"引领型"转变，以适应未来"丝绸之路经济带"发展的战略需求，逐步建成中国与中亚国家间完善的交通运输网络。

（3）实现口岸通关便利化

努力加快中国和中亚国家边境口岸现代化建设步伐，实现口岸通关便利化。首先，通过加快海关信息化建设来提高通关效率。加强信息技术投入，加快电子口岸建设，综合质检、物流、通关等信息，建设跨部门综合信息共享数据库，提高通关效率，建立多口岸合一的电子口岸平台，提升贸易便利化水平。同时，加强同中亚国家海关的沟通和协调，建立同沿线国家海关、检验检疫、交通等信息共享机制，从而提升沿线国家整体信息一体化层次与水平。其次，中国海关应加快与中亚国家海关在"统一单证""互认查验结果""边境联合作业"等方面的合作，大力推广霍尔果斯海关的无纸化通关作业方式和都拉塔口岸的联合监管作业方式，从而提高通关效率。最后，同中亚国家海关进行政策协商，在货物通关上减少不必要的繁琐程序，尽量规范和统一通关流程，减少通关时间。[22]

5. 推动数字经济领域合作

随着互联网和数字技术的快速普及和广泛应用，中国与中亚五国的联系与合作日益加深，在数字经济领域展开广泛合作，国际经贸往来向着更高效、更智能的方向发展。

（1）新科技革命推动产业数字化发展

科技创新是经济发展的重要引擎，新一轮科技创新的显著特征就是绿色化、网络化和数字化，科技创新与产业深度融合推动了产业数字化的发展。中国已深度嵌入全球经济网络，是新一轮科技创新的主要参与者和引领者，亟须进行产业结构转型和升级，并提升在全球价值链的地位，而以数字化为代表的新科技革命给我国创新驱动发展带来了新机遇，也为中国与中亚五国加强数字经济合作奠定了基础。中亚五国在一定程度上都逐渐认识到新科技革命对其发展的重要性，着力适应以数字经济为引领的产业变革。加大数字基础设施建设，推动产业数字化转型，加快数字经济发展，吸引更多资金投入，刺激经济可持续发展。但近几年，国际上出现贸易保护主义、单边主义和孤立主义倾向，逆全球化初现端倪，对国际产业链造成极大冲击。在新科技革命的推动下，中国与中亚五国应加强数字经济合作，有效整合和配置创新资源，构建紧密的产业分工协作新格局，缓解"逆全球化"对全球经济的冲击，对重塑国际经济贸易格局和国际新秩序产生更加深远的影响。[23]

（2）各国积极开展数字基础设施建设与合作

近年来，中国大力号召进行数字基础设施建设与合作，号召推动和支持电子商务。数字经济和智慧城市建设，这就需要建设和应用大量数字基础设施，数字基础设施可推动信息传播、提供生产辅助，进一步提高生产效率和质量。提升产能转换速度，优化和升级产业结构，在一张数字化网络中拉近政府、企业和消费者之间的距离。中国数字基础设施建设水平处于世界前列，特别是提前布局新型基础设施建设，打造新一代中国版信息高速公路，成为引领经济转型升级的重要动力。已有多家基建领域企业计划与中亚五国展开国际合作。中国为其他国家提供数字技术和通信技术产品与服务呈逐渐上涨趋势，通信设备的出口额更是高于其他电子设备和元器件，未来这一增长趋势将更加明显，这也代表着中国与中亚五国的数字基础设施建设领域将会有更快的发展和更多的合作。

（3）移动支付的普及进一步推动数字经济合作

移动互联网和移动支付的逐渐普及，使中国与中亚五国在数字经济领域的合作日渐加深。移动互联网是数字经济发展的基础，带动各国进行新型基础设施建设，让世界各国广泛互联，赋能生产和消费越来越全球化。移动支付在中国得到迅速普及，极大地方便了居民的生活与消费，这一趋势也逐渐向中亚五国扩散。许多国家布局移动支付战略，一些中国人喜欢去旅行和消费的国家也广泛应用中国的移动支付工具。移动支付被越来越多国家的民众接受，各国居民也享受到移动支付带来的便捷高效。

（4）提升中国在数字经济合作中的影响力

中国数字经济发展迅速且潜力巨大，已经成为经济快速发展的重要引擎，也是推动产业结构优化升级的主要动力。近些年，各级政府高度重视数字经济发展，看重推动大数据、互联网和人工智能与传统产业的融合，提升产业结构优化升级速度，加快建设智慧城市和数字中国，为与中亚五国的数字经济合作提供了有力支持。国家互联网信息办公室发布的《数字中国发展报告（2020年）》表明，我国数字经济持续快速增长，数字经济总量居全球第二；数字中国建设效益和速度明显提高，数字技术基础设施建设全球领先，拥有全球最大规模的网络，固定宽带家庭普及率在2020年底达到96%。5G网络建设速度和规模居全球第一；信息技术创新能力持续提升，从2015年的第29位跃升至2020年的第14位，5G、区块链和人工智能等领域专利申请量为全球第一。我国数字政府服务效能显著，2020年7月，联合国发布的《2020联合国电子政务调查报告》表明，中国排名由2018年的第65位上升到2020年的第45位。信息服务更加便民惠民，网民规模上升到9.89亿人，网络空间国际合作向纵深发展。中国积极参与多边数字领域国际规则的制定，领导发起多项倡议。陆续制定和推出网络安全法、电子商务法、个人信息保护法（草案）、优化营商环境条例、反不正当竞争法等法律法规，切实保护消费权益、保障数据安全，打击网络犯罪，不断优化信息发展环境。这些都表明，中国是世界数字经济发展不可缺少的中坚力量，也将成为中亚五国数字经济合作的主要倡导者和重要参与者。

总体来看，经济的数字化转型已成为全球大趋势，中亚五国也都致力于促进本国数字经济的发展和推动数字经济国际合作，共享数字经济合作的成果。在这一过程中，中国必将发挥举足轻重的作用，推动中国与中亚五国在数字经济领域深度合作，进而促进经济更高质量、更快发展。[24]

参考文献

［1］黄晓燕．"一带一路"背景下中国与中亚国家产能合作研究［D］.新疆大学，2019，111（1）：111-126.

［2］王志倩．"一带一路"背景下中国对中亚五国对外直接投资现状分析［J］.山西农经，2021（1）：29-30.

［3］段秀芳，殷禛昊．"一带一路"背景下中国对中亚五国直接投资现状及对策建议［J］.市场研究，2020（4）：24-26.

［4］蔡阔，邵燕敏，何菊香，等．对外承包工程对中国对外直接投资的影响——基于分国别面板数据的实证研究［J］.管理评论，2013，25（9）：21-28.

［5］商务部国际贸易经济合作研究院等．对外投资合作国别（地区）指南：塔吉克斯坦（2020年版）［R］.2020.

［6］郭曼若．中国与中亚的劳务合作：现状、挑战与应对［C］//"一带一路"投资机遇和风险管控系列报告.兰州大学一带一路研究中心，2021（11）.

［7］周毅．"一带一路"背景下国际商务的发展机遇与挑战［J］.现代商业，2021（36）：46-48.

［8］王丽．"一带一路"背景下中国与中亚国家能源合作的问题及对策［J］.对外经贸实务，2018（9）：37-40.

［9］马哈巴尔·努斯甫汉．中国与中亚国家贸易便利化研究［D］.新疆师范大学，2017.

［10］刘怫翔，苏尔托诺夫·苏合洛伯．中国与塔吉克斯坦经济合作前景问题探讨［J］.中国集体经济，2019（20）：14-15.

［11］小帕．"一带一路"倡议下中国与中亚国家的经贸合作关系研究［D］.山东师范大学，2022.

［12］原渊，苏学斌，李建华，等．世界地浸采铀矿山生产现状与进展［J］.中国矿业，2018，27（S1）：59-61+74.

［13］刘媛．新疆利用中亚五国优势矿产资源对策研究［D］.中国地质大学（北京），2015：30.

［14］蒿琨．"一带一路"与中亚沿线枢纽国家发展战略对接思考［J］．国际关系研究，2021（2）：48-67+156.

［15］田润锋，段桂超．"一带一路"背景下中国与中亚五国推进新能源合作路径［J］．中阿科技论坛．2023（9）：11+13.

［16］中国驻哈萨克斯坦大使馆经济商务参赞处．2011年哈萨克斯坦对外贸易简析［R］．2012.

［17］中国驻吉尔吉斯斯坦大使馆经济商务参赞处．2013年吉尔吉斯斯坦对外贸易情况［R］．2014.

［18］赵青松．中国与乌兹别克斯坦经贸关系、历史、现状与前景［J］．新疆财经大学，2014（5）：67-74.

［19］杨涛．中国与中亚经贸合作现状及前景展望［D］．湖南长沙师范学院，2016.

［20］朱瑞雪．"丝绸之路经济带"背景下中国与中亚国家区域经贸合作研究［D］．东北财经大学，2015：132-139+144-145.

［21］乔刚，杨翠萍，孙文婷．中亚五国清洁能源现状及开发对策建议［J］．新疆大学学报（哲学·人文社会科学版），2013（6）：99-103.

［22］任华，赵国涛．新疆面向中亚国际物流发展研究［J］．新疆财经，2014（4）：66-73.

［23］武可栋，阎世平．数字技术发展与中国创新效率提升［J］．企业经济，2021（7）：52-62.

［24］黄海波，段秋韵．"数字丝路"背景下的中非电子商务合作［J］．西亚非洲，2021（1）：48-72.

第二部分　专题篇

二、传统行业贸易优化升级研究

（一）中国—中亚传统行业贸易的发展现状

中国对中亚国家出口方向的表现如图2-1所示，2016~2020年中等技术产品出口比重逐步增加，由21.63%增长到30.60%，出口总额从38.85亿美元上升至110.71亿美元，年平均增长率为14.37%。2020~2022年受到外部大环境影响，出口比重呈下降趋势。低等技术产品的出口比重呈现波动式增长的基本态势，2016~2020年持续下降，2020~2022年逐渐上升。其中，初级和资源型产品的出口总体呈下降趋势，高等技术产品的出口额有小幅度上升。

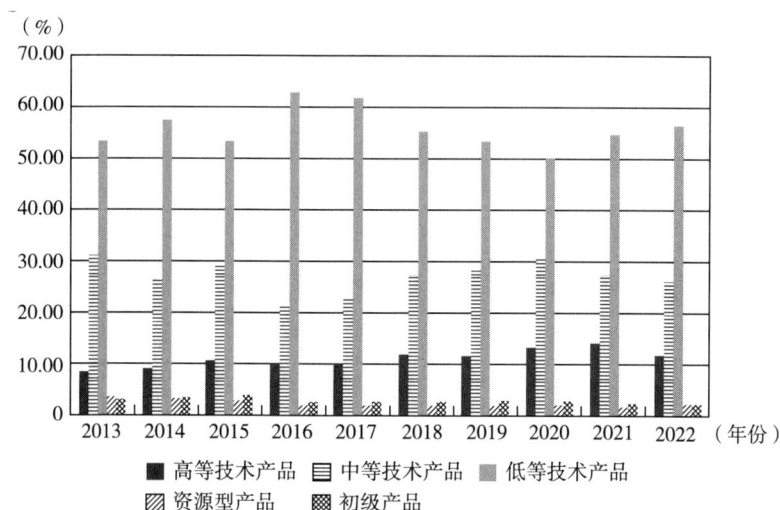

图2-1 2013~2022年中国对中亚五国的出口占比

资料来源：联合国商品贸易统计数据。

中亚国家对中国出口方向的表现如图2-2所示，初级产品的出口比重的高速增长态势明显，从2020年的46.16%上升至2022年的79.21%；资源型产品出口增长趋势也十分明显，从2019年的25.43%攀升至2022年的61.9%；其他三类产品的出口比重呈大幅下降趋势，特别是高等类型的占比持续维持在低位，中等类型的占比近两年呈现走弱态势，远低于其他类型产品，说明中亚国家对中国出口的产品多处于价值链中低端。

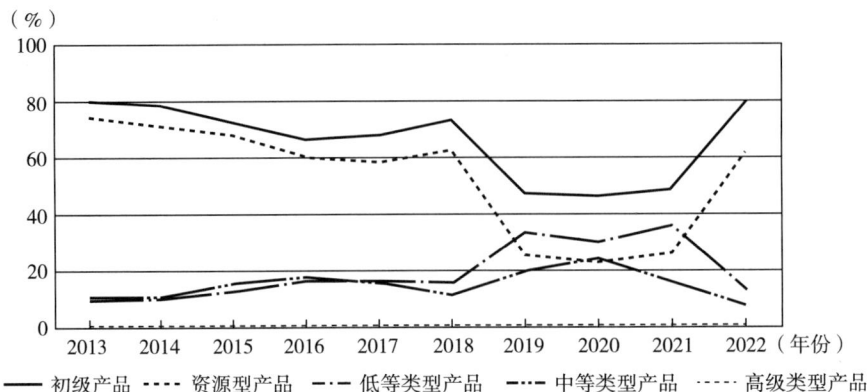

图 2-2 2013~2022 年中亚五国对中国的出口占比

资料来源：联合国商品贸易统计数据。

根据技术含量标准，将国际贸易标准分类（SITC）的 67 个二位数商品分为五大类产业：初级产品产业、资源型产业、低技术产业、中等技术产业和高技术产业。[1] 通过相关指数测度，在分析行业类别的变化趋势的基础上归纳主要特点，还原中国与中亚地区传统行业贸易的发展现状。

1. 基于行业类别的变化趋势

通过测度显性比较优势指数与贸易互补性指数，深入分析初级产品产业、资源型产业以及低技术产业三大传统行业贸易的变化趋势。

（1）显性比较优势指数分析

依托联合国商品贸易统计数据库，利用 2003~2022 年中国与中亚国家数据进行计算，以期客观评估传统行业发展的国际竞争力的重要指标，结果如表 2-1 所示。

表 2-1 2006~2022 年中国—中亚国家各产业竞争力变动趋势

国别	时间	初级产品	资源型	低技术	中技术	高技术
CN	2006~2008 年	0.24	0.23	1.69	0.95	1.39
	2013~2015 年	0.20	0.20	1.64	0.94	1.40
	2020~2022 年	0.20	0.19	1.49	0.97	1.30
KZ	2006~2008 年	3.11	3.23	0.63	0.34	0.05
	2013~2015 年	3.21	3.51	0.38	0.33	0.03
	2020~2022 年	3.08	3.06	0.52	0.44	0.07

国别	时间	初级产品	资源型	低技术	中技术	高技术
KG	2006~2008 年	1.61	1.40	2.38	0.23	1.59
	2013~2015 年	0.93	0.54	2.66	0.27	0.17
	2020~2022 年	1.42	0.66	2.08	0.28	0.20
UZ	2006~2008 年	—	—	—	—	—
	2013~2015 年	—	—	—	—	—
	2020~2022 年	0.78	0.41	3.54	0.24	0.07
TM	2006~2008 年	3.60	4.08	0.31	0.09	0.003
	2013~2015 年	3.62	4.26	0.36	0.04	0.01
	2020~2022 年	3.61	4.08	0.31	0.09	0.003
TJ	2006~2008 年	—	—	—	—	—
	2013~2015 年	1.20	0.30	3.22	0.11	0.09
	2020~2022 年	1.34	0.27	3.39	0.07	0.008

注：CN 代表中国，KZ 代表哈萨克斯坦，KG 代表吉尔吉斯斯坦，TJ 代表塔吉克斯坦，TM 代表土库曼斯坦，UZ 代表乌兹别克斯坦。

资料来源：联合国商品贸易统计数据。

从中国各产业贸易竞争力来看，初级产品产业和资源型产业的显性比较优势指数大约为 0.2，且呈下降趋势，缺乏国际竞争力。相比之下，中等技术产业具有中度的国际竞争力，变化较为微小。而高技术产业和低技术产业则具有较强的国际竞争力，显性比较优势指数约为 1.5，但也有下降趋势。综合来看，中国在国际贸易市场中的高技术和低技术产业上具有较强的竞争力，这表明中国在这些领域拥有一定的优势。然而，需要注意的是，中国初级产品产业和资源型产业的显性比较优势指数较低且呈下降趋势，这意味着中国在这些领域的国际竞争力较弱。可能是因为其他国家在资源分配和成本控制等方面具备较大优势。因此，中国需要进一步加强技术创新、转型升级和资源管理，以提高初级产品产业和资源型产业的国际竞争力。与此同时，继续加强高技术产业和低技术产业的发展，通过技术创新和提升产品质量，进一步提高竞争力。总的来说，中国在国际贸易市场中具有一定的竞争力，但仍有提升空间。通过持续的技术创新、质量提升和品牌建设，中国可以进一步提高在全球市场中的竞争地位，实现更大范围的经济增长和发展。

从中亚国家各产业贸易竞争力来看，初级产品产业和资源型产业的显性比较优势大约为 2.5，显示出极强的国际竞争力，但总体呈下降趋势。尽管中亚国家在初级产品产业和资源型产业领域具有显著优势，能够与其他国家进行有效竞争，但这一优势却呈现出下降的趋势。这说明中亚国家在这些领域可能面临一些困难和挑战。与此同时，低技术产业的显性比较优势大约为 1.5，具有较强的竞争力，并保持相对稳定的状态。这意味着中亚国家在生产低技术产品方面能够与其他国家进行有效的竞争，并且其竞争力相对稳定。然而，中亚国家在中高技术产业方面的显性比较优势仅约为 0.1，显示出极度缺乏国际竞争力的问题，并且呈持续下降趋势。这对中亚国家来说是一项重要的警示，因为中高技术产业产品往往具有较高的附加值和创新性，对经济发展和国际竞争力具有重要意义。综上所述，中亚国家在初级产品产业和资源型产业领域展现出极强的国际竞争力，但也存在竞争力下降的趋势。与此同时，中亚国家在中高技术产业方面的国际竞争力相对较弱，需要加大力度提升。

（2）互补性指数分析

根据比较优势理论，各国之间的贸易是基于生产技术和生产成本的相对差异，各国应该利用自己在生产技术、资源或规模上的比较优势，专注于特定领域的生产，以满足消费者多样化的需求。[2] 其中，对于产业结构互补性程度高的国家来说，发展水平上的较大差距构成调整成本缩减与推动贸易发展的内在动力。

相关数据分析结果如表 2-2 所示，在低技术产业和中等技术产业领域，互补性指数普遍大于 1.0，并在 1.25 左右波动。然而，2011~2013 年的数据显示，低技术产业的互补性指数达到了 3.0 的水平，中等技术产业的互补性指数约为 1.0。可以看出：中国在低技术产业方面与中亚国家具有较强的互补性，但近年来互补性指数呈现下降趋势。然而，在中等技术产业方面，互补性指数近十年来没有发生明显变化。相反地，中国与中亚国家在高技术产业和资源型产业方面的贸易互补性较弱。2020~2022 年的数据显示，这两个产业领域的互补性指数基本维持在低于 1.0 的水平。然而，2011~2013 年的数据表明，互补性指数普遍高于 1.0。因此，可以得出结论，中国在高技术产业和资源型产业方面的国际竞争力值得关注，需要努力开发和提升。2020~2022 年主要集中在初级产品产业和资源型产业方面。在 SITC0 类和 SITC2 类产业以及资源型产业方面，中亚国家对中国的贸易互补性非常强。然而，在其他行业方面的贸易互补性指数非常低，并且与十年前相比保持稳定，没有发生明显变化。

表 2-2　2020~2022 年中国—中亚国家各产业贸易互补性（平均值）

项目	初级产品					资源型	低技术	中技术	高技术
	0 类	1 类	2 类	3 类	4 类				
CN-KZ	0.39	0.29	0.13	0.63	1.16	0.12	1.25	1.39	1.06
CN-KG	0.37	0.47	0.24	0.69	1.43	0.28	2.19	0.86	0.70
CN-TM	0.45	0.53	0.08	0.84	1.28	0.10	1.16	1.53	0.77
CN-UZ	0.19	0.56	0.11	0.69	1.53	0.14	1.00	1.60	0.82
CN-TJ	1.00	1.51	0.31	0.51	1.62	0.36	0.74	1.03	0.46

项目	初级产品					资源型	低技术	中技术	高技术
	0 类	1 类	2 类	3 类	4 类				
KZ-CN	0.19	2.43	4.57	0.06	0.04	3.33	0.36	0.28	0.09
KG-CN	3.56	0.83	1.13	0.21	0.49	0.72	1.42	0.19	0.26
TM-CN	0.38	0.29	4.60	0.75	0.05	3.91	0.37	0.29	0.007
UZ-CN	2.00	1.28	0.54	0.34	0.23	0.44	2.41	0.15	0.08
TJ-CN	0.50	0.22	1.89	0.01	0.07	0.29	2.31	0.05	0.01

注：CN、KZ、KG、TJ、TM、UZ 代表国家同表 2-1。

资料来源：联合国商品贸易统计数据。

2. 基于发展现状的主要特点

结合中国—中亚传统贸易相关指数测算结果，在追溯长期演进过程的基础上，归纳出以下特点：

（1）贸易增长速度较快且进出口总体平衡但贸易规模较小

中国与中亚五国的贸易规模持续增长，如表 2-3 所示，基本在相对较高水平的范围内波动。其中，2022 年中国与中亚五国的进出口总额增长到 702.4 亿美元，增长了 153 倍，平均增长率为 50%，2021 年的增长率为 24.75%，2022 年的增长率为 40.32%。但是，进口与出口比值的变化表明贸易结构发生了波动。各个时期的进口与出口比值变化反映了中国对中亚五国贸易的需求演变，可能受到经济发展、产业结构调整等因素的影响。

表 2-3　2013~2022 年中国与中亚五国进出口与增长率　单位：亿美元,%

时间	进出口总额		出口		进口	
	数量	增长率	数量	增长率	数量	增长率
2013	502.7	8.60	232.4	8.33	270.3	8.86
2014	450.1	-11.69	240.5	3.37	209.6	-28.98
2015	326.0	-38.05	175.6	-36.96	150.4	-39.34
2016	300.4	-8.562	179.7	2.24	120.7	-24.66
2017	359.9	16.54	214.6	16.28	145.3	16.93
2018	416.6	13.62	225.6	4.87	191.0	23.96
2019	360.5	-15.55	260.6	13.44	99.9	-90.20
2020	315.4	-14.33	211.7	-23.13	103.7	3.63
2021	419.5	24.75	295.6	28.28	123.9	16.38
2022	702.4	40.32	423.7	30.34	278.7	55.52

资料来源：联合国商品贸易统计数据。

从阶段性特征来看，中国对中亚五国的进口与出口比值呈现出明显的波动态势。在1993~2002年，进口与出口比值一直大于1，说明中国对中亚五国的进口规模超过了出口规模，中国对中亚五国的进口需求强劲。而在2003~2009年，进口与出口比值回落至1以下，并且逐渐下降，该阶段进口规模相对于出口规模不断减小。在2010~2013年，进口与出口比值逐渐上升，进口规模开始超过出口规模，中国对中亚五国的进口需求再度增加。然而，在2013~2022年，进口与出口比值再度下降，进口规模有所减少。由此可见，从长期趋势来看，中国与中亚五国的贸易快速增长，进出口逐步趋于平衡。

（2）分类产品进出口之间存在失衡现象

在技术层级和产品类别方面，中国与中亚国家的贸易往来特点明显。总体来看，中国对中亚国家的出口以中低技术产品为主，而高技术产品的出口比例相对较低。中亚国家对中国的产品出口以初级产品为主，而技术等级较高的制成品的出口比例相对较低。

从中国出口中亚国家的方向来看，中低技术产品占据主导地位，高技术产品的出口相对较少。其中，低技术产品占据了最大比例，2022年达到56.3%，主要包括服装和服饰用品、鞋类、纺织纱线和织物等，中亚国家对低技术产品的需求旺盛。中等技术产品位列第二，2022年的出口比例为26.1%，主要涉及陆用车辆、其他运输设备、钢铁、特种工业专用机械以及未列明的通用工业机械和机器零件。相比之下，高技术产品的出口比例较低，仅占11.7%，主要包括办公用机器及自动数据处理设备、电信、录音及重放装置和设备、电力机械及其电器零件等。

从中亚国家出口中国的方向来看，初级产品占据绝对主导地位。相关数据显示，初级产品占对中国出口总额的79.2%。其中，金属矿石和石油等资源型初级产品占据较大的份额，各类技术等级的制成品出口比例较低，尤其是高技术制成品的出口比例极低，仅为0.004%。此外，资源型产品的比重较高，占比为61.9%，主要包括金属制品。

（3）中国—中亚的互补性产业结构单一

中国与中亚国家之间在低技术产业和中等技术产业方面呈现较强的贸易互补性，但是依据贸易方的不同，呈现出明显差异，具体如表2-2所示。

从中国对中亚的贸易互补性来看，低技术产业与中等技术产业的互补性指数普遍大于1.0，围绕1.25上下波动，这意味着中国在低技术产业方面与中亚各国具有较强的互补性。相反，高技术产业和资源型产业方面，中国与中亚国家之间的贸易互补性不强，基本维持在低于1.0的水平，可以归因于中国在这两个产业领域的国际竞争力提升空间尚未得到有效开发。

从中亚国家对中国的贸易互补性来看，主要集中在初级产品产业和资源型产业上，对于 SITC0 类和 SITC2 类产业以及资源型产业，中亚国家对中国的贸易互补性非常强，但对于其他行业的贸易互补性基本维持在低水平状态。由此可见，中国和中亚国家之间的贸易互补结构较为单一，并且两国贸易结构的多样性不足，主要集中在初级产品、资源型和中低技术产业。

（4）中国—中亚国家传统产业的分工处于较低水平

中国与中亚国家传统行业贸易的发展水平受到产业分工水平的影响。为了研究中国与中亚国家的传统贸易发展情况，有必要进一步分析中国与中亚国家在具体行业的国际分工水平。根据对各国贸易分析，可以看出传统行业国际分工趋势已经由产业间的国际分工拓展到产业内的国际分工。现在，中亚国家正在逐渐融入全球价值链。随着全球化的推进和区域经济合作的加强，中亚国家逐渐成为国际贸易和投资的重要参与者。但是与中国相比，中亚国家的产业国际分工水平较低。采用贸易专业化系数（TSC）进行度量，具体计算公示如下：

$$\mathrm{TSC}_{ij}^{k} = \frac{x_{ij}^{k} - m_{ij}^{k}}{x_{ij}^{k} + m_{ij}^{k}}$$

其中，TSC_{ij}^{k} 表示 i 国与 j 国在 k 产品上的贸易专业化系数，x_{ij}^{k} 表示 i 国对 j 国的 k 产品出口额，m_{ij}^{k} 表示 i 国对 j 国的 k 产品的进口额。当 $\left| \mathrm{TSC}_{ij}^{k} \right| > 0.25$ 时，表示两国之间的产业分工是产业间分工；当 $\left| \mathrm{TSC}_{ij}^{k} \right| \leqslant 0.25$ 时，表示两国之间的产业分工是产业内分工。

依据表 2-4 的计算数据，可以得出以下结论：中国与中亚国家之间的传统行业贸易仍然停留在产业间的国家分工合作阶段，总体水平相对较低。从贸易类型来看，中国与中亚国家之间的各类贸易专业化系数基本处于超出 0.25 的水平，在 0.70 上下波动，这意味着中国和中亚国家之间的产业分工更多属于产业间分工，而非产业内分工，后者存在严重不足，说明双方在相同产业内的分工程度较低，缺乏更深入的合作和协调。

表 2-4　2003~2022 年中国与中亚国家各产业贸易专业化系数平均值

项目	初级产品	资源型	低技术	中技术	高技术
CN-KZ	-0.894	-0.860	0.515	0.196	0.999
CN-UZ	-0.634	-0.595	0.078	0.797	0.999
CN-KG	-0.869	-0.819	-0.922	-0.830	-0.839
CN-TM	-0.991	-0.991	0.716	0.973	0.998
CN-TJ	-0.287	0.868	0.902	0.998	0.998

注：CN、KZ、KG、TJ、TM、UZ 代表国家同表 2-1。

资料来源：联合国商品贸易统计数据。

3. 基于优化升级的低端困境

尽管中国和中亚传统行业贸易取得了长足的发展，然而该领域却面临着一系列低端困境的挑战。例如，研发投入较低、技术创新不足以及市场竞争力欠缺等问题制约了传统行业的升级和附加值的提升。这些问题导致行业相对滞后，无法迅速适应国际贸易环境的变化和市场需求的转变，进而面临新的压力和挑战。为了应对这一低端困境，中国和中亚传统行业贸易需要实施一系列优化升级的过渡措施，以推动产业的升级和提升竞争力。在这个过程中，需要采取多重策略和措施，以实现全面的改变。

（1）低端困境产生的原因

1）短期政策规制的导向明显

中国与中亚传统行业贸易陷入低端困境的其中一个原因是行业管制和保护政策的短期利益导向。这种导向在以下几个方面表现明显：第一，行业管制限制了市场竞争。政府实施的行业管制政策对传统行业产生了一定的限制和约束，导致市场竞争性受限。许多行业面临着行政审批、产能调控等管制措施，使得新进入者进入市场的门槛增加，同时市场竞争程度也相对较低。这种市场环境的制约，限制了新技术和新产品在传统行业中的引入和发展。值得注意的是，与市场竞争激烈的国家相比，这种行业管制导致了技术创新和升级的动力相对较弱。第二，保护政策使传统行业难以适应市场变化。为了保护本国传统行业的利益，政府常常采取一系列保护主义政策，如提供补贴、限制进口和提高关税等。虽然这些保护政策可能在一定程度上维护了传统行业的利益，但也导致这些行业缺乏市场竞争力和创新能力。当市场需求发生变化或者国际竞争日益加剧时，这些行业往往难以适应新的市场环境，从而陷入低端困境。

2）综合创新能力的能力不足

由于技术创新不足，中国与中亚传统行业在贸易中陷入低端困境。具体来说，农业行业的种植技术和农机化水平不高，导致农产品产量和质量无法满足市场需求，限制了附加值和竞争力。石油和天然气行业的勘探技术和生产装备相对落后，缺乏高效提取和加工技术，限制了中国在这些行业的竞争力，无法提供高附加值产品。钢铁行业的传统冶炼和生产工艺导致产品质量较低，无法满足高端市场需求，陷入低端竞争。纺织业的工艺和技术相对陈旧，产品质量和设计创新能力低，无法满足个性化需求，限制了贸易发展。电子产品行业研发和创新能力不足，缺乏领先技术和设计创新，无法在国际市场上竞争，无法获得高附加值市场份额。建筑业在中国与中亚的贸易中也受到技术创新不足的影响。传统的建筑方法和材料使用限制了产品的性能和质量，难以满足现代建筑的需求。类似地，汽车制造业面临着技术升级的挑战。缺乏先进的研发能力和新能源汽车技术，使得中国的汽车产品在国际市场上缺乏竞争力。在解决这些问题的过程中，中国应该加强对传统行业的技术研究和创新投入。通过引进先进的技术和设备，推动技术升级和转型，可以提高产品的附加值和质量，并在国际市场上获得更好的竞争能力。此外，加强与中亚国家的合作，共享技术和经验，也可以促进贸易的升级和发展。

3）中亚产业升级进程相对缓慢

中亚国家在产业升级方面面临复杂挑战。第一，中亚地区在技术创新和研发方面投入有限，科技设施和人力资源储备相对薄弱，缺乏技术创新和新产品的开发，导致传统行业难以增加附加值和提高竞争力。第二，中亚地区的教育体系和培训机构对人才培养和技术转移的支持不足，缺乏高质量的教育资源和培训机构，限制了企业提升技术和管理水平的能力。第三，中亚地区的市场规模相对较小，人口数量和国内市场需求有限，极大地减少传统行业的发展潜力和投资吸引力。第四，中亚地区仍然依赖传统的资源型产业，而高附加值和技术密集型行业在该地区发展相对缓慢。第五，基础设施和物流方面的瓶颈也成为产业升级和贸易竞争力提升的重要约束。除此以外，中亚国家传统行业企业的国际化经验不足，缺乏创新引领的市场拓展能力。上述因素致使传统行业产品停留在初级加工阶段，难以提升附加值和竞争力、开展高质量贸易。

4）全球化纵深演进的外在压力

随着新型全球化趋势不断增强，中亚地区的传统行业迎来一系列挑战。首先，全球价值链动态调整放大传统行业的竞争压力。基于成本和资源优势转移，后发国家和地区相继获得产业水平提升契机，间接导致中亚地区传统行业在全球市场的竞争地位下降。其次，全球市场对高质量和高附加值产品的需求不断增长，中亚地区的传统产品往往难以满足这一需求。此外，全球贸易保护主义的兴起也给中亚传统行业带来了困扰，限制其在国际市场的发展。与此同时，全球产业分工调整也对中亚地区的传统行业构成了挑战。第一，全球市场对高科技产品和创新领域的需求增长迅速，中亚地区的传统行业在技术创新和新产品开发方面相对薄弱，难以通过有效供给满足世界市场需求。第二，全球市场竞争极大影响传统行业的市场占有率。一些发达国家和新兴市场国家在技术、品质和品牌方面具有明显优势，在全球市场上占据较大份额。第三，全球市场对创新性、绿色化产品的需求增加，使得中亚地区的传统行业在市场占有率上面临挑战，放大了传统行业在环境保护和可持续性方面的发展短板。

（2）优化升级的主要思路

中国与中亚国家的贸易主要集中在初级产品和中低技术产品上，这导致了产业和贸易的升级受到了"比较优势陷阱"和全球价值链"低端锁定"的制约。为了突破贸易的"低端困境"，应充分利用中国与中亚经贸高质量合作优势，主动发挥"一带一路"共同繁荣的现代化的引擎作用，秉持系统发展观，探索特色化、多样化路径，推动产业和贸易协同升级。

中国角度：第一，中国将加强研发和技术创新，以提升传统行业的技术水平和创新能力，推动产品升级和提高附加值。具体的措施包括增加研发投入、鼓励企业建立研发中心，支持科研机构与企业合作，培育自主创新能力和核心技术。第二，中国将推动数字化和智能化升级，旨在提高生产效率和质量水平，实现智能制造和数字化管理。具体的措施包括引进先进的生产设备和技术，推广智能制造技术，促进产业数字化转型，提升生产线的自动化和智能化水平。第三，中国将加强产业协同和创新体系建设，以推动传统行业从价格竞争向价值竞争转变，打造具有国际竞争力的产业集群。具体的措施包括鼓励企业间合作，构建产业协同发展的生态系统，促进产业链上下游的合作和资源共享，培育具有国际化视野的创新型企业。

中亚角度：第一，中亚地区将引进技术和经验，旨在提升传统行业的技术水平和质量标准，提高国际竞争力。具体的措施包括通过技术引进、技术转让和合作项目，引进先进的生产技术和管理经验，搭建技术合作平台，加强中亚国家间的科技合作和交流。第二，中亚地区将促进传统行业的升级和转型，实现结构优化，提升附加值和市场竞争力。具体的措施包括改善营商环境，降低行业准入门槛，促进企业技术创新和技能培训，引导传统行业向高附加值和技术密集型方向转型。第三，中亚地区将加强国际合作和市场拓展，以拓宽市场，增加出口份额，降低贸易壁垒，实现经济的多元化发展。具体的措施包括加强与中国和其他国家的经贸合作，推动中亚国家之间的区域经济一体化，形成互补优势，在国际贸易中共同开拓市场。

（二）中国—中亚农产品贸易的优化升级研究

本节基于 Trade Map 数据库 2003～2022 年中国与中亚国家农产品贸易进出口数据，通过计算显性比较优势指数、贸易结合度指数与贸易互补度指数，分析中国—中亚农产品贸易的基本发展现状、核心障碍因素及优化升级对策，推动双边农产品贸易进一步发展，实现互惠互利共赢的发展新局面。

1. 双边贸易分析

随着中国与中亚国家经济合作不断深入，农产品贸易规模不断扩大。从总体来看，中国与中亚国家的农产品贸易具有一定的互补性，贸易联系相对紧密，但是也存在贸易结构单一、贸易不均衡等问题。[3]

（1）相关指数分析

针对中国与中亚农产品贸易现状和贸易结构问题，使用显性比较优势指数、贸易结合度指数和贸易互补度指数，对中国与中亚农产品双边贸易进行评估与分析。

1）显性比较优势指数

如图2-3所示，中国与中亚农产品贸易的显性比较优势指数变化反映出以下内容：从弱优势组来看，中国、哈萨克斯坦、土库曼斯坦2003～2022年的农产品显性比较优势指数几乎均小于1，除却土库曼斯坦在2010年出现大幅波动以外，三国农产品显性比较优势指数均在小范围波动。从强优势组来看，吉尔吉斯斯坦、塔吉克斯坦和乌兹别克斯坦显性比较优势指数均大于1，且保持在较为稳定的状态，在国际农产品市场上具有明显的比较优势。从现实关照来看，吉尔吉斯斯坦、塔吉克斯坦、乌兹别克斯坦农产品在国际市场的比较优势要远大于中国，中国与中亚国家开展合作时，要结合实际情况，选择合适的贸易伙伴。

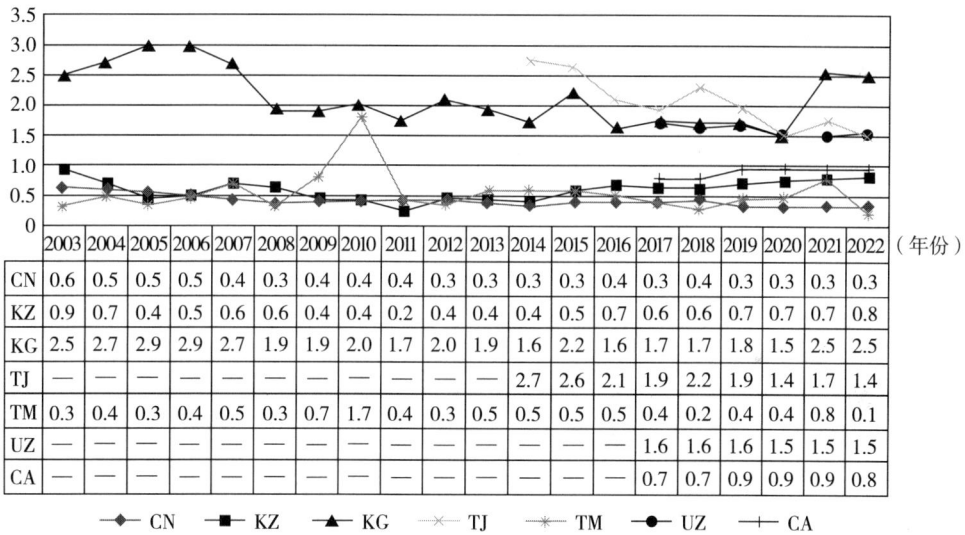

	2003	2004	2005	2006	2007	2008	2009	2010	2011	2012	2013	2014	2015	2016	2017	2018	2019	2020	2021	2022	（年份）
CN	0.6	0.5	0.5	0.5	0.4	0.3	0.4	0.4	0.4	0.3	0.3	0.3	0.3	0.4	0.3	0.4	0.3	0.3	0.3	0.3	
KZ	0.9	0.7	0.4	0.5	0.6	0.6	0.4	0.4	0.2	0.4	0.4	0.4	0.5	0.7	0.6	0.6	0.7	0.7	0.7	0.8	
KG	2.5	2.7	2.9	2.9	2.7	1.9	1.9	2.0	1.7	2.0	1.9	1.6	2.2	1.6	1.7	1.7	1.8	1.5	2.5	2.5	
TJ	—	—	—	—	—	—	—	—	—	—	—	2.7	2.6	2.1	1.9	2.2	1.9	1.4	1.7	1.4	
TM	0.3	0.4	0.3	0.4	0.5	0.3	0.7	1.7	—	0.3	0.5	0.5	0.5	0.5	0.4	0.2	0.4	0.4	0.8	0.1	
UZ	—	—	—	—	—	—	—	—	—	—	—	1.6	1.6	1.6	1.5	1.5	1.5				
CA	—	—	—	—	—	—	—	—	—	—	—	0.7	0.7	0.9	0.9	0.9	0.8				

—◆— CN —■— KZ —▲— KG —✳— TJ —※— TM —●— UZ —+— CA

图2-3 中国—中亚农产品显性比较优势指数

注：CN、KZ、KG、TJ、TM、UZ代表国家同表2-1，CA代表中亚。

资料来源：根据Trade Map数据库整理计算。

2）贸易结合度指数

如图2-4所示，中国与中亚农产品贸易结合度指数反映出以下内容：

中国对中亚方向如图2-4上图所示。从整体趋势来看，中国对中亚地区2017～2022年农产品贸易结合度指数均大于1，中国农产品出口对中亚农产品进口比较重要。从国别差异来看，中国对吉尔吉斯斯坦、哈萨克斯坦在各年份的贸易结合度指数几乎均大于1，农产品贸易结合度高，农产品贸易联系紧密，而中国对塔吉克斯坦、土库曼斯坦、乌兹别克斯坦各年份的贸易结合指数几乎都小于1，贸易结合度较低，贸易联系较松散。其中，中国对吉尔吉斯斯坦贸易结合度指数波动幅度大，贸易潜力不稳定；中国对中亚其他四国贸易结合度指数变化较为平稳，贸易联系稳定。

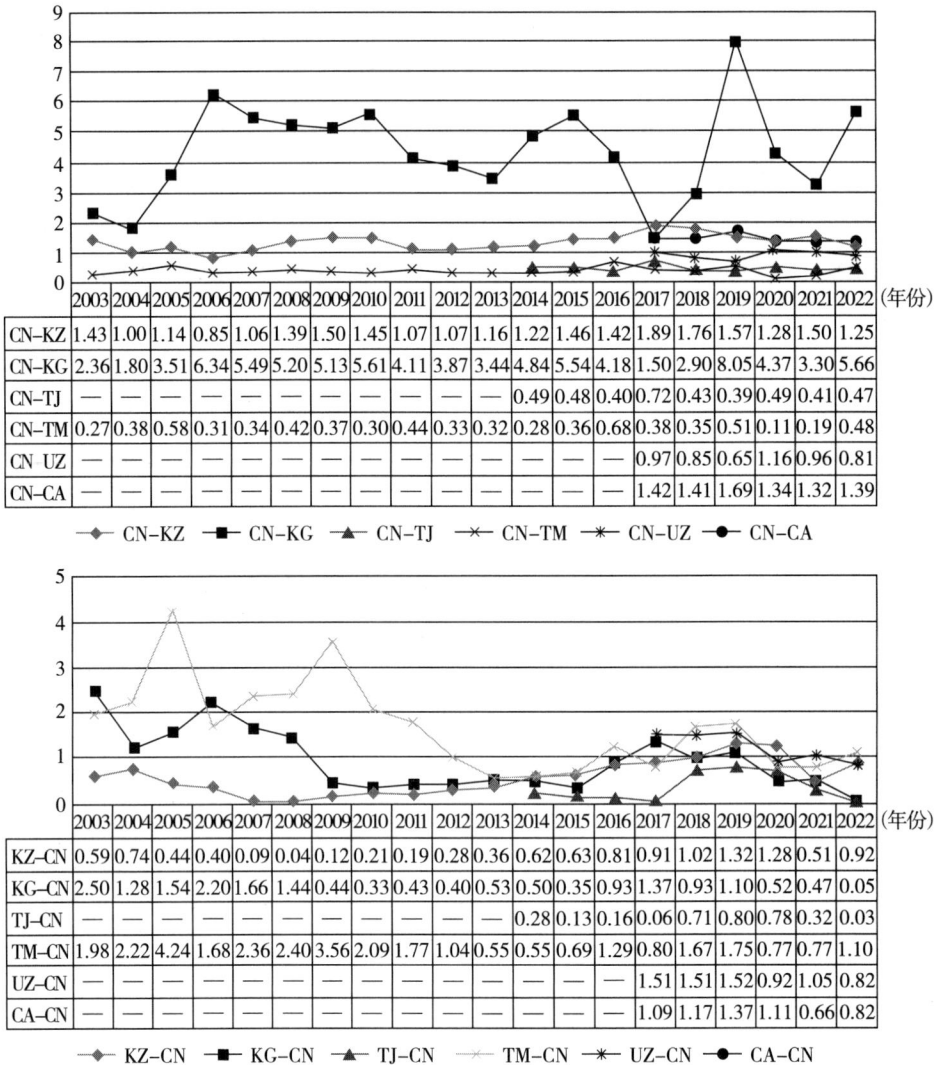

	2003	2004	2005	2006	2007	2008	2009	2010	2011	2012	2013	2014	2015	2016	2017	2018	2019	2020	2021	2022
CN–KZ	1.43	1.00	1.14	0.85	1.06	1.39	1.50	1.45	1.07	1.07	1.16	1.22	1.46	1.42	1.89	1.76	1.57	1.28	1.50	1.25
CN–KG	2.36	1.80	3.51	6.34	5.49	5.20	5.13	5.61	4.11	3.87	3.44	4.84	5.54	4.18	1.50	2.90	8.05	4.37	3.30	5.66
CN–TJ	—	—	—	—	—	—	—	—	—	—	—	0.49	0.48	0.40	0.72	0.43	0.39	0.49	0.41	0.47
CN–TM	0.27	0.38	0.58	0.31	0.34	0.42	0.37	0.30	0.44	0.33	0.32	0.28	0.36	0.68	0.38	0.35	0.51	0.11	0.19	0.48
CN UZ	—	—	—	—	—	—	—	—	—	—	—	—	—	—	0.97	0.85	0.65	1.16	0.96	0.81
CN–CA	—	—	—	—	—	—	—	—	—	—	—	—	—	—	1.42	1.41	1.69	1.34	1.32	1.39

◆ CN-KZ　■ CN-KG　▲ CN-TJ　✕ CN-TM　✳ CN-UZ　● CN-CA

	2003	2004	2005	2006	2007	2008	2009	2010	2011	2012	2013	2014	2015	2016	2017	2018	2019	2020	2021	2022
KZ–CN	0.59	0.74	0.44	0.40	0.09	0.04	0.12	0.21	0.19	0.28	0.36	0.62	0.63	0.81	0.91	1.02	1.32	1.28	0.51	0.92
KG–CN	2.50	1.28	1.54	2.20	1.66	1.44	0.44	0.33	0.43	0.40	0.53	0.50	0.35	0.93	1.37	0.93	1.10	0.52	0.47	0.05
TJ–CN	—	—	—	—	—	—	—	—	—	—	—	0.28	0.13	0.16	0.06	0.71	0.80	0.78	0.32	0.03
TM–CN	1.98	2.22	4.24	1.68	2.36	2.40	3.56	2.09	1.77	1.04	0.55	0.55	0.69	1.29	0.80	1.67	1.75	0.77	0.77	1.10
UZ–CN	—	—	—	—	—	—	—	—	—	—	—	—	—	—	1.51	1.51	1.52	0.92	1.05	0.82
CA–CN	—	—	—	—	—	—	—	—	—	—	—	—	—	—	1.09	1.17	1.37	1.11	0.66	0.82

◆ KZ-CN　■ KG-CN　▲ TJ-CN　✕ TM-CN　✳ UZ-CN　● CA-CN

图 2-4　中国—中亚农产品贸易结合度指数

注：CN、KZ、KG、TJ、TM、UZ 代表国家同表 2-1，CA 代表中亚。其中，其他组合含义均代表具体国家之间的对应关系，如 CN-KZ 表示中国对哈萨克斯坦。

资料来源：根据 Trade Map 数据库整理计算。

中亚对中国方向如图 2-4 下图所示。从整体趋势来看，中亚地区对中国农产品贸易结合度指数在一定范围内呈现波动现象，但总体上大于1，贸易结合度相对较高，贸易联系相对紧密。从国别差异来看，土库曼斯坦、乌兹别克斯坦对中国的农产品贸易结合度指数整体上大于1，贸易结合度较高，农产品贸易联系紧密，而塔吉克斯坦、哈萨克斯坦对中国的各年份贸易结合度指数几乎均小于1，贸易结合度较低，农产品贸易联系松散。吉尔吉斯斯坦在2003~2008年贸易结合度指数均大于1，处于相对较高水平，但也呈现出下降趋势，说明农产品贸易联系较以往松散。因此，中亚各国对中国的贸易结合度指数均呈现较大波动现象，贸易联系不稳定。

3）贸易互补度指数

如图2-5上图所示，中国与中亚农产品贸易互补度指数变化趋势具有以下表现：中国对中亚方向，中国对中亚的贸易互补度指数均小于1，中国出口到中亚的农产品贸易互补性较低。其中，中国对哈萨克斯坦、土库曼斯坦、乌兹别克斯坦各年份的贸易互补度指数均小于1，中国出口到这三个国家的农产品贸易互补性较低。中国对吉尔吉斯斯坦、塔吉克斯坦的贸易互补度指数总体呈下降趋势，中国出口到这两个国家的农产品贸易互补性逐渐降低。

如图2-5下图所示，中亚对中国方向，中亚对中国的贸易互补度指数均小于1，中亚出口到中国的农产品贸易互补性较低。其中，哈萨克斯坦、土库曼斯坦对中国的各年份贸易互补度指数小于1，其农产品出口到中国的贸易互补性较低，但哈萨克斯坦对中国农产品贸易互补性总体上呈上升趋势。吉尔吉斯斯坦、塔吉克斯坦、乌兹别克斯坦对中国的贸易互补度均大于1，其出口对中国的农产品贸易互补性较高。

（2）优化升级方向

基于上述指数分析，中亚各国对中国农产品贸易联系稳定性还有待提升，中国与中亚各国间农产品贸易互补性也有待提高。针对以上问题，本研究提出中国与中亚农产品贸易种类调整和中国与中亚智慧农业合作研究两个优化路径来加强中亚各国对中国农产品贸易的联系，充分发挥中国与中亚农产品贸易互补性。

1）农产品贸易种类优化

根据前述三大指数分析，结合各国国情及农产品各种类的贸易潜力测度，得出具有较高贸易潜力的农产品种类，通过种类调整优化，推动全方位、多层次、宽领域的农产品贸易合作关系建立。

第一，中国与哈萨克斯坦农产品贸易种类优化。表2-5显示，中国可以适度增加HS190230［意大利面食，煮熟或以其他方式调制的（不包括带馅的）］、HS110100（小麦粉或混合粉）、HS100810（荞麦）、HS151229（棉籽油及其分离物）等农产品类别对哈萨克斯坦的出口。哈萨克斯坦可以适度增加HS140420（短绒棉）、HS520100（未梳的棉）、HS050790（龟甲、鲸须和鲸须的毛、角、鹿角、蹄、指甲、爪和喙）、HS110100（小麦粉或混合粉）、HS120760（红花种子）等农产品类别对中国的出口。

	2003	2004	2005	2006	2007	2008	2009	2010	2011	2012	2013	2014	2015	2016	2017	2018	2019	2020	2021	2022 (年份)
CN-KZ	0.70	0.58	0.60	0.57	0.47	0.43	0.42	0.53	0.56	0.49	0.46	0.50	0.49	0.56	0.55	0.56	0.47	0.38	0.42	0.49
CN-KG	1.13	1.09	1.24	1.16	1.05	0.73	0.83	0.93	0.89	0.75	0.70	0.70	0.65	0.57	0.69	0.60	0.63	0.58	0.56	0.48
CN-TJ	—	—	—	—	—	—	—	—	—	—	—	1.04	0.97	0.84	0.75	0.91	0.75	0.48	0.52	0.50
CN-TM	0.92	0.49	0.55	0.61	0.52	0.55	0.32	0.54	0.42	0.39	0.38	0.43	0.46	0.42	0.59	0.91	0.66	0.41	0.42	0.52
CN-UZ	—	—	—	—	—	—	—	—	—	—	—	—	—	—	0.54	0.50	0.46	0.42	0.48	0.61
CN-CA	—	—	—	—	—	—	—	—	—	—	—	—	—	—	0.59	0.58	0.52	0.43	0.47	0.55

◆ CN-KZ　■ CN-KG　▲ CN-TJ　✕ CN-TM　＊ CN-UZ　● CN-CA

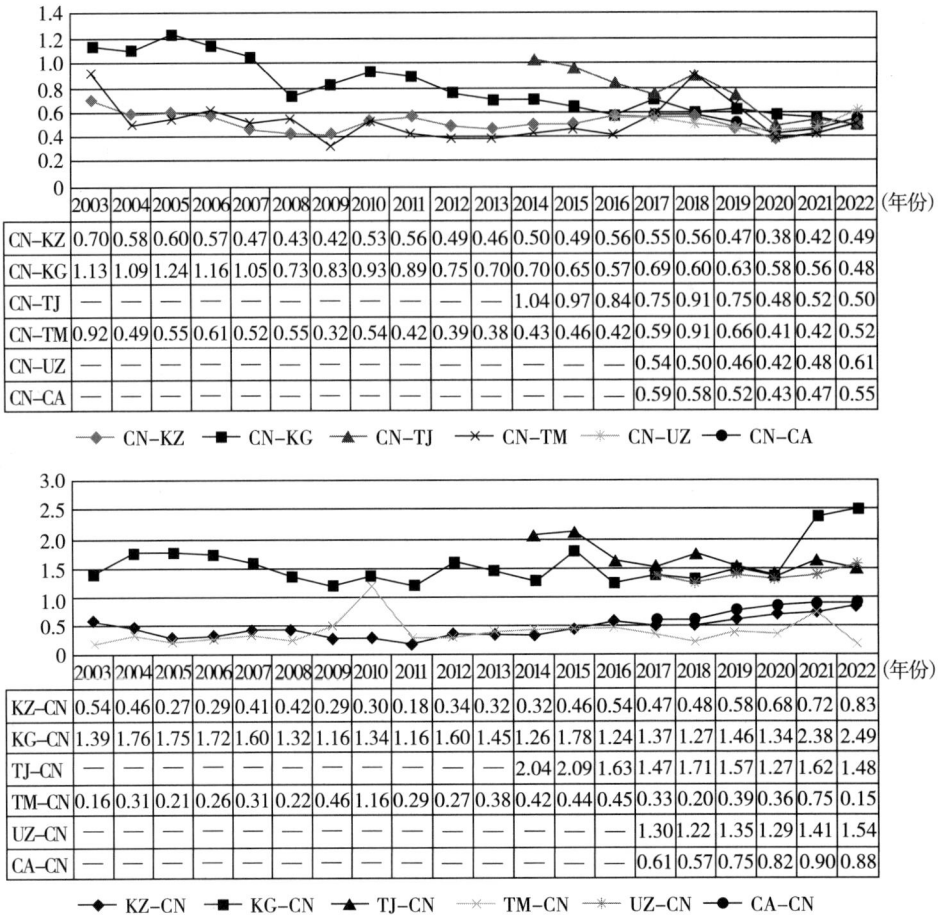

	2003	2004	2005	2006	2007	2008	2009	2010	2011	2012	2013	2014	2015	2016	2017	2018	2019	2020	2021	2022 (年份)
KZ-CN	0.54	0.46	0.27	0.29	0.41	0.42	0.29	0.30	0.18	0.34	0.32	0.32	0.46	0.54	0.47	0.48	0.58	0.68	0.72	0.83
KG-CN	1.39	1.76	1.75	1.72	1.60	1.32	1.16	1.34	1.16	1.60	1.45	1.26	1.78	1.24	1.37	1.27	1.46	1.34	2.38	2.49
TJ-CN	—	—	—	—	—	—	—	—	—	—	—	2.04	2.09	1.63	1.47	1.71	1.57	1.27	1.62	1.48
TM-CN	0.16	0.31	0.21	0.26	0.31	0.22	0.46	1.16	0.29	0.27	0.38	0.42	0.44	0.45	0.33	0.20	0.39	0.36	0.75	0.15
UZ-CN	—	—	—	—	—	—	—	—	—	—	—	—	—	—	1.30	1.22	1.35	1.29	1.41	1.54
CA-CN	—	—	—	—	—	—	—	—	—	—	—	—	—	—	0.61	0.57	0.75	0.82	0.90	0.88

◆ KZ-CN　■ KG-CN　▲ TJ-CN　✕ TM-CN　＊ UZ-CN　● CA-CN

图 2-5　中国—中亚农产品贸易互补度指数

注：CN、KZ、KG、TJ、TM、UZ 代表国家同表 2-1，CA 代表中亚。其中，其他组合含义均代表具体国家之间的对应关系，如 CN-KZ 表示中国对哈萨克斯坦。

资料来源：根据 Trade Map 数据库整理计算。

表 2-5　中国—哈萨克斯坦各类农产品贸易互补度指数

CN-KZ	151221	230610	110100	100810	230690	510330
2003	8.26	170.26	77.38	80.32	—	
2004	1.44	136.56	125.26	17.85	61.67	—
2005	—	2.17	135.06	6.33	193.15	—
2006	—	91.55	136.38	12.93	238.31	—
...	...	...	...	...	...	...
2021	—	—	9.70	44.10	0.29	—
2022	—	0.14	15.53	26.41	0.04	—
KZ-CN	120760	120400	140420	151511	520100	510330
2003	6.11	—	1031.41	—	190.51	—
2004	659.28	—	948.66	—	325.28	—

KZ-CN	120760	120400	140420	151511	520100	510330
2005	4.76	—	771.17	—	358.73	—
2006	5.86	0.32	1145.46	—	343.37	—
…	…	…	…	…	…	…
2021	1334.35	632.91	114.40	754.07	28.13	—
2022	1121.63	958.55	58.79	280.91	15.00	—

注：CN、KZ 代表国家同表 2-1。

资料来源：根据 Trade Map 数据库整理计算。

第二，中国与吉尔吉斯斯坦农产品贸易种类优化。表 2-6 显示，中国可以适度增加 HS090220（直接包装大于 3 千克的绿茶）、HS090210（直接包装小于 3 千克的绿茶）、HS190230［意大利面食，煮熟或以其他方式调制的（不包括带馅的）］、HS110812（玉米淀粉）、HS200979（未发酵之苹果汁）、HS210210（活性酵母）等农产品类别对吉尔吉斯斯坦的出口。吉尔吉斯斯坦可以适度增加 HS520100（未梳的棉）、HS081340（桃子、梨、番木瓜、罗望子和其他可食用的水果）、HS410120（整张生牛皮）、HS510121（脱脂、非碳化且未梳的短羊毛）等农产品类别对中国的出口。

表 2-6　中国—吉尔吉斯斯坦各类农产品贸易互补度指数

CN-KG	151221	090220	090210	190230	110429	530210
2003	2.68	100.16	16.95	17.98	0.73	—
2004	0.55	66.10	30.68	60.50	5.91	—
2005	18.23	48.45	29.68	49.16	19.49	—
2006	63.24	49.53	20.87	37.19	29.26	—
…	…	…	…	…	…	…
2021	—	17.05	44.20	5.73	18.04	—
2022	—	8.14	38.36	4.06	4.91	—
KG-CN	010130	510220	500100	071332	520100	530290
2003	—	353.74	367.83	—	164.11	—
2004	—	742.38	—	—	202.25	—
2005	—	400.24	—	—	319.07	—
2006	—	5.92	—	—	307.50	—
…	…	…	…	…	…	…
2021	—	190.57	440.23	279.46	46.14	—
2022	—	294.67	—	807.31	40.02	—

注：CN、KG 代表国家同表 2-1。

资料来源：根据 Trade Map 数据库整理计算。

第三，中国与塔吉克斯坦农产品贸易种类优化。表 2-7 显示，中国可以适度增加 HS151229（棉籽油及其分离物）、HS090220（直接包装大于 3 千克的绿茶）、HS110429〔去壳、去珍珠、切片、去粗粒或经其他加工的谷物（不包括谷物）〕、HS190230〔意大利面食，煮熟或以其他方式调制的（不包括带馅的）〕、HS090210（直接包装小于 3 千克的绿茶）、HS210210（活性酵母）等农产品类别对塔吉克斯坦的出口。塔吉克斯坦可以适度增加 HS500300（废丝，包括废丝不适于缫丝的蚕茧、废纱和开松的原料）、HS080940（新鲜李子和黑刺李）、HS081340（桃子、梨、番木瓜、罗望子和其他可食用的水果）、HS130212〔甘草提取物（不包括甘草）蔗糖含量大于 10% 或以下〕、HS130239（来源于植物制品的胶浆及增稠剂）、HS080610（新鲜葡萄）等农产品类别对中国的出口。

表 2-7　中国—塔吉克斯坦各类农产品贸易互补度指数

CN-TJ	090220	110429	071140	090210	330125	530210
2003	425.22	50.65	119.66	—	325.64	
2004	370.81	36.64	28.31	8.05	—	—
2005	476.81	84.19	54.58	33.64	—	—
2006	259.05	145.32	28.70	6.80	—	—
…	…	…	…	…	…	…
2021	111.83	37.81	—	12.06	—	—
2022	134.05	8.12		10.39	—	—
TJ-CN	510111	500100	500300	080929	081090	510220
2003	—	—	—	—	—	
2004	—	—	—	—	—	
2005	—	—	—	—	—	
2006	—	—	—	—	—	
…	…	…	…	…	…	…
2021	89179.47	43361.30	58621.61	40192.91	34971.85	—
2022	80278.00	79028.44	41463.49	48913.09	32682.38	

注：CN、TJ 代表国家同表 2-1。

资料来源：根据 Trade Map 数据库整理计算。

第四，中国与土库曼斯坦农产品贸易种类优化。表 2-8 显示，中国可以适度增加 HS090220（直接包装大于 3 千克的绿茶）、HS110429〔去壳、去珍珠、切片、去粗粒或经其他加工的谷物（不包括谷物）〕、HS190230〔意大利面食，煮熟或以其他方式调制的（不包括带馅的）〕、HS080810（新鲜苹果）、HS210210（活性酵母）等农产品类别对土库曼斯坦的出口。土库曼斯坦可以适度增加

HS510220（动物粗毛，未梳或未经其他纺前加工）、HS140420（短绒棉）、HS130212［甘草提取物（不包括甘草）蔗糖含量大于10%或以下］、HS520100（未梳的棉）、HS510121（脱脂、非碳化且未梳的短羊毛）等农产品类别对中国的出口。

表2-8 中国—土库曼斯坦各类农产品贸易互补度指数

CN-TM	090220	110429	071140	040790	330125	530210
2003	425.22	50.65	119.66	—	325.64	—
2004	370.81	36.64	28.31	—	—	—
2005	476.81	84.19	54.58	—	—	—
2006	259.05	145.32	28.70	—	—	—
...	...	...	...	...	...	...
2021	111.83	37.81	—	—	—	—
2022	134.05	8.12				
TM-CN	090220	110429	071140	040790	330125	530290
2003	425.22	50.65	119.66	—	325.64	—
2004	370.81	36.64	28.31	—	—	—
2005	476.81	84.19	54.58	—	—	—
2006	259.05	145.32	28.70	—	—	—
...	...	...	...	...	...	...
2021	111.83	37.81	—	—	—	—
2022	134.05	8.12				

注：CN、TM代表国家同表2-1。

资料来源：根据Trade Map数据库整理计算。

第五，中国与乌兹别克斯坦农产品贸易种类优化。表2-9显示，中国出口可以适度增加HS090220（直接包装大于3千克的绿茶）、HS071151（蘑菇）、HS110429［去壳、去珍珠、切片、去粗粒或经其他加工的谷物（不包括谷物）］、HS290544（D-葡萄糖醇"山梨糖醇"）、HS120600（葵花籽）等农产品类别对乌兹别克斯坦的出口。乌兹别克斯坦可以适度增加HS500300（废丝，包括废丝不适于缫丝的蚕茧、废纱和开松的原料）、HS130212［甘草提取物（不包括甘草）蔗糖含量大于10%或以下］、HS080929（新鲜樱桃）、HS071331（去壳的干豆）、HS120241（带壳花生）等农产品类别对中国的出口。

表2-9 中国—乌兹别克斯坦各类农产品贸易互补度指数

CN-UZ	090220	071151	110429	290544	120600	530210
2003	—	—	—			

CN-UZ	090220	071151	110429	290544	120600	530210
2004	—	—	—	—	—	—
2005	—	—	—	—	—	—
2006	—	—	—	—	—	—
…	…	…	…	…	…	…
2021	155.98	40.93	24.67	2.19	6.59	—
2022	139.86	67.19	16.67	5.54	5.57	—
UZ-CN	500300	130212	120241	080929	071331	050100
2003	—	—	—	—	—	—
2004	—	—	—	—	—	—
2005	—	—	—	—	—	—
2006	—	—	—	—	—	—
…	…	…	…	…	…	…
2021	2227.98	234.40	133.62	102.97	103.44	—
2022	1269.89	259.23	63.38	54.82	250.92	—

注：CN、UZ代表国家同表2-1。

资料来源：根据Trade Map数据库整理计算。

2）智慧农业合作研究

中亚五国目前经济水平相对落后，缺乏农业技术、管理经验、建设资金等。我国可发挥农业信息技术方面的比较优势，加强与中亚国家的农业技术合作，提升中亚国家农产品生产效率和质量。

智慧农业技术方面，应加快推进中国与中亚农业合作区建立，打造中国与中亚农业科技示范园区，形成规模经济效应，带动产业集群发展，降低农业合作成本，增强农业合作风险抵御能力。同时，基于上合组织等贸易组织，开展智慧农业交流合作，联合高校、研究机构等成立农业技术实验室，逐步建立起中国与中亚智慧农业研究交流平台。另外，还应增强中国与中亚运输、仓储等贸易基础设施一体化建设，提高中国与中亚贸易便利化水平，建设多元化农产品贸易渠道，发展农产品跨境电子商务。[4]

智慧农业管理方面，中国可派遣智慧农业相关团队去中亚国家开展农民职业教育培训，推广智慧农业技术应用，传授智慧农业管理经验，提高中亚国家农业人口素质，增加中国与中亚农产品进出口种类，增加中国与中亚贸易规模，构建农业对外开放新格局。

智慧农业投资方面，中亚国家可以充分利用相关国际或区域金融机构合作机制和渠道，加大农业基础设施和农业信息化技术投入，打造农产品生产加工全链条，吸引中国企业投资，推动相关农业技术合作项目落地。同时，中国为企业提供良好的投资环境，积极鼓励国内优秀企业"走出去"，在中亚国家投资建厂，积极拓展双方农业合作空间，助力中亚国家智慧农业发展，促进农产品生产规模化、专业化、科技化。

2. 障碍因素识别

在扎根研究的基础上，采用质性分析工具，通过资料收集、编码分析与类别划归，识别制约中国与中亚农产品贸易高质量合作发展的障碍因素。

（1）研究方法说明

以中国知网（CNKI）中2010～2023年有关中国与中亚农产品贸易的19篇文献为研究基础，如表2-10所示。在避免个人主观影响的前提下，按照19篇原始文献进行开放性编码，提出相关概念与范畴，通过开展主轴编码、归纳主副范畴的方式完成选择性编码，形成核心范畴，最终识别中国与中亚农产品贸易障碍因素。

表 2-10　编码文章信息点分布

序号	作者	期刊	题目	年份	数据来源
1	朱晶、徐志远、李天祥	南京农业大学学报（社会科学版）	"一带"背景下中国对中亚五国农产品出口增长的波动分析	2017	un comtrade 数据库
2	谭晶荣、王丝丝、陈生杰	商业经济与管理	"一带一路"背景下中国与中亚五国主要农产品贸易潜力研究	2016	un comtrade 数据库
3	王亮、黄德林、段梦	世界农业	"一带一路"倡议下中国与中亚5国农产品双边自贸区建设研究——基于GAMS的动态可计算一般均衡模型	2019	GATP9.0 数据库
4	石岚、王富忠	新疆社会科学	"一带一路"视域下中国新疆与中亚国家农业合作	2018	世界银行
…	……	……	……	…	……
19	段凯	湖北农业科学	"一带一路"倡议下中国与中亚五国农产品贸易比较优势研究	2023	un comtrade 数据库

（2）扎根分析过程

在开放编码环节，通过从原始文献提炼初始概念确定从属关系，整理得到："出口增长""集约边际影响贸易""互补性贸易"等111个有效概念，"贸易趋势""经济发展程度""对外贸易能力"等26个范畴。根据概念化和范畴化出现频次排序，可知农产品贸易中存在较多的问题，开放型编码与概念频次的对应关系如表2-11所示。范畴化包含的概念频次显示：贸易互补性、贸易结构单一、贸易潜力大是出现频率较高的三个词，在一定程度上反映出中国与中亚五国农产品贸易具有互补性，双边贸易前景广阔，但存在贸易结构单一等问题。

表 2-11　基于开放性编码的范畴化包含概念频次

范畴化	概念化内容	概念化频次	频次排序
A1 贸易趋势	a1 出口增长不稳定、a5 出口质量有待提升、a8 贸易规模扩大、a10 贸易潜力、a14 净出口增加、a17 比较优势、a21 全方位农业合作、a23 合作潜力大、a51 进口增长、a59 出口效率递增、a81 稳定增长、a92 贸易潜力、a110 产业内贸易水平升高	序号 1 a1 出口增长不稳定 13 次	1
A6 贸易结构	a9 互补性贸易、a11 贸易单一、a22 互补性、互通性、a57 结构效应、a85 贸易结构单一性、a86 贸易不平衡、a90 产业内贸易、a91 贸易不平衡、a101 出口结构单一、a111 比较优势弱	序号 6 a9 互补性贸易 10 次	2
A2 经济发展程度	a2 集约边际影响贸易、a6 价格边际影响贸易、a32 价格边际、a33 金融危机、a35 汇率、a65 金融自由度、a87 人均收入水平、a94 经济规模	序号 2 a2 集约边际影响贸易 8 次	3
A4 市场自由度	a4 出口风险率、a104 贸易流动性、a13 贸易自由化、a15 贸易壁垒、a61 贸易自由度、a67 关税、非关税壁垒、a71 金融体系、a98 社会全球化提高效率	序号 4 a4 出口风险率 8 次	4
A3 对外贸易能力	a3 出口数量、a25 贸易规模小、a30 贸易阶段、a73 对外贸易能力、a82 互补性转化、a89 平均市场规模、a105 竞争力恶化	序号 3 a3 出口数量 7 次	5
……	……	……	…
A25 监管问题	a93 政府监管	序号 25 a93 政府监管 1 次	25
A26 市场集中度	a103 市场集中	序号 26 a103 市场集中 1 次	26

在主轴编码环节，分析不同范畴在概念层次的相互关系和逻辑关系，得到"空间距离""贸易结构""技术水平""政治环境"4 个主范畴，如表 2-12 所示。

表 2-12　农产品典范模型

"空间距离"典范模型	因果关系：A8 地理距离	
	现象：距离产生显著影响，边境贸易繁荣，内部地区贸易有待发展	
	脉络：A26 市场集中度、a79 边境接壤	中介条件：a52 地理运输成本
	行动、互动策略：A18 基础设施建设	
	结果：交通运输成本高阻碍了中国与中亚农产品贸易	

"贸易结构"典范模型	因果关系：A2 经济发展程度、A3 对外贸易能力、A4 市场自由度	
	现象：中国与中亚农产品 A6 贸易结构呈现多样化问题，农产品贸易结构单一，贸易领域较窄，贸易产品多元化有待加强，农产品贸易互补性未能完全发挥	
	脉络：A7 贸易合作关系、A14 产业结构特点	中介条件：A11 农产品特点
	行动、互动策略：根据 A15 贸易国市场供需，调整贸易农产品品类	
	结果：调整农产品贸易类别，潜在互补性转化为现实互利性	
"技术水平"典范模型	因果关系：A2 经济发展程度、A4 市场自由度	
	现象：中国与中亚 A9 农业技术水平差异较大，中亚农业现代化技术水平相对落后，生产方式相对低效，农产品加工技术薄弱，难以出口高附加值的农业加工品，市场竞争力较低	
	脉络：a106 技术附加值、技术转移、a36 技术创新能力	中介条件：文化素质
	行动、互动策略：A13 农业改革、A10 投资合作、A18 基础设施建设	
	结果：发展智慧农业，开展农业现代化技术合作	
"政治环境"典范模型	因果关系：A5 政府政策方向、A12 贸易国政治环境	
	现象：制度环境影响贸易规则，多边合作机制促进贸易	
	脉络：A16 上合、经济带影响、a97 欧亚经济联盟的影响	中介条件：海关、关税影响
	行动、互动策略：A10 投资合作、A20 信息交流	
	结果：政治环境、政策方向影响中国与中亚地区农产品贸易情况	

在选择编码环节，基于"贸易能力"这一核心范畴，形成的"故事线"可概括为：中国与中亚农产品贸易合作初期受地理距离限制，运输成本较高，进出口贸易规模小。随着"一带一路"的建设，中国与中亚贸易规模有所扩大，但中亚地区区域贸易组织力量错综复杂，农产品贸易规则复杂，加之受农业技术水平限制，中亚农产品附加值低，出口结构单一，农产品贸易结构有待调整。因此，中国与中亚农产品贸易互补性优势未完全发挥，农产品贸易能力有待提升。

3. 障碍因素提取

通过梳理三级编码过程中各个概念及其内在的逻辑关系，识别出地理距离、政治环境、贸易结构、技术水平四类中国与中亚农产品贸易障碍因素。

（1）地理距离亟须基础设施的全面支撑

中国与中亚农产品贸易起步较晚，地理距离远、交通基础设施不完备等导致长距离贸易运输成本较高。因此，中国与中亚国家初期农产品贸易主要集中在新疆等内陆省份，中国沿海地区与中亚国家农产品贸易合作较少。但随着国内交通基础设施的完善、中欧班列的运行，农产品贸易运输成本相对降低，贸易运输效率大幅度提高，基于硬件设施连通性的农产品贸易往来获得重要支撑。

（2）政治环境存在制度与规则的双重约束

中亚地区的政治环境会在一定程度上影响中亚五国农产品贸易的合作。目前，中亚国家国内制度仍处于建设完善阶段，在与中亚各国进行农产品贸易时可能会面临海关执行力较弱等问题。与此同时，中亚地区多个区域贸易组织力量交错，使得地区农产品贸易规则复杂化，区域协调困难，交易成本不断攀升，农产品贸易竞争激烈。

（3）贸易结构呈现多样化高级化的共性问题

中亚特殊的农业资源禀赋和农牧业产业结构，使得中亚出口的农产品多为附加值较低的土地密集型产品，出口结构单一，中国与中亚农产品贸易领域较窄，贸易产品多样化有待加强。中国与中亚国家农产品贸易具有一定的互补性。中国主要从中亚进口以土地和资源为主的初级农产品，而中亚主要从中国进口以资本和技术为主的加工农产品。双方基于比较优势开展合作，但双方合作并未达到理想状态，贸易互补性没有完全转化为实际的互利性。

（4）技术水平面临现代化升级的复杂挑战

农业技术水平的滞后对中亚与中国农产品贸易的发展造成了一定的阻碍。缺乏现代化的农业生产技术和管理水平，使得中亚农业生产方式相对低效，难以实现规模化生产，农产品的产量和质量受到影响，中亚农产品的市场竞争力降低。另外，由于中亚农产品加工技术水平低，农产品产业链相对薄弱，中亚难以出口高附加值的农业加工品，也难以满足大规模的农产品贸易需求。

4. 优化对策提出

为提升中国与中亚农产品贸易能力，在识别地理、政治、技术、市场四种因素及其作用关系的基础上，设计以下转型升级优化路径，如图 2-6 所示，以促进双边、多边农产品贸易可持续发展与高水平合作。

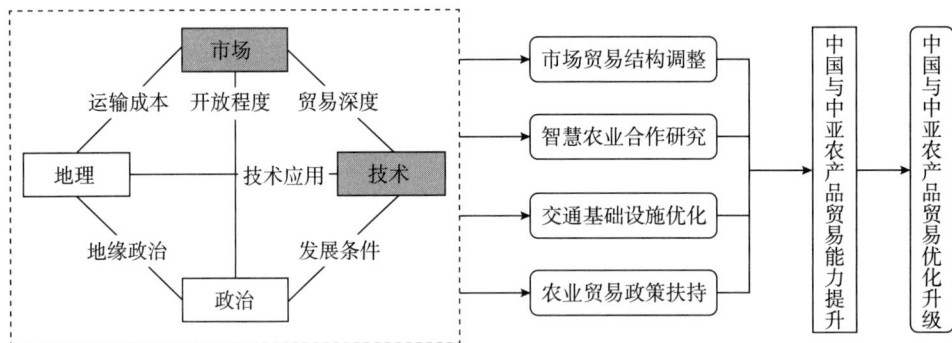

图 2-6　中国与中亚农产品贸易优化升级的路径设计

（1）突破路径设计

针对"地理+政治"制约路径，通过充分发挥上合组织的机制作用，加强

"一带一路"建设，增强中国与中亚地区的合作强度，打破地缘政治对中国与中亚农产品贸易的桎梏。

针对"政治+市场"制约路径，通过提高市场开放程度，削弱农产品贸易壁垒，促进区域农产品流动，提高农产品贸易价值量，满足中国与中亚地区市场需求。

针对"市场+技术"制约路径，通过增强中国与中亚农产品贸易深度和层次，持续推进中国与中亚智慧农业合作，以中国技术优势带动中亚农产品生产和加工优化升级。

针对"技术+地理"制约路径，通过真正落实相关技术在中亚农产品生产加工过程中的应用，减轻地理环境对农产品贸易造成的影响和限制，促进双边农产品贸易可持续发展。

针对"地理+市场"制约路径，通过加强双边交通基础设施建设，减小双边贸易运输成本，降低农产品市场价格，增强农产品市场竞争力，提高双边农产品贸易价值量。

针对"政治+技术"制约路径，通过完善国内海关制度、鼓励技术创新等，为中亚农产品现代化农业信息技术提供良好的发展条件，落实中国与中亚农业合作项目，提升中国与中亚农产品贸易质量与贸易效率。

（2）优化对策提出

为促进中国与中亚国家农产品贸易优化升级，拟从农产品贸易结构、智慧农业技术合作、交通基础设施建设和农产品贸易政策支持四个方面施策建议。

1）以农产品贸易结构调整促进农产品贸易多元化发展

深入考察研究中亚国家农产品市场价格、种类、数量等方面的需求信息，根据中亚五国农产品市场需求变化及时调整中国对中亚国家农产品出口结构，从而促进中国与中亚农产品贸易可持续发展合作。同时，依据双边比较优势和农产品互补性充分开展农产品贸易，适度增加中国具有比较优势的农产品的出口和中亚五国具有比较优势的农产品的进口，优化调整中国与中亚农产品贸易结构和市场分布，促进中国与中亚农产品贸易多元化发展。中亚五国的农产品贸易情况存在国别差异，在挖掘中国与中亚双边农产品贸易潜力，调整双边贸易不均衡的情况时，要针对不同国家选择不同的农产品种类侧重点，扩大农产品市场对外开放程度，扩大农产品贸易领域，开展农产品贸易多元化合作，深化贸易层次，将中国与中亚农产品互补性转化为现实的互利性。

2）以农业技术优势推动农业合作并带动中亚智慧农业发展

充分利用中国农业信息化技术、设备等优势，通过开展农业技术交流合作、完善农产品加工产业链、派遣专家团队到中亚开展农业项目培训等，加强中亚五国农业信息化技术投入，增加中亚五国现代化农业管理经验，推动中亚高附加值农产品出口，改变中亚五国农业生产技术落后现状，提高中亚国家农业劳动生产率，帮助中亚国家实现农产品规模化生产，促进中亚五国智慧农业发展。同时，中国也要加大农业技术投入，加强对现代化农业技术重视程度，增强中国农业科技创新转换能力与农业生产管理能力，不断提高中国农业技术创新的竞争优势，以便更好地开展中国与中亚智慧农业合作。

3）以优化交通基础设施推动中国与中亚区域互联互通

充分发挥中欧班列交通运输优势，增设中亚五国主要城市线路与班次，推进中国与中亚运输体系建设，提高通关效率，同时基于中欧班列开展多式联运，节省运输时间，保证农产品质量和新鲜度，提高农产品贸易效率，促进中国与中亚农产品贸易顺畅发展。加强中国与中亚五国的联通，利用"丝路基金"等资金平台投资改善中亚五国交通基础设施，建立大宗商品物流配送中心，推动区域联通升级优化，减少农产品贸易运输成本，提高农产品市场竞争力。

4）以"一带一路"倡议强化双边农产品贸易多维度建设

以"一带一路"倡议为合作平台，加强政府间高层的交流合作，共同协商解决阻碍双边农产品贸易发展的问题，建立持续长效的农产品经贸合作机制，推动区域农业协同发展，实现双边农产品贸易可持续发展。[5] 积极实施农业"走出去"战略，加快构建相关综合政策体系，鼓励国内企业建立农产品加工基地，到中亚五国投资建厂，创新营销技术和策略，促进农产品贸易市场多元化发展，提高农产品出口竞争力。

（三）中国—中亚能源贸易的优化升级研究

能源作为国民经济的基石，是事关国家经济稳定和可持续发展的关键议题。在全球气候变化和经济快速发展的大环境下，推进传统能源向新能源转换已经成为双碳约束下的必然趋势。中亚是中国能源贸易的主要进口国，由于不可再生资源的约束和中国与中亚地区能源消费结构等因素的影响，资源优势的互补趋势逐渐弱化，需要通过能源贸易的转型升级开发合作潜力。本节在归纳统计 2003～2022 年中国—中亚能源贸易数据库的基础上，通过障碍因素识别剖析当前中国与中亚地区能源贸易的现状与存在的问题，提出促进能源贸易优化升级的相关对策。

1. 双边贸易分析

中国与中亚一直维持着良好的能源贸易伙伴关系，能源贸易额保持稳步增长态势。中国海关总署数据显示，2023 年前 4 个月，中国与中亚五国的进出口总额达到 1730.5 亿元，同比增长 37.3%。中国对中亚五国的能源直接投资存量已超过150 亿美元，累计完成的工程承包总额超出 639 亿美元。

（亿美元）

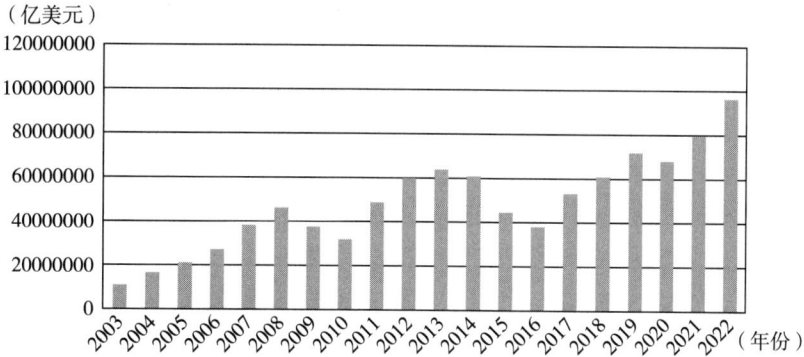

图 2-7　中国对中亚能源进口总额统计

资料来源：联合国商品贸易统计数据库。

受到能源产业的技术和结构等条件影响，中亚和中国的能源产业经贸合作处于较低层次的初级化水平。在全球气候变化和经济快速发展的大环境下，中国—中亚的能源合作亟待转型升级。

（1）相关指数分析

选取 2003～2022 年联合国商品贸易统计数据库数据，对中国和中亚能源贸易发展现状及双方贸易结合度指数、比较优势和贸易互补性进行统计测算。

1）显性比较优势指数

计算结果如图 2-8 所示，可以得出以下结论：中国的能源初级品在国际上的竞争优势相对较弱。2003～2022 年，中国的 RCA 指数一直低于 0.25，2012 年为

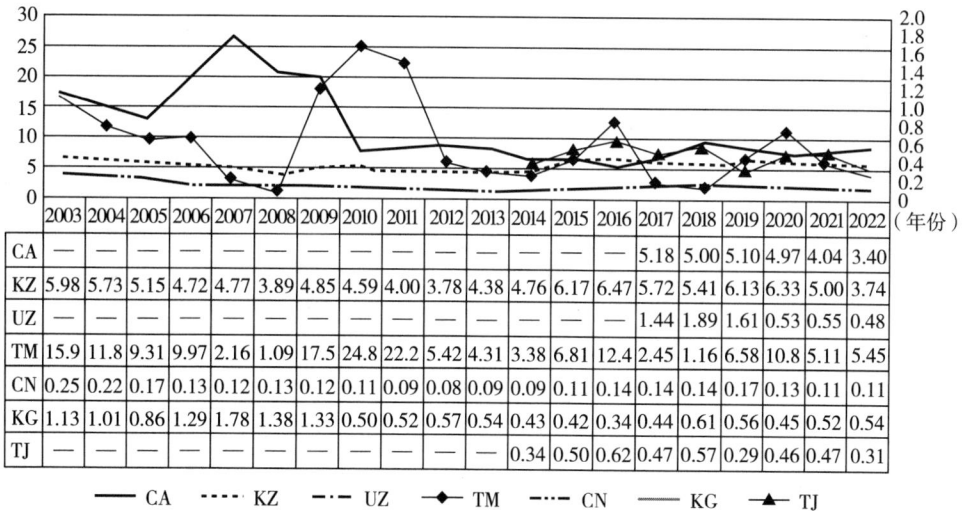

	2003	2004	2005	2006	2007	2008	2009	2010	2011	2012	2013	2014	2015	2016	2017	2018	2019	2020	2021	2022
CA	—	—	—	—	—	—	—	—	—	—	—	—	—	—	5.18	5.00	5.10	4.97	4.04	3.40
KZ	5.98	5.73	5.15	4.72	4.77	3.89	4.85	4.59	4.00	3.78	4.38	4.76	6.17	6.47	5.72	5.41	6.13	6.33	5.00	3.74
UZ										1.44	1.89	1.61	0.53	0.55	0.48					
TM	15.9	11.8	9.31	9.97	2.16	1.09	17.5	24.8	22.2	5.42	4.31	3.38	6.81	12.4	2.45	1.16	6.58	10.8	5.11	5.45
CN	0.25	0.22	0.17	0.13	0.12	0.13	0.12	0.11	0.09	0.08	0.09	0.09	0.11	0.14	0.14	0.14	0.17	0.13	0.11	0.11
KG	1.13	1.01	0.86	1.29	1.78	1.38	1.33	0.50	0.52	0.57	0.54	0.43	0.42	0.34	0.44	0.61	0.56	0.45	0.52	0.54
TJ												0.34	0.50	0.62	0.47	0.57	0.29	0.46	0.47	0.31

（年份）

──── CA ········ KZ ──·── UZ ──◆── TM ──·── CN ──── KG ──▲── TJ

图 2-8　2003～2022 年中国与中亚国家显性比较优势指数

注：CA 代表中亚，KZ、UZ、TM、CN、KG、TJ 代表国家同表 2-1。

资料来源：联合国商品贸易统计数据库。

最小值 0.08。尽管在 2013~2019 年，中国能源产品的 RCA 指数有所增长，但是最大值仅为 2019 年的 0.17，上述数据说明中国的能源初级品在国际市场上极其缺乏竞争优势。结合中国能源产品实际进出口现状分析，自 2016 年开始，中国已经跃居世界能源消费第一，同时也是世界能源生产大国和净进口大国。但由于中国的能源储备并不算充裕，完全不能满足本国能源消费需求，因此在能源方面对外依存度较高。

相反，中亚五国的能源产品极其充裕，在国际市场上具有很强的竞争优势。其中土库曼斯坦和哈萨克斯坦的 RCA 指数最高，乌兹别克斯坦和吉尔吉斯斯坦国家的显示性比较优势指数相对较弱。相较而言，中亚国家的各类能源产品在国际市场上的竞争优势远超中国。因此，中国应当充分认识中亚国家的能源储量和国际市场上的能源竞争性，根据国际形势和自身优势，选择适宜的能源贸易伙伴。

2）贸易结合度指数

计算结果如图 2-9 所示，可以得出以下结论：中国与中亚国家的能源贸易目前仍处在起步阶段，2013 年之前，双方能源贸易并不如现在频繁，而在中亚倡议加深双方合作关系后，能源贸易高速发展。2010~2015 年，中国对中亚国家的能源贸易结合度均大于 1，中国与中亚国家之间的能源产品贸易联系日渐密切；特别是在 2013 年"丝绸之路经济带"的倡议提出后，中国和中亚能源贸易迅速发展；2017~2020 年，贸易结合度有一定程度的下降，但是在 2020 年又重新回升。

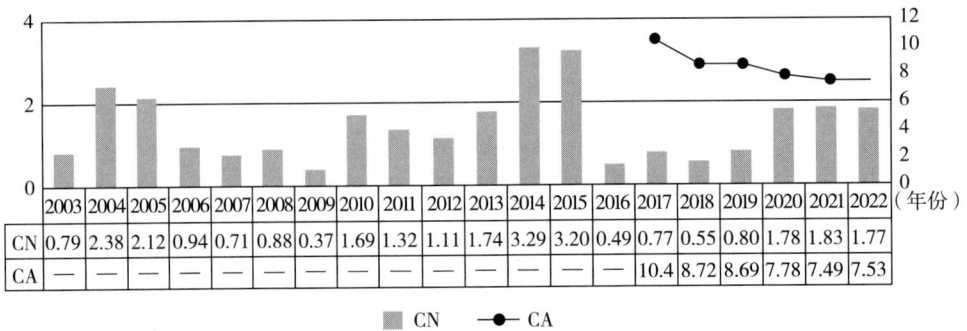

年份	2003	2004	2005	2006	2007	2008	2009	2010	2011	2012	2013	2014	2015	2016	2017	2018	2019	2020	2021	2022
CN	0.79	2.38	2.12	0.94	0.71	0.88	0.37	1.69	1.32	1.11	1.74	3.29	3.20	0.49	0.77	0.55	0.80	1.78	1.83	1.77
CA	—	—	—	—	—	—	—	—	—	—	—	—	—	—	10.4	8.72	8.69	7.78	7.49	7.53

图 2-9　2003~2022 年中国与中亚国家能源贸易结合度

注：CN 代表中国对中亚，CA 代表中亚对中国。

资料来源：联合国商品贸易统计数据库。

由于缺失塔吉克斯坦和乌兹别克斯坦在全球能源产品贸易的进出口数据，故表中中亚部分时段（2003~2016 年）难以计算 TCD 指数结果。但是，从 2017~2022 年的数据依旧可以看出，中亚对中国的能源 TCD 指数远超于 1，贸易联系密切，但近年来有持续的下降趋势，传统的能源贸易模式有被取代的倾向。

3）贸易互补性指数

计算结果如图 2-10 所示，可以得出以下结论：中国进口中亚能源的 TCI 指数近 20 年均大于 1，中亚出口、中国进口的贸易互补性较高。从总体上看，中国对中亚能源进口的贸易互补性指数常年维持在 4~5 的数值区间，2015~2020 年，贸易互补性指数甚至达到了 6 和 7。由此可知，中亚国家目前已经成为中国的主要能源进口国，双方能源贸易伙伴关系逐年加深。然而，中国出口能源产品与中亚进口能源贸易互补性指数却常年低于 0.10，仅有个别年份超过 0.10。其根本原因在于中国作为能源消耗大国，进口能源额高，出口能源却很少，而中亚国家正好与之相反。近些年中国和中亚多方合作的开展，中亚向中国出口的能源持续增加，在中国能源消费持续增长和多边经贸关系合作密切的大格局下，中国与中亚国家的能源贸易前景可观。

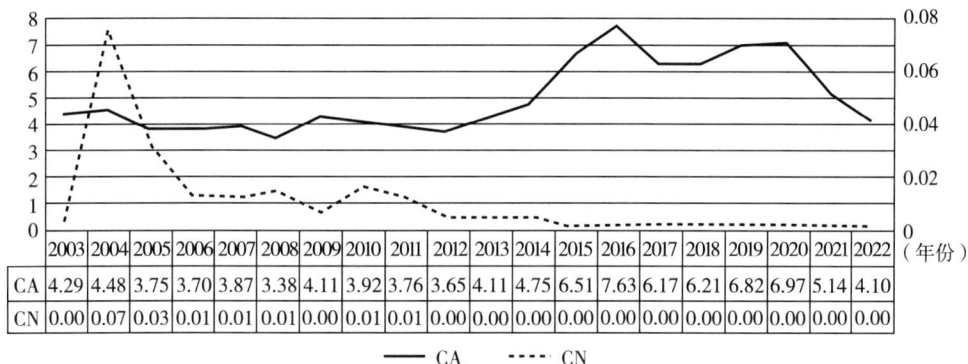

	2003	2004	2005	2006	2007	2008	2009	2010	2011	2012	2013	2014	2015	2016	2017	2018	2019	2020	2021	2022
CA	4.29	4.48	3.75	3.70	3.87	3.38	4.11	3.92	3.76	3.65	4.11	4.75	6.51	7.63	6.17	6.21	6.82	6.97	5.14	4.10
CN	0.00	0.07	0.03	0.01	0.01	0.01	0.00	0.01	0.01	0.00	0.00	0.00	0.00	0.00	0.00	0.00	0.00	0.00	0.00	0.00

—— CA　‥‥‥ CN

图 2-10　2003~2022 年中国与中亚贸易互补性指数

注：CA 代表中亚对中国，CN 代表中国对中亚。

资料来源：联合国商品贸易统计数据库。

（2）细分类型潜力

中国能源资源分布呈现出"富煤，贫油，少气"的特点，这使得本国资源难以满足经济可持续发展的需求。整体来看，中国在传统能源供应方面出现了供不应求的问题，但在新能源开发和利用方面却处于领先地位。中亚地区是全球能源的主要集聚地，也是中国能源安全最重要的供应来源，对中国的经济安全具有重要意义。传统能源产业升级和新能源开发利用将成为未来中亚和中国之间能源贸易的主要发展方向。

1）石油

中亚是中国进口石油的主要来源地，中亚已经成为中国第三大原油进口贸易伙伴，中亚出口到中国的原油量约占中国同期进口总量 15%。与中亚国家的原油管道合作不仅多样化了中国的能源进口源地，还有效保障了能源安全。然而，中国与中亚之间能源供给结构和消费结构的互补性却没有得到充分体现。统计数据显示，中亚向非中亚国家出口的总量中，中国从中亚进口的原油仅占15%，可见中国和中亚的能源贸易现状和能源比较优势还不匹配，仍有很大的发展空间。未来，中国石油企业应结合自身优势，探索"油气+新能源"相关项目的推进。

2）天然气

中国的天然气进口贸易增长迅速，主要进口来源国前列均位于中亚地区，其中土库曼斯坦居首位，中亚国家作为中国天然气的重要供应源，经济地位逐渐增强。同时，中亚国家的天然气作为可再生能源，其出口能力也逐渐增大，在国际天然气管线合作上具有持续的优势。未来中国—中亚将继续加强在天然气方面的合作，除了加强天然气上游项目的合作，还要考虑参与管道建设、扩大贸易量，积极参与天然气化工项目的建设。[6]

3）煤炭

中亚地区对中国煤炭出口的增长速度迅猛。乌兹别克斯坦和哈萨克斯坦是中国煤炭进口的重要来源国，根据数据统计，这两个国家每年出口到中国的煤炭约占中国进口总量的10%左右。中亚与中国的能源合作贸易在减缓中国煤炭消耗方面起到了重要作用，同时也对提高中国煤炭能源利用率提供了帮助。然而，尽管中国是全球最大的煤炭消费国，但在煤炭产业合作项目方面仍相对较少，合作领域较为单一，煤炭资源的利用效率有待提高。

4）新能源

加强新能源合作将是中国—中亚能源产业的未来趋势。目前，中国和中亚在新能源领域合作涉及水电、风电、太阳能等诸多种类和行业。目前，国家电投已经在哈萨克斯坦投资建立了札纳塔斯100兆瓦风电项目和阿克莫拉州206兆瓦风电项目。下一步，国家电投在哈萨克斯坦的业务类型将从风电拓展至光伏，未来国家电投在中亚地区的布局，还将进一步扩大。中国的大规模、低成本可再生能源优势与中亚的绿色氢能和其他可再生能源相结合，可以实现能源转型、经济发展和国力振兴的协同效应。

2. 障碍因素识别

通过对多种障碍因素及其相互关系分析，构建以"能源贸易优势"为核心的贸易发展框架，提出促进中国与中亚能源贸易转型升级的建议。

（1）研究方法说明

采用扎根理论分析中国—中亚能源贸易的障碍因素，按照扎根理论的应用程序，对样本文献按照"开放性编码—轴心编码—选择性编码"顺序进行编码。[7] 在选择资料的过程中，主要以2023年9月20日在中国知网（CNKI）上进行搜索为主，在对文献进行初步筛选后，最终选取 21 篇符合要求的文献进行扎根分析（见表 2-13）。

表 2-13　编码文章信息点分布

序号	作者	题目	年份	关键词
1	曾行、闫建文、张艳、张翼飞、付晶	中亚地区天然气市场新形势及能源合作对策建议	2023	中亚地区、中亚能源合作、中亚合作、天然气、能源安全、可再生能源、煤层气
2	ZHAKISHEVA LAZZAT	中亚与中国能源合作研究	2017	中亚、中国、能源、合作、挑战、机遇
3	张飘洋	中国与中亚国家能源金融合作研究	2016	中国、中亚国家、能源金融、能源金融合作经济效应评价
4	李新亮	中亚背景下中国与中亚五国新能源贸易合作研究	2021	中亚、新能源、中亚五国、合作
5	王震、董宣	中亚背景下中亚油气合作的前景及建议	2020	中亚、能源合作、油气合作、中亚地区
…	……	……	…	……
19	苏华、王磊	"丝绸之路经济带"建设背景下的我国与中亚能源合作新模式探析	2015	"丝绸之路经济带"、中亚国家、能源多边合作、新模式、机制
20	刘萍、陈闻君	上合组织框架下中国与中亚国家新能源合作实证研究	2018	中国、中亚国家、上合组织、新能源合作、VAR 模型
21	郭霄鹏、张金锁、李德强、赵来军	中国与中亚国家油气资源合作风险比较分析	2018	中亚、中亚国家、油气资源合作、模糊层次分析

（2）扎根分析过程

1）开放性编码

在初步编码得到概念及范畴的基础上，细化编码间的具体联系，确定概念和范畴的从属关系。整理得到："能源互补性优势""能源储备丰富""能源贸易体制单一""能源贸易商品结构"等 147 个概念；"合作优势""能源需求和供应""跨境合作机制""地缘政治"等 26 个范畴。进一步统计范畴包含概念的频次，并按照频次从高到低的顺序对范畴进行排序，以获取具有重要性关联的核心范畴。范畴化的具体内容如表 2-14 所示。

表 2-14　范畴化包含概念频次表

序号	概念化	范畴化	概念化频次	频次排序
1	a1 能源储备丰富、a2 能源互补性优势、a6 能源消耗大、a10 能源进口依赖、a16 能源需求预测、a29 能源需求高、a39 能源供应安全、a41 可持续能源、a53 能源需求增长、a58 能源限制与短缺、a68 对外贸易依存度高、a70 可持续能源发展、a82 能源贸易供需平衡、a106 能源多样化、a122 新能源发展、a140 能源供应稳定性、a147 能源贸易商品结构	A1 能源需求和供应	17	1

序号	概念化	范畴化	概念化频次	频次排序
2	a3 能源贸易机制单一、a22 能源转型与升级、a25 能源供应链、a27 能源供应多样化、a51 能源供应国际合作、a63 节能与能效提升、a71 可持续能源合作、a84 能源管线合作、a113 能源效率较低、a121 能源管理、a126 可再生能源利用、a146 能源贸易战略	A3 跨境合作机制	12	2
3	a20 能源消费行为变化、a72 能源供需关系的经济学原理、a88 能源贸易价格、a100 能源需求弹性、a103 能源价格波动、a141 能源需求与经济增长、a147 能源贸易商品结构	A5 经济因素	7	3
...	......		......	
25	a47 文化误解、a57 能源政策与法规	A4 文化距离和民族因素	2	10
26	a26 信任程度低	A26 信任问题	1	11

从范畴化中包含的概念的频次来看，对能源需求和供应、跨境合作机制、经济因素等进行了深入研究，这反映出中亚能源市场需求与供应对双边贸易走势的影响较大。尽管中国与中亚国家的贸易总体呈增长趋势，但贸易的深度仍然不足。地缘政治和经济格局的不稳定性增加了成本，并影响着交通基础设施的建设，从而影响了双边贸易的发展。不同国家的海关效率和通关便利程度差异，也对加快贸易流通速度起到了重要作用。中国—中亚双边贸易仍具有较大的潜力。

2）主轴编码

在主轴编码阶段，根据范畴之间的关系，运用典范模型，建立范畴之间的联系，并使用资料解释这些关系。最终得出了政治因素、经济因素、文化因素和合作机制4个主范畴，并分析了主副范畴之间的关系，如表2-15所示。

表2-15　能源贸易典范模型

"政治因素"典范模型	因果关系：a1 能源储备丰富、a2 能源互补性优势	
	现象：中国—中亚的政治和睦推动能源合作有序进行	
	脉络：A1 能源需求和供应、a39 能源供应安全、a146 能源贸易战略	中介条件：政策
	行动：对话协调机制的建设，对接国家发展战略推动双边及多边贸易	
	结果：中亚各国不稳定因素和边界划线纷争不利于能源合作贸易	
"经济因素"典范模型	因果关系：A5 经济因素	
	现象：中亚地区经济较为落后	
	脉络：A1 能源需求和供应、a145 新能源发展、a22 能源转型与升级	中介条件：a88 能源贸易与价格、a147 贸易商品结构
	行动：促进贸易便利化，增进经贸互惠，助力双循环和实现高质量发展	
	结果：中亚地区经济结构不合理，中国能源企业投资风险大、效率低	

"文化因素"典范模型	因果关系：A4 文化距离和民族因素		
	现象：中亚地区和中国合作存在各国极端思想、民族文化差别和法律规制不完备的阻碍		
	脉络：A26 信任问题、a47 文化差别、a57 能源政策与法规	中介条件：文化差异	
	行动：着眼民生工程，强化民间外交		
	结果：文化的差异和对中国的传统看法影响需要长期来改变		
"合作机制"典范模型	因果关系：A3 跨境合作机制		
	现象：单一体制机制削弱合作活力		
	脉络：A1 能源需求和供应、a3 能源贸易机制单一	中介条件：a3 能源贸易机制单一、a113 能源效率	
	行动：推动双边及多边合作，发挥比较优势，促进贸易国际化分工合作		
	结果：尚未形成全方位、深层次产业链合作并形成金融高效联动		

3）选择编码

通过进一步挖掘核心范畴、概念，分析比较主要范畴，提炼出以"能源贸易优势"为核心的中国与中亚能源贸易障碍因素，形成了故事线：在中国和中亚良好政治关系的影响下，中国逐渐重视与中亚地区国家在能源领域的经贸合作，签署了大量的合作协议，并实施了多项贸易优惠政策，能源贸易优势强。然而，受制于双方的经济增长速度、经济发展方向和技术水平等因素，中国与中亚地区国家间贸易体制相对单一，能源互补优势逐步减弱。在技术进步和环保政策的推动下，双方将继续探索全方位、深层次的产业链合作，发挥产业转型升级带来的联动效益，增强能源贸易合作活力。

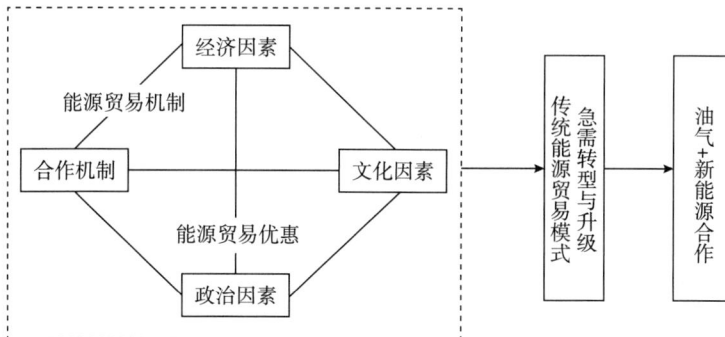

图 2-11　核心范畴故事线

（3）障碍因素提取

根据分析，中国与中亚贸易障碍因素主要包括政治因素、经济因素、文化因素和合作机制等方面。

1）政治因素：影响稳定的因素较多

中亚五国作为欧亚大陆腹地，重要的地缘战略价值和现有的经济水平导致其能源贸易长期受区域内部和外部各种政治力量的影响。同时，由此引发的波动导致中亚基础设施建设受阻，关于能源贸易的政策变化大且法律制度不完善，这给中国投资者带来了不确定性，并增加了能源投资的风险。因此，在和中亚发展能源贸易时，中国除要面临各种非关税和关税壁垒外，还需要解决由于其国内制度不完善导致的行政执行力的问题。以中亚的海关为例，中亚地区海关的执行力不足，通关程序复杂，使中国企业在与中亚贸易中面临较高的时间成本和寻租成本，降低了贸易价值，提高了贸易难度。

2）经济因素：国际市场波动

国际市场波动对中亚国家的经济发展带来了风险。首先，中亚国家的经济发展相对脆弱。中亚五国的资本市场和相关资产规模小，市场程度低，市场系统风险高，缺乏资源有效配置和结构优化的能力。这种不自由的市场环境对投资环境产生了影响，不利于中国能源企业在这些国家的自由投资和竞争，增加了中国能源企业的投资风险。其次，商业寡头对能源产业的掌控加大，导致中亚国家只有依赖能源产业才能推动经济发展，形成了不合理的经济结构。最后，单一的双边合作机制限制了中国与中亚国家能源合作的活动。中国对中亚产品的贸易需求目前主要集中于以能源产品为主的初级产品上，此类产品前期投资高但收益不显著，双方合作意向正在逐年走低。

3）文化因素：认知误区和法律不全

在中国和中亚能源贸易不断地拓展贸易深度的同时，文化差别和理解不同成为不可避免的问题。不同的区域文化与中亚文化持续碰撞，加上中亚国家一些内部的问题，中亚国家与中国的交流以及对中国的认知还存在一些问题需要解决。

4）贸易结构：合作机制单一

能源产业属于资本密集型产业，合作中需要大量资金投入，并且收益不立即显著，中国—中亚单一的合作体制可能会面临资金不足的瓶颈。中国与中亚能源合作中的参与企业主要是大型国有能源企业，民营企业的参与度较低，因此缺乏一定的资金支持。同时，中国与中亚能源合作尚未实现全方位、深层次的产业链合作，因此无法发挥产业链合作带来的联动效应和资金效益。中国跨国企业在重油、超重油等能源开采方面的关键技术竞争力相对较弱，因此在与中亚开展能源合作时仍然存在众多问题，中国在这方面的技术还需进一步加强。

3. 优化对策提出

根据上述分析，中国和中亚的能源贸易互补性优势显著，发展前景广阔，但受限于政治因素、经济因素、文化因素和合作体制，中国和中亚的双边能源贸易目前还有较大的提升空间。

为了推动中国和中亚能源贸易产业的优化升级，现根据主要障碍因素提出对应突破思路：一方面，探索多元化能源合作模式。中国和中亚国家可以共同探索并实施多元化的能源合作模式，如增加新能源投资合作和贸易研究、构建"油气+新能源"能源转型伙伴关系等。这些合作模式能够促进能源资源的优化配置和协同发展，在维持传统能源互补优势的同时提高能源贸易的效率和稳定性。

另一方面，加强能源技术创新。通过加强中亚国家与中国在能源技术领域的合作，共同研发和推广先进的能源技术，可以促进能源产业的技术水平提升与升级，解决中国和中亚单一合作体制的缺陷。特别是在可再生能源、能源储存和清洁能源技术方面，加大投入和创新能够推动能源贸易产业的升级。

依据中国—中亚双边贸易分析及障碍因素分析结果，针对"传统能源产业升级""新能源开发利用"等重要突出问题，提出以下对策：

（1）构建新的合作机制

有效的贸易合作机制对促进中亚和中国能源贸易发展起着至关重要的作用。中亚应该加强物流联通机制和对话协调机制建设，完善当地的基础设施建设，增加贸易产品流通的渠道，提高新能源研发技术水平，实现商品贸易价值最大化。中方要搞好投资融资、评估及信息共享机制建设，继续深化与中亚地区全方位、多层次的能源产业链。双方要积极发挥区域合作原有的经济和政治组织影响力，在开展多边谈判与合作的基础上建立统一的能源贸易规则、完善各国的能源贸易制度，提高能源贸易资金转化率，打造一体化的高效率贸易市场。

（2）探索新的贸易合作方式

在传统能源互补优势逐年下降的趋势下，中国和中亚应增加新能源投资合作和贸易研究、可再生能源领域合作，构建"油气+新能源"能源转型伙伴关系。技术上要推进节能减排等技术合作，提高清洁能源开发率；政治上要结合双方能源发展战略，深化资源型新能源产业合作的广度和深度；贸易模式上要把握关键领域贸易需求，纵横拓展多元化深层次的能源合作产业链；贸易领域上要加强风力、太阳能、氢能等新能源开发利用合作项目建设，进一步优化新能源贸易产品结构，同时发展新能源技术研究和能源服务贸易，增加对中亚地区能源勘测开发的对口帮扶。

（3）加强能源安全防护合作

能源安全对中国和中亚的能源贸易合作具有十分重要的意义。中国应积极帮助中亚稳定能源安全环境，推动中亚能源合作稳定运行。加快能源贸易基础设施的建设是优化升级的必要步骤。中国和中亚国家可以加大投资，并合作建设能源输送管道、储运设施、港口等基础设施。中亚各国应该在制定和规范推进双方贸易便利化政策制度的同时完善国际基础设施建设，为构建自由贸易区做准备。此外，中国和中亚还应尽快拓展能源合作广度和深度，加大能源市场的政府监管力度，降低地区能源贸易的投资风险。

（4）增进双方能源经贸互惠

持续的经济互惠将促进双方的能源合作。中国要加强对中亚地区能源领域的投资，在做好当地传统能源开采和当地深加工的同时，加大中国海外新能源项目建设力度，努力打造新能源领域"中国智造"和"中国创造"的世界品牌。同时，中国应加快建立中国—中亚能源开发伙伴关系，持续优化能源外交战略，对所在国家和地区的政策评价和综合效益评价加强经济增长，促进中亚设施改善、就业增加、环境改善，助力双循环和实现高质量发展。

（四）中国—中亚纺织品贸易的优化升级研究

在"一带一路"倡议的引擎作用下，中国与中亚国家纺织品贸易联系密切，有效缓解各国供不应求的问题，中国—中亚峰会的召开更是为推动中国与中亚国家纺织品贸易健康合作提供了新的方向。现在双边贸易分析的基础上还原中国与中亚国家纺织品贸易的发展现状，为转型升级提供经验借鉴。

1. 双边贸易分析

利用显性比较优势、贸易互补性指数和贸易结合指数分析中国与中亚五国纺织品贸易的竞争性和互补性表现。

（1）中国与中亚纺织品贸易的相关指数分析

选取 Trade map 中 2003~2022 年中国与中亚纺织品贸易的相关数据，进行相关指数测度，从竞争性、互补性与结合性维度判断发展现状。

1）显性比较优势指数

计算结果如图 2-12 所示，可以得出以下结论：中国与中亚五国在纺织业贸易方面存在不平衡的现象。其中，塔吉克斯坦和乌兹别克斯坦对纺织品贸易具有极强的竞争力，甚至乌兹别克斯坦的优势依然不停上涨；吉尔吉斯斯坦的竞争力较强但不稳定；而土库曼斯坦在纺织业贸易方面竞争能力一般，没有突出优势；中国对纺织业贸易虽然依然具有较强的竞争力，但是已经开始下降，则证明中国原有纺织业优势作用将会不显现。

中国与中亚在此纺织品贸易情况下，中国应该调整纺织品产业结构，将纺织业中低技术纺织业产业转向中亚地区，帮助中亚地区获得更多的就业岗位、获得更多的资本投入、带动纺织品经济发展，也为中国本国纺织品产业降低成本、促进纺织品产业向高技术结构转型，形成新纺织品贸易的优势，增强中国纺织品贸易合作中的优势。

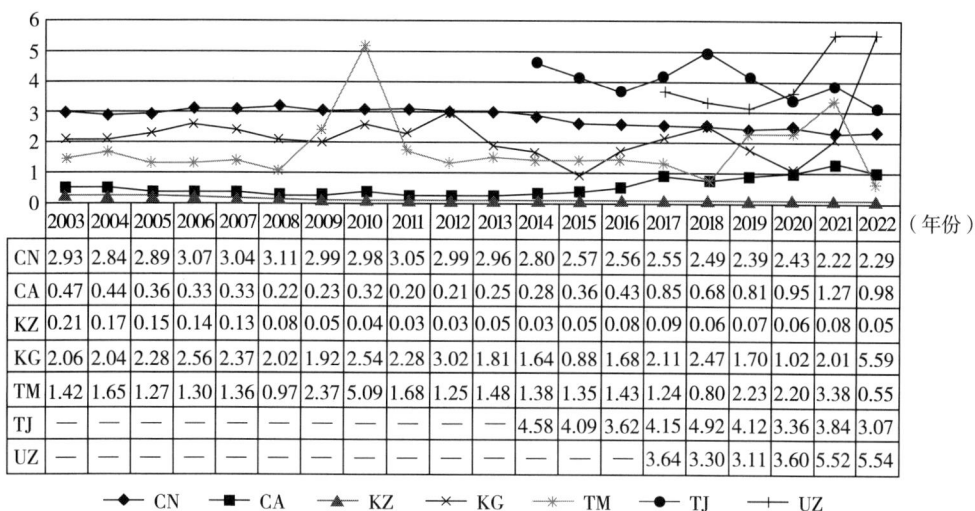

	2003	2004	2005	2006	2007	2008	2009	2010	2011	2012	2013	2014	2015	2016	2017	2018	2019	2020	2021	2022
CN	2.93	2.84	2.89	3.07	3.04	3.11	2.99	2.98	3.05	2.99	2.96	2.80	2.57	2.56	2.55	2.49	2.39	2.43	2.22	2.29
CA	0.47	0.44	0.36	0.33	0.33	0.22	0.23	0.32	0.20	0.21	0.25	0.28	0.36	0.43	0.85	0.68	0.81	0.95	1.27	0.98
KZ	0.21	0.17	0.15	0.14	0.13	0.08	0.05	0.04	0.03	0.03	0.05	0.03	0.05	0.08	0.09	0.06	0.07	0.06	0.08	0.05
KG	2.06	2.04	2.28	2.56	2.37	2.02	1.92	2.54	2.28	3.02	1.81	1.64	0.88	1.68	2.11	2.47	1.70	1.02	2.01	5.59
TM	1.42	1.65	1.27	1.30	1.36	0.97	2.37	5.09	1.68	1.25	1.48	1.38	1.35	1.43	1.24	0.80	2.23	2.20	3.38	0.55
TJ	—	—	—	—	—	—	—	—	—	—	—	4.58	4.09	3.62	4.15	4.92	4.12	3.36	3.84	3.07
UZ	—	—	—	—	—	—	—	—	—	—	—	—	—	—	3.64	3.30	3.11	3.60	5.52	5.54

◆ CN　■ CA　▲ KZ　✕ KG　✱ TM　● TJ　＋ UZ

图 2-12　2003~2022 年中国—中亚五国纺织品贸易 RCA 指数

注：CA 代表中亚，CN、KZ、KG、TM、TJ、UZ 代表国家同表 2-1。

资料来源：根据 Trade Map 数据库整理计算。

2）互补性分析

计算结果如图 2-13 所示，可以得出以下结论：中国与中亚五国的纺织品贸易互补性指数自 2008 年总大于 1，双方在纺织品贸易上具有较强的互补性，并持续保持在 2 左右，未来互补性发展趋势较稳定。除此之外。中国与吉尔吉斯斯坦在纺织品贸易上关系最为紧密，从 2007 年开始双方贸易互补性持续大幅度上升，在 2020 年由于疫情突发原因互补性下降，所以中国与吉尔吉斯斯坦未来互补性可能继续保持上升；中国与哈萨克斯坦纺织品贸易中互补性呈缓慢上升趋势，表明双方未来互补性贸易会更加紧密。

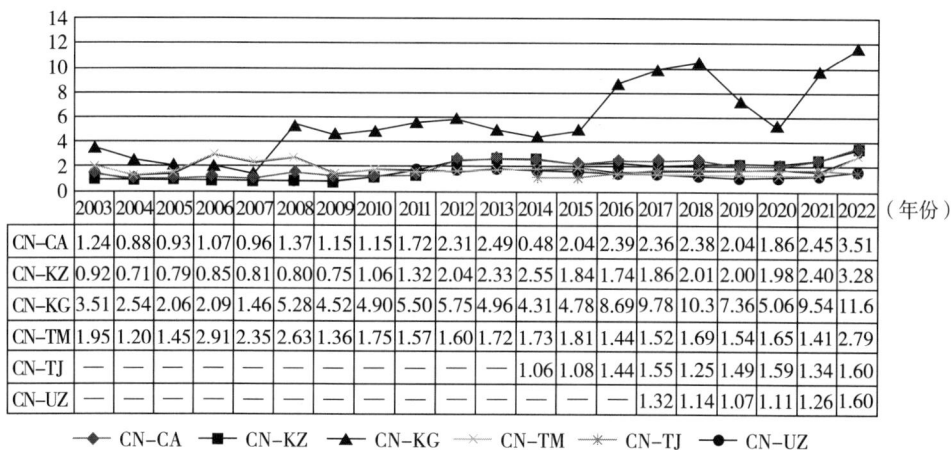

	2003	2004	2005	2006	2007	2008	2009	2010	2011	2012	2013	2014	2015	2016	2017	2018	2019	2020	2021	2022
CN-CA	1.24	0.88	0.93	1.07	0.96	1.37	1.15	1.15	1.72	2.31	2.49	0.48	2.04	2.39	2.36	2.38	2.04	1.86	2.45	3.51
CN-KZ	0.92	0.71	0.79	0.85	0.81	0.80	0.75	1.06	1.32	2.04	2.33	2.55	1.84	1.74	1.86	2.01	2.00	1.98	2.40	3.28
CN-KG	3.51	2.54	2.06	2.09	1.46	5.28	4.52	4.90	5.50	5.75	4.96	4.31	4.78	8.69	9.78	10.3	7.36	5.06	9.54	11.6
CN-TM	1.95	1.20	1.45	2.91	2.35	2.63	1.36	1.75	1.57	1.60	1.72	1.73	1.81	1.44	1.52	1.69	1.54	1.65	1.41	2.79
CN-TJ	—	—	—	—	—	—	—	—	—	—	—	1.06	1.08	1.44	1.55	1.25	1.49	1.59	1.34	1.60
CN-UZ	—	—	—	—	—	—	—	—	—	—	—	—	—	1.32	1.14	1.07	1.11	1.26	1.60

◆ CN-CA　■ CN-KZ　▲ CN-KG　✕ CN-TM　✱ CN-TJ　● CN-UZ

图 2-13　2003~2022 年中国与中亚五国纺织贸易互补性指数

注：CA 代表中亚，CN、KZ、KG、TM、TJ、UZ 代表国家同表 2-1。

资料来源：根据 Trade Map 数据库整理计算。

3）贸易结合度

计算结果如图 2-14 所示，可以得出以下结论：中国与中亚五国的纺织品贸易结合度虽然在一些年间降低，但都大于 1，呈现出极高的纺织品贸易结合情况，表明中国与中亚的纺织品贸易的密切程度高，中亚已经成为中国纺织品贸易的高级进口市场；而中亚对中国的纺织品贸易结合度指数整体极低，虽然 2017~2022 年有些上升，但数据显示，中亚在与中国纺织品贸易过程中处于劣势地位。除此之外，中亚五国与中国纺织品贸易结合度极低，基本为 0，说明中亚五国各国在与中国纺织品贸易中处于劣势。所以，中亚国家应该从单原材料出口向简单纺织品出口转型，提升纺织品生产技术水平，使得在贸易过程中拥有优势地位。[8]

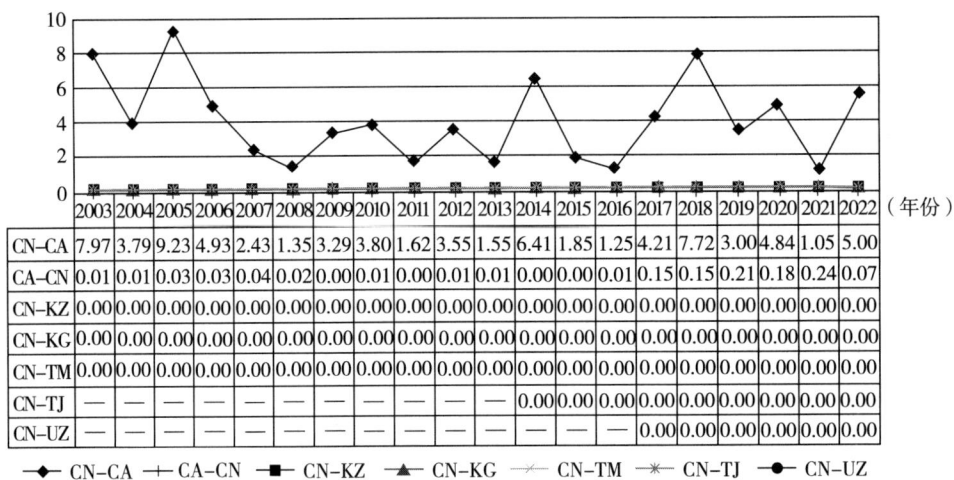

	2003	2004	2005	2006	2007	2008	2009	2010	2011	2012	2013	2014	2015	2016	2017	2018	2019	2020	2021	2022
CN–CA	7.97	3.79	9.23	4.93	2.43	1.35	3.29	3.80	1.62	3.55	1.55	6.41	1.85	1.25	4.21	7.72	3.00	4.84	1.05	5.00
CA–CN	0.01	0.01	0.03	0.03	0.04	0.02	0.00	0.01	0.00	0.01	0.01	0.00	0.00	0.01	0.15	0.15	0.21	0.18	0.24	0.07
CN–KZ	0.00	0.00	0.00	0.00	0.00	0.00	0.00	0.00	0.00	0.00	0.00	0.00	0.00	0.00	0.00	0.00	0.00	0.00	0.00	0.00
CN–KG	0.00	0.00	0.00	0.00	0.00	0.00	0.00	0.00	0.00	0.00	0.00	0.00	0.00	0.00	0.00	0.00	0.00	0.00	0.00	0.00
CN–TM	0.00	0.00	0.00	0.00	0.00	0.00	0.00	0.00	0.00	0.00	0.00	0.00	0.00	0.00	0.00	0.00	0.00	0.00	0.00	0.00
CN–TJ	—	—	—	—	—	—	—	—	—	—	—	0.00	0.00	0.00	0.00	0.00	0.00	0.00	0.00	0.00
CN–UZ	—	—	—	—	—	—	—	—	—	—	—	—	—	—	0.00	0.00	0.00	0.00	0.00	0.00

◆ CN-CA ＋ CA-CN ■ CN-KZ ▲ CN-KG ✕ CN-TM ✳ CN-TJ ● CN-UZ

图 2-14　2003~2022 年中国与中亚五国纺织贸易结合度

注：CA 代表中亚，CN、KZ、KG、TM、TJ、UZ 代表国家同表 2-1。

资料来源：根据 Trade Map 数据库整理计算。

（2）优化升级方向

在对中国与中亚五国的纺织品贸易整体分析的基础上，针对纺织品贸易的 14 大类进行贸易分析，通过显性比较优势指数分析中国对中亚五国各大类纺织品贸易的竞争性，提出中国与中亚五国在纺织品贸易上的优化方向。

1）中国与哈萨克斯坦

哈萨克斯坦在 HS52（棉花）和 HS58（特种机织物、簇绒织物、花边、装饰毯、装饰带、刺绣品）原本有较强的竞争优势，但后期因为技术优势不显著，而相较中国各类纺织品贸易都具有较大的比较优势，所以就两国贸易而言，中国可以出口纺织品的先进生产技术，帮助哈萨克斯坦纺织产业的发展，有利于后期合作。

表 2-16　哈萨克斯坦各类纺织品的显性比较优势指数

编号	HS50	HS51	HS52	HS53	HS63
2003	0.00	0.24	1.92	0.00	0.03
2004	0.00	0.21	1.62	0.00	0.02
2005	0.00	0.76	1.39	0.01	0.02
2006	0.01	1.14	1.28	0.01	0.01
…	…	…	…	…	…
2021	0.22	0.11	0.83	0.00	0.09
2022	0.04	0.05	0.46	0.02	0.07

2）中国与吉尔吉斯斯坦

吉尔吉斯斯坦在 HS52（棉花）、HS54（化学纤维长丝）、HS55（化学纤维短纤）、HS61（针织或钩编的服装及衣着附件）、HS62（非针织或非钩编的服装及衣着附件）方面显性优势极强，所以中国可以进口这五大类纺织品，减少本国成本，提高纺织业生产效率。而中国在 HS50（蚕丝）、HS58（特种机织物、簇绒织物、花边、装饰毯、装饰带、刺绣品）、HS63（其他纺织成品、成套物品、旧衣着及旧纺织品、碎织物）方面优势显著，可向吉尔吉斯斯坦出口更多这三大类纺织品，解决吉尔吉斯斯坦这三方面的市场不足。

表 2-17　吉尔吉斯斯坦各类纺织品的显性比较优势指数

编号	HS50	HS51	HS52	HS53	HS63
2003	1.99	1.29	12.89	0.95	0.92
2004	0.75	1.16	11.33	0.71	1.08
2005	0.79	1.57	14.12	0.82	1.70
2006	0.83	2.29	11.58	0.88	1.59
…	…	…	…	…	…
2021	0.76	0.05	7.34	0.00	0.26
2022	0.00	0.00	30.27	5.77	0.80

3）中国与土库曼斯坦

土库曼斯坦在纺织品贸易中，HS50（蚕丝）、HS52（棉花）两大类最具有显性比较优势，丰富的自然资源和低廉的劳动成本有利于形成这两类商品的竞争优势，而中国在该方面的优势逐渐不显著，所以中国可以进口土库曼斯坦的 HS50（蚕丝）、HS52（棉花），出口其他大类纺织品。

表 2-18 土库曼斯坦各类纺织品的显性比较优势指数

编号	HS50	HS51	HS52	HS53	HS63
2003	0.50	0.59	0.00	0.00	1.87
2004	1.35	0.71	10.52	0.00	3.05
2005	0.31	0.79	9.17	0.00	2.18
2006	0.56	0.73	10.58	0.00	1.81
…	…	…	…	…	…
2021	3.87	3.04	26.52	0.00	3.38
2022	1.01	0.35	7.11	0.00	0.40

4）中国与塔吉克斯坦

塔吉克斯坦因为自然资源和劳动低廉，在 HS50（蚕丝）和 HS52（棉花）方面有显著的比较优势，中国应该进口塔吉克斯坦的蚕丝和棉花类纺织品，减少该方面的成本消耗，出口其他大类纺织品。[9]

表 2-19 塔吉克斯坦各类纺织品的显性比较优势指数

编号	HS50	HS51	HS52	HS53	HS63
2003	—	—	—	—	—
2004	—	—	—	—	—
2005	—	—	—	—	—
2006	—	—	—	—	—
…	…	…	…	…	…
2021	12.68	0.08	50.73	0.00	0.10
2022	1.77	0.13	41.76	0.03	0.45

5）中国与乌兹别克斯坦

乌兹别克斯坦在 2017~2022 年的纺织品贸易中，HS50（蚕丝）、HS52（棉花）、HS60（针织物以及钩编织物）有极强的显性比较优势，且 HS57（地毯及纺织材料的其他铺地制品）和 HS63（其他纺织成品、成套物品、旧衣着及旧纺织品、碎织物）优势显著性明显上升，所以中国应该进口 HS50（蚕丝）、HS52（棉花）、HS60（针织物以及钩编织物），逐渐加大对 HS57（地毯及纺织材料的其他铺地制品）和 HS63（其他纺织成品、成套物品、旧衣着及旧纺织品、碎织物）的进口程度。

表 2-20 乌兹别克斯坦各类纺织品的显性比较优势指数

编号	HS50	HS51	HS52	HS53	HS54	HS55	HS63
2003	—	—	—	—	—	—	—

编号	HS50	HS51	HS52	HS53	HS54	HS55	HS63
2004	—	—	—	—	—	—	—
2005	—	—	—	—	—	—	—
2006	—	—	—	—	—	—	—
…	…	…	…	…	…	…	…
2021	81.26	0.26	48.53	0.14	0.23	1.73	2.04
2022	79.10	0.24	40.94	0.40	0.22	2.54	3.05

2. 障碍因素突破

在查询纺织品相关文献材料的基础上，采用扎根理论的编码分析，通过材料收集、编码分析与类别归纳，推断出中国与中亚纺织品贸易的障碍因素。

（1）研究方法说明

以中国知网（CNKI）中 2000～2023 年有关中国与中亚纺织品贸易的 15 篇 CSSCI 文献为研究基础，以事实为依据，避免个人主观看法对研究的影响，将 15 篇纺织品贸易相关文献进行编码，提炼出中国与中亚纺织品贸易的障碍因素。文献信息来源如表 2-21 所示。

表 2-21　编码文章信息点来源

序号	作者	题目	年份	关键词
1	温庭海、白杨	"一带一路"视角下的中国与中亚贸易效应研究	2022	中亚国家、贸易效应、引力模型
2	王可、马倩、王曙东、王梦圆、张宽长	"一带一路"市场纺织品技术性贸易壁垒及应对	2021	中亚五国、纺织品、技术性贸易壁垒、措施
3	王霄、张璐	中国与中亚五国纺织品贸易现状及潜力研究	2020	纺织品出口贸易、引力模型、影响因素、贸易潜力
4	宋振东、雷宏振、丁巨涛	中国与中亚贸易障碍因素研究	2020	对外贸易、贸易障碍、贸易价值、中国、中亚、扎根理论
5	李冰洁	中国—中亚五国双边贸易与中国经济增长相关性的实证分析	2020	双边贸易、经济增长、VAR
…	……	……	…	……
13	马莉	中国与中亚商品贸易竞合空间关系研究	2019	中国、中亚、商品贸易、竞合、空间关系
14	唐凌宇	"一带一路"倡议下中国与中亚五国贸易合作潜力研究	2018	"一带一路"、贸易合作、贸易竞争性和互补性、贸易潜力
15	余少谦	贸易互补性比较优势指数的对比研究	2008	贸易互补性、贸易互补性指数、显性比较优势指数

（2）扎根理论分析

根据"扎根理论"分析中的数据编码部分，按照"开放编码—主轴编码—选择编码"的顺序对中国与中亚五国纺织业贸易数据进行分析，通过关键词"中国与中亚贸易"进行文献搜索，再通过 NVivo11 对搜索到的相关文章按照开放性编码、主轴编码、选择性编码的顺序进行数据编码，总结出影响其贸易进行的障碍因素。

1）开放性编码

在初步得到中国与中亚纺织品贸易的原始数据基础上，根据概念细化原始数据间即编码间的具体联系，通过对编码进行初步展开、提炼主要含义、分析其具体内容，最终明确编码间关系。整理后得出："经济规模产生正向影响""产业链优势""人口因素、距离、汇率变化的负向影响""贸易优势""产业结构破坏""法律法规、相关标准、合格评定程序、市场准入要求""贸易相关信息不透明""纺织集群建立"等 213 个有关概念。

2）主轴编码

在确定开放性编码的基础上，建立概念类属之间的联系，归纳分析出研究对象的关联式编码，整理后得出："政府纺织品贸易政策""纺织品贸易规模""基础设施""纺织品贸易趋势""技术设备""国家安全""地理距离""中亚对中国的认知""纺织品投资环境""纺织品贸易标准"等 31 个主要编码，具体如表 2-22 所示。

表 2-22　基于开放型编码的范畴化及其概念频次

序号	概念化	范畴化	包含概念	概念化频次
1	a1 经济规模产生正向影响	A1 政府纺织品贸易政策	a9 汇率、a14 纺织品贸易开放程度、a16 关税、a35 纺织品贸易管理与制度的差异、a79 海关、a80 制度不完善、a124 法律完善程度、a125 纺织品贸易环境、a161 汇率稳定、a193 对外透明度低、a211 海关执行低效	11
2	a2 人口因素、距离、汇率变化的负向影响	A2 纺织品贸易规模	a1 经济发展、a4 纺织品产业发展、A6 产品可替代性强、a7 可替代性高、a11 中亚五国需求大、a12 贸易互补性、a41 中亚五国经济较落后、a45 中国为纺织品出口大国、a51 产业链完整、a59GDP、a65 国内生产总值、a78 各国家 GDP、a81 中亚原材料生产规模大	13
3	a3 纺织品产业链优势	A3 基础设施	a10 高铁运输、a12 基础设施、a31 交通便利性、a44 交通基础设施、a71 基础设施投入低、a72 物流业发展不足	6
4	a4 纺织品贸易优势	A4 纺织品贸易趋势	a15 增长趋势、a17 结构性差异增长、a18 纺织品业产品多样化、a42 纺织品贸易难度提高、a43 交易成本上升、a61 贸易规则多样化、a79 高技术、贸易价值高产品占比上升、a99 纺织品贸易规模扩大、a103 与中亚五国发展空间大、a151 纺织品贸易深层次合作、a152 贸易潜力、a166 贸易影响、a201 贸易潜力适中、a213 中亚五国纺织业得到发展	14

序号	概念化	范畴化	包含概念	概念化频次
5	a5 纺织品产业结构破坏	A5 技术设备	a7 纺织品性价比高、a18 纺织业设备差、a23 纺织业设备老旧、a47 纺织业技术水平较低	4
...	......	......	......	...
30	a30 纺织品投资水平不稳定	A30 纺织品投资环境	a155 纺织品投资贸易水平环境	1
31	a31 国家间纺织品贸易标准不一致	A31 纺织品贸易标准	a177 纺织品技术指标、a180 标准	2

在概念化和范畴化之间关系的分析基础上，将与中国与中亚五国的纺织业贸易障碍最有联系的范畴提炼出来，即得到"国家距离""文化差异""市场结构""贸易政策"四个典型模式，如表 2-23 所示。

表 2-23　纺织品贸易典型模式

"国家距离"典范模型	因果关系：A7 地理距离	
	现象：地理距离负向影响纺织业贸易成本	
	脉络：a100 边境贸易、A3 基础设施、A14 资源差异	中介条件：交通运输成本
	行动：注重基础设施的投入，提高交通便利性	
	结果：地理差距的运输成本构成中国与中亚五国纺织品贸易的主要障碍	
"文化差异"典范模型	因果关系：A10 信任度低、A21 民族差异、A29 中亚对中国的认知	
	现象：因各国间的文化差异导致不同需求，产生贸易冲突和贸易矛盾，使得各国间纺织品贸易无法深入合作	
	脉络：a22 价值观、a69 审美能力	中介条件：贸易需求
	行动：通过多方面的交流合作，关注进口国偏好和文化侧重，明确其需求	
	结果：文化差异为客观影响因素，需要在互相尊重基础上推动融合创新	
"市场结构"典范模型	因果关系：A22 纺织品贸易结构、A2 纺织品贸易规模	
	现象：各国纺织品贸易市场发展不平衡	
	脉络：A17 纺织品贸易互补性、A25 纺织品市场化程度、A26 经济结构	中介条件：A19 纺织品产业发展情况
	行动：明确互补性和竞争性，拓展纺织业贸易合作空间，带动相关产业发展	
	结果：市场结构影响中国与中亚纺织品贸易方向，需挖掘潜能推动发展	
"贸易政策"典范模型	因果关系：A1 政府纺织品贸易政策、A31 纺织品贸易标准	
	现象：贸易相关条款、标准、关税、壁垒影响纺织品贸易	
	脉络：a16 关税、a13 非关税、a15 贸易壁垒	中介条件：A21 贸易国政府环境、A26 政府行政效率
	行动：完善国家纺织品贸易的相关法律规定	
	结果：政府纺织品贸易政策影响中国与中亚五国纺织品贸易规模、质量	

3）选择编码

在确定中国与中亚纺织品贸易的开放性编码和主轴编码的基础上，分析编码类属以及双方纺织品贸易的内在联系，判断并确定出纺织品贸易的关键性作用的核心编码。整理后得出："政治政策""市场技术""文化差异""地理距离"四个直接影响中国与中亚五国纺织品贸易的因素。

（3）障碍因素提取

通过整理三级编码过程中各个概念及逻辑关系，最终识别出政治政策、市场技术、文化差异、地理距离四个方面影响中国与中亚纺织品贸易的障碍因素。

1）政治政策：面临贸易透明度低的约束

在纺织业贸易方面，中国与中亚五国可通过双方交流，签订相关纺织业贸易合约，提高各国之间贸易透明度和开放程度，缓解双方在纺织品贸易中的信息不对称，减少信息壁垒，加强各国间纺织品贸易往来，优化双方纺织品贸易结构的状况。

2）市场技术：面临生产技术含量低的约束

中国现出口纺织业产品的技术含量低，其可替代性高，不利于中国与中亚五国贸易的长期发展。随着中国纺织产业调整升级，中国资本密集产品优势将逐步显现，技术含量高、贸易价值高的纺织业产品将会在中国与中亚贸易中显现出更大的贸易空间，而中亚的纺织品原材料资源物美价廉，但因其纺织制品的制造技术、生产技术设备落后，大大降低中亚五国在世界市场上纺织业贸易的多样性和差异性。

3）文化差异：面临文化差异的约束

由于中国与中亚五国纺织业贸易合作的加大、加深，各国的民族文化的差异大小对国际贸易发展所产生的作用日益凸显。如果为差异不大的文化，会大大减少沟通成本和加强各方合作信任；如果为差异较大文化，在不了解其文化不同的情况下，无论是纺织业的产品还是规模都会受到无形的阻碍，从而影响到中国与中亚五国纺织业贸易的交流和发展合作。

4）地理距离：面临国家距离和运输设施的成本约束

中国与中亚国家国土相邻，同处亚欧大陆板块，有利于双方纺织品贸易运输成本的控制、减少纺织品运输过程中的风险，又便于各国间纺织品贸易的互通有无。此外，中亚五国的国土面积大，拥有着丰富的纺织品原材料的自然资源，在纺织品贸易过程中有着独特优势。

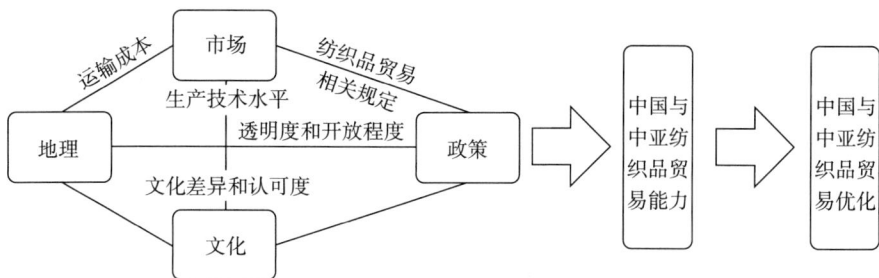

图 2-15　中国与中亚纺织品贸易影响因素

3. 优化对策提出

针对以上中国对于中亚五国在纺织业贸易上优势程度降低的突出问题和影响纺织品贸易因素，提出以下相关优化对策：

（1）以掌握高附加值纺织品促进纺织品贸易结构优化

中国与中亚五国在纺织业贸易中，中国拥有着资金和技术的优势，而中亚五国拥有资源的天然优势。现今中国低附加值产品的优势作用逐渐降低，所以中国应该着力向资源密集型商品转移发展，努力解决好中国纺织品产业链的短板问题，并且增加其外延性，注重对高附加值的纺织业产品的投入，最终优化中国纺织业结构体系。而中亚五国拥有物美价廉的纺织原料的优势，以资源密集型初级产品出口为主，缺乏纺织业的制造技术，所以中亚五国应注重纺织业结构的转型，依靠自身优势，从生产纺织品原材料向简单的纺织产品的制造转型，积极寻求新的贸易增长点。

（2）以调节纺织品贸易壁垒提升纺织品贸易开放程度

适当调节壁垒。关税影响着中国与中亚的纺织品贸易的种类和数量，适当调节双方的关税，有利于提高中国与中亚纺织品的贸易程度。除此之外，非关税壁垒也影响贸易是否能够进行，所以，应该加强政府间沟通，调节纺织品贸易相关贸易法规和制度，降低外资企业在中国的纺织品贸易的不透明度，提高中国与中亚纺织品贸易的开放程度。

（3）以提高纺织品生产水平促进纺织品贸易产品多样化

从显性比较优势指数和贸易结合度可知，中国纺织业贸易的竞争性虽大，但有下降的趋势，纺织品贸易的竞争领域在减少。所以中国在与中亚五国的纺织品贸易中，中国应提高纺织品生产技术水平，从制造低附加值纺织品转向制造高附加值的纺织品，将劳动型纺织品生产转移，增强纺织品贸易联系密度和纺织品经济增长，助力纺织品产业的优化升级创造条件，形成新的竞争力；而中亚五国则需要引进先进制造技术，提高产品的质量，掌握技术密集型和资本密集型纺织品的优势，实现纺织品自主制造。

（4）以提高贸易结合度和建设基础设施加强纺织品贸易联系强度

从中国和中亚五国纺织品的贸易结合度看，中国和中亚五国的纺织品贸易联系影响大、合作较为密切。在贸易过程中，中国和中亚五国的纺织业贸易仅停留于纺织品原料和低中纺织品之间，贸易形式单一，所以中国应该注重纺织业产业结构的优化关系，中亚五国内部应利用好区域内资源优势，加强双方纺织品贸易的广度和深度，实现区域经济一体化。除此之外，要重视纺织品贸易畅通度，在双方纺织品贸易的同时，可以发挥中国建筑优势，帮助中亚五国的交通道路建设，为双方纺织品贸易往来提供便利，加强双方纺织品贸易的联系密切度。

参考文献

［1］高新才，朱泽钢.中国—中亚国家贸易的"低端困境"及应对［J］.甘肃社会科学，2017（3）：195-200.

［2］田玉丽.中国与中亚五国贸易竞争性与互补性研究［J］.山东社会科学，2020（10）：152-158.

［3］李建民.中国与中亚经济合作30年——政策演进、重点领域进展及未来发展路径［J］.俄罗斯研究，2022（5）：74-94.

［4］刘馨蔚.一带一路农业合作成效显著　智慧农业或是未来新场景［J］.中国对外贸易，2020（1）：62-63.

［5］房悦，李先德.中国从中亚进口农产品的贸易边际及其影响因素研究［J］.华中农业大学学报（社会科学版），2023（1）：71-81.

［6］李鸿阶，张元钊.双循环新发展格局下中国与东盟经贸关系前瞻［J］.亚太经济，2021（1）：90-97+151.

［7］宋振东，雷宏振，丁巨涛.中国与中亚贸易障碍因素研究——基于扎根理论的分析［J］.西安财经大学学报，2020，33（4）：105-113.

［8］王霄，张璐.中国与中亚五国纺织品贸易现状及潜力研究［J］.北方经贸，2020（9）：12-16.

［9］王可，马倩，王曙东，等."一带一路"市场纺织品技术性贸易壁垒及应对——以中亚五国为例［J］.轻纺工业与技术，2021，50（3）：72-74.

三、贸易结构多元化研究

本章以扩大中亚制造业贸易和服务业贸易研究为方向，重点突出数字货物贸易和数字服务贸易，并且在此基础上以中国与塔吉克斯坦、哈萨克斯坦、乌兹别克斯坦、土库曼斯坦、吉尔吉斯斯坦为例来进行中亚经贸合作多元化的机制构建、政策协调等研究。

（一）中国—中亚制造业贸易现状研究

根据联合国贸易数据库统计，中国在 2022 年的货物贸易进口总额为 27160 亿美元，货物贸易出口总额为 35936 亿美元。其中，中国与中亚五国的货物贸易进口总额为 277.6 亿美元，占中国总货物贸易的 1.02%；中国与中亚的货物贸易出口总额为 415.8 亿美元，占中国总货物贸易的 1.16%；中国与中亚五国的总货物贸易的进出口总额为 693.4 亿美元，占中国总货物贸易进出口的 1.10%。由此可见，中国近年来与中亚五国有着密切合作。

1. 中国—中亚制造业贸易总量与结构现状分析

本小节依据国际贸易编码 HS，根据商品分类标准 SITC-Rev-1 将其中第五类——未列明的化学品和有关产品（28 至 38 小类）、第六类——以材料为主的制造业产品（39 至 83 小类，其中去除第 68 小类）、第七类——机械及运输设备（84 至 89 小类）、第八类——杂项制品（96 小类）划分为制造业，并分别选取中国与中亚五国（塔吉克斯坦、哈萨克斯坦、乌兹别克斯坦、土库曼斯坦、吉尔吉斯斯坦）的进出口数据，来分析中亚制造业贸易总量与结构现状。

（1）贸易总量分析

表 3-1　近五年中国与中亚五国制造业进出口贸易数据　　单位：亿美元

年份	塔吉克斯坦	哈萨克斯坦	乌兹别克斯坦	土库曼斯坦	吉尔吉斯斯坦	总进出口额
2018	13.6	140.2	45.3	3.1	53.6	255.8
2019	15.1	154.0	55.3	4.1	58.5	287.0
2020	9.2	153.0	54.5	4.5	26.4	247.6

年份	塔吉克斯坦	哈萨克斯坦	乌兹别克斯坦	土库曼斯坦	吉尔吉斯斯坦	总进出口额
2021	17.3	172.9	66.8	5.1	70.1	332.2
2022	22.5	190.6	80.3	8.4	144.0	445.8

资料来源：联合国商品贸易统计数据库。

由表3-1可知中国和中亚五国的制造业进出口贸易总额。其中，哈萨克斯坦与中国的进出口贸易总额最多，由2018年的140.2亿美元一直到2022年的190.6亿美元，均为每年交易额最高的国家，吉尔吉斯斯坦、乌兹别克斯坦、塔吉克斯坦紧随其后，而土库曼斯坦由于其国家的特殊性，其进出口额都比较低。总额方面较为稳定，一直保持在较为稳定的数据区间内。

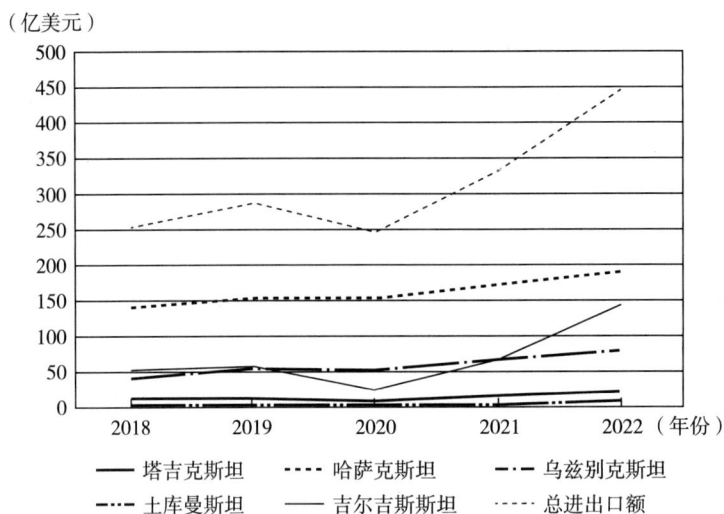

图3-1　近五年中国与中亚五国制造业进出口贸易走势

资料来源：联合国商品贸易统计数据库。

由图3-1可知2018～2022年中国与中亚五国制造业进出口贸易总额的变化趋势。整体上来说，近五年来的进出口额在稳定增长。但在2020年与2021年左右，部分国家的进出口额发生了一定波动，吉尔吉斯斯坦在2020年的制造业进出口额达到了最低峰，而部分国家也在该年份的增长率有所降低。而从2020年之后，各国的进出口总额又开始迅速上升并稳步发展，说明在之后的几年各国迅速调整了经济结构并颁布了新的经济政策，双边贸易合作还在不断地加深。

（2）结构现状分析

1）整体结构分析

现以2022年为例，分别选取中国与中亚五国货物进出口贸易总额与制造业进出口贸易总额，来分析制造业在各国家的发展现状。

由表 3-2 可知，除土库曼斯坦之外，制造业、进出口在其余四个国家均有较大的占比，说明中亚国家的货物进出口贸易中，制造业是很重要的一环。而土库曼斯坦目前的客观条件还不足以与其他国家进行巨大的货物交易。值得注意的是，在土库曼斯坦和中国 103.8 亿美元货物进出口额中，土库曼斯坦的出口额只有 0.8 亿美元，进口额则共有 103 亿美元，说明其本身发展结构还并不平衡和充分。由图 3-2 可知，从整体结构上来看中国与中亚五国的货物交易，制造业还是占有超过一半的比例，因此在之后中国与中亚五国的区域经济一体化中，制造业还是很具有发展空间与潜力。

表 3-2　2022 年中国与中亚五国制造业进出口占比　单位：亿美元,%

	塔吉克斯坦	哈萨克斯坦	乌兹别克斯坦	土库曼斯坦	吉尔吉斯斯坦	总进出口额
制造业进出口	22.5	190.6	80.3	8.4	144	445.8
货物贸易进出口	25.8	312.0	97.0	103.8	154.8	693.4
占比	87.20	60.90	82.80	8.10	93.00	64.30

资料来源：联合国商品贸易统计数据库。

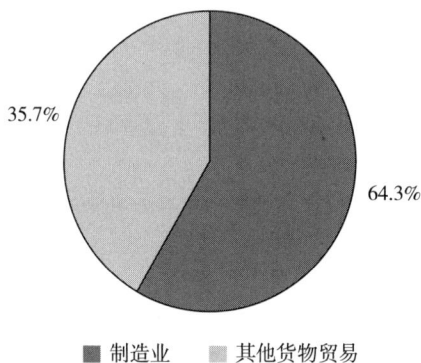

35.7%　　64.3%

■ 制造业　■ 其他货物贸易

图 3-2　制造业进出口占总货物贸易进出口比例

资料来源：联合国商品贸易统计数据库。

2）具体结构分析

现以 2022 年为例，将中亚五国制造业贸易根据国际贸易编码 HS 划为四大类：第五类——未列明的化学品和有关产品（28 至 38 小类）、第六类——以材料为主的制造业产品（39 至 83 小类，其中去除第 68 小类）、第七类——机械及运输设备（84 至 89 小类）、第八类——杂项制品（96 小类），并逐类分析中亚五国四大类贸易在制造业所占的比例与结构，具体数据如表 3-3 所示。

表 3-3　2022 年中亚五国制造业进出口结构　　　　单位：亿美元

国别	化学产品	原材料产品	机械及运输设备	杂项制品
塔吉克斯坦	0.5	14.9	6.9	0.2
哈萨克斯坦	13.9	119.4	55.3	2.0
乌兹别克斯坦	4.4	37.8	37.7	0.5
土库曼斯坦	0.6	3.7	4.0	0.1
吉尔吉斯斯坦	1.5	118.7	22.1	1.7
中亚五国	20.9	294.5	126.0	4.5

资料来源：联合国商品贸易统计数据库。

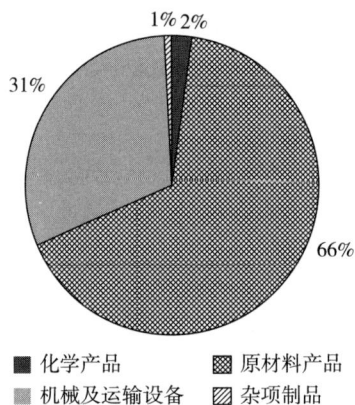

图 3-3　塔吉克斯坦制造业进出口贸易结构

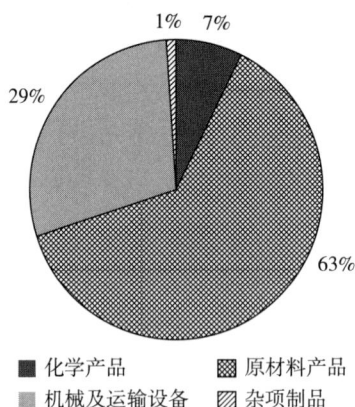

图 3-4　哈萨克斯坦制造业进出口贸易结构

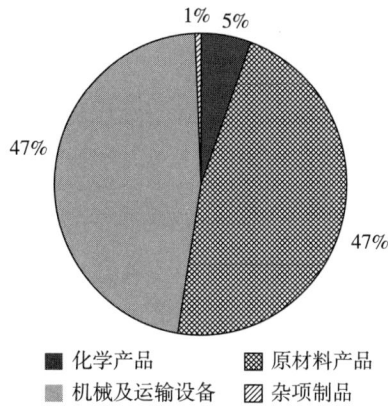

图 3-5 乌兹别克斯坦制造业进出口贸易结构

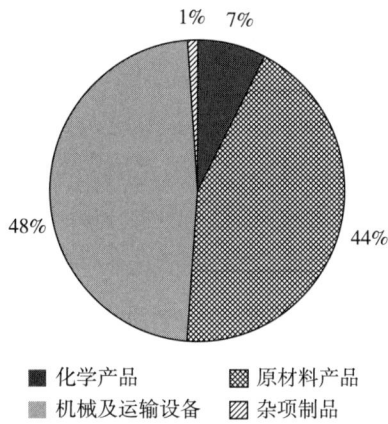

图 3-6 土库曼斯坦制造业进出口贸易结构

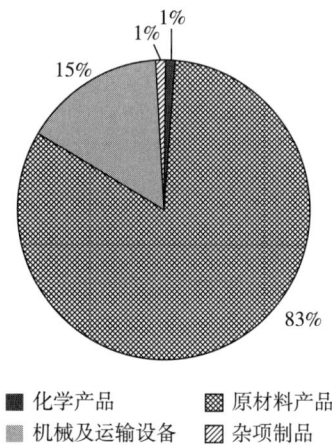

图 3-7 吉尔吉斯斯坦制造业进出口贸易结构

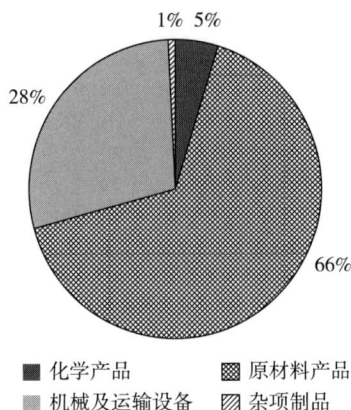

图 3-8　中亚五国制造业进出口贸易结构

由图 3-3 至图 3-8 可知，中亚五国与中国的制造业进出口贸易主要以原材料产品和机械及运输设备为主，其中乌兹别克斯坦和土库曼斯坦的机械运输业更为发达，而塔吉克斯坦、哈萨克斯坦、吉尔吉斯斯坦则是原材料产品更为突出。从总体来看，原材料产品和机械及运输设备还是中国与中亚五国制造业的主要交易对象，原材料产品更为突出的国家，说明其充分地利用了其自然资源；而机械与运输设备较为突出的国家，也侧面反映出近年来中亚国家通过不断建设交通与铁路运输，完善更多的现代化器械与设备，从而更好地发展跨国电商与数字经济产业。

2. 中国—中亚制造业贸易结构不足分析

（1）贸易结构的不足

通过对图 3-3 至图 3-7 的中亚五国制造业进出口贸易结构的数据分析，虽然总体上来说中亚五国的机械及运输业有一定的占比，但其中只有乌兹别克斯坦和土库曼斯坦两国的进出口数据达到近 50%，而土库曼斯坦由于其国家的特殊性不能作为重要的参考依据，此外还有三个国家的机械及运输设备进出口额只占15%~30%，而其原材料产品占了整个国家制造业进出口额的大多数。因此，从整体上来说，中亚五国的贸易结构还较为单一，大部分国家的主要货物贸易来源还是其国家本身如水果、矿物、天然气等自然资源，与发展国际数字货物及跨境电商贸易息息相关的机械及运输业发展还尚未成熟[1]。

（2）发展数字货物贸易的不足

以跨境电商为例，目前通过中国新疆各口岸出口到中亚五国的跨境电商货物逐年增多，根据新疆众联华运国际货运代理有限公司网统计，跨境电商货物大致是从四类电商渠道流入，分别是中国国际跨境电商平台、中国电商独立站、中亚五国境内电商平台、代购平台，各渠道流量分散，但均有各自的细分市场和目标客户，现中亚五国仍未形成大型电商平台所带来的规模效应，究其原因还是中亚各国的电商基础设施欠缺，要么电商平台不具备综合性，要么所在国的支付工具不便利，要么没有海外仓、快递服务网络和供应链的配套支持，多种原因限制了中亚电商产业的发展，主要分析如下：

跨境电商平台的竞争激烈。中亚各国的网络交易习惯一直未完全统一和成型，未有较成熟且规模较大的电商企业出现，但不乏成功的电商独立站，而中国在中亚地区的国际电商平台虽有速买通，但其他如亚马逊、俄罗斯的电商平台也可以直接交易或代购，本在流量不大的中亚地区又分流出各种电商渠道，目前，已有国内电商团队在中亚五国进行市场开发，必然遭遇中亚独立站、代购商及其他国外大型国际跨境电商平台的竞争，因此，风险与机遇同在。

部分国家的支付工具尚未成熟。我们将支付工具作为电商产业是否成熟的关键判断要素，如果在线支付的便利性存在障碍，必定影响网络购物的体验，而支付工具又分为移动网络支付和固定网络支付，中亚各国的金融服务系统以及网络技术能力是否能为电商企业提供接口和支持，目前存在较多问题，好在中亚各国都能通过银行卡或信用卡进行网络支付，但依然存在便利性和支付成本问题，如得不到解决，电商产业发展仍会滞后，也为电商主体带来经营风险。

快递服务网络构建尚未完善。国内电商市场的落地配已经历过多轮大规模的资本投入和技术积累，而中亚各国电商市场发展缓慢的原因还在于当地快递服务的滞后，未有建设成熟的快递服务网络，比如在乌兹别克斯坦，部分网络购物的配送还需要通过网约车提供，配送成本高且不便利，严重制约乌兹别克斯坦电商发展，因此，中亚电商产业要想提速必须解决"最后一公里问题"。

3. 中国—中亚制造业贸易潜力分析

随着国家"一带一路"倡议的提出，中国与中亚国家的合作与发展越发密切，多边的贸易往来也使得中国—中亚制造业发展具有很大的潜力。

（1）从中亚国家自身条件来分析

哈萨克斯坦是中亚地区唯一与俄罗斯接壤的国家，是中亚地区最大的经济体，具有较高的消费水平。主要城市如阿斯塔纳和阿拉木图有较高的生活水平和购买力。拥有丰富的石油、天然气和矿产资源，相关行业具有较大的发展潜力。哈萨克斯坦位于中亚地区的中心，地理位置优越，对于跨境贸易和物流具有重要意义。

吉尔吉斯斯坦位于中亚地区中部，与哈萨克斯坦、塔吉克斯坦、乌兹别克斯坦和中国接壤。吉尔吉斯斯坦是中亚地区经济欠发达的国家之一，消费水平相对较低。然而，主要城市如比什凯克仍有一定的消费市场，具有小规模的电商。农产品和纺织品等领域是吉尔吉斯斯坦的主要出口产品，相关行业具有一定的发展潜力[2]。

塔吉克斯坦位于中亚地区西部，与乌兹别克斯坦、吉尔吉斯斯坦、中国和阿富汗接壤。塔吉克斯坦是中亚地区经济欠发达的国家之一，消费水平相对较低。棉花和铝产业是塔吉克斯坦的主要出口产业，相关行业具有潜力。

乌兹别克斯坦位于中亚地区北部，与哈萨克斯坦、吉尔吉斯斯坦、塔吉克斯坦、土库曼斯坦和阿富汗接壤。乌兹别克斯坦是中亚地区人口最多的国家，消费水平相对较低。然而，随着经济改革和市场开放的推进，乌兹别克斯坦的中产阶级正在逐渐增长，消费市场也有所扩大。乌兹别克斯坦是中亚地区人口最多的国家，具有庞大的潜在市场。纺织和农产品是乌兹别克斯坦的主要出口产品，相关行业具有较大的发展潜力。经济政策方面，乌兹别克斯坦正在进行经济改革和市场开放，吸引外国投资，商业环境正在逐渐改善，这也是其发展制造业的潜力之一[3]。

土库曼斯坦位于中亚地区南部，与乌兹别克斯坦、阿富汗、伊朗、哈萨克斯坦接壤，为里海沿岸国家。土库曼斯坦是中亚地区相对封闭的国家之一，商业环境相对较为复杂，但其拥有丰富的天然气资源，相关行业具有一定的发展潜力。

总体来说，中亚国家具有丰富的自然资源，且地理位置优越，对于跨境贸易和电子商务具有重要的桥梁作用。但其中还有一些国家经济并不发达，现代化运输设备还未完善，因此，还需要加强中国—中亚数字经济贸易合作，才能更好发挥中亚国家自身的潜力[4]。

（2）区域经济一体化所带来的潜力

中亚五国地处丝绸之路经济带，是中国与"一带一路"沿线地区贸易增长最快的区域，自2014年起，中国对中亚地区由贸易逆差转为贸易顺差且呈逐年扩大趋势。中国对中亚地区五个国家的出口额排名依次为哈萨克斯坦、吉尔吉斯斯坦、乌兹别克斯坦、塔吉克斯坦和土库曼斯坦。

近几年，中亚国家经济复苏速度较快，让越来越多的中国跨境出口B2B电商卖家看好这个极具潜力的市场。随着中亚五国贸易环境的改善及跨境电商的普及，中亚五国的互联网用户数呈现出极高的增速，为中国卖家和中亚五国企业达成合作提供了电商基础设施保障。

中国是中亚五国的主要贸易国，有大量商品从中国进行进口。其中，哈萨克斯坦自中国进口的主要商品为机电产品；乌兹别克斯坦自中国进口的主要商品为工程机械、空调、冰箱、机械设备及器具；中国对土库曼斯坦出口商品主要类别包括钢铁制品、机械器具及零件、制造业成品与零件、轻工成品、日化类商品等；中国向吉尔吉斯斯坦主要出口服装、机电产品、烤烟、谷物、计算机和通信技术产品；中国向塔吉克斯坦出口的主要商品有日用品、粮油、轻纺、化工产品和机电产品等[5]。

目前中亚五国跨境电商的发展主要围绕着支付工具、跨境电商平台、快递服务网络、海外仓与供应链五个关键因素展开。其中支付工具、跨境电商平台和快递服务网络还是亟须解决的不足之处，而海外仓和供应链则是目前中亚发展的潜力。跨境商品在交付到最终客户前，必定会产生运输延迟，主要原因在于运输途中、报关、清关以及仓储分拨环节，怎么样才能减少延迟呢？此时海外仓就成为了最主要的解决方案，将货物在未出售前提前仓储在中亚各国的海外仓里，当客户下单支付完成后，可以在就近的海外仓进行分拣、提货和配送，这将大大提高中亚地区客户的网购体验与交易效率，因此，中亚地区的海外仓市场必将是未来中亚跨境电商的主战场。因分拣、仓储的复杂程度高，电商供应链的管理难度甚至要超过传统生产制造业，而中亚五国大部分电商独立站的供应链因规模小，还无法统一管控，因此供应链的效率与成本比一直不高，比如平台选品后的采购与运输、仓储与分拣包装，分别由不同主体提供，整个流程的质量和时效无法把控，相当考验各家电商的综合能力，因此，电商的供应链管理能力也决定着未来中亚电商产业的规模。中亚五国对于制造业中机械与交通运输的不断发展和完善，也预示着其在今后发展电子商务贸易尤其是跨境电商有着巨大的优势与潜力。

（二）扩大中国—中亚制造业贸易的政策研究

1. 已有政策和机制梳理

（1）中国—中亚元首会晤制

中国—中亚元首会晤机制，是中国同中亚五国成立的会晤机制。2023 年 5 月 18 日至 19 日，中国—中亚峰会在陕西省西安市举办。峰会期间，中国同中亚五国达成系列合作共识。其中包括：成立中国—中亚元首会晤机制。各方宣布，以举办此次峰会为契机，中国—中亚元首会晤机制正式成立。机制的内容主要包括峰会每两年举办一次，中国为一方，中亚国家按国名首字母排序为另一方，双方轮流举办。各方愿充分发挥元首外交的战略引领作用，加强对中国同中亚国家关系发展的顶层设计和统筹规划。

机制解读：中国—中亚元首会晤机制的建立标志着中亚国家与中国之间的关系迈上了新的台阶。中亚地区作为丝绸之路的重要节点，与中国有着深厚的历史渊源和地缘联系。这次峰会的成功举办将进一步增进双方的互信与合作，推动双边关系在政治、经济、文化等各个领域的深入发展。中国和中亚国家在经济合作方面具有巨大的潜力。双方将继续加强贸易往来，促进投资合作，推动基础设施建设，并加强人文交流与教育合作。这将为中国与中亚地区的发展带来更多机遇，促进共同繁荣。总之，中国—中亚峰会的成功举办以及中国—中亚元首会晤机制的建立，为双方合作与交流提供了新的平台和机遇。通过加强各领域的合作，共同推动发展，中国和中亚国家将进一步巩固彼此的友好关系，促进共同繁荣与稳定。

对制造业的影响：中国—中亚元首会晤机制的建立对于整个地区的经济和发展具有重要意义。中亚国家在"一带一路"倡议中扮演着重要角色，通过加强合作，双方能够共同应对经济发展中的挑战，实现互利共赢。根据之前的结构分析，我们知道在和制造业息息相关的机械及交通运输领域，中亚五国的发展还有一定的缺陷和不足。通过该机制的确立，中国与中亚地区的合作将更加紧密，中国的技术、资金和经验也将为中亚国家提供重要支持，促进其经济结构转型和可持续发展。其制造业也会随着经济体制的不断完善而不断扩大[6]。

（2）中国—中亚峰会

中国—中亚峰会是于2023年5月18日至19日在陕西省西安市举行的活动。

本次峰会由中国国家主席习近平主持。哈萨克斯坦总统托卡耶夫、吉尔吉斯斯坦总统扎帕罗夫、塔吉克斯坦总统拉赫蒙、土库曼斯坦总统别尔德穆哈梅多夫、乌兹别克斯坦总统米尔济约耶夫应邀与会。2023年5月19日，中华人民共和国主席习近平在中国—中亚峰会上发表题为《携手建设守望相助、共同发展、普遍安全、世代友好的中国—中亚命运共同体》的主旨讲话。同日，各方共同发布《中国—中亚峰会西安宣言》。

机制解读：中国—中亚峰会机制的创新与确立，为双方开启睦邻合作新范式、推进十周岁的"一带一路"国际合作注入新活力，并有望与中国和俄罗斯的东部区域合作彻底打通，带动三方实现大发展。峰会前夕，哈吉塔乌四国元首应邀组团访华并与习近平主席进行会谈，中国与四国分别发表了务实求真而各有侧重的联合声明，确认今后中国与四国交往的关键议题和方向。在古都西安举行这场峰会，既是当代中国开拓外交新局、深化陆路向西开放和东西开放推进新丝路的延续与实践，更从地理和历史双维拉近中国—中亚的心理和情感距离。中国—中亚峰会的成功举行和元首会晤机制的建立，为双方提供了一个共同推进合作的平台。通过加强政治互信、深化经济合作、加强安全合作、拓展文化交流，中国和中亚国家将共同迈向更加美好的未来。这将不仅惠及双方人民，也将为地区和世界的和平与繁荣作出积极贡献。

对制造业的影响：中国—中亚峰会的成功召开是中国人民和中亚人民的共同愿望，是多边合作和区域经济一体化的重要里程碑。中国—中亚峰会是对接中国—中亚命运共同体建设的重要平台，旨在加强"一带一路"倡议与中亚国家发展战略对接，推动互利合作。在扩大中国—中亚制造业方面，双方可以在以下方面开展合作：①加强产业对接，深化投资经贸合作；②拓展农业领域合作，实现优势互补；③推进能源资源合作，保障产业链供应链稳定畅通。总之，中国—中亚峰会对扩大中国—中亚制造业有着积极的影响，将有助于促进双方的经济发展和繁荣[7]。

（3）中亚五国"一带一路"国际金融交流合作研修班

2019 年 5 月 27 日，中国银行主办的中亚五国"一带一路"国际金融交流合作研修班开班仪式在中行大厦举行。来自哈萨克斯坦、吉尔吉斯斯坦、塔吉克斯坦、土库曼斯坦和乌兹别克斯坦五个中亚国家的 30 位政府高级官员和企业高管，在北京、上海、杭州进行为期 8 天的交流学习。

机制解读：本期研修班旨在落实"一带一路"国际合作高峰论坛成果，推动中国同中亚国家经贸合作交流和传统友谊。中国银行负责人在开班仪式致辞中表示，期待本次研修班成为落实第二届"一带一路"国际合作高峰论坛成果的平台、深化中国同中亚五国经贸合作的平台、促进中国同中亚五国民心相通的平台。希望本次研修班深化彼此对共建"一带一路"的认识，达成更多合作共识，形成更多务实成果。希望大家集思广益，为推动"一带一路"建设出谋划策，让合作成果更好惠及各国人民。希望不断增进相互之间的了解，为中国同中亚各国合作共赢注入新动能。

对制造业的影响：本次研习班皆在总结与巩固"一带一路"对中国与中亚五国经济的促进与发展。从中亚地区和东盟国家来看，除了新加坡外，大部分国家的工业化程度均不是很高，基础设施建设还比较落后，这些国家未来对铁路、管线、机场、港口、核电、电信等能源设备和基础设备的需求量将持续增长，这就为中国装备制造业"走出去"提供了巨大市场空间。除基础设施投资外，沿线国家加强产业投资与合作，特别是深化装备制造业的投资与合作，是各国推进工业化进程的需要，是促进沿线各个国家社会经济深度融合的重要路径，是"一带一路"建设的重点领域。未来一段时间内，中国装备制造业将顺应"一带一路"沿线众多国家的产业转型升级的趋势，积极鼓励和支持装备制造企业"走出去"到这些国家投资创业。因此，中国政府应建立健全不同层次的双边与多边合作机制，全面加大对装备制造企业"走出去"的扶持力度，充分发挥各类中介机构的支撑引领作用，督促装备制造企业履行有关社会责任，重点加强装备制造业"走出去"的人才保障。

（4）中国—中亚外长会晤制

2020 年 7 月 16 日，"中国+中亚五国"举行首次外长视频会晤。各方一致决定建立"中国+中亚五国"外长会晤机制，定期举行会晤，携手应对挑战，共谋发展繁荣。中国国务委员兼外长王毅出席并主持会晤，哈萨克斯坦外长特列乌别尔季、吉尔吉斯斯坦外长艾达尔别科夫、塔吉克斯坦外长穆赫里丁、土库曼斯坦副总理兼外长梅列多夫、乌兹别克斯坦外长卡米洛夫出席。

机制解读：从 2020 年 7 月 16 日到 2023 年 4 月 27 日，中国—中亚外长会晤一共召开了四次。第一次会晤，双方达成了以下共识：共促经济复苏，做互利共赢的合作者；维护地区安全，做新安全观的践行者；加强多边协作，做公平正义的捍卫者。第二次会晤，五国外长表示，愿同中方一道，继续推动"一带一路"倡议同中亚国家发展战略对接，加强各领域合作，坚定捍卫多边主义。第三次会晤，各国达成了十方面共识，延续了之前两次会议的精神。第四次会晤，外长们为即将举办的中国—中亚峰会作了全面政治准备，表示峰会必将开启中亚中国关系新篇章，为中亚国家转型发展、提升地区影响带来新机遇。

对制造业的影响：中国—中亚外长会晤制对中国与中亚五国的合作和发展起到一个承上启下的作用。承上，该机制继续高质量共建"一带一路"，拓展全方位合作，探讨推进金融合作方式，进一步扩大本币结算规模；过渡，该机制积极开展疫苗和药物研发合作，建立中国—中亚健康产业联盟，在中亚设立中国传统医学中心；启下，继续健全"中国+中亚五国"合作机制，积极开展政党、经贸、投资、地方、智库等领域交流对话，充分释放六国合作潜能，并为之后中国—中亚峰会的召开与中国—中亚元首会晤制的确立做出铺垫。但无论在哪个阶段，该机制都在完善跨国产业链和发展多边数字化贸易经济，这也为扩大中国—中亚制造业贸易做出很好的铺垫。

（5）中国—中亚峰会相关贸易政策

中国—中亚峰会达成了一系列重要经贸成果，将重点在四方面推进与中亚国家经贸合作。中国商务部同中亚国家经贸主管部门建立了中国—中亚经贸部长会议机制，并分别就深化经贸合作、数字贸易、基础设施和工程建设合作发展等方面签署了三份多边合作文件，充分体现了各方构建更加紧密的中国—中亚命运共同体的坚定决心。在推进与中亚国家经贸合作方面，将重点做好以下工作：

一是推动贸易新业态发展。继续用好中国—中亚经贸部长会议机制等多双边合作机制，推动中国同中亚国家务实合作量质齐升。鼓励企业在中亚建设海外仓，支持中亚国家企业入驻中国电商平台，推动中亚优质商品进入中国市场。

二是实现创新驱动持续赋能。将与中亚国家开展数字贸易，推动规则对接、标准互认和数字基础设施联通，分享人工智能、大数据、5G 等领域发展经验，加快数字化发展进程，共同开辟数字贸易合作的新局面。

三是保障区域产业链供应链安全稳定。将推动跨境基础设施建设，加强石油、天然气等领域合作，推动跨境管线建设；深化农业领域合作，扩大进口中亚优质农产品。

四是加强在多边框架下合作。中国将坚定践行真正的多边主义，愿与哈萨克斯坦、吉尔吉斯斯坦、塔吉克斯坦加强在世贸组织框架内的协作，支持土库曼斯坦、乌兹别克斯坦早日加入世贸组织。

政策解读：推动贸易新业态发展，鼓励中亚建设海外仓，可以更好地加强中国同其他国家在中亚地区进行电商平台贸易的竞争力。实现创新驱动持续赋能，与中亚国家分享人工智能、大数据、5G等领域发展经验，可以更好地实现与中亚国家展开数字经济贸易。保障和稳定区域产业链与供应链，完善跨境基础设施建设和跨境合作，可以更好地为中亚制造业贸易打好基础，为数字货物贸易和跨境电商做铺垫。而加强多边合作，支持土库曼斯坦和乌兹别克斯坦加入世贸组织，可以更好地加强中国—中亚区域经济一体化建设，完善国际贸易多元化机制建设。

（6）外交部长王毅在首次外长会晤讲话

"我们应相互加快开放市场，改善营商环境，大力促进贸易投资便利化。""中国愿同各方继续推进中亚地区互联互通，保障'中欧班列'、中吉乌公路等畅通和平稳运行，继续探讨中吉乌铁路等地区互联互通的倡议，拓展公铁多式联运合作，逐步打造横贯中亚的运输大通道。""我们应拓展跨境电子商务规模，加强5G、人工智能、大数据、云计算、卫星导航等高科技领域合作，加快建设'数字丝绸之路'。"

政策解读：建立中国同中亚地区互通互联仍是双边数字贸易的建设重点，因此制造业分类中的机械及运输设备则是衡量双边互联互通的重要指标。只有不断增加现代化设备在中亚地区的普及，建立中国同中亚地区的运输道路建设，跨境电商和数字货物贸易才能在中国—中亚贸易合作中得到长足的发展。

2. 扩大中国—中亚制造业贸易的政策研究

（1）积极推动国内企业到中亚五国进行投资

中国与中亚五国间存在一定的贸易壁垒，中亚五国对从中国进口商品使用的关税税率要远远高于中国从中亚五国进口的关税税率，这表明中国的工业制成品进入中亚五国市场面临着关税壁垒，市场竞争力下降。"一带一路"倡导的互联互通能够消除贸易壁垒，打通贸易渠道，促进商品的流通。中亚地区是"一带一路"战略上重要的节点，所以应当成为优先建设的区域。在"一带一路"背景下，中国的工业制成品生产企业抓住这样的一个机遇对中亚五国进行投资能够获得以下贸易优势：

第一，抢占中亚五国工业制成品市场先机。中国已经成为中亚五国头号贸易伙伴，在中国成为世界第二大经济体之后，国内市场也趋于饱和，不少行业也出现了产能过剩的情况，国内企业在这一发展过程中也实现了技术积累和资本积累。作为中亚五国来讲，国内整个工业体系尚未建立，很多工业制成品都依赖于进口，再加上贸易壁垒，让国外产品在国内的竞争力大幅下降。通过企业对中亚五国直接投资能够绕开贸易壁垒，获得本地化的竞争优势，同时借助中国企业的技术优势能够进一步提升中国工业制成品在中亚五国市场的竞争力，抢占市场先机。

第二，充分利用中亚五国的资源优势。从中国与中亚五国的贸易结构来看，初级产品是中国主要进口的商品，初级产品很大一部分都是作为工业制成品的原料而进口的，中国企业到中亚五国进行投资能够快速获得中亚五国的初级产品作为生产原料，省去初级产品进出口的中间环节，降低成本水平，提升中国企业工业制成品在中亚五国市场的竞争力。

（2）加强经济合作和政府间的交流

在中国与中亚五国的贸易过程中，政府所起的作用是不可替代的，政治关系是进行经济贸易的基础，通过政府间的友好交往，创建较为友好的公共关系环境，将有利于中国的工业制成品进入中亚五国的市场。从实证结果来看，是否同属于上海合作组织对于某类工业制成品进出口总额是呈现正相关影响的。上海合作组织本身就是由中国、俄罗斯和中亚五国中的四国（除了土库曼斯坦之外）发起的永久性政府间国际组织，旨在加强成员国之间的信任和睦邻友好关系，鼓励内部在政治、经济、教育等方面开展合作，每年都会举行一次成员国国家元首的正式会谈。在上海合作组织2015年12月的国家元首会晤后发布的《联合公报》指出，组织内的成员国应当协同采取有效的措施来提振国内的经济，增加区域内的贸易活动和投资活动，重点在经济领域，特别是高技术产业方面推动合作，引导成员国的产业升级，并完善区域物流、信息等方面的基础设施建设，激发区域经济活力。这些宗旨无疑与中国"一带一路"倡议倡导的互联互通，互通有无，建设命运共同体的主要目标所契合。虽然"一带一路"建设最终需要企业投资来完成，但此前政府层面的铺垫也是必不可少的步骤。加强经济合作和政府间交流应当从以下方面进行：

第一，要不断优化贸易结构。中国主要从中亚五国进口矿产品及其制品等原料和能源型产品，主要向中亚五国出口机械设备、化学制品等工业制成品。双方在贸易分工方面非常明确，都在利用各自的优势产品进行双边贸易。在当前双边的贸易潜力均处于潜力开拓状态下时，双方应当努力完善贸易结构，通过高质量高技术产品的贸易来改善当前的贸易结构，继续开拓双边贸易潜力。

第二，要加强金融合作。中国与中亚五国的工业制成品贸易离不开外汇结算等金融系统，加强金融合作能够提升双边贸易在货币支付时的便利性，降低支付的繁琐程度，方便工业制成品的交易过程。同时，开发一些相关的信贷产品，能够缓解相关贸易企业的资金紧张程度，促进工业制成品贸易的发展。

第三，中国政府层面应当与中亚五国政府建立一定的信息交流机制，通过信息交流了解各自的需求，以便企业做出更加快速的反映。同时，通过政府间达成一定的贸易协定来继续降低双边的贸易壁垒，促进工业制成品贸易的发展。

（3）加强基础建设强化比较优势

从货运能力的具体数据来看，中国的铁路年货运能力是中亚五国铁路年货运能力总和的 9 倍左右，这说明中亚五国国内的铁路建设水平还有很大的提升空间。由于中亚五国处于我国的西边，而我国的西部铁路建设水平又远远落后于东部，这也成为工业制成品贸易的瓶颈。因此，中国与中亚五国都需要加强对基础设施的建设，具体应当从以下几方面进行：

第一，引导国内优秀的铁路建设企业参与中亚五国的铁路建设。中亚五国的铁路的年货运能力存在很大的差异，最发达的哈萨克斯坦能够达到最不发达的吉尔吉斯斯坦的 250 倍以上，这说明中亚五国的铁路设施建设相互间的差异也比较大。另外，由于中亚五国的铁路系统是依据苏联的铁路标准建设的，与中国铁路系统不兼容，会加大货物运输的难度。比如，和中亚五国同样使用苏联铁路标准的俄罗斯在进口我国商品时，列车在我国的满洲里就要进行卸货重装到俄罗斯的列车上，增加了货运成本。引导我国优秀的铁路建设企业参与中亚五国的铁路建设能够向中亚五国输出我国的铁路标准，使我国铁路系统能够与中亚五国铁路系统实现无缝对接，降低工业制成品的运输难度和运输成本。

第二，要加强我国西部的铁路系统建设。目前，我国主要铁路均分布在东部，西部铁路建设相对而言要落后，特别是与中亚五国交界的新疆，铁路里程和路网密集程度要远远低于全国平均水平，目前只有 1 条铁路与东部铁路系统连接，再加上该条铁路还要承担客运服务，严重制约了我国国内工业制成品向中亚五国的运输。加强我国西部的铁路系统建设有利于提升我国西部铁路系统的整体运输能力，提升我国工业制成品向中亚五国出口的便利性。

第三，利用比较优势继续推进工业制成品贸易。我国的工业制成品在世界范围内都拥有较强的竞争力，对于工业基础较为薄弱的中亚五国来讲，出口竞争力优势更加明显。但是，经过多年的贸易，双边工业制成品贸易可供拓展的空间有限，只有打破原有的工业制成品贸易结构，引导中亚五国市场产生新的需求，我国工业制成品的比较优势才能继续推动工业制成品贸易的发展，如利用技术优势推动中亚五国市场工业制成品的更新换代等。

（4）加大对引进技术消化吸收再创新的支持强度

加大对装备制造业消化吸收再创新的财政投入力度，建立装备制造业消化吸收再创新专项资金，用于关键技术、重大设备的引进消化吸收和再创新。同时加强对技术设备引进后的监管工作，实施技术引进后的消化吸收和再创新工作的后评估制度。支持并鼓励我国装备制造企业并购国外具有核心技术的企业，通过融入全球创新网络、利用全球创新资源，更深层次地参与国际分工，实现装备制造产业的技术升级。

健全双边贸易合作机制，加快实现双边贸易自由化。利用上合组织合作平台，发挥两地经济一体化的组织协调优势，加强在海关、质检、电子商务、跨境运输等方面的相互合作机制建设，实现双边贸易便利化。依托新疆的地理优势和现有组建自贸区的条件，借鉴上海自贸区的模式，做好研究规划和顶层设计，重点突破中哈霍尔果斯边境合作中心，以点带面，争取尽早在新疆设立中国—中亚自贸区，努力打造中亚经济圈，促进中国—中亚区域生产要素流动、资源有效配置和市场深度融合。

加快推进中国与中亚地区的基础设施互联互通。积极推动建立"一带一路"框架下各国交通部长定期会晤机制，加强与中亚国家在交通技术、基础设施、通道经营等领域的合作，充分发挥"丝路基金"和亚洲投资开发银行的投融资作用，创新基础设施建设融资模式，积极开展"工程承包+融资""工程承包+融资+运营"等方式，运用当前国际流行的建设—经营—移交（BOT）、政府和社会资本合作（PPP）等投融资模式，逐步完善中亚国家投资环境，加快中国装备制造企业走出去步伐，深化国际产能合作。

加快建设中国境外经贸合作区。以"丝绸之路经济带"为契机，着力强化规划引领，借鉴国外先进开发模式，以现有的哈萨克斯坦工业园区和乌兹别克斯坦境外经贸合作区为平台，结合中亚地区资源禀赋、经济基础和市场需求，建设资源开发基地、生产制造基地、综合服务基地和布局营销网络，同时创新金融支持机制、建立海外投资风险预警和防范机制、完善服务扶持体系。为企业链条式、集群式走出去开展国际产能合作塑造海外产业链和载体平台优势。

选择哈萨克斯坦作为中国与中亚五国进行装备制造产业合作的重点突破口。基于中哈良好的贸易合作基础，以哈萨克斯坦加入 WTO 为契机，积极创造条件，适时启动双边建立自由贸易区谈判，开始双边自由贸易区建设，解决双边贸易和投资便利化问题。依托哈萨克斯坦良好的装备制造产业投资环境，在其现有的工业园区基础上，加快推进中国境外经贸合作区建设，降低企业海外投资风险，鼓励企业进行对外投资合作。以点带面，通过产业合作溢出效应吸引并推动中国与其他中亚国家的区域经济合作，实现由易到难、由双边到多边的发展路径。

（5）整合行业资源，协调配合，促进各类企业抱团出海

中国装备制造业行业协会应积极与国内钢铁工业协会、有色金属工业协会、轻工业协会、纺织工业联合会、建筑材料联合会、电力企业联合会、通信企业协会、工程机械工业协会等重点行业协会进行交流协商，促使我国工程承包企业、石油天然气开采企业、矿产资源开采等企业以及政策性金融机构，在开拓中亚五

国市场时实施强强联合战略，将中亚国家的基础设施建设、资源开发、地区性投资基金与金融开发业务等有机整合起来，实现相互支持、良性互动和共同发展，带动中国装备走出去，推进国内出口和产业升级。以"抱团+东道国企业"的开发模式共建境外经贸区，通过集群效应，共同抵御企业在中亚国家投资可能面临的政局动荡、社会安全和政策变动等风险。

（6）加大对关键技术的研发投入

我国装备制造企业应适当开展基础性和战略性创新研究，加大对核心技术的研发投入，重视革命性技术创新，提高我国装备制造产业在国际市场中的竞争力。积极与科研院所、研发中心、高等院校等开展密切和实质性的科研合作，成立产学研联合的技术联盟，促进科研成果面向企业转化，提高企业对研究成果的承接吸收能力。不断与国外实力雄厚的企业进行合作与交流，加强对先进核心技术的引进，同时提高对引进技术的再创新能力，进而提升我国装备制造企业的创新能力。

制定合理的对外投资策略和风险防范措施。我国装备制造企业要在充分考虑中亚国家当地经济发展水平、基础设施建设状况、工业发展进程、劳动力供应、政治以及法律等一系列硬环境和软环境后，再制定相应的投资策略，以减少经营过程中不必要的成本。结合中亚国家的具体情况，通过建立良好的风险预警和防范机制，高效处理经营过程中面临的来自中亚国家的政治、市场及法律等风险因素，实现对外资本的良好运作。我国装备制造企业进行对外投资前应认真全方位进行考察，合理评估政治、法律、政策及经济风险。对外投资要注意守法经营，依法办理相关手续，防范商业诈骗，完善安全管理制度和应急处置机制。投资规模要循序渐进，可先选择投资少、回收快的中小型项目，输出国内成熟的技术和装备，为后续发展奠定基础。

（7）构建制造业国际贸易新格局

中国和中亚之间形成典型的初级品和制成品交换的国际贸易格局，中国和中亚五国之间以产业间贸易为主，产业内贸易水平偏低，但有巨大的发展潜力。目前也正是中国推进贸易联通、产能转移，打造"以我为主"的区域价值链的战略机遇期。中国应当通过扩大开放，推进互联互通，扩大对外直接投资，加快产业转移和产能转移，进一步提高中国和中亚的产业贸易规模和水平，积极在中亚国家布局和打造中国—中亚区域价值链。

第一，建议积极开展与中亚各国政府洽谈，吸引企业对中亚投资，有重点地加快发展我国对中亚各国的产业内贸易，通过积极与对方协商，提出相应的丝路经济带和当地经济发展战略以及具体的产业、产品对接计划和政策。一方面，要扩大优势，与一些产业内贸易水平正在提升的国家和产业，如哈萨克斯坦、土库曼斯坦的能源和化工部门加强对接，有利于巩固我国与中亚的能源供应链合作；

另一方面，要补充当地经济发展短板，利用我国在制造业方面的技术、产能方面的有利条件，加强与中亚各国在制造业部门的合作对接，满足中亚国家形成制造能力的需要，搭建我国与中亚各国的全球和区域产业价值链节点。

第二，鉴于中国和中亚各国在不同行业的产业内贸易决定因素不同，因此在支持国内各个行业与中亚各国实施产业对接、发展产业内贸易时，应采取差别化的政策措施，避免"一刀切"导致的负面作用。具体而言，应当从运输距离、对外直接投资、加大开放力度等方面分别进行努力，有效扩大我国与中亚各国的经贸与投资合作规模和水平。

第三，地理距离所形成的运输成本对于我国和中亚各国产业贸易有重要的影响，建议形成中央、地方政府和企业联动机制对外谈判，推动国家间道路联通、降低运输成本和贸易便利化来加以妥善解决，降低双边及多边的贸易成本，提高运输经济效率。同时要充分发挥和利用亚投行、丝路基金和国开行的优势，与相关金融机构共同合作，推进中国和中亚双边基础设施进一步得到改进。

第四，我国企业应针对流入可产生正向效应的中亚国家的产业加大非金融类OFDI 的投入，扩大产能合作，进一步拓展与处于不同发展阶段国家的产业对接和产业内贸易，以我为主，搭建区域价值链和全球价值链；加强对可能产生负向影响的产业进行针对性研究，确定其原因所在，避免不必要的盲目投资风险。

（三）中国—中亚服务贸易现状研究

根据国际贸易中心数据库统计，中国在 2022 年的服务贸易进口总额为 4.7 亿美元，服务贸易出口总额为 4.2 亿美元，总进出口额为 8.9 亿美元。而中亚五国在 2022 年的服务贸易进出口总额仅为 3293 万美元。由此可见，中亚国家与中国的服务贸易还有一定的差距，但同时也就存在一定的潜力。

1. 中国—中亚服务贸易总量与结构现状分析

由于缺少中国与中亚五国的服务贸易进出口数据，而中亚五国服务业的主要贸易对象即为中国，因此本小节选取中亚五国的服务总贸易数据来代替中亚五国与中国的服务贸易数据。而由于土库曼斯坦发展较为落后，缺少相关服务贸易数据，因此下文所做的中亚五国服务贸易分析中均不含土库曼斯坦。

（1）服务贸易总量分析

表 3-4　中亚四国服务贸易进出口总额　　　　　单位：万美元

国别	2018 年	2019 年	2020 年	2021 年	2022 年
塔吉克斯坦	70	73	55	68	83

国别	2018 年	2019 年	2020 年	2021 年	2022 年
哈萨克斯坦	1940	1929	1366	1380	1734
乌兹别克斯坦	794	853	529	733	1212
吉尔吉斯斯坦	179	210	103	126	264
总进出口额	2983	3065	2053	2307	3293

资料来源：联合国商品贸易统计数据库。

由表 3-4 可知，在中亚五国的服务业贸易中，哈萨克斯坦的服务贸易最为发达，乌兹别克斯坦和吉尔吉斯斯坦紧随其后，塔吉克斯坦和土库曼斯坦发展较为落后，其相关服务贸易数据也较低。

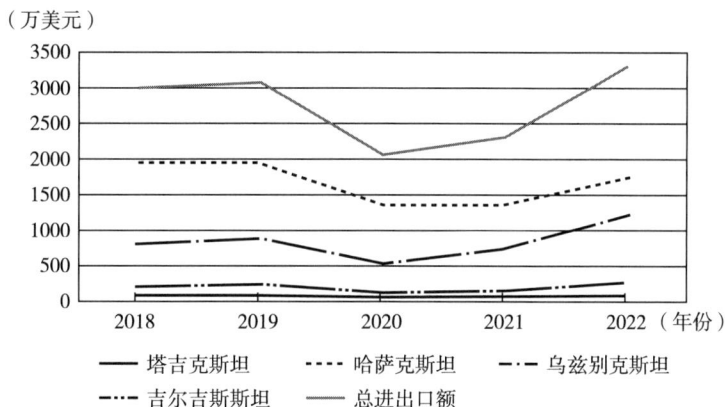

图 3-9 中亚四国服务贸易进出口总额

资料来源：联合国商品贸易统计数据库。

由图 3-9 可知，在 2020 年之前，各国的服务贸易进出口额都在上升，说明由于"一带一路"等机制的发展，中亚地区的服务业也在有条不紊地发展。中亚地区的服务贸易额在 2020 年整体有所下滑，但在 2020 年之后，中亚各国的服务贸易额均迅速回升，尤其是乌兹别克斯坦和吉尔吉斯斯坦，在 2022 年的服务业贸易数据已经回升到 2019 年之前，说明各国积极采取了各种措施推动经济复苏，并且加深了中国—中亚服务贸易合作，共同推动区域经济一体化。

（2）服务贸易结构分析

1）进出口比例结构

以 2022 年为例，分别选取塔吉克斯坦、哈萨克斯坦、乌兹别克斯坦、吉尔吉斯斯坦的服务贸易进口数据与出口数据。

由表 3-5 与图 3-10 可知，中亚国家服务贸易的进口与出口结构存在一定的差异。总体上来讲，中亚国家的进口贸易数据要大于出口贸易数据，说明中亚地区整体来说还属于欠发达地区，对服务贸易的进口需求还大于出口需求。其中，哈萨克斯坦与吉尔吉斯斯坦的服务贸易进出口较为平衡，输入与输出并存，而塔吉克斯坦和乌兹别克斯坦的服务贸易进口额要远大于出口额，说明这两个国家的服务贸易结构发展差异较大，仍需不断完善与发展。

表 3-5　2022 年中亚四国服务贸易进出口数据　　　　单位：万美元

国别	进口	出口
塔吉克斯坦	69	14
哈萨克斯坦	942	792
乌兹别克斯坦	730	482
吉尔吉斯斯坦	137	127
总额	1878	1415

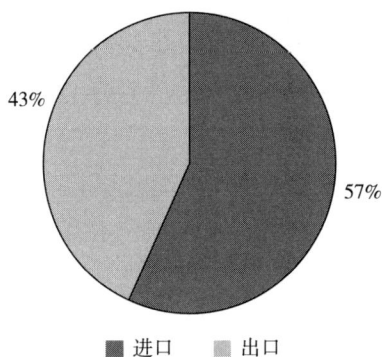

图 3-10　中亚四国服务贸易进口与出口比例

资料来源：联合国商品贸易统计数据库。

2）具体行业结构

从行业结构来划分，中亚国家的服务贸易主要包含旅游业、金融业、电信业、物流业、商务服务业、教育与培训服务、信息技术服务等。由于服务业分类较多且中亚国家服务业数据并不完整，因此本节不会展开来进行具体分析。

总体来说，哈萨克斯坦、塔吉克斯坦、乌兹别克斯坦的服务贸易主要集中在运输、旅游和金融等领域。近年来，这些国家的政府加大了对服务业的投资和支持力度，推动了服务业的发展。但是，这些国家的服务贸易逆差较大，反映出他们的服务业的竞争力还需要进一步提升。而吉尔吉斯斯坦和土库曼斯坦的服务贸易主要集中在运输、旅游教育和金融等领域，两国政府近年来也加大了对服务业的投资和支持力度，推动了服务业的发展。但吉尔吉斯斯坦和土库曼斯坦的服务贸易规模相对较小，还需要进一步拓展市场。

2. 中国—中亚服务贸易结构不足分析

（1）从国家自身来分析

中亚国家服务业的发展虽然取得了一定的成果，但仍存在很多不足之处，主要表现在以下三个方面。首先，服务贸易逆差逐年加大。尽管中亚地区服务贸易总量持续增长，但逆差也在逐年加大。这主要是由于中亚地区的服务业发展相对滞后，尤其是在金融、保险、通信等领域，与发达国家相比存在明显的差距。其次，服务贸易结构失衡。中亚地区的服务贸易主要集中在旅游、运输等传统领域，而在金融、保险、通信等现代服务领域的比重相对较低。这反映出中亚地区的服务业结构还需要进一步优化。缺乏现代服务业的专业人才，由于中亚地区的教育水平和教育质量不高，导致服务业就业人员多进入一些门槛较低的行业，而金融、通信等现代服务领域则由于高端专业人才的缺乏，无法进一步发展。最后，服务贸易管理体制存在漏洞。中亚地区的服务贸易管理体制还存在一些漏洞，如对服务业的监管不够严格，对一些服务行业的标准化、规范化管理不够到位等。

因此，这就要求中亚地区的国家进一步优化产业配置，加大对服务业的投入，促进服务业的创新和升级，提高服务业的竞争力。加大对金融、保险、通信等现代服务领域的投入，提高其在服务贸易中的比重。加强对服务业人才的培养和引进，提高服务业人才的素质和水平。加强对服务业的监管和管理，完善服务贸易管理体制，提高服务贸易的规范化、标准化水平。

（2）从贸易合作方面来分析

服务业合作不同于传统国际贸易，合作方式多样并且复杂，必然决定了其中存在诸多难题和阻力，主要表现在以下两个方面：

首先，各国市场风险的不确定性。中亚国家处于多个国际和区域组织交叉辐射之中，一些国家是多个组织的成员，发展市场经济没有统一标准。中亚国家在劳工、土地、融资、财政、产业政策等方面的规则不够健全，且连续性不强，执法随意性较大，甚至有的规则互相冲突。这些问题必然会对中国服务业走向中亚带来一定困难。此外，在中亚国家，遇到与他国贸易和投资等事宜时，常以官方文件而非专门法律法规为具体依据，缺乏具体而权威的衡量准则，也会影响外资的进入与合作。

其次，贸易规则差异较大。中国倡导的"丝绸之路经济带"建设为中亚国家发展创造了巨大的发展机遇，中亚国家也充分认识到了这一点，但是，俄罗斯积极推动欧亚经济联盟建设，而中亚国家恰恰处在"一带一盟"的核心区域。为了更好地寻求合作与共赢，避免竞争影响多方合作，中俄两国领导人签署了"一带

"一盟"对接协议，这将会对国际合作带来新的理念和规范。但是，"丝绸之路经济带"建设秉持"共商、共建、共享"原则，而欧亚经济联盟则是区域一体化组织，具有制度性特征，如果"一带一盟"对接合作涉及海关合作、贸易便利化、口岸物流规模化等方面，中国必然要面临制度上的"结构性"反差[8]。

因此，为了加强中国—中亚服务贸易的扩大和发展，中国与中亚地区还需继续增进双边国家层面的政治互信，加强边境毗邻地区的政府交流与企业合作。在推进"丝绸之路经济带"建设与中亚国家战略对接的过程中，政府应发挥重要的引导作用，企业是建设主体和重要支撑。发挥好民间传统对服务业合作的促进作用，为服务业国际合作创造更好的服务条件，从而进一步推动中国—中亚区域经济一体化。

3. 中国—中亚服务贸易潜力分析

服务业这个被很多国家忽视的"第三产业"，如今已成为很多国家争相发展的重要产业。随着"一带一路"的不断发展，中国与中亚地区的服务贸易合作也越来越紧密，中国—中亚服务贸易的潜力也越来越大。

（1）从中亚国家自身条件来分析

中亚五国包括哈萨克斯坦、乌兹别克斯坦、土库曼斯坦、吉尔吉斯斯坦和塔吉克斯坦。以下是其中一些国家服务业的简要概述：

哈萨克斯坦的经济以石油、天然气、采矿、煤炭和农牧业为主，但近年来，政府一直在推动服务业的发展，包括旅游、金融、电信和物流等领域。

乌兹别克斯坦的服务业在近年来也得到了快速发展。政府采取了一系列措施，包括优化商业环境、降低税收和提高服务质量等，以吸引更多的国内外投资。

吉尔吉斯斯坦的服务业主要包括旅游、电信、金融和物流等领域。近年来，政府也在推动服务业的发展，以改善国家经济结构和提高人民生活水平。

土库曼斯坦是中亚地区相对封闭的国家之一，商业环境相对较为复杂。但其拥有丰富的天然气资源，具有一定发展服务业的潜力。

塔吉克斯坦的服务业发展相对滞后，但由于其地理位置和自然资源的优势，旅游和物流等领域仍有一定的发展潜力。

此外，中亚国家近年来还采取了一定的措施来发展数字服务贸易。例如，各国政府通过简化注册程序、降低开办企业的成本和改善法律环境等措施，吸引了更多的国内外投资来优化商业环境；政府通过降低营业税、企业所得税和其他税收，减轻了服务业企业的负担，提高了企业的盈利能力和竞争力；政府通过加强监管、培训和引进先进技术等措施，提高了服务业企业的服务质量和效率；政府通过提供资金、技术支持和优惠政策等措施，鼓励服务业企业进行创新，推动服务业向高端领域发展；政府通过加强交通、通信、水电等基础设施的建设，改善了服务业企业的发展环境，加强基础设施建设，提高了企业的竞争力；政府通过加强与国际组织的合作，积极参与国际贸易协定和服务贸易协定等谈判，促进了服务业的国际合作与发展。

总的来说，中亚五国的服务业在近年来得到了不同程度的关注和发展。随着各国政府不断优化商业环境、降低税收和提高服务质量等措施的实施，未来服务业有望在中亚地区实现更快发展。

（2）从服务业结构来分析

中亚五国的服务业在近年来得到了快速发展，其发展潜力结构主要包括以下几个领域：

旅游业：中亚地区拥有丰富的自然和文化资源，如美丽的湖泊、壮观的雪山、古老的城市和独特的民族风情，这些资源为旅游业的发展提供了良好的条件。政府通过加强旅游基础设施建设、提高旅游服务质量等措施，吸引了越来越多的国内外游客。

金融业：中亚地区的金融业在近年来得到了快速发展，国内银行体系不断完善，外资银行也逐渐进入市场。政府通过加强金融监管、提高金融透明度等措施，维护了金融市场的稳定和安全。

电信业：中亚地区的电信业发展较快，国内通信设施不断完善，移动通信和互联网普及率逐年提高。政府通过加强电信基础设施建设、提高电信服务质量等措施，推动了电信业的快速发展。

物流业：中亚地区地处欧亚地区中心，具有重要的地理位置和交通优势。政府通过加强物流基础设施建设、提高物流服务质量等措施，推动了物流业的快速发展。

商务服务业：中亚地区的商务服务业主要包括法律咨询、会计服务、营销策划等领域。随着国内市场的不断扩大和国际合作的不断加强，商务服务业也得到了快速发展。

教育与培训服务：中亚地区政府重视人力资源的开发，近年来加大了对教育与培训领域的投入。随着国内劳动力市场对高技能人才的需求不断增加，教育与培训服务业也得到了快速发展。中国和中亚地区可以在教育与培训领域加强合作，共同推动人力资源的开发。

信息技术服务：近年来，中亚地区政府积极推动信息技术服务业的发展，包括云计算、大数据、人工智能等领域。这些技术的发展为中亚地区的经济转型和创新发展提供了有力支持。中国和中亚地区可以在信息技术领域加强合作，共同推动信息技术的创新发展。

总的来说，中亚地区的服务业结构呈现出多元化的发展趋势，政府在各个领域都采取了一系列措施来推动服务业的发展。未来，随着国内市场的不断扩大和国际合作的不断加强，中国—中亚服务业有望实现更快的发展。

（3）从发展数字服务贸易来分析

中亚五国的数字服务贸易近年来得到了快速发展。从各国的发展来看，其数字服务贸易的侧重点有所不同。哈萨克斯坦的数字服务贸易主要集中在电子商务、云计算和大数据等领域。吉尔吉斯斯坦的数字服务贸易主要集中在电子商务、移动支付和网络安全等领域。塔吉克斯坦的数字服务贸易主要集中在电子商务、远程教育和跨境支付等领域。土库曼斯坦的数字服务贸易主要集中在电子商务、网络安全和大数据等领域。乌兹别克斯坦的数字服务贸易主要集中在电子商务、移动支付和云计算等领域。

总体来说，中亚地区各国政府近年来也加大了对数字经济的投资和支持力度，推动了数字服务贸易的发展，中亚五国的数字服务贸易发展前景广阔，但也存在一些挑战，如网络安全、数据保护等问题。为了推动数字服务贸易的进一步发展，中亚五国需要加强合作，共同应对这些挑战。同时，也需要加强数字基础设施的建设和人才培养，提高数字服务贸易的竞争力。

（四）扩大中国—中亚服务贸易的政策研究

1. 已有政策和机制梳理

近年来，在中国与中亚经济领域的发展和合作中，服务贸易的发展越来越得到重视，积极推动很多具体项目的落实和操作，其中特别重视与中国开展服务业国际合作，尤其是在数字服务业领域，更是展现出极大热情和诚恳态度，以推动务实合作顺利展开。随着"一带一路"建设的不断发展与推进，中国与中亚的服务贸易合作不断加强，贸易规模持续扩大，贸易结构不断优化，投资合作和基础设施建设也在积极推进。

（1）中国—中亚峰会与元首会晤机制

该机制在扩大中国—中亚制造业贸易机制时有所提及，但鉴于该机制的重要性，本小节还会继续研究中国—中亚峰会与元首会晤机制对扩大中国—中亚服务贸易的作用与影响。

中国—中亚峰会，是 2023 年中国首场重大主场外交活动；也是中国同中亚五国建交 31 年来，六国元首首次以实体形式举办峰会。2023 年 5 月 18 日至 19 日，中国—中亚峰会在陕西省西安市举行。国家主席习近平主持峰会，同中亚五国领导人共商合作大计。5 月 19 日，习近平主席在中国—中亚峰会上发表主旨讲话。

2023 年 5 月 19 日，六国元首共同签署了《中国—中亚峰会西安宣言》，并通过了《中国—中亚峰会成果清单》，并决定以举办这次峰会为契机，正式成立中国—中亚元首会晤机制，每两年举办一次，轮流在中国和中亚国家举办。第二届中国—中亚峰会将于 2025 年由哈萨克斯坦主办。

机制解读：中国—中亚元首会晤机制的建立标志着中亚国家与中国之间的关系迈上了新的台阶。中亚地区作为丝绸之路的重要节点，与中国有着深厚的历史渊源和地缘联系。这次峰会的成功举办将进一步增进双方的互信与合作，推动双边关系在政治、经济、文化等各个领域的深入发展。中国—中亚峰会的成功举行和元首会晤机制的建立，为双方提供了一个共同推进合作的平台。通过加强政治互信、深化经济合作、加强安全合作、拓展文化交流，中国和中亚国家将共同迈向更加美好的未来。这将不仅惠及双方人民，也将为地区和世界的和平与繁荣作出积极贡献。总之，中国—中亚峰会的成功举办以及中国—中亚元首会晤机制的建立，为双方合作与交流提供了新的平台和机遇。通过加强各领域的合作，共同推动发展，中国和中亚国家将进一步巩固彼此的友好关系，促进共同繁荣与稳定。

对服务业的影响：中国—中亚峰会对服务业的影响主要体现在以下几个方面：

推动服务业合作方面，中国和中亚国家在服务业方面有着广泛的合作空间，包括贸易、投资、金融、科技、旅游等。通过加强合作，可以推动双方在服务业领域的互利合作，促进经济繁荣发展。

促进贸易便利化方面，中国和中亚国家在贸易方面存在一些壁垒和关税问题，这限制了双方的服务贸易发展。通过加强合作，可以促进贸易便利化，降低贸易成本，提高贸易效率。

推动旅游合作方面，中国和中亚国家在旅游方面有着广泛的合作空间，包括旅游资源开发、旅游基础设施建设、旅游市场推广等。通过加强合作，可以推动双方在旅游领域的合作，促进旅游业的发展。

推动金融合作方面，中国和中亚国家在金融领域有着广泛的合作空间，包括金融市场建设、金融监管合作、跨境金融合作等。通过加强合作，可以推动双方在金融领域的合作，促进金融市场的稳定和发展。

推动科技创新方面，中国和中亚国家在科技领域有着广泛的合作空间，包括科技创新、技术转移、人才培养等。通过加强合作，可以推动双方在科技领域的合作，促进科技创新和产业升级。

总之，中国—中亚峰会的召开将为中国和中亚国家在服务业领域提供更多的机遇和合作空间，促进双方经济繁荣发展。

（2）"中国+中亚五国"智库论坛

2022 年 11 月 8 日至 9 日，第二届"中国+中亚五国"智库论坛以线上线下相结合的方式举行。此次论坛主题为"中国与中亚：走向共同发展的新路径"，参加论坛的专家学者围绕构建中国—中亚命运共同体、中国同中亚国家未来发展与合作等议题进行了深入研讨。

2023年9月21日至22日，第三届"中国—中亚"智库论坛以线上线下相结合的方式在西安举办。论坛主题为"携手构建更加紧密的中国—中亚命运共同体"。

中国社会科学院副院长高翔表示，愿与中亚伙伴携手同行，落实全球发展倡议和全球安全倡议，维护地区和平稳定，共同实现更加强劲、绿色、健康的新发展，构建更加紧密的中国—中亚命运共同体。以平等互信促进共同发展，以互利合作推进共同发展，以包容互鉴夯实共同发展，以共同安全护航共同发展。

与会中亚五国驻华大使、专家学者等纷纷表示，期待同中国加强交流合作，进一步推动数字经济、粮食安全、减贫、能源等领域合作，共同维护本地区安全、稳定，为世界和平发展贡献力量。

机制解读："中国+中亚五国"智库论坛是中国—中亚合作的重要途径与机制。2023年5月，首届中国—中亚峰会举办，在中国同中亚国家关系发展史上具有里程碑意义。智库论坛所提出的"中国—中亚命运共同体"将会使中国与中亚伙伴携手同行，落实好三大倡议精神，共筑守卫安全的坚强防护盾，打造互利共赢的发展示范区，共建相知相亲的人文大家庭，打造更加紧密的中国—中亚命运共同体。中国—中亚智库论坛在中国与中亚合作机制框架下设立，对于加强中国和中亚国家人文交流、促进民心相通、推动双多边务实合作具有重要意义。

对服务业的影响："中国+中亚五国"智库论坛通过分享最新的研究成果、探讨服务业的发展趋势和挑战，推动服务业的创新和升级。通过参考智库论坛中专家的意见和建议，政策制定者可以制定出更加科学、合理的服务业政策，为服务业的发展提供更好的支持和保障。"中国—中亚命运共同体"的提出，也能够吸引中亚国家和地区的服务业从业者参与。这有助于加强国际交流与合作，推动服务业在全球范围内的协同发展。而进一步推动数字经济、电子商务、能源等领域合作，也为中国—中亚数字服务贸易打下了坚实的基础。

（3）中国—中亚命运共同体

中国—中亚命运共同体由中国与中亚五国共同宣布建设。2022年1月25日下午，国家主席习近平在北京主持中国同中亚五国建交30周年视频峰会。此次峰会通过并发表《中国同中亚五国领导人关于建交30周年的联合声明》，为双方关系发展确立大方向，增添新动能，共同发出了打造中国—中亚命运共同体的时代强音。2023年5月19日上午，国家主席习近平在陕西省西安市国际会议中心主持首届中国—中亚峰会，在主旨讲话中就如何建设中国—中亚命运共同体提出"四个坚持"。

其中，"四个坚持"包括：

一是坚持守望相助。我们要深化战略互信，在涉及主权、独立、民族尊严、长远发展等核心利益问题上，始终给予彼此明确、有力支持，携手建设一个守望相助、团结互信的共同体。

二是坚持共同发展。我们要继续在共建"一带一路"合作方面走在前列，推动落实全球发展倡议，充分释放经贸、产能、能源、交通等传统合作潜力，打造金融、农业、减贫、绿色低碳、医疗卫生、数字创新等新增长点，携手建设一个合作共赢、相互成就的共同体。

三是坚持普遍安全。我们要共同践行全球安全倡议，坚决反对外部势力干涉地区国家内政、策动"颜色革命"，保持对"三股势力"零容忍，着力破解地区安全困境，携手建设一个远离冲突、永沐和平的共同体。

四是坚持世代友好。我们要践行全球文明倡议，赓续传统友谊，密切人员往来，加强治国理政经验交流，深化文明互鉴，增进相互理解，筑牢中国同中亚国家人民世代友好的基石，携手建设一个相知相亲、同心同德的共同体。

机制解读：从21世纪初的上海合作组织成立，到中国特色社会主义新时代所提出的"一带一路"，再到2023年5月中国—中亚峰会所提出的"中国—中亚命运共同体"，中国同中亚各国始终相互尊重、睦邻友好、同舟共济、互利共赢，国家关系实现从睦邻友好到战略伙伴，再到全面战略伙伴、命运共同体的历史性跨越。中国与中亚五国同为发展中国家，都坚定维护和践行多边主义，坚定支持彼此捍卫国家主权、领土完整等核心利益，支持彼此选择符合本国国情的发展道路，反对外来干涉。"中国—中亚命运共同体"的提出不仅树立了发展中国家团结自强的典范，也将为变乱交织的世界注入更多稳定性和正能量。

对服务业的影响：在《中国同中亚五国领导人关于建交30周年的联合声明》中对于打造中国—中亚命运共同体的五点建议里，明确提出了中国与中亚地区建设高质量发展的合作带。中国愿向中亚国家开放超大规模市场，将进口更多中亚国家优质商品和农产品，继续办好中国—中亚经贸合作论坛。中方倡议建立"中国—中亚电子商务合作对话机制"，适时举办中国—中亚国家产业与投资合作论坛。建立人畅其行的"快捷通道"，完善物畅其流的"绿色通道"，加快推进中吉乌铁路项目，推进中国—中亚交通走廊建设。确保中国—中亚油气管道稳定运营，扩大能源全产业链合作。加强人工智能、大数据、云计算等高技术领域合作。这不仅对中国—中亚制造业贸易有着提升和发展，也对发展数字服务贸易打下了坚实的基础。

而在习近平主席提出的"四个坚持"中的"坚持共同发展"，推动落实全球发展倡议，充分释放经贸、产能、能源、交通等传统合作潜力，打造金融、农业、减贫、绿色低碳、医疗卫生、数字创新等新增长点，也对中亚地区服务业结构发展不平衡有着极大的完善，从传统服务贸易向数字服务贸易的转型和发展，也是构建"中国—中亚命运共同体"的重要组成部分。

（4）《中国—中亚峰会西安宣言》

《中国—中亚峰会西安宣言》是中国—中亚峰会框架内的多边合作文件，于2023年5月19日在西安签订。其中与服务贸易合作相关的政策如下：

五、各方高度评价共建"一带一路"倡议对引领国际合作的重要意义，将以共建"一带一路"倡议提出十周年为新起点，加强"一带一路"倡议同哈萨克斯坦"光明之路"新经济政策、吉尔吉斯斯坦"2026年前国家发展纲要"、塔吉克斯坦"2030年前国家发展战略"、土库曼斯坦"复兴丝绸之路"战略、"新乌兹别克斯坦"2022—2026年发展战略等中亚五国倡议和发展战略对接，深化各领域务实合作，形成深度互补、高度共赢的合作新格局。

六、各方认为中国同中亚国家经贸合作潜力巨大，愿充分发挥中国—中亚经贸部长会议机制作用，全面提升贸易规模。挖掘中国—中亚电子商务合作对话机制潜力，拓展数字贸易、绿色经济等新兴领域合作。各方愿提升经贸合作的质量和水平，持续推动贸易发展，促进贸易结构多元化，简化贸易程序。各方注意到共同制定中国—中亚新经济对话战略的重要性，包括采取相应举措保障贸易畅通，扩大各国产品供应量，建立产业合作共同空间。各方愿推动基础设施和工程建设合作发展，加快数字和绿色基础设施联通，共同推进基础设施和工程建设合作可持续发展。各方愿研究建立绿色投资重点项目数据库的可能性。各方宣布成立中国—中亚实业家委员会，支持贸促机构、商协会及相关组织在贸易投资促进方面密切合作，为促进中国同中亚国家经贸合作发展发挥更大作用。各方愿定期举办中国—中亚产业与投资合作论坛，升级中国同中亚国家投资协定，鼓励扩大产业合作，提升地区产业发展水平，维护地区产业链、供应链的稳定和效率，创造共同价值链，鼓励提高本国外商投资政策的稳定性、公平性、透明度、可持续性，持续打造市场化、更具吸引力的投资和营商环境。

十、各方愿继续巩固教育、科学、文化、旅游、考古、档案、体育、媒体、智库等人文合作，推动地方省州（市）交流，促进更多地方结好，丰富青年交流形式，开展联合考古、文化遗产保护修复、博物馆交流、流失文物追索返还等合作。中方邀请中亚五国参与实施"文化丝路"计划，促进民心相通。各方指出进一步加强旅游合作和共同制定中国—中亚旅游线路的重要性。各方认为应进一步深化卫生医疗合作，推进中医药中心建设，开展草药种植及加工合作，打造"健康丝绸之路"。各方指出在生物安全、危险传染病预防等领域扩大合作的重要性，支持关于在联合国主导下建立国际生物安全多边专门机构的倡议。各方强调加强人文合作、促进民心相通具有重要意义，欢迎中国同中亚国家人民文化艺术年暨中国—中亚青年艺术节启动。各方支持推动高校和大学生交流，支持举办青年文化节、论坛和体育赛事。各相关方将积极推动互设文化中心。中方愿继续向中亚国家提供政府奖学金名额，组织相关领域专业人才赴华参训、进修和交流。各方愿促进"鲁班工坊"职业教育发展。各方鼓励拓展人工智能、智慧城市、大数据、云计算等高新技术领域合作。

政策解读：以共建"一带一路"倡议提出十周年为新起点，分别对中亚五国展开新型合作政策，表现了中国与中亚在今后的区域化合作将会形成深度互补、高度共赢的合作新格局。

而全面提升贸易规模，挖掘中国—中亚电子商务合作对话机制潜力，拓展数字贸易、绿色经济等新兴领域合作，促进了电子商务在中亚地区的发展，完善发展中国家的现代化机制，将会为中亚地区欠发达的国家发展数字服务贸易打下坚实的基础。鼓励扩大产业合作，提升地区产业发展水平，维护地区产业链、供应链的稳定和效率，有利于疏通中国与中亚地区的合作渠道，鼓励提高本国外商投资政策也将让中亚国贸市场更加稳定、更加透明、更加公平，也将吸引更多的关注和投资。

巩固教育、科学、文化、旅游、考古、档案、体育、媒体、智库等人文合作，鼓励拓展人工智能、智慧城市、大数据、云计算等高新技术领域合作，可以有效促进服务业人才培养。多国的人文合作可以培养各行业领域的优秀人才，通过互相学习和交流，能够提升服务业从业者的专业技能和知识水平，进而促进服务业人才的培养。

（5）《中国—中亚峰会成果清单》

2023年5月18日至19日，中国—中亚峰会在陕西省西安市举办。峰会期间，中国同中亚五国达成一系列合作共识，六国领导人共同倡导并通过了《中国—中亚峰会成果清单》。其中，与服务业相关的主要合作共识和倡议有：加强共建"一带一路"倡议同中亚五国倡议和发展战略对接；挖掘中国—中亚电子商务合作对话机制潜力；推动贸易发展，促进贸易结构多元化，简化贸易程序；制定中国—中亚新经济对话战略；加快数字和绿色基础设施联通；研究建立绿色投资重点项目数据库的可能性；推动落实中国—中亚产业与投资合作青岛倡议；升级中国同中亚国家投资协定；推进中国—中亚铁路运输；中方邀请中亚五国参与实施"文化丝路"计划；研究共同制定中国—中亚旅游线路的可能性；启动中国同中亚国家人民文化艺术年暨中国—中亚青年艺术节；推动高校和大学生交流，举办青年文化节、论坛和体育赛事；拓展人工智能、智慧城市、大数据、云计算等高新技术领域合作。

政策解读：《中国—中亚峰会成果清单》是对从"一带一路"倡议提出以来中国同中亚国家各方面合作所产生结晶的总结，也是为今后中国—中亚继续发展的展望与畅想。从清单中我们不难看出，中国与中亚的贸易合作正朝着结构多元化、经济数字化、设备现代化、人才专业化等方面发展。在之前中国—中亚服务贸易结构不足分析中，我们可以看出部分中亚国家受自身发展影响，中亚服务贸易还是以传统服务贸易为主，规模小且质量不高。因此，加快数字和绿色基础设施联通，拓展人工智能、智慧城市、大数据、云计算等高新技术领域合作，可以有效弥补中亚国家发展数字经济贸易的短板与不足，对不同国家因地制宜，对症下药，也可以让中亚五国分别根据自己的优势发展。

中国—中亚峰会使中国和中亚国家之间的数字贸易合作不断加强。一方面，中国积极推动数字丝绸之路建设，与中亚国家开展数字贸易合作，推动数字技术在贸易领域的应用，提高贸易效率和便利化水平。另一方面，中亚国家也在积极推进数字化转型，加强数字基础设施建设，提高数字化水平，为中国—中亚数字贸易合作提供了良好的条件。

《中国—中亚峰会成果清单》体现出中国—中亚数字服务贸易合作具有广阔的前景和潜力，双方可以加强合作，共同推动数字丝绸之路建设，促进数字贸易的发展和创新。

2. 扩大中国—中亚服务贸易的政策研究

本节以数字服务贸易和旅游服务贸易为例进行说明。

（1）数字服务贸易

对于数字服务贸易，我们应该：

1）拓展中国和中亚国家数字贸易价值链分工

从竞争力指数的研究方面，中国和中亚国家要提升数字贸易的竞争力，应重视嵌入价值链的分工，特别是在数字贸易领域积极地融入价值链的分工循环。

一方面，中国和中亚国家应建立价值链分工联系。另一方面，中亚国家内部也应建立价值链分工联系。在仅有一方具备竞争优势的数字贸易行业进行互补性合作，如中国的 ICT 服务、研发服务和专业咨询管理服务是中国优势产业，中国需要扩展优势产业参与到国际价值链分工体系中。出口技术创新型数字产品，根据中亚国家的市场需求进行投资。对于中亚国家具备优势的行业。中亚国家可以高度依赖互补性合作，甚至形成专业性很强的数字贸易。比如，中亚一些国家的技术、贸易及其他服务具有竞争优势，利用其优势可以将本国具有优势的农产品、工业品等通过贸易服务的平台进行出口，为本国经济增长注入新动力。在共同具备竞争优势和比较优势的数字贸易行业内深度合作，协同提升。同时数字贸易并不是一个孤立的产业，不光与服务贸易存在紧密联系，也与制造业、农业等行业存在紧密联系。因此中国在与中亚国家扩展数字贸易价值链的同时，还会刺激到国内其他行业的价值链拓展。通过创新发展"数字贸易+"的新模式，实现与中亚国家协同开展其他行业的互补性合作。中亚国家也可以通过"非市场化"的手段，短期内扭转数字贸易产业体系，实现数字贸易总量式的增长。对于在数字贸易中不具备优势的中亚国家，也可以借助数字丝绸之路与沿线国家进行潜在合作，促使本国其他产业与沿线国家数字贸易深度融合，探索数字贸易全球价值链和国内价值链的衔接和整合，建立合作共赢的数字丝绸之路分工关系。

2）提供数字贸易平台建立多层合作机制

由于数字贸易依存度和服务贸易出口额对中国和中亚国家同时具有正向影响。因此，共同提升数字贸易竞争力，需要合理布局双赢的数字贸易开放市场。

首先，中国与中亚国家早年间就有数字贸易的合作基础，长期建立互联互通合作，如中国和中亚国家的光缆对接项目、"丝路光缆项目"等提高了我国与中亚国家的互联互通水平。中国的许多企业也成为中亚国家重要的电信设备供应商。其次，中国与中亚五国也建立了长期的政治互信关系，中国和中亚五国在对外贸易上视为优先合作伙伴。这都为中国与中亚国家在数字丝绸之路的合作达成了共识，也为提供数字贸易平台、建立多层合作机制奠定了良好基础。近年来，政府为鼓励中国新疆企业数字化转型和中亚国家展开贸易合作，做了很多努力。未来通过打造中国新疆数字丝绸之路核心区，将会进一步完善数字贸易中心的建设。通过搭建电商大数据平台，共享大数据资源，使得消费者和企业能够信息互通，提高数字贸易效率。加强对边境口岸的数字基础设施建设，搭建区块链和大数据平台来建设"电子口岸"。完善与中亚国家的通关便利化程度，提高通关效率，促进数字贸易的发展。另外，中亚国家也需要给予中国更多的数字贸易方面的政策支持。提高边境检查站的信息化水平，简化过境手续和通关流程。放宽支付结算和进出口税收限制，创新物流管理理念、电信支付、检疫政策使数字贸易企业的政策和法律风险降低。

3）共建数字基础设施促进数字贸易的互联互通

由于每十人宽带用户数对中国和中亚国家具有正向影响，反映出重视数字基础设施的建设，特别是互联网基础设施的建设，对中国和中亚国家数字贸易的提升具有重要作用。

中亚国家长期普遍存在网络基础设施滞后的问题。中亚国家城市光纤质量不高，电信网络稳定性差、城市光纤设备质量较低，数字基础设施服务质量不高。边远地区无线宽带覆盖率低，传播速度也较慢，严重影响了中亚国家数字贸易的发展。这些问题可以通过与中国共建数字基础设施建设得到解决。一是中国自身需要科学布局数字化发展的网络体系，加快构建移动、高速、安全、泛在的新一代信息基础设施建设，形成万物互联、人机交互、天地一体的网络空间。以自身的成功经验为指代，打破中亚国家对中国低端制造的负面看法，帮助中亚国家共建数字基础设施。二是实施数字基础设施硬件建设合作。由于中亚国家对数字基础设施的需求量很大，中国企业可以借助自身优势，积极参与到中亚国家城市光纤、物联网、互联网的建设中，提高宽带用户数量，提升中亚数字贸易的竞争力。三是实施数字基础设施软件建设合作。打造软件与硬件相结合的高质量通信基础设施。提高 5G 的使用率，驱动产业互联网和消费互联网的高速增长，提高数字基础设施服务效率和质量，提升用户使用宽带的满意度，进一步促进加速中亚国家宽带用户数的增长。

4）构建协同发展的数字贸易人才体系

由于科研投入不足、人才体系不匹配导致人力和科技资本对中国和中亚国家具有负向影响。中亚国家科技水平相对落后，数字技术人才的缺乏阻碍了数字贸易的发展。中国又需要数字贸易领域的人才促进数字贸易的发展。因此，构建协同发展的数字贸易人才体系能够共同提升数字贸易国际竞争力。

未来数字贸易的发展需要更多的专业人才，因此中国和中亚国家需要更多种的途径去培养人才。中亚国家虽然受教育程度普遍较高，但数字贸易相关专业的课程有所欠缺，在基础教育阶段可以开设相应课程，使更多的学生对计算机和互联网产生学习的兴趣。中国可以协助中亚国家开展教学，鼓励更多的本国教师参与到中亚国家的数字贸易扫盲培训项目之中，让更多的民众具备数字贸易基础知识，更好地与中国开展数字贸易的合作。对于专业人员的培养，中亚国家需要全方面、多领域地开设有关数字贸易的专业课程。因为数字贸易行业的渗透能力强，因此需要培养掌握更多技能的复合型人才。中国可以与中亚国家一起参与到复合人才培养的建设中。通过与政府部门、企业、科研机构一系列的联合培训机制，来培养本国所需要的国际化人才。在加速人才体系的构成方面，中国高校需要根据中亚国家数字贸易发展的特点开设相应的学科与课程，提升中亚国家数字贸易的劳动力的素质水平。中国政府可以设置更多的奖助学金体系，鼓励中亚国家留学生来华学习数字贸易专业相关课程。鼓励中国企业加大对中亚国家的人才培训力度，同时加强对中亚国家人才引进的政策力度，满足他们相应的生活需求。中国企业也要考虑适应本国文化的培训方式，强化企业内部团队凝聚力，以文化培养学生的积极性，为人才培养提供良好的制度环境。

（2）旅游服务贸易

对于旅游服务贸易，近些年中国与中亚国家开展旅游服务合作的前景较好，具体如下：

1）国际旅游业高速发展将推动区域旅游合作不断加深

近年来，尽管全球经济复杂多变，经济下行压力持续，但旅游业的发展依旧迅速。数据显示，2017 年全球旅游总人次达到 118.8 亿人次，为全球人口规模的 1.6 倍；全球旅游总收入达 5.3 万亿美元，占全球 GDP 比重的 6.7%。2017 年全球旅游总人次和总收入增速分别为 6.8% 和 4.3%，其增速超过其他产业。此外，旅游业已连续第 7 年超过全球经济增速，成为全球增长最快的行业经济体。在国际旅游快速发展的背景下，跨区域旅游合作成为各国开展区域经济合作的新方向，旅游带来的产业联动效应能够快速刺激区域经济发展，促进区域经济合作。因此，开展旅游服务贸易合作将会为中国和中亚国家带来新的经济增长动力。

2）"一带一路"倡议为沿线国家旅游发展提供良好平台

"一带一路"倡议提出以来，中国同沿线 69 个国家和组织签署了合作协议，其中大部分和旅游服务贸易合作相关。"一带一路"旅游发展前景广阔，倡议连接了全球主要客源地和目的地，目前沿线国家的国际旅游规模占全球旅游的 70% 左右。中国旅游研究院（文化和旅游部数据中心）2018 年发布的《"一带一路"旅游大数据专题报告》中指出，共建"一带一路"国家 2017 年出境旅游消费约 3294 亿美元，入境旅游收入约 5091 亿美元，整体为国际旅游服务贸易顺差地，但在庞大的人口基数以及快速增长的 GDP 带动下，未来沿线国家的出境旅游将会有很大发展空间，预计到 2020 年，中国与共建"一带一路"国家旅游出入境人数将超过 8500 万人次。中亚国家作为"丝绸之路经济带"的重要沿线国家，可以借助"一带一路"倡议平台与中国开展合作对接，加强民间旅游企业的交流，将旅游发展的经验与中亚国家当地实际情况结合起来，促进区域旅游共同发展。

3）多样化人文交流合作形式将助力旅游服务贸易发展

地缘上的邻近和历史上的睦邻友好关系为中国同中亚国家的人文交流奠定了基础，科研考学成为新的合作方式。"丝绸之路：长安—天山廊道的路网"的申遗成功为中国同中亚国家的人文合作提供了新的思路。随着经济发展水平的上升以及国家开放程度的提高，每年从中亚国家来中国的留学生数量也有明显上升，中国也为留学生提供了奖学金支持。学术上的交流合作成为区域合作的新路径，共同人才培养也为进一步的经贸、旅游合作提供了人才支持。

4）中国旅游消费潜力释放将带动周边国家旅游业发展

1978 年，中国拉开了改革开放的序幕，当时的人均出游仅 0.2 次，旅游尚未成为大众的主流休闲娱乐方式，而到了 2018 年，中国成为世界最大的国内旅游市场、世界第一大国际旅游消费国，旅游业成为国民经济战略性支柱产业。仅在 2018 年上半年，我国境内旅游人数已达 28.26 亿人次，旅游已经成为居民的普遍生活方式。目前，我国是世界第一大出境旅游消费国、第四大入境旅游接待国，拥有坚实的旅游业发展基础和巨大的市场消费潜力。当前中国旅游业已进入大众旅游时代，旅游潜力正在逐步释放。随着中亚国家的旅游产业发展，交通的便利、低廉的物价和优美的自然风光将会释放巨大的旅游潜力。

鉴于以上发展前景，我们提出以下政策建议：

1）推进中国—中亚国家文化旅游合作交流与共建共享

在合作过程中，中国和中亚国家可以联合开展中国—中亚区域旅游资源综合调查，编制《中国—中亚跨国旅游发展规划》；联合打造中国—中亚国际精品旅游线，发挥各国旅游资源禀赋特点，例如：中国突出自驾观光摄影和冰雪旅游，乌兹别克斯坦突出世界遗产观光、休闲度假及狩猎游，哈萨克斯坦突出康养度假游，吉尔吉斯斯坦突出草原文化和民俗体验游；重点建设世界遗产景区、跨境旅游合作区、国际休闲度假与冰雪旅游胜地、特色文化旅游村镇、自驾游风景道、边境口岸及免税购物区等一批旅游核心吸引物，带动旅游聚集区和产业带的发展；各国轮流举办中国—中亚国际文化旅游节，促进民间团体进行艺术、体育、歌舞、美食、民俗、摄影等方面交流，为双边和多边交流合作增添人文动力[9]。

2）推进世界遗产申报合作与城市旅游节点目的地建设

联合打造中国—中亚国际旅游品牌，积极推进中国—中亚区域世界自然文化遗产申报项目，同时在中亚国家独立申请世界自然文化遗产的过程中提供经验支持。推进中国—中亚跨境文化遗产联合保护管理体系，保护传承草原丝路文明与多元民族文化，以"丝绸之路"节点城市历史文化为基础，共同打造世界遗产节点旅游线路。同时，加强跨境自然遗产保护管理工作，在旅游开发合作的过程中维护中国—中亚生态系统完整性。

3）建设数字中国—中亚智慧旅游平台推动区域旅游发展

借助中国互联网信息技术的领先优势共同打造数字中国—中亚智慧旅游平台，提供多语种旅游资源展示、旅游信息服务、旅游电子商务、旅游大数据分析等服务功能，为企业交流、人员往来提供便利。连接整合景区管理、酒店、餐饮、娱乐、旅行社、汽车租赁等提供旅游配套服务的企业，为游客提供旅游全产业链线上线下全程服务，方便游客出行。为旅游企业和终端消费者之间的信息互通提供平台，实现旅游产品联合推广与品牌创新营销，促进中国—中亚区域旅游服务贸易的繁荣发展。

参考文献

［1］程中海，孙培蕾．中国与中亚周边国家贸易便利化影响因素研究［J］．商业研究，2014（11）：99-105.

［2］张薇．"丝绸之路经济带"背景下我国与中亚经济合作问题研究［J］．

经济纵横，2017（3）：118-121.

　　［3］［4］崔登峰，邵伟．中国与中亚五国贸易竞争性、互补性和出口潜力研究［J］．商业研究，2017（3）：93-101.

　　［5］杨习铭，黄钦．中国与中亚国家贸易竞争力研究——基于国际产能合作视角［J］．统计理论与实践，2023（9）：20-27.

　　［6］张方慧，王巧荣．"一带一路"背景下中国与中亚国家合作新进展与发展方向论析［J］．宁夏社会科学，2023（4）：65-72.

　　［7］康佳亮，张悦．中国与中亚国家贸易合作分析［J］．合作经济与科技，2022（13）：70-72.

　　［8］李梦，李娟伟．丝绸之路经济带背景下中国与中亚五国区域合作研究——潜力开发与战略选择［J］．商业经济研究，2021（21）：147-152.

　　［9］陈秀娟，邢孝兵．中国与中亚国家贸易结构问题研究［J］．铜陵学院学报，2021，20（4）：18-22.

四、挖掘中国—中亚电子商务合作对话机制潜力

（一）中国—中亚电子商务合作对话机制的内涵分析

1. 中国—中亚电子商务合作对话机制提出背景分析

（1）中国与中亚国家数字经济合作取得有效进展

第一，互联互通合作得以开展。这主要得益于硬件设施的良好基础，例如，开通亚欧陆地光缆、成立国际通信业务出入口局、建设中国—中亚光缆对接项目等，种种举措不仅显著提高了中国与中亚的数据通信能力，加快了数据通信速度，改善了国际通信程序，而且很大程度上保障了中国与中亚跨境通信网络的质量和安全。2017年，中国与吉尔吉斯斯坦、塔吉克斯坦等国开展了"丝路光缆项目"，志在将光缆延伸至中亚其他国家并辐射南亚及西亚地区，以海上运输与陆地运输结合的方式同中东、北非与欧洲部分地区建立联系[1]。这一创新模式大幅度提高了亚欧之间的网络互联互通能力，增强了信息服务传输的水平。在网络建设方面，中国华为企业自2007年起开始参与哈萨克斯坦的"村村通"项目，在通信工程方面提供技术设备上的支持；华为、中兴等企业已在2013~2015年两年内完成覆盖哈萨克斯坦全境的4G网络建设工作；中国政府通过协议于2019年向哈萨克斯坦等国捐赠超级计算机[2]，这些措施促使中国成为中亚国家数字经济的重要合作伙伴，促进了中国与中亚数字经济的长远发展。

第二，跨境电商发展迅速。自进入21世纪以来，中国与中亚不断加深贸易新业态的合作力度，积极探索贸易新模式的发展方向，双方不断建立电子商务和跨境电商合作对话平台，并逐步完善物流设施，跨境电子商务模式得到充分发展，贸易额不断增长。中国—中亚跨境电商的快速发展主要有以下几方面的原因：首先，双方政府鼓励跨境电子商务深度合作。中国与乌兹别克斯坦于2019年签署《关于建立投资合作工作组的谅解备忘录》和《关于电子商务合作的谅解备忘录》两项协议，保证了双方在推动传统贸易合作的同时，发展贸易新业态即电子商务方面的合作，致力于提升两国贸易便利化水平[3]。其次，双方企业不断拓展合作

规模。中国诸多知名电商企业纷纷展开与中亚国家跨领域的合作，例如，中国华为技术有限公司、伊犁百特兴商贸有限公司与哈国家铁路公司所属的哈铁快运公司于 2018 年签署《关于共同开展跨境电商业务的战略合作协议》，双方承诺将通过哈铁快运公司所拥有的机场、港口、物流运输公司以及经济特区等多项基础设施确保跨境物流合作的顺利展开[4]。除此之外，中国面对中亚国家专门设立了全面服务于中亚市场的电子商务体系，如阿里巴巴的全球速卖通已与哈萨克斯坦开展多年合作，目前已是哈萨克斯坦全国名列首位的电子商务平台，哈萨克斯坦消费者最青睐的服装、数码、家具类型产品也是中国具备比较优势的产品[5]。最后，双方携手不断探索电子商务合作模式的创新。2016 年，中国阿里巴巴与哈萨克斯坦境内最大的固网运营商哈萨克电信及邮政企业签署合作备忘录，将阿里的支付宝与哈萨克电信的支付业务进行深度合作，并推动菜鸟网络与哈萨克邮政企业在物流方面的合作[6]。电子商务已成为中国与中亚国家共同发展数字经济的重要推动力。

第三，中国与中亚国家合作共同培养数字人才。进入 21 世纪以来，中国与中亚国家不断加强在基础数字设施、数字基础教育和高等教育等方面的交流合作，在专业化数字人才的培养中，中国与中亚国家积累了诸如校企合作、产教融合等创新模式的经验，为开展长远合作打下基础。近年来，赴中国学习大数据、人工智能、计算机等专业的中亚留学生逐渐增多，中国企业如华为、阿里巴巴等设立奖学金或相关机构培训通信及电商人才[7]，通力合作推进双方电子商务发展水平与质量。数字人才的培养大大加快了数字经济的发展进程。

（2）中国与中亚国家之间有着开展数字经济合作的多方面诉求

第一，中国与中亚国家之间互相学习数字经济发展经验。近年来，中国政府通过不断出台新政策来引导并鼓励包括"互联网+"、电子商务、智慧城市等模式的数字经济体系。中亚国家政府重视本国数字经济的发展，近几年不断推陈出新，陆续出台了关于发展数字经济的措施及政策，大力推动了中亚数字发展进程。中国和中亚双方除了政策顶层设计的经验交流外，还在云支付、电子商务、跨境物流等普遍惠及中小微企业的电子商务新技术新模式方面进行通力合作，打破地理和时间限制，借助数字经济和贸易新业态，使得不同规模的企业都可参与其中享受数字化的福利，为双方带来经济快速发展的无限生机。

第二，中国与中亚国家互相借助市场规模优势发展数字经济。中国与中亚经过多年的贸易往来，凭借双方蕴含庞大潜力的市场规模和投资力度，相互之间贸易依存度不断攀升，中国已成为中亚主要贸易和投资伙伴国之一，且成为中亚国家发展出口导向型经济的重要市场，中国以电子商务等数字经济合作的方式与中亚开展数字经济的多领域合作。

（3）中国与中亚国家具备良好的双边关系

第一，中国与中亚五国均已建立良好的外交关系。经过多年外交发展，中国与哈萨克斯坦已成为永久全面战略伙伴关系，与乌兹别克斯坦、塔吉克斯坦、吉尔吉斯斯坦成为全面战略伙伴关系。长久稳定的伙伴关系为中国与中亚开展经贸合作奠定了基础。

第二，中亚国家积极响应"一带一路"倡议。中亚国家将"一带一路"倡议视为本国经济发展的重要引擎，"一带一路"倡议一经提出，就吸引了中亚各国积极参与。2016 年，中国与哈萨克斯坦签署了《"丝绸之路经济带"建设与"光明之路"新经济政策对接合作规划》[8]，2019 年签署了中哈两国政府《关于落实"丝绸之路经济带"建设与"光明之路"新经济政策对接合作规划的谅解备忘录》。中国与中亚各国在"一带一路"倡议上的高度共识为开展电子商务合作提供了基本合作框架保障。

第三，电子商务合作对话机制的提出与双方发展数字经济的诉求相契合。发展数字经济已成为中国与中亚各国的国家战略，这为中国与中亚国家开展电子商务合作带来了动力。中亚各国可通过电子商务这一贸易新模式开辟数字经济发展的空间，加深同中国在电子商务领域的全面合作，有助于彼此在第四次工业革命中把握机遇，实现突破式发展。

2. 中国—中亚电子商务合作对话机制内涵解读

中国与中亚国家已就深化数字经济合作、共同推动数字丝绸之路建设达成广泛共识。双方可根据数字经济发展的不同阶段和需求，因国施策，通过政策支持和国家战略对接，共同推进数字化转型进程和现代化发展，提升亚欧数字贸易发展水平，打造互利共赢的电子商务合作机制。

（1）共建电子商务基础设施，促进中国与中亚国家互联互通

中国在数字产业、互联网金融等领域领先全球，具备成功的经验和良好的商业模式。中国可利用自身优势，积极参与到中亚国家电子商务基础设施建设当中，实现与中亚国家在数据信息服务、互联网业务、物流配送系统、电子商务平台以及安全保障系统等领域的互联互通。

第一，电子商务基础设施硬件建设合作。首先，双方积极参与和共建中亚国家拟建的多个互联网、物联网、光纤光缆等硬件设施项目。中亚国家电子商务基础设施建设的需求大，如哈萨克斯坦截至 2022 年已为 1800 万人口提供宽带互联网，并将互联网用户比例从 2019 年的 81.3% 增加到 2022 年底的 82.3%。乌兹别克斯坦 2020 年底在全国 2 万多所社会设施，包括学校和医疗机构接入光纤互联网，将智能手机用户数量提高到 2300 万[9]。为此，中方企业可与中亚国家共建光

纤光缆、人造卫星、电话线、有线电视线等网络设施，为中亚国家提供路由器、阅读器、中继器和其他控制传输途径的硬件设备，促进中亚国家电子商务数据中心的建设进程，推动双方网络高速率、广普及、全覆盖、智能化。其次，中国与中亚国家可在跨境物流平台的建立与发展方面共享经验，进一步完善电子商务物流基础设施的建设，例如，哈萨克斯坦通过改善邮政服务，大幅提升物流速度。当前乌兹别克斯坦约有120家公司从事国际快递业务，其电子商务和服务业已取得很大进展。吉尔吉斯斯坦根据商品供应情况制订农产品储存和加工设施方案，并吸引投资者发展农产品贸易和物流中心系统。

第二，电子商务基础设施软件建设合作。中国企业可持续参与中亚国家数字软件设施的建设，与中亚国家一道建立高质量的5G技术和硬件设施相结合的电子商务平台以及安全保障系统等基础设施，确保电子商务网站、移动应用、社交媒体、防火墙、加密技术、身份验证等至关重要的电子商务基础设施的全面建设，提升电子商务平台的智能化水平。目前，哈萨克斯坦数字发展部已制定5G发展路线图，正在研究制定5G移动通信新技术标准，并在阿斯塔纳、阿拉木图和奇姆肯特实施了5G试点项目，2021年底在阿斯塔纳市纳扎尔巴耶夫大学和世博园引入5G技术，自2023年起在全国范围内推广。乌兹别克斯坦正处于建设5G网络的初期阶段，已在2019年完成了对5G移动通信网的测试，于2020年在塔什干启动组织商业网络。上述项目，华为等企业都积极参与其中[10]。中国与中亚国家还可在"互联网+"、云计算、区块链等技术经济数字产业化建设的不同阶段积极合作交流，培育更多适应当地数字经济发展水平的新业态和新模式，促进双方数字化转型，发展繁荣数字生态系统。

（2）共同推进电子商务数字治理，营造公平良好的数字贸易发展环境

电子商务的跨国性和流动性要求在国家间开展更多的合作对话、建立共识，随着中国与中亚国家电子商务合作的快速发展，双方秉持共同参与、共享红利、共担责任的原则，在电子商务数字治理领域开展多边对话与交流活动，打造数字治理的样板区域，共同提高中亚区域电子商务营商环境的水平。

第一，积极参与构建面向未来的电子商务共同体框架。在数字经济全球治理启动之初，争取获得更多的数字经济全球治理权力[11]，共同创造发展中国家掌握"话语权"的机会。充分利用中国与中亚国家都参与的互联网治理论坛、区域通信联合体、"一带一路"国际合作高峰论坛"数字丝绸之路"分论坛等机制，以及上海合作组织、亚洲相互协作与信任措施会议等区域性合作组织或会议，逐步建立中国与中亚的区域电子商务合作的定期交流机制，共同设立中亚电子商务数字治理网，分享治理经验，探讨建立统一的数据标准、数据使用原则，并共同制定相关的治理规则、协调政策、竞争政策、跨境数据交流政策、跨境税收政策、监

管政策等。[12]

第二，共同构建规范有序、开放安全的电子商务数字世界。中国和中亚国家应加强数据法治建设交流合作，推进数据保护法规建设[13]；规范中国与中亚国家个人出入境、海关商品进出口、电子支付、跨境物流、跨境运输等数据的收集、处理、交流等活动；加强在数据保护领域的协商，促进数据风险防范交流，共同维护网络空间安全和公平竞争的环境，打击侵犯个人信息等危害数据安全的跨境犯罪行为，共同构建中亚电子商务领域的法律法规保障体系。

（3）大力开展电子商务合作，共创区域经济合作新机会

中国在电子商务领域发展迅速，发展速度居世界前列。2022年中国电子商务交易额为5.79万亿美元，约占全球电子商务交易总额的36.8%[14]。一方面，中国在电子商务新业态新模式等领域积累了丰富的经验，为中国与中亚发展电子商务和数字经济提供强大助力；另一方面，中国与中亚国家积极开展电子商务领域的合作，有助于扩大贸易规模，促进经济稳定发展。因此，构建中国—中亚电子商务合作对话机制切实符合双方经济发展诉求。

第一，中国—中亚电子商务市场开拓潜力巨大。中国的跨境电子商务市场规模庞大，交易总额持续走高。2019年我国跨境电商总体交易规模突破10万亿元大关，2022年交易额已达157000亿元，其中出口跨境电商占比约为78%[15]。中国电子商务市场蕴含巨大的发展潜力，中国与中亚国家可通过电子商务这一贸易新业态途径开拓本国农产品、制造业产品等商品的销售渠道。与此同时，中亚国家积极寻求数字贸易发展新契机，中亚电子商务市场挖掘潜力极大。预计到2025年，哈萨克斯坦通过互联网平台的购物交易额将突破13亿美元，占其总零售额的5%；哈萨克斯坦电子商务过境运输将为物流企业创造约33万亿美元的收入，并为物流、仓储等行业提供约28万个就业机会[16]。

第二，中国—中亚电子商务的合作路径持续创新。2019年，中国与包括中亚国家在内的共建"一带一路"国家与欧洲地区共同推出中欧班列多式联运"一单制"跨境区块链平台、跨境电商报通关结算"一站式"服务。中国乌鲁木齐国际陆港区跨境电子商务试点产业园区为跨境电商企业提供全方位的清关、保税等服务，探索"商贸+互联网+物流"融合发展新模式。在电子商务商业模式的探索方面，中国可与中亚国家采取试点境内制造企业至其境外分支机构至境外消费者（M2B2C）业务模式、境内外贸企业至其境外分支机构至境外消费者（B2B2C）业务模式等，目前中国跨境电商企业已在B2B2C出口业务模式中取得诸如业务流程、技术水平、监管模式、认定标准等方面的进展[17]。

第三，中国—中亚国家电子商务营商环境水平不断提升。近年来，哈萨克斯坦不断提升边境检查站的现代化发展水平，有意通过技术创新手段在中国与哈萨

克斯坦边境设立新的"光明之路"过境检查点，以期达到简化通关流程与运输程序的目的，降低跨境运输的成本[18]。中国和中亚国家可以充分发挥中国—中亚电子商务合作对话机制在促进各方电子商务发展中的作用，共同提高海关监管服务水平，简化检验检疫程序，为进出口税收限制和支付问题的解决提供政策便利，通过协商和谈判手段不断完善跨境电商在支付、检疫、仓储、物流、后勤等方面的基础设施建设，全力降低各方跨境电商企业在合作中面临的政治与法律风险。

3. 参与方和政策文件

中国—中亚电子商务合作对话机制主要参与方为：中国、哈萨克斯坦、乌兹别克斯坦、吉尔吉斯斯坦、塔吉克斯坦、土库曼斯坦六国。

2018年6月7日，中国和哈萨克斯坦签署《中华人民共和国商务部和哈萨克斯坦共和国国民经济部关于电子商务合作的谅解备忘录》[19]，中哈双方建立了电商合作机制，共同推进"丝路电商"合作，加强经验分享，开展人员培训，促进政企对话，支持两国企业开展电子商务合作，特别是通过电子商务促进优质特色产品跨境贸易，为两国中小企业提供更多的发展机会和空间，不断提高贸易便利化程度与合作水平，进一步推动双边经贸关系持续稳定发展。

2019年11月1日，中国和乌兹别克斯坦签署《中华人民共和国商务部与乌兹别克斯坦共和国投资和外贸部关于电子商务合作的谅解备忘录》[20]，双方承诺加强电子商务领域的政策沟通和协调，推进地方合作和公私对话、开展联合研究和人员培训，鼓励企业开展电子商务交流与合作，推动各自国家的优质特色产品贸易。此次备忘录的签署进一步提高了两国贸易便利化程度和合作水平，为双边经贸关系注入新的活力，促进两国共建"一带一路"合作走深走实。

2022年1月25日，中国同中亚五国建交30周年视频峰会上通过并发表《中国同中亚五国领导人关于建交30周年的联合声明》[21]，《声明》指出，加强电子商务合作，建立"中国—中亚电子商务合作对话机制"，发展"丝路电商"，是中国与中亚五国未来的合作重点。为落实好六国元首达成的重要共识，六国经贸部长一致同意举办"聚合中亚云品"电商活动，向中国消费者推介更多中亚名优特产品。

2023年5月18日至19日，首届中国—中亚峰会在西安举行，会议达成有关电子商务领域多项成果[22]：一是达成主要合作共识和倡议，挖掘中国—中亚电子商务合作对话机制潜力；二是建成中方倡议成立的多边合作平台，中国—中亚电子商务合作对话机制；三是签署峰会框架内的多边合作文件《"中国—中亚五国"经贸部门关于数字贸易领域合作的谅解备忘录》。此次峰会为中国与中亚国家在电子商务领域开展合作架起沟通的桥梁，成为"一带一路"国际合作的风向标。

4. 工作机制和内容

2016年以来，中国已与包括哈萨克斯坦、乌兹别克斯坦在内的中亚国家有效建立起双边电子商务合作机制，跨境电子商务实现快速发展。经过七年的合作与探索，中国与各贸易伙伴国秉持共商共建共享的原则，扎实推进各方跨领域多层次的数字合作，创新了多双边电子商务合作模式，形成了一套有效的电子商务合作对话机制[23]。

第一，促进政策协调，创新共享理念。中国与中亚国家定期开展电子商务工作组会议，及时交流电子商务发展中的问题与解决办法，分析电子商务在贸易过程中的应用模式，探索数字经贸规则与治理的新标准新理念[24]。共同分享各方在跨境电商、中小企业实现数字化转型、消费者隐私保护、数字减贫等方面的心得与经验，提炼可以互相学习借鉴的举措，深度挖掘电子商务发展潜力，不断创新合作路径。

第二，提高合作水平，实现互利共赢。中国—中亚电子商务合作对话机制支持各方根据本国区位优势和资源禀赋在不同行业、不同程度上与贸易伙伴国实现对接。目前，中国已在西安、郑州、南宁、厦门等地举办了多场"丝路电商"主题论坛和政企对话活动，为中国与中亚国家探讨电子商务发展空间、交流电子商务发展经验提供了机会。此外，中国还与乌兹别克斯坦等国共同举办了双边商品推介展会。2021年第三届"双品网购节"期间，多达11个"丝路电商"伙伴国驻华大使和政府官员发来视频贺词，并为中国消费者呈现高品质的本土产品和旅游资源，创造可跨越文化差异的热门商品，赢得了广大消费者的关注与喜爱[25]。

第三，增强能力建设，举办云上讲堂。中国与中亚国家积极促进数字能力建设合作，调动商贸领域专家与中亚五国政府官员及电子商务从业人员通过线上视频的方式讨论数字贸易规则，促使电子商务活动规范化，保障电子商务行业长远健康地发展，拓宽了中国与中亚国家进行电子商务经验交流与分享的渠道。除探讨行业规则与发展动向外，中国还邀请直播电商、社群电商等领域的专家及资深从业者开展跨境电商主题教学课程，为中小企业培养电子商务领域细分产品下的专业化数字人才。2022年8月22日至9月2日，"丝路电商"云上大讲堂—中亚五国专场成功在线举办，共安排10场线上讲座，围绕中国跨境电商进口主流平台剖析、跨境电商平台发展及机遇、中国进口跨境电商营销推广、海外产品进口营销策略等主题，向中亚五国政府、企业代表等分享了中国电子商务的先进经验与模式[26]，为中亚国家产品进入中国市场提供了专业知识和对接平台，务实推进了中国—中亚电子商务合作对话机制建设，提升了区域电子商务从业人员的素质素养。

第四，携手共克时艰，创造增长通道。当前世界正面临百年未有之大变局，新一轮科技革命和产业变革深入发展，中国与中亚国家持续深入加强交流，合作共建了一系列电子商务示范区、跨境电商综试区，把握进口博览会、双品网购节等贸易展览会的机遇，积极推介双方优质产品，推动中亚国家产品进入中国市场，促进贸易互联互通，深化区域合作，推动贸易增长。

（二）中国—中亚电子商务合作对话机制的模式研究

1. 经验借鉴：基于其他国际合作组织和机制的借鉴

在研究中国—中亚电子商务合作对话机制的模式时，可以从其他运行机制较为成熟的国际组织和合作模式中借鉴经验，以提高合作的效率和成果。以下是具备代表性的国际合作组织和机制模式：

（1）欧盟（EU）[27]

1）工作机制和合作模式

欧盟（European Union，EU）的工作机制和合作模式是基于共同决策和协商的多层次、多方参与的体系。下面是一些欧盟的主要特点和机制：

欧洲理事会（European Council），又称欧盟首脑会议或欧盟峰会。欧盟最高决策机构。欧洲理事会由成员国国家元首或政府首脑及欧洲理事会主席、欧盟委员会主席组成。欧洲理事会设主席一职，任期2年半，可连任一届。

欧盟理事会（Council of the European Union），又称部长理事会，欧盟立法与政策制定、协调机构。欧盟理事会由每个成员国各1名部长级代表组成，按不同议事领域由相应部长组成，除外长理事会由欧盟外交与安全政策高级代表主持外，理事会主席由轮值主席国担任，任期半年。

欧盟委员会（European Commission），简称欧委会，欧盟立法建议与执行机构。本届委员会共27人，由每个成员国1名代表组成，其中主席1人，副主席8人，任期5年。

欧洲议会（European Parliament），欧盟监督、咨询和立法机构。议员由成员国直接选举产生，任期5年。本届（第九届）议会于2019年7月正式成立，现有705名议员，7个党团。

欧盟对外行动署（European External Action Service），由欧盟外交与安全政策高级代表（兼任欧盟委员会副主席）领导，协调成员国外交政策。

欧洲法院（European Court of Justice），是欧盟的仲裁机构。负责审理和裁决在执行欧盟条约和有关规定中发生的各种争执。

欧洲中央银行（The European Central Bank），总部设在德国金融中心法兰克福，是根据1992年《马斯特里赫特条约》规定而设立的欧元区中央银行，是共同货币政策的制定者、实施者、监督者。负责欧元区货币政策和维护货币稳定。欧洲中央银行管理委员会是最高决策机构，负责制定利率和执行货币政策，由6名执行董事会成员和欧元区成员国央行行长组成，每月定期召开会议。

欧盟委员会、欧洲议会、欧洲理事会之间的三方对话，这一机制用于解决立法过程中的分歧，以确保各方利益的平衡。

欧盟的合作模式是基于成员国的主权共享和执政责任的划分。成员国通过多边谈判和协商达成共识，并将某些主权事务委托给欧盟机构来共同管理。欧盟决策通常需要考虑成员国的不同利益和多样性，以寻求共同的最佳解决办法。同时，欧盟也鼓励成员国之间的合作和互助，以促进整个欧洲的发展和繁荣。

目前，欧盟是世界上地区一体化程度最高的国家集团，其中包括了27个成员国之间的经济合作机制。在这个机制下，成员国通过建立统一的法律框架、贸易规则和标准，促进了跨国电子商务的发展。中国与中亚国家可以借鉴欧盟之间电子商务和数字经济合作方式，搭建电子商务合作对话机制，降低跨国电子商务合作的成本和风险。

2）电子商务合作发展情况

为进一步提升欧盟数字化水平、改善区域内发展不平衡现状，促进包括B2B电子商务在内的新业态发展，欧盟发布《2030数字指南针：欧洲数字10年之路》报告，描绘了到2030年欧盟实现数字化转型的蓝图和目标，提出到2030年，75%的欧盟企业将运用云计算、大数据或人工智能等先进技术；超过九成的中小企业数字化程度将达到基本水平；80%的欧盟成年公民应具备基本数字技能。欧盟复苏资金也对支持中小企业发展B2B电子商务、提升数字化能力进行一定程度的倾斜[28]。

作为欧盟数字战略的重要立法动作，欧盟《数字市场法》《数字服务法》先后生效，共同构成了一套适用于欧盟成员国的新规则。欧盟委员会对在线交易设定多项规则，让消费者能够充分享受欧盟企业在线提供的所有商品和服务，并确保在线环境安全，更好地保护用户及其基本权利。

此外，为进一步规范电子商务环境，一些成员国在欧盟法制框架内就B2B交易中强制使用电子发票采取了相应的措施。法国于2023年起分阶段引入强制性电子发票；波兰财政部就在B2B电子商务中强制使用电子发票征求意见，相关法规预计于2024年实施。未来加大电子商务平台的维护，包括优化算法、拓展跨境支付模式、保障数据安全等，仍是欧洲加快电商发展的重要任务。

（2）亚太经合组织（APEC）[29]

1）工作机制和合作模式

亚太经合组织（Asia-Pacific Economic Cooperation，APEC）是亚太地区层级最

高、领域最广、最具影响力的经济合作机制。现有 21 个成员，还有 3 个观察员，分别是东盟秘书处、太平洋经济合作理事会、太平洋岛国论坛秘书处。亚太经合组织（APEC）的工作机制和合作模式是自主自愿和协商一致。所作决定须经各成员一致同意。会议成果文件不具法律约束力，但各成员在政治上和道义上有责任尽力予以实施。

APEC 共有 5 个层次的运作机制：

领导人非正式会议：亚太经合组织高级别的会议。会议就有关经济问题发表见解，交换看法，会议形成的领导人宣言是指导亚太经合组织各项工作的重要纲领性文件。每年举行 1 次，在各成员间轮流举行。

部长级会议：包括年度双部长会议以及专业部长会议。双部长会议每年在领导人会议前举行一次。专业部长会议定期或不定期举行，包括贸易部长会、财长会、中小企业部长会、能源部长会、海洋部长会、矿业部长会、电信部长会、旅游部长会、粮食安全部长会、林业部长会、结构改革部长会、交通部长会、人力资源部长会、妇女与经济高级别会议、卫生与经济高级别会议等，就经济、贸易等问题进行讨论和合作。

高官会：每年一般举行 4 次至 5 次会议，由各成员指定的高官（一般为副部级或司局级官员）组成。高官会的主要任务是负责执行领导人和部长会议的决定，审议各委员会、工作组和秘书处的活动，筹备部长级会议、领导人非正式会议及协调实施会议后续行动等事宜。

委员会和工作组：高官会下设 4 个委员会，即贸易和投资委员会（CTI）、经济委员会（EC）、经济技术合作高官指导委员会（SCE）和预算管理委员会（BMC）。CTI 负责贸易和投资自由化方面高官会交办的工作，EC 负责研究本地区经济发展趋势和问题，并协调经济结构改革工作，SCE 负责指导和协调经济技术合作，BMC 负责预算和行政管理等方面的问题。各委员会下设多个工作组、专家小组和分委会等机制，从事专业活动和合作。

APEC 秘书处：负责为 APEC 各层次的活动提供支持与服务。秘书处负责人为执行主任，2010 年起设固定任期，任期 3 年。

通过上述工作机制，APEC 的目标和宗旨是支持亚太区域经济可持续增长和繁荣，建设活力和谐的亚太大家庭，捍卫自由开放的贸易和投资，加速区域经济一体化进程，鼓励经济技术合作，保障人民安全，促进建设良好和可持续的商业环境。在 APEC 合作框架下，成员国通过制定共同的目标和行动计划，加强经济合作，提高贸易便利化水平，并推动数字经济的发展。中国与中亚国家可以通过参与 APEC 的合作机制，与其他亚太经济体进行合作，分享经验和资源，促进中亚国家和地区电子商务的发展。

2）电子商务合作发展情况

2003 年 3 月在曼谷召开的 APEC 第一届高官会上，议定了 APEC 电子商务工商联盟论坛（APEC-ECBA FORUM），为发挥区域联盟的整体影响力创建了交流合作平台，建立了电子商务应用与推广的良好环境，使政府及非政府组织、企业与企业之间的沟通交流更为畅通、高效、便捷。

经过多年发展，论坛紧扣国际贸易发展的时代脉搏，将具有前瞻性的电子商务发展理论与国际电子商务现状相结合，洞悉数字贸易时代国际贸易"普惠"这一特点，以"数字经济时代的普惠贸易"为主题，顺势而为，旨在充分发挥多边机制的作用，打造包容性经济，强调开放和共享，大力推进 APEC 区域跨境电子商务在交易、技术、通关、法律、税收、数据隐私认证等方面的交流合作，为中外嘉宾以"数字经济时代的政策规则协同互认""数字经济时代的社会发展模式创新""数字经济时代的跨境电商"等为议题进行高端对话提供契机。

（3）区域全面经济伙伴关系协定（RCEP）[30]

区域全面经济伙伴关系协定（Regional Comprehensive Economic Partnership，RCEP）是亚洲各国之间的一项重要自贸协定，是一个现代、全面、高质量、互惠的大型区域自贸协定，旨在建立一个广泛的经济合作框架。

表 4-1　RCEP 建设进程

时间	主要进程
2011 年 11 月 13~19 日	东盟 10 国领导人通过了《RCEP 的东盟框架》，一致同意建设 RCEP，并获得中国、日本、韩国、印度、澳大利亚和新西兰六国的支持
2012 年 11 月 20 日	东盟与六国领导人共同发布《启动 RCEP 谈判的联合声明》，确立了《RCEP 谈判的指导原则与目标》，RCEP 谈判正式启动
2013 年 5 月 9 日	RCEP 第一轮谈判举行，正式成立货物贸易、服务贸易和投资三个工作组，并就货物、服务和投资等议题展开磋商
2013~2020 年	举行 23 次部长级会议、31 轮正式谈判
2017 年 11 月 15 日	召开首次领导人会议，发布 RCEP 谈判领导人联合声明
2018 年 11 月 14 日	第二次 RCEP 领导人会议举行
2019 年 11 月 4 日	第三次 RCEP 领导人会议举行，并发布第三次领导人会议联合声明，印度宣布退出 RCEP
2020 年 11 月 15 日	第四次 RCEP 领导人会议举行，15 国签署 RCEP
2022 年 1 月 1 日	RCEP 在文莱、柬埔寨、老挝、新加坡、泰国、越南 6 个东盟成员国和中国、日本、新西兰、澳大利亚 4 个非东盟成员国正式生效实施
2022 年 2 月 1 日	RCEP 在韩国生效实施
2022 年 3 月 18 日	RCEP 在马来西亚生效实施
2022 年 5 月 1 日	RCEP 在缅甸生效实施

时间	主要进程
2023 年 1 月 2 日	RCEP 在印度尼西亚生效实施
2023 年 6 月 2 日	RCEP 在菲律宾生效实施

资料来源：根据《RCEP：协定解读与政策对接》更新。

以下是 RCEP 协定主要内容：

1）工作机制和合作模式

RCEP 由序言、20 个章节（包括初始条款和一般定义、货物贸易、原产地规则、海关程序和贸易便利化、卫生和植物卫生措施、标准/技术法规和合格评定程序、贸易救济、服务贸易、自然人临时流动、投资、知识产权、电子商务、竞争、中小企业、经济技术合作、政府采购、一般条款和例外、机构条款、争端解决、最终条款章节）和 4 部分市场准入附件共 56 个承诺表（包括关税承诺表、服务具体承诺表、投资保留及不符措施承诺表、自然人临时流动具体承诺表）组成。

RCEP 是区域内经贸规则的"整合器"。RCEP 整合了东盟与中国、日本、韩国、澳大利亚、新西兰多个"10+1"自贸协定以及中、日、韩、澳、新（西兰）5 国之间已有的多对自贸伙伴关系，还在中日和日韩间建立了新的自贸伙伴关系。RCEP 通过采用区域累计的原产地规则，深化了域内产业链、价值链；利用新技术推动海关便利化，促进了新型跨境物流发展；采用负面清单推进投资自由化，提升了投资政策透明度，均有利于促进区域内经贸规则的优化和整合。RCEP 实现了高质量和包容性的统一。货物贸易最终零关税的产品数量整体上将超过 90%，服务贸易和投资总体开放水平显著高于原有"10+1"自贸协定，还纳入了高水平的知识产权、电子商务、竞争政策、政府采购等现代化议题。同时，RCEP 还照顾到不同国家国情，给予最不发达国家特殊与差别待遇，通过规定加强经济技术合作，满足了发展中国家和最不发达国家加强能力建设和实现高质量发展的实际需求。

2）电子商务合作发展情况[31]

随着 2023 年《区域全面经济伙伴关系协定》对 15 个成员国全面生效，全球人口最多、经贸规模最大、最具发展潜力的自由贸易区正式落地，大大提升了投资贸易、货物贸易和服务贸易的便利化。RCEP 的正式实施也将为成员国内电子商务合作和数字经济发展带来新的机遇。

第一，关税壁垒消除。RCEP 生效后，区域内 90% 以上的货物贸易将最终实现零关税，且主要是立刻降税到零和 10 年内降税到零，这使 RCEP 自贸区有望在较短时间兑现所有货物贸易自由化承诺[32]。取消关税壁垒会显著降低区域内贸易成本和产品价格，有望提高出口商品竞争力，可以有效地释放跨境电商活力。

第二，原产地规则的灵活建立。RCEP对原产地规则进行了较为自由和灵活的安排，企业可以在区域价值成分规则和税则归类改变规则之间选一，并且将所有成员国等同为一个整体，使得跨国生产的商品的原产地价值成分可以累积。这种改变使得区域优惠门槛降低，并且促使跨国公司在产业布局的决策上更加灵活，从而使已有的产业链分工体系更加精细、完善。

第三，电子商务专门章节的制定。目前，全球范围内数字贸易规则制定滞后于发展实践，全球电子商务领域尚未形成健全成熟的规则制定。目前WTO并没有针对数字贸易出台专门规则，相关规则多散见于WTO框架下的一些协定文本及其附件，如《服务贸易总协定》（GATS）、《信息技术协定》（ITA）、《与贸易有关的知识产权协议》（TRIPs）、《全球电子商务宣言》等。RCEP首次加入了电子商务专章，是首次在亚太区域内达成的范围全面、水平较高的诸边电子商务规则成果。亮点主要有无纸化贸易、保障电子认证和签名有效性、暂时免征关税等条款，消费者和个人信息保护、垃圾信息治理、网络安全防护等条款，非常明确地支持电子商务的跨境经营等。

第四，RCEP海关程序与贸易便利化领域规则的优化。RCEP简化了海关通关手续，采取预裁定、抵达前处理、信息技术运用等促进海关程序的高效管理手段，在可能情况下，对快运货物、易腐货物等争取实现货物抵达后6小时内放行，促进了快递等新型跨境物流发展，推动了果蔬和肉、蛋、奶制品等生鲜产品的快速通关和贸易增长。这些举措将大大提高域内货物贸易便利化水平，为区域内各成员方企业提供高效快捷的通关服务，降低贸易成本，缩短物流时间，有利于促进区域内跨境电商。

第五，中小企业和技术合作专门章节的设置。RCEP专门设置中小企业和经济技术合作两个章节。中小企业一章旨在为中小企业合作搭建更广阔的交流平台，通过强调加强中小企业间的信息共享，鼓励它们更积极地利用自贸协定及协定创造的经济合作项目，融入到区域价值流和供应链中来；同时，协定中还特别强调要促进中小企业使用电子商务。经济技术合作一章旨在缩小各方发展差距，实现共同发展。经济技术合作的范围侧重于货物贸易、服务贸易、投资、知识产权、电子商务、竞争、中小企业等多方面的能力建设和技术援助，尤其将优先考虑最不发达国家（如柬埔寨、老挝和缅甸）的需求，这有利于实现数字技术在区域内的有效流动与运用，促进跨境电商拓展与成长。

（4）"丝路电商"合作机制

1）工作机制和合作模式

"丝路电商"国际合作是落实共建"一带一路"重大倡议的一项重要具体举措。2016年，中国与共建"一带一路"国家智利首签电子商务合作谅解备忘录，开启"丝路电商"国际合作序幕。七年来,"丝路电商"不断发展,将中国特色电子商务理念和实践的种子沿着"一带一路"播撒,成为促进商品、服务、技术等要素流通顺畅,带动相关产业及上下游平稳运转,保障产业链供应链稳定,推动合作各方经济发展的重要渠道。目前中国已与30个国家签署双边电子商务合作备忘录[33],同时,中国—中东欧、中国—中亚五国电子商务合作对话机制以及上合、金砖等机制下的电子商务合作都取得了切实的成果

为提高贸易自由化便利化水平,打造"丝路电商"高质量发展良好营商环境,中国海关各级部门在创新"三单"校验方式、拓展跨境电商"商品条码"应用范围、完善B2B出口监管方式等方面加强监管;并从支持企业拓展"丝路电商"合作,优化海外仓建设,推进农副产品快速通关"绿色通道"建设等方面提升服务水平;推动国家间电商平台企业发挥大数据分析、应用场景搭建、营销模式创新和技术升级迭代等优势,整合全产业链资源,积极拓展境外业务,促进商品、资金、技术、管理等要素在合作伙伴间加速流动,增强各方数字化发展能力,务实地推动"丝路电商"走深走实。

2)电子商务合作发展情况

为顺应全球数字经济发展大势,"丝路电商"提升与共建国家数字领域经贸合作水平可以用以下"三个携手"来概括:

一是携手共享市场机遇。与"丝路电商"伙伴国共同拓宽优质特色产品销售渠道,相继组织开展了"非洲好物网购节""买在金砖""网罗东盟好物"等特色活动,受到各国政府和企业的好评。同时,鼓励中国企业"走出去",带动中国和中亚地区电商市场和电商产业加快发展。

二是携手共推数字发展。与伙伴国共同推出操作性和针对性较强的培训课程,共同提升电商发展能力。同时,举办"云上大讲堂",为80多个国家开展线上直播培训。

三是携手共促规则对接。坚持在"丝路电商"国际合作中加强规则、标准的互联互通,先后举办了超100场政企对话会、企业对接会等活动,伙伴国之间分享电子商务发展经验。鼓励企业以产业链合作促进技术和标准的"软联通"。创建"丝路电商"合作先行区,对接高标准国际经贸规则。

3)上海创建"丝路电商"合作先行区[34]

2023年10月18日,国家主席习近平在第三届"一带一路"国际合作高峰论坛开幕式上宣布中国支持高质量共建"一带一路"的八项行动之一:支持建设开放型世界经济。中方将创建"丝路电商"合作先行区,同更多国家商签自由贸易协定、投资保护协定。全面取消制造业领域外资准入限制措施。主动对照国际高标准经贸规则,深入推进跨境服务贸易和投资高水平开放,扩大数字产品等市场

准入，深化国有企业、数字经济、知识产权、政府采购等领域改革。中方将每年举办"全球数字贸易博览会"[35]。

10月23日，国务院印发《关于在上海市创建"丝路电商"合作先行区方案的批复》[36]，同意在上海市开展"丝路电商"合作先行区创建工作。批复指出，发挥上海在改革开放中的突破攻坚作用，鼓励先行先试，对接国际高标准经贸规则，探索体制机制创新，扩大电子商务领域对外开放，打造数字经济国际合作新高地，在服务共建"一带一路"高质量发展中发挥重要作用。

上海"丝路电商"合作先行区的建设，应依托浦东"引领区"建设，充分发挥制度创新、产业发展和综合服务等方面优势，积极推进数字丝绸之路建设、拓展"丝路电商"全球布局，由此探索出地方参与"丝路电商"国际合作的引领示范路径[37]。比如：发挥自由贸易试验区扩大开放和制度创新优势，推进"丝路电商"智库国际合作，开展电子商务国际规则研究与协商，并率先试行；依托外高桥保税区域打造集商品展示、交易、合规化为一体的"丝路电商"综合服务，提供数字直播营销活动等功能的核心功能基地，鼓励国内优质产品"走出去"；建立跨境电商全球集散分拨中心，积极推进保税、直邮、快件等多模式运营，实现"进、出、转、存"一仓多用；搭建"丝路电商"功能平台，推动"丝路电商"伙伴国增设国家馆，丰富保税展示功能，为伙伴国企业提供"一站式"进口服务；打造"丝路电商"数字技术应用中心，加大跨境贸易通关、"丝路云品"信用链、电子发票、风险监测等方面的创新应用；集聚和培养"丝路电商"国际人才，引进一批电子商务及其相关企业、专业服务机构和优秀人才，为包括"丝路电商"伙伴国在内的共建"一带一路"国家培育一批电子商务人才。

"丝路电商"合作先行区的建设，除了重点聚焦浦东，还应联动虹桥商务区，辐射带动长三角地区，更好地服务构建新发展格局。此外，要充分发挥民间大使——侨联组织的独特作用，借助"一带一路"沿线侨胞侨商较为集聚的优势，把发挥侨智侨力与服务侨胞侨商有效衔接，共同推进"丝路电商"建设。

4）"丝路电商"新驿站——迪拜海外仓建设[38]

伴随着全球产业链供应链的加速重构，在开展对外贸易、搭建物流网络的过程中，海外仓无疑是重要的战略节点。海外仓是物流企业为提升国际业务能力，在国外接近买家地区设立的仓储物流节点，具备储存、流通、加工等功能。据中国仓储与配送协会统计数据显示，海外仓物流环节较零售直邮方式成本可降低20%~50%，货运时间可从20天左右缩短到3天至5天，可大幅降低国际物流成本、提高物流效率。在"一带一路"不断延伸的十年间，无数班列遍及各地，货轮通达四海，物流大通道打破各国交流贸易的壁垒，让发展与友谊成为沿线国家的共识。海外仓成为"一带一路"经贸合作的重要载体和渠道，被誉为网上丝绸之路的"驿站",激发了沿线发展活力和合作潜力。

例如,中国中建材集团进出口有限公司致力于打造"跨境电商+海外仓"模式。海外企业用户只需在中建材易单网线上下单,就能通过迪拜海外仓享受本土化配送、售后等服务。迪拜海外仓在运营过程中,发现阿联酋制造业发展迅猛,但并没有能够对本地资源进行整合的工业品网站。于是创造性地提出"SINOPRO中东工业品平台"的概念,并建立 Sinopro.ae 网站,一方面可以帮助企业在"一带一路"沿线对接项目需求,解决采购难题;另一方面为阿联酋本地供应商提供展示渠道,促使其参与项目建设,有力地支持了当地制造业的发展。如今,中建材进出口旗下海外仓年均营业收入超 10 亿元,成为维系和稳固外贸产业链、供应链的核心枢纽,是培育和提高中国企业国际竞争力的重要手段。

2. 挑战分析:国别差异与合作需求

在建立中国—中亚电子商务合作对话机制的过程中,我们也必须考虑到国别差异和合作需求的挑战性。

(1)文化、法律、语言和市场环境等方面

中国和中亚国家之间存在不同的文化、法律、语言和市场环境等方面的差异。这些差异可能导致合作时的沟通和理解障碍,从而影响合作的效果。因此,在制定合作机制时,需要充分考虑并尊重中亚国家的文化和法律差异,提供灵活和多样化的合作方式和解决方案。

第一,文化差异是影响合作的重要因素之一。中国和中亚国家在文化上存在明显的区别,包括社会习俗、饮食文化等方面。在制定合作机制时,必须充分尊重和理解中亚国家的文化特点。同时,通过开展文化交流和人员互访活动,加强相互间的理解和友好关系,增进合作的效果。

第二,法律差异也是一个需要注意的问题。中亚国家的法律体系和商业规范与中国有所不同,各国之间的法律环境也存在差异。在制定合作机制时,必须确保对中亚国家的法律体系和商业规范有足够的了解,并确保合作项目符合相关法律法规。与中亚国家建立稳定的合作伙伴关系,并与当地政府和机构进行沟通和协商,可以帮助解决法律问题,推动合作的顺利进行。哈萨克斯坦涉及贸易领域的法律主要有《工商登记法》《劳动法典》《税收法典》《外汇调节法》《许可证法》《反倾销法》《知识产权法》《银行和银行业务法》《投资法》《企业经营法典》《海关事务法典》《金融租赁法》《居民就业法》《商标、服务标记及原产地名称法》《国家直接投资保护法》等;土库曼斯坦与贸易相关的主要法律有《对外经济活动法》《贸易法》《进出口商品海关征税规定》《能源产品外销交易程序》等;乌兹别克斯坦主要贸易法规有《对外经济活动法》《出口监督法》《保护措

施、反倾销及补偿关税法》及《关税税率法》等；塔吉克斯坦主要贸易法规有《外国投资法》《外经法》《租赁法》《税法》《保险法》《自由经济区法》《投资法》等；吉尔吉斯斯坦对外贸易活动的基本法律依据是《吉尔吉斯共和国对外贸易法》《吉尔吉斯共和国海关法》《吉尔吉斯共和国许可证法》等[39]。

第三，语言障碍也可能成为合作中的一大挑战。中亚国家通常使用俄语、哈萨克语、塔吉克语等语言，而中国则主要使用汉语。这种语言差异可能会导致沟通困难和理解误差。为了克服这一障碍，可以培养双语人才或雇佣翻译人员来促进双方之间的交流。同时，开发多语种的合作平台和工具也能够有效地帮助双方进行有效的沟通和合作。

第四，市场环境方面也存在一定挑战。中国作为全球最大的消费市场之一，拥有庞大的消费人群和强大的市场活力。需要结合双方具体情况，提供灵活和多样化的合作方式和解决方案。可以通过开展市场调研、了解当地消费者需求，以及提供适应性强的产品和服务，来促进中亚国家与中国市场的合作和发展。目前，哈萨克斯坦政府将中国、意大利、俄罗斯、荷兰、土耳其5国作为优先出口市场，采取多种激励措施，不断扩大出口潜力。目前，哈萨克斯坦共向全球123个国家和地区出口800多种产品[40]。土库曼斯坦积极推进加入世界贸易组织进程，提出多项加强区域经济和交通运输合作倡议，努力发挥连接欧亚大陆的交通运输枢纽作用，不断扩大多双边合作，提高市场辐射能力。土库曼斯坦高度重视参与里海事务，积极推动里海区域经济合作，与俄罗斯、格鲁吉亚、亚美尼亚等国签署了双边自由贸易协定。乌兹别克斯坦辐射市场主要为独联体国家，与所有独联体成员国签有双边自由贸易协议，相互免征进口关税，与土库曼斯坦按两国确定的商品清单执行免税政策。塔吉克斯坦可辐射市场包括中亚各国、其他独联体国家、伊朗、阿富汗、巴基斯坦等，传统出口产品有铝锭、棉花及干鲜水果，对中亚及独联体地区贸易格局辐射能力有限。吉尔吉斯斯坦是古丝绸之路的重要枢纽，是连接欧亚的重要通道，对乌兹别克斯坦、哈萨克斯坦、塔吉克斯坦等中亚邻国辐射作用明显，中国出口到吉尔吉斯斯坦的产品，约70%转口至中亚邻国。此外，由于吉尔吉斯斯坦是世贸组织成员国，同时又是欧亚经济联盟成员国，因此产品出口独联体、欧洲、西亚国家也有一定便利条件。

总之，在制定合作机制时，充分考虑并尊重中亚国家的文化和法律差异是至关重要的。有效地解决沟通和理解上的障碍，提供灵活和多样化的合作方式和解决方案，可以帮助双方建立良好的合作关系，推动合作取得更加丰硕的成果。

（2）电子商务发展需求

中国和中亚国家在电子商务发展的阶段和需求上也存在差异，在双方合作过程中，需要根据双方的实际需求，提供符合其发展水平和特点的合作机制和项目。

第一，从电子商务市场规模来看，中国已经建立起了庞大的电子商务市场，拥有众多的电商平台和在线零售商。商务部《2022年中国电子商务报告》统计数据显示，2022年，中国电子商务交易额达43.83万亿元，中国的电子商务市场规模连续多年位居全球第一。中亚国家的电子商务市场规模、电商平台、在线零售商数量有很大的提升空间和潜力，如哈萨克斯坦国内电子商务市场近年发展迅速，2010年哈萨克斯坦的国内市场电商交易规模仅为350亿坚戈，2019年已达到7020亿坚戈，随后线上交易和网络支付受欢迎，居民网购习惯进一步形成。2020年哈萨克斯坦电商规模扩大到9609亿坚戈，2021年更是达到10416.7亿坚戈[41]。

第二，从物流网络建设方面来看，中国的物流网络覆盖广泛，且物流效率相对较高。2021年中国社会物流总额超过330万亿元，较2012年翻了近一番，货运量、货物周转量、快递业务量等位居世界前列，物流业总收入将近12万亿元[42]，成为全球最大的物流市场。近年来，中亚国家逐渐重视物流平台的建设，哈萨克斯坦通过改善邮政服务，大幅提升物流速度；乌兹别克斯坦约有120家公司从事国际快递业务，其电子商务和服务业已取得很大进展；吉尔吉斯斯坦拟根据商品供应情况制订农产品储存和加工设施方案，并吸引投资者发展农产品贸易和物流中心系统[43]。

第三，从跨境电子商务经验方面来看，中国在跨境电子商务方面积累了丰富的经验，并形成了成熟的业务模式。中国海关数据显示，2022年跨境电商进出口（含B2B）2.11万亿元，同比增长9.8%。其中，出口1.55万亿元，同比增长11.7%，进口0.56万亿元，同比增长4.9%[44]。中国与中亚国家在跨境电商方面的合作潜力巨大，中国商务部数据显示，2022年，中国与中亚跨境电商贸易额同比增长95%，近300家中亚企业入驻中国电商平台。越来越多的中亚优质特色产品进入中国市场，同时，越来越多优质的中国商品进入中亚市场[45]。中国商务部鼓励中国企业在中亚建设海外仓，支持中亚国家企业入驻中国电商平台，推动中亚优质商品进入中国市场。

（3）产业结构的合作需求

中国的产业结构相当多样化，拥有先进的制造业和服务业。中国在制造业方面涵盖了从汽车、电子产品、纺织品到航空航天等各个领域；中国的服务业也在不断发展壮大，包括金融、电子商务、旅游和文化创意等领域。中亚国家优势主要以资源型经济为主，主要依靠石油、天然气和矿产资源等自然资源的开采和出口。哈萨克斯坦的重点产业为采矿业、加工工业、建筑业、农业及服务业；土库曼斯坦的重点产业为油气工业、纺织工业、电力工业及农业；乌兹别克斯坦的重点产业为汽车工业、采矿业、农业及养殖业；塔吉克斯坦的重点产业为铝业、煤炭工业、石油天然气业及农牧业；吉尔吉斯斯坦的重点产业为采矿业、加工业、电气业及农业。中国有中亚工业化、城镇化、数字化发展所需的工业产品，中亚国家有充满异域风情、很受中国消费者欢迎的特色农产品、手工业制品，双方贸易互补性很强。

3. 模式选择：适应性原则与创新要求

在确定中国—中亚电子商务合作对话机制的模式时，应遵循适应性原则和创新要求。

第一，合作模式应具有一定的灵活性和适应性，以应对不同国家之间的差异和变化。合作机制应能够根据实际情况进行调整和改进，提供多样化的合作方式和解决方案。同时，合作机制还应具备持续性和稳定性，确保长期合作的可行性和效果。

第二，合作模式需要具备创新性和前瞻性。随着科技的快速发展和市场的不断变化，合作机制也需要不断创新，以适应新的挑战和需求。合作模式应充分利用新技术、新业态和新模式，推动电子商务在中国和中亚国家之间的合作与交流。

总而言之，中国—中亚电子商务合作对话机制的模式研究应基于其他国际合作机制的经验总结，同时要考虑到国别差异和合作需求的挑战性。在模式选择上，应遵循适应性原则和创新要求，以确保合作机制的灵活性、持续性和前瞻性。

（三）中国—中亚电子商务合作对话机制的潜力挖掘

1. 战略意义：促进区域经济和互联网发展

中国—中亚电子商务合作对话机制具有重要的战略意义，有助于促进中亚地区的经济和互联网发展。中亚地区拥有丰富的资源和市场潜力，目前正处于数字化转型的关键阶段。在中国—中亚电子商务合作对话机制的框架下，双方可以共同研究数字化转型的路径和模式，探讨跨境电子商务的规则和标准，推动信息技术和网络基础设施的共建共享，加快中亚地区的数字经济发展。主要体现在以下几个方面：

第一，扩大市场和增加贸易。根据中国海关的数据，2022年中国跨境电商进出口规模首次突破2万亿元人民币，达到2.1万亿元人民币，比2021年增长7.1%[46]。与此同时，中亚地区的电商市场也在迅速增长，预计到2025年将达到650亿美元[47]。建立中国—中亚电子商务合作对话机制将促进双方进一步加强贸易联系，扩大市场规模，为中亚国家的出口和中国的进口提供更多机会，推动双边贸易增长。艾瑞咨询发布的《2023年中国跨境出口电商行业研究报告》显示，2022年我国跨境出口电商行业全年实现了9.4%的同比正向增长，规模达6.6万亿元，全球电商渗透率预计达到20.3%，零售额预计从2017年的2.4万亿美元提升至2022年的5.5万亿美元，全球电商市场环境稳步向好；亚太地区电商零售销售额预计增速将达12.5%，移动电商渗透率将在80%左右[48]，发展前景光明。

第二，促进数字经济发展。根据国际电信联盟（ITU）的数据，中亚地区的互联网普及率在过去十年中增长迅猛，中国是全球最大的互联网用户市场，互联网普及率达76.4%[49]。通过电子商务合作对话机制，中国可以分享数字经济的最佳实践和技术，加强与中亚国家互联网基础设施建设，提升数字化水平。根据世界银行的数据，数字经济的发展与经济增长密切相关，每1%的互联网普及率提高，国内生产总值（GDP）将增加1.38%[50]。

第三，推动物流和供应链合作。根据中国海关总署的数据，2022年中国与中亚地区贸易额达到128亿美元[51]。然而，物流和供应链的效率仍然是制约跨境贸易发展的主要挑战之一。通过电子商务合作对话机制，中国和中亚国家可以加强合作，推动物流和供应链网络的优化。有效的供应链管理可以降低商品的运输成本，提高交付速度，降低中亚地区的贸易成本，促进区域经济发展。

第四，增加双边就业机会和培育新兴产业。电子商务作为一种新型的商业模式和经济形式，具有巨大的发展潜力。中国可以与中亚国家互通相关的技术支持和培训，共建合作交流项目，互相推动和培育新兴产业体系结构。这将有助于中国与中亚国家一同创造更多的就业机会，推动经济结构的转型升级。

第五，增进中亚地区与中国的人文交流与合作。电子商务合作不仅仅是经济和贸易的合作，更是一种全方位的人文交流和合作机制。通过电子商务合作对话机制，中亚地区和中国可以在经济合作的基础上，加强文化、教育、旅游等领域的交流与合作。例如，通过电子商务平台的推广，可以让中亚地区的特色产品和文化走向世界，增强中亚国家在全球文化贸易中的话语权和影响力。同时，通过学术交流和人员往来，可以促进中亚地区和中国的相互了解和友谊，增进双方的互信和合作。

2. 市场前景：拓展跨境电子商务市场和增加贸易额

中国—中亚电子商务合作对话机制将有助于拓展中国与中亚五国的电子商务市场和增加贸易额。中亚地区拥有庞大的消费群体和丰富的资源，与中国贸易互补性很强。建立中国—中亚电子商务合作对话机制，有助于推进整个中亚地区电子商务市场和跨境电子商务市场的开拓和提升，同时也有利于提升中亚地区的贸易额。

第一，中国和中亚地区可以共同推动跨境电商的发展，建立起可靠的合作机制和运营模式。通过合作，双方可以共享市场信息和销售渠道，拓宽贸易网络，促进中亚地区优质产品进入中国市场。同时，双方还可以合作推动电子支付和数字贸易的发展，为企业提供更加便捷和安全的跨境交易方式。

第二，扩大中亚地区对中国产品的需求。中亚地区是中国的重要贸易伙伴之一，但对中国产品的需求还有较大的潜力可以挖掘。通过电子商务合作，可以将中国优质的产品和服务引入中亚市场，满足当地消费者的需求。同时，通过电子商务平台的跨境销售，可以降低贸易壁垒，拓宽贸易渠道，扩大中亚地区对中国产品的需求。这不仅有利于中国的出口，也对中亚地区的消费者和经济发展具有积极影响。

第三，促进中亚地区电子商务市场与中国市场的对接。中国作为全球最大的电子商务市场之一，拥有庞大的消费群体和先进的电子商务技术。通过合作与交流，中亚地区的企业可以借鉴中国的经验和技术，提升自身的电子商务能力，进一步拓展市场。

3. 创新合作：推动新技术和服务的共享

中国—中亚电子商务合作对话机制有助于推动新技术和服务的共享和创新合作。中国和中亚地区都是数字经济发展比较快的地区，双方可以在人工智能、5G、物联网、区块链等领域开展深入合作，共同推动新技术和服务的创新和落地。此外，双方还可以在电子商务领域开展跨境电商、电子支付和数字贸易等方面的合作，建立可靠的合作机制和运营模式，促进贸易和投资的互利共赢。

第一，在人工智能领域，中国积累了丰富的数据资源和技术专长。通过该机制的合作，双方可以共享数据，并通过合作研发和应用开发出更加智能化的解决方案，以提升各自国家的生产力和竞争力。例如，在医疗领域方面，双方可以合作开发智能诊断系统，提高医疗服务的准确性和效率。在智慧城市建设方面，双方可以共同探索智能交通管理和环境监测等的应用，促进城市可持续发展和居民生活质量的提升。

第二，5G技术的广泛应用将为中国和中亚地区带来巨大的发展机遇。5G技术将促进物联网的发展，连接人与物、物与物，为各行各业带来更高效的生产方式和更丰富的服务内容。中国和中亚地区可以共同推动5G基础设施建设，加快信息通信技术的普及和应用。同时，双方还可以合作探索5G技术在农业、制造业和教育等领域的创新应用，推动产业升级和经济转型。

第三，区块链是一种去中心化的分布式账本技术，具有透明、安全、不可篡改等特点，在金融、供应链管理和知识产权保护等领域具有广阔的应用前景。中国和中亚地区可以在区块链技术研究、标准制定和应用推广等方面进行深入合作，促进贸易和资金流动的安全和高效。例如，在跨境电商领域，双方可以借助区块链技术提升交易的透明度和信任度，降低交易成本和风险，促进中亚地区商品进入中国市场。

第四，促进人员交流和技术转让。建立中国—中亚电子商务合作对话机制将为中亚国家提供与中国企业、专家和学者交流合作的平台。通过人员交流和技术转让，中亚国家可以学习借鉴中国在电子商务、互联网技术和数字经济方面的成功经验，提升自身技术水平和创新能力。

总体而言，中国—中亚电子商务合作对话机制将为双方在新技术和服务领域的创新合作提供一个平台。通过合作共享资源、共同研发和应用新技术，中国和中亚地区可以实现互利共赢，推动数字经济的发展和提升国家竞争力。

4. 持续发力：助推跨境电商人才合作培养

人才是推动中国—中亚电子商务合作的核心资源，培养人才是保证合作机制的长期发展和成功的关键。通过培养人才，可以提升人才的专业素养和技能水平，进而提高合作机制的效率和质量，实现合作的最大化价值。同时，通过持续的人才培养，可以不断为合作机制注入新的动力和活力，保持合作的持久发展和竞争优势，实现可持续发展的目标。

中国与中亚国家可从全民数字基础能力的培养、跨境电商专业人才的培养两个方面，进一步推进双方的跨境电商数字人才培养合作。

第一，全民数字基础能力的培养重点在于提供计算机等数字培训设施和从中小学开始的学校基础教育，提高民众的数字应用能力。2019 年，中亚国家中数字化率最高的哈萨克斯坦接受数字扫盲培训的总人口为 53.2 万人，比计划人数多了 6 万多人[52]。中国可与中亚国家合作，参与到中亚国家的社区 IT 培训计划、数字扫盲培训班等多种合作项目当中，在不同层级的教育机构中开展数字教育和发展数字技能，为中亚各国信息技术行业大规模培养高级信息技术人才。助推全民数字基础能力提升，将会进一步推进中国与中亚国家的数字经济合作。

第二，采取多渠道多模式培养，提高从业人员的跨境电商数字专业能力。近年来，中亚国家已开始通过多种渠道与多国合作培养专业数字人才，如乌兹别克斯坦和阿联酋在 2019 年启动了一个含纳 100 万程序员的联合培训项目[53]。中国可与中亚国家联合培养跨境电商数字人才，以双方的大学和企业为媒介，通过政府间项目、校企联合项目、定向培养项目等多种方式协同育人、产教融合，在跨境电商新型学科建设、相关科研课题、实训基地建设等多领域开展全面合作，使课程设置与各国需求形成对接，推进双方电子商务产业发展与人才培养模式的有效衔接。同时，双方还可联合培养中亚国家区块链、人工智能、大数据、物联网、云计算等新一代信息技术复合型人才，推动形成院校、学生和企业的人才培养链、供给链，输送产业所需的数字化应用型人才，助力中国和中亚国家的数字化转型和经济发展。

（四）总结与建议

1. 机制建设：完善机构设置和工作机制

在推动中国—中亚电子商务合作对话机制的发展过程中，需要完善机构设置和工作机制。

第一，应该建立一个具有权威性和公信力的机构来主导合作对话机制的运行。这个机构可以由相关政府部门、学术界、企业界和国际组织组成的联合机构，并确保各方在机构内的参与和决策权。例如，高级别的领导小组，负责提供战略指导和决策；专家工作组，负责具体的政策研究、方案设计等；企业对接平台，为企业提供合作机会和信息服务。

第二，需要制定明确的工作机制，包括机构的运作规则、会议的频率和议程设置等。此外，还应建立一个信息共享平台，以加强合作伙伴之间的沟通和交流。例如，定期的高级别会议，对合作进行总体规划和指导；专家工作组的研究会议，对具体问题进行深入研究和探讨；企业对接活动，促进企业间的交流与合作。

2. 模式创新：探索定制化合作方案

为了提升中国—中亚电子商务合作的效果和挖掘电子商务发展潜力，应该探索定制化的合作方案。

第一，针对不同国家和地区的特点和需求，制定不同的合作重点和目标。例如，对于资源丰富的中亚国家，可以加强在物流、仓储和供应链等方面的合作，以提升贸易效率；对于技术相对发达的地区，可以加强在电子支付、数字化营销和跨境电商平台建设等方面的合作。

第二，探索建立双边或多边的电子商务合作试验区，以提供一个创新合作模式的实验场所。试验区可以通过设立优惠政策和提供专业支持，吸引企业来进行试点合作。通过不断尝试和总结经验，可以逐步完善合作模式，为双方合作提供可复制、可推广的经验。

3. 平台构建：建立稳定交流的多层机制合作平台

中国与中亚国家领导人的多双边会晤机制可以在顶层设计上发挥关键作用。上海合作组织成员国元首理事会、亚信峰会及领导人互访等成为推动中国与中亚国家数字合作的重要平台。例如，2019年哈萨克斯坦新任总统托卡耶夫在访华期间签署的《中华人民共和国和哈萨克斯坦共和国联合声明》指明两国要"加强跨境电商合作，建立电商合作机制，打造合作新业态和新模式，促进两国'数字经济'发展规划对接"[54]。

中国与中亚国家可建立多种区域和次区域合作机制、诸多专业领域的多边对话合作平台促进合作落到实处。近年来，中国倡导主办的世界互联网大会、数字中国建设峰会、中哈跨境电商合作论坛等专业平台影响越来越大，中亚国家参加的机构越来越多，成为中国与中亚国家数字经济高端对话、交流合作、成果展示的重要平台。

此外，"一带一路"高峰论坛也为双方合作提供了高规格平台。中国与中亚国家代表可在高峰论坛上共同规划合作重点，形成共同合作的多项多双边协议。比如，在首届"一带一路"高峰论坛，中哈签署支持中国电信企业参与"数字哈萨克斯坦2020"规划合作的框架协议，中哈产能合作基金投入实际运作[55]。

4. 合作前景：积极拓展合作领域和模式

中国—中亚电子商务合作有着广阔的前景，双方应积极拓展合作领域和模式。

第一，加强电子商务基础设施建设领域的合作。加强中亚各国和中国之间的数字基础设施建设，包括互联网接入、支付系统、物流网络等。确保稳定的互联网连接和高效的物流配送，为电子商务的发展提供有力支持。

第二，进一步加强经贸方面合作，促进商品的互通共享。可以通过降低关税、简化贸易手续等措施，提升贸易便利化程度。同时，应积极推进电子商务交流与合作，并加强在电子支付、物流、跨境电商平台建设等方面的合作。如建立跨境电子商务单一窗口，借鉴国际经验，建立中亚各国和中国之间的跨境电子商务单一窗口。该平台可以整合各国的电子商务相关信息，提供报关、支付、物流等一站式服务，简化和加速跨境电子商务的流程。

第三，可以拓展服务贸易合作，尤其是在教育、旅游、医疗和金融等领域。中亚国家拥有丰富的旅游资源和优质的医疗服务，中国企业可以积极参与并提供相关服务。

第四，加强在科技创新、人才培养和知识产权保护等方面的合作，共同推动数字经济发展。从人才培养和知识共享方面，加强中国和中亚国家之间的电子商务人才培养合作，开展培训和交流活动。共享电子商务领域的最佳实践和经验，提升从业人员的专业水平，推动电子商务的创新发展。从商务合作交流平台建设方面，建立中亚各国与中国企业之间的电子商务合作交流平台，促进商务合作和信息共享。通过这样的平台，中国和中亚企业可以建立商业联系，开展贸易合作，并分享市场趋势、消费习惯等信息。从跨境支付和金融支持方面，加强中亚各国与中国之间的跨境支付和金融支持合作，包括建立跨境支付机制，提供便捷的支付解决方案，以及加强金融合作，为电子商务企业提供资金支持和融资渠道。

总之，中国—中亚电子商务合作对话机制具有巨大的潜力和发展空间。通过完善机构设置和工作机制，探索定制化合作方案，以及积极拓展合作领域和模式，双方可以进一步加强合作，实现互利共赢。政府、企业和学术界应密切合作，共同推动合作对话机制的发展，并为合作提供支持和保障。未来中国—中亚电子商务合作一定能够取得更多的成果，为促进地区经济发展和民生福祉做出更大的贡献。

参考文献

［1］国务院国有资产监督管理委员会．中国电信与阿富汗电信启动"丝路光缆项目"［EB/OL］. http：//www. sasac. gov. cn/n2588025/n2588124/c8183197/content. html.

［2］人民网．推进经济发展实现共同繁荣——习近平主席访问哈萨克斯坦推动中哈务实合作［EB/OL］. http：//cpc. people. com. cn/n/2015/0514/c83083-26999118. html.

［3］中国一带一路网．中乌签署电子商务合作谅解备忘录［EB/OL］. https：//www. yidaiyilu. gov. cn/p/108409. html.

［4］新华丝路．哈铁公司将与中方合作开展跨境电商业务［EB/OL］. https：//www. imsilkroad. com/news/p/112489. html.

［5］中国网财经．哈萨克斯坦主权基金同阿里巴巴签署战略合作备忘录［EB/OL］. http：//finance. china. com. cn/roll/20160527/3742739. shtml.

［6］凤凰科技网．哈萨克斯坦总统对话马云：阿里用了17年来到这里需联手［EB/OL］. http：//people. techweb. com. cn/2016-05-27/2339227. shtml.

［7］王萌，卢泽华．数字经济规模位居全球第二中国迈向数字大国［N］. 人民日报海外版，2018-04-27（10）.

［8］中华人民共和国国家发展和改革委员会．中华人民共和国政府和哈萨克斯坦共和国政府关于"丝绸之路经济带"建设与"光明之路"新经济政策对接合作规划［EB/OL］. https：//www. ndrc. gov. cn/fzggw/jgsj/kfs/sjdt/201610/t20161013_108613 0_ext. html.

［9］［10］［12］［17］［43］王海燕．中国与中亚国家共建数字丝绸之路：基础、挑战与路径［J］. 国际问题研究. 2020（2）：107-133+136.

［11］韩博，金文恺．加强跨国合作实现全球数字经济治理［N］. 经济参考报，2019-07-31.

［13］王俊，彭子洋．如何实现数据治理合作交流？国家网信办副主任提4点建议［EB/OL］．http：//www. bjnews. com. cn/feature/2019/10/20/639114. html.

［14］网经社．http：//www. 100ec. cn/User/globalData. html.

［15］网经社．http：//www. 100ec. cn/User/industryData. html?name＝kjds.

［16］Объем онлайн-покупок в Казахстане достигнет 500 млрд тенге. 15 июля 2019［EB/OL］. https：//profit. kz/news/53489/Obem－onlajn－pokupok－v－Kazah-stane－dostignet－500－mlrd-tenge/.

［18］Аскар Мамин встретился с Генсеком Всемирной таможенной организации. 5 марта 2019，https：//www. zakon. kz/4960555－premer－ministr－rk－provel－vstre-chu－s. html.

［19］中华人民共和国商务部．中国和哈萨克斯坦签署《中华人民共和国商务部和哈萨克斯坦共和国国民经济部关于电子商务合作的谅解备忘录》．

［20］光明网．中乌跨境电商前景广阔［EB/OL］．https：//m. gmw. cn/baijia/2020－11/02/1301749509. html.

［21］中华人民共和国外交部．中国同中亚五国领导人关于建交30周年的联合声明（全文）．

［22］新华社．中国—中亚峰会成果清单（全文）［EB/OL］．http：//www. news. cn/2023－05/19/c_1129629737. htm.

［23］［24］何诗霏．分享经验中国牵手中亚打造数字丝绸之路［N］．国际商报，2021－09－24.

［25］中国商务新闻网．第三届"双品网购节"在京启动［EB/OL］．https：//baijiahao. baidu. com/s?id＝1698341288485269571&wfr＝spider&for＝pc.

［26］APEC电子商务工商联盟．"丝路电商"云上大讲堂-中亚五国专场成功举办［EB/OL］．http：//www. apec-ecba. org/article/xwzt/xw/202209/319. html.

［27］中华人民共和国外交部．http：//bbs. fmprc. gov. cn/gjhdq_676201/gjhdqz z_681964/1206_679930/1206x0_679932/.

［28］中国服务贸易指南网．欧盟着力促进电子商务发展［EB/OL］．http：//tradeinservices. mofcom. gov. cn/article/news/gjxw/202302/145192. html.

［29］中华人民共和国外交部．http：//bbs. fmprc. gov. cn/gjhdq_676201/gjhd qzz_681964/lhg_682278/jbqk_682280/.

［30］中华人民共和国商务部．http：//fta. mofcom. gov. cn/rcep/rcep_new. sht-ml.

［31］搜狐网．《区域全面经济伙伴关系协定》（RCEP）成为跨境电商发展的助推器［EB/OL］．https：//business. sohu. com/a/513607119_120732964.

［32］澎湃新闻. RCEP 生效后，区域内九成以上货物贸易将最终实现零关税［EB/OL］. https：//baijiahao. baidu. com/s? id = 1725632414482178924&wfr = spider&for＝pc.

［33］中国政府网. 有关部门介绍解读《共建"一带一路"：构建人类命运共同体的重大实践》白皮书——"一带一路"，从愿景到现实［EB/OL］. https：//www. gov. cn/zhengce/202310/content_6908314. htm.

［34］陈瑜. 上海"丝路电商"如何打造国际经贸强引擎［N］. 文汇报. 2023-06-18.

［35］中国政府网. 新华时评：这个十月，中国连续释放高水平开放信号［EB/OL］. https：//www. gov. cn/yaowen/liebiao/202310/content_6912977. htm.

［36］中华人民共和国商务部. http：//dzsws. mofcom. gov. cn/article/af/2023 10/20231003448385. shtml.

［37］中华人民共和国商务部. 中国电子商务报告 2022［EB/OL］. http：//images. mofcom. gov. cn/dzsws/202306/20230609104929992. pdf.

［38］中国一带一路网. 两千海外仓辐射全世界［EB/OL］. https：//www. yidaiyilu. gov. cn/p/216010. html.

［39］商务部. 哈萨克斯坦对外投资合作国别（地区）指南、土库曼斯坦对外投资合作国别（地区）指南、乌兹别克斯坦对外投资合作国别（地区）指南、塔吉克斯坦对外投资合作国别（地区）指南、吉尔吉斯斯坦对外投资合作国别（地区）指南［R］. 2020.

［40］商务部国际贸易经济合作研究院. 对外投资合作国别（地区）指南哈萨克斯坦（2022 版）［EB/OL］. http：//www. mofcom. gov. cn/dl/gbdqzn/upload/hasakesitan. pdf.

［41］商务部. 哈萨克斯坦电子商务市场发展迅猛［EB/OL］. http：//kz. mofcom. gov. cn/article/jmxw/202006/20200602976121. shtml.

［42］中研网. 2021 年物流业收入近 12 万亿元中国物流业的积极态势［EB/OL］. https：//www. chinairn. com/hyzx/20221229/164648525. shtml.

［44］中国经济时报. 要加快跨境电商潜力和优势完全释放［EB/OL］. https：//baijiahao. baidu. com/s?id=1765980549391156249&wfr=spider&for＝pc.

［45］央视网. 中国与中亚贸易提质升级　跨境电商贸易额同比增长 95%［EB/OL］. https：//news. cctv. com/2023/05/18/ARTIgpFaN7zTYkdlU8r3130f230518. shtml.

［46］中华人民共和国中央人民政府. 中国跨境电商年进出口规模首次突破 2 万亿元［EB/OL］. https：//www. gov. cn/lianbo/bumen/202306/content_6887007. htm.

［47］UN Comtrade. https：//comtradeplus. un. org/.

［48］艾瑞咨询.2023 年中国跨境出口电商行业研究报告［EB/OL］.https：//report. iresearch. cn/report/202309/4234. shtml.

［49］中华人民共和国中央人民政府.我国互联网普及率达 76.4%［EB/OL］.https：//www. gov. cn/yaowen/liebiao/202308/content_ 6900600. htm.

［50］世界银行.https：//www. shihang. org/zh/home.

［51］中华人民共和国海关总署.http：//www. customs. gov. cn/.

［52］В 2019 году в рамках реализации госпрограммы "Цифровой Казахстан" создано 8 тыс. рабочих мест. 15 января 2020，https：//primeminister. kz/ru/news/reviews/v-2019-godu-v ramkah-realizacii-gosprogrammy-cifrovoy-kazahstan-sozdano-8-tys-rabochih-mest.

［53］中华人民共和国商务部.http：//uz. mofcom. gov. cn/article/jmxw/202302/20230203392501. shtml.

［54］张大卫，苗晋琦，喻新安.中国跨境电商发展报告：聚焦跨境电商产业长期价值［M］.北京：社会科学文献出版社，2023：91-93.

［55］一带一路数据网.https：//www. ydylcn. com/ydylgjhzgflt/dyj/339496. shtml.

五、加快中国—中亚基础设施建设合作研究

本章使用定性和定量相结合的研究方法，旨在对加快中国—中亚在基础设施建设领域的合作机制和路径提供经验支持和政策建议。具体来说，本章的三个主要研究内容和步骤为：首先，梳理中国—中亚在公路、铁路、航空等交通走廊互联互通建设、中国—中亚向南亚—中东—欧洲拓展的多式联运设施建设、"中国西部—欧洲西部"公路常态化运营建设，以及中国—中亚数字基础设施建设和绿色基础设施建设等领域取得的成果及建设愿景。其次，对中国—中亚已取得的多种形式的基础设施合作项目成果进行量化，利用熵值法构建中国—中亚基础设施建设规模总指数，使用随机前沿模型 SFA 对中国—中亚基础设施建设效率指数进行测算，并对中国—中亚基础设施建设规模和效率的影响因素进行系统研究。最后，在项目成果描述性统计和计量实证分析的基础上，归纳并预测中国—中亚基础设施建设合作潜力和远景目标，结合经验研究结论提出加快中国—中亚基础设施建设合作的可行性政策建议和措施。

（一）中国—中亚基础设施建设合作现状

1. 交通走廊互联互通基础设施建设

本节主要梳理中国和中亚五国在公路、铁路、航空三大领域推进的交通走廊建设合作现状及其所取得的成果。

中亚是中国重要的睦邻，且均为内陆国家，没有出海口。根据中国商务部发布的 2022 年版《对外投资合作国别（地区）指南》可知，哈萨克斯坦交通运输方式以公路为主，目前公路总里程为 9.8 万公里，铁路运输占第二位，铁路干线总里程 2.1 万公里，空运方面哈萨克斯坦现有大型机场 21 个，空运作用显著。吉尔吉斯斯坦公路运输是其最重要的运输方式，公路总里程约 3.4 万公里，铁路总长 423.9 公里，约占本国货运总量的 90% 以上和客运总量的 99% 以上，其他运输方式发展相对缓慢。塔吉克斯坦地形地貌复杂，93% 的国土为山地，修建道路困难，交通运输方式以公路为主。塔吉克斯坦现有公路总长为 1.43 万公里，铁路总长为 950.7 公里，其中使用长度仅为 616.7 公里，有 114 公里在超期服役。土库

曼斯坦公路总长约 1.4 万公里，其中约 2/3 为最近十几年新建，没有高速公路。铁路总长 5198 公里，但尚无电气化铁路，且大部分铁路线严重老化，政府已经决定对所有老化和低速铁路线路进行提速改造，并酝酿引进国外高速列车。乌兹别克斯坦现有公路 18.4 万公里，目前尚无高速公路。铁路四通八达，总长约 7000 公里，其中正常运行路段约 4735.1 公里，且大力鼓励电气化铁路发展，经过两年的发展，目前有电气化铁路 1830.3 公里。

（1）中国与中亚国家在公路交通走廊建设中的合作取得了明显成效

公路交通运输是中国与中亚国家交通运输合作中起步最早，也是成果最显著的领域。公路运输，相较于铁路、航空、海上运输具有更长的发展历史，同时也更加机动灵活，具有较强的适应性。

公路是哈萨克斯坦最主要的交通运输方式，其公路网规模在独联体地区居第二位，仅次于俄罗斯。目前公路总里程为 98032 公里。其中，区县级公路 3.91 万公里，州级公路 3.29 万公里，国际及国家级公路 2.6 万公里。哈萨克斯坦境内有 6 条国际公路，总长 8258 公里，承担着欧亚大陆之间过境货物运输的重要任务，具有极其重要的意义。哈萨克斯坦境内最具代表性的公路为"双西公路"，这条公路东起中国东部海滨城市连云港，西至俄罗斯第二大城市圣彼得堡，经霍尔果斯口岸进入哈萨克斯坦，从北部边境出境进入俄罗斯，经奥伦堡、喀山、莫斯科抵达圣彼得堡，与欧洲公路网相连，全长 8445 公里。哈萨克斯坦境内线路全长 2787 公里，共穿越 5 个州，沿线总人口 460 万人。经过 30 多年的友好合作，中国与哈萨克斯坦在公路建设方面取得了诸多成果。哈萨克斯坦首都阿斯塔纳西南环城公路项目总里程 34.4 公里，于 2019 年年底正式通车运行，是哈萨克斯坦国家道路交通网重要工程。该项目采用中国进出口银行优惠买方信贷作为资金来源，由中国新兴建设为总承包单位、当地企业哈德建设作为联合体成员方共同施工；"塔尔迪库尔干—卡尔巴套—乌斯季卡缅诺戈尔斯克国家级公路改建项目 KM287—325 标段"（也称"TKU 公路项目"）全长 150 多公里，造价 12 亿元人民币，由中建新疆建工（集团）有限公司建设。作为连接欧洲与中国及其他亚洲国家的国际过境运输走廊，该项目是中国共建"一带一路"倡议和哈萨克斯坦"光明之路"新经济政策对接的重要部分，为中哈及周边国家互联互通提供了重要通道；哈萨克斯坦与中国新兴建设于 2019 年开始合作建设两条哈萨克斯坦国家级公路项目：梅尔克—布鲁拜塔尔段国家级公路项目，全长 266 公里，合同金额 2.98 亿美元，该段公路是实现哈萨克斯坦东部南北连接，与吉尔吉斯斯坦、乌兹别克斯坦形成三国互通的重要通道；卡尔巴套—麦卡普沙盖段国家级公路项目，全长 415.2 公里，合同金额 5.11 亿美元，项目所在区域东哈萨克斯坦州是连接哈萨克斯坦东部与中国新疆的重要通道，对加强"一带一路"与哈萨克斯坦"光明之路"成功对接、完善哈萨克斯坦东部道路功能网、发展沿线区域经济以及公路交通运输具有重要意义。

乌兹别克斯坦现有公路 18.4 万公里，其中城市间公路 4.27 万公里，乡村公路 6.73 万公里，市内公路约 6.17 万公里，其他公路 1.23 万公里，无高速公路。乌干线公路连通各州并与哈萨克斯坦、塔吉克斯坦、吉尔吉斯斯坦、土库曼斯坦、阿富汗等邻国公路网相连，总体路况一般，少部分路段亟待改造。在与中国开展的公路合作项目中，中吉乌公路最具代表性。中吉乌公路，东起中国新疆伊尔克什坦口岸，穿过吉尔吉斯斯坦南部主要城市奥什，最终到达乌兹别克斯坦首都塔什干，全长 959 公里，于 2018 年正式通车运营。这条公路是中国—中亚—西亚国际经济走廊的重要组成部分，为建设横贯欧亚，可抵达高加索、伊朗、阿富汗等地的货运道路打下了基础。此外，中国与乌兹别克斯坦还开展其他公路合作项目。例如，乌兹别克斯坦布哈拉市公路改扩建项目的三个标段，全长 78 公里，将由中国路桥公司承建，亚洲基础设施投资银行投资 1.65 亿美元建设实施。该项目建成后将成为乌兹别克斯坦境内东西走廊最主要的干线公路；卡拉卡尔帕克斯坦道路 Package 2 项目总长 120 公里，由中国路桥公司于 2021 年开始建设。该项目是乌兹别克斯坦境内 A380 国际干线的一段，直通哈萨克斯坦境内里海的阿克套港口，对于推动中亚区域经济合作发展有着极其重要的意义。

吉尔吉斯斯坦是内陆国家，公路运输是其最重要的运输方式。公路总里程约 3.4 万公里，其中各地州的公路总长 1.88 万公里，其余 1.52 万公里为城镇、乡村及各类企业用路。境内无专门的高速公路。吉尔吉斯斯坦境内共有 8 条主要公路交通干线，总长 2242 公里，包括比什凯克—奥什公路（672 公里）、比什凯克—纳伦—吐尔尕特公路（539 公里）、奥什—伊尔克什坦公路（258 公里）、奥什—伊斯法纳公路（385 公里）、萨雷塔什—卡拉梅克公路（142 公里）、比什凯克（卡拉巴尔塔）—恰尔多瓦尔公路（31 公里）、塔拉兹—塔拉斯—苏萨梅尔公路（199 公里）和比什凯克—格奥尔吉耶夫卡公路（16 公里）。吉尔吉斯斯坦公路可通往中国、哈萨克斯坦、乌兹别克斯坦、塔吉克斯坦等邻国。据吉尔吉斯斯坦国家统计委员会统计，2021 年，吉尔吉斯斯坦公路货物运输量 2615.86 万吨，占全国货运总量的 90% 以上，同比增长 16.8%；公路客运量达 4.4 亿人次。吉尔吉斯斯坦积极与中国开展公路合作项目。中吉乌公路，东起中国新疆伊尔克什坦口岸，穿过吉尔吉斯斯坦南部主要城市奥什，最终到达乌兹别克斯坦首都塔什干，全长 959 公里，于 2018 年正式通车运营。新北南公路全长 433 公里，项目分三期进行，其中一期、二期工程由中国路桥公司承建，已于 2021 年竣工。目前，三期工程正在建设中。项目建成后，它将成为连接吉尔吉斯斯坦南北的交通大动脉，乃至中亚地区重要的国际交通要道。吉尔吉斯斯坦境内的主要交通干线之一"BK（比什凯克—奥什）公路项目"，全长 672 公里，该项目造价 17.5 亿元人民币，由我国中铁五局承建，已于 2021 年建成通车。

塔吉克斯坦国土面积的 93% 为山地，地形地貌复杂，筑路困难，交通条件较差。交通主要以公路为主。塔吉克斯坦现有 4 条公路干线，其中 2 条公路是与中国合作建设完成。塔中（中国）公路，西起杜尚别，经丹加拉、库利亚布、巴达赫尚州首府霍罗格，东到中塔边境阔勒买口岸，全长 1009 公里。塔阿（阿富汗）公路，北起杜尚别，南至边境城市下喷赤，全长 185 公里。其中，杜尚别至南部哈特隆州首府波赫塔尔段由亚行、欧佩克基金会贷款，意大利企业承建完工。塔吉（吉尔吉斯斯坦）公路，由杜尚别开始到东北边境城市卡拉梅克，全长 368 公里，该线路过境后直达吉尔吉斯斯坦南部城市奥什，与中吉乌公路对接。塔吉公路一期项目全长 74 公里，由中国水利水电集团公司于 2008 年 6 月完成建设；塔吉公路二期项目全长 72.9 公里，由中国水利水电集团公司承建，2009 年底完工；塔吉公路三期项目全长 120 公里，由中铁工程公司和中国路桥公司分段承建，现已交付使用。塔乌（乌兹别克斯坦）公路，北段南起杜尚别，北至恰纳克，全长 368 公里，除安佐布隧道外，其余部分包括沙赫利斯坦隧道，由中国路桥公司承建，已于 2012 年正式交付塔方使用；西段东起杜尚别，西至边境城市图尔松扎德，全长 64 公里，由中国路桥公司承建，已于 2014 年 11 月完工。此外，连接塔吉克斯坦南北的重要隧道之一哈特隆隧道由中国路桥公司承建，全长 4.43 公里，耗资 7000 万美元，已于 2013 年建设完成；援塔吉克斯坦沙尔—沙尔隧道，全长 2235 米，耗资 2.63 亿元人民币，于 2006 年 10 月开工，2009 年 8 月竣工；艾尼—彭基肯特公路全长 112.6 公里，由亚行投资 1.15 亿美元，新疆北新路桥公司负责承建，于 2012 年 10 月开工，2015 年 10 月竣工。

表 5-1　中国与中亚国家在公路建设上的合作项目　　单位：公里

国家	合作项目	竣工时间	合作企业	里程
哈萨克斯坦	西南环城公路	2019 年	中国新兴建设	34.40
	TKU 公路	建设中	中建新疆建工集团	150.00
	梅尔克—布鲁拜塔尔段公路	建设中	中国新兴建设	266.00
	卡尔巴套—麦卡普沙盖公路	建设中	中国新兴建设	415.20
乌兹别克斯坦	中吉乌公路	2018 年	中国路桥公司	959.00
	布哈拉公路改扩建项目	建设中	中国路桥公司	78.00
	卡拉卡尔帕克斯坦道路 Package 2 项目	2021 年	中国路桥公司	120.00
吉尔吉斯斯坦	新北南公路（一期、二期）	2021 年	中国路桥公司	433.00
	BK 公路项目	2021 年	中铁五局	672.00
	中吉乌公路	2018 年	中国路桥公司	959.00

续表

国家	合作项目	竣工时间	合作企业	里程
塔吉克斯坦	艾尼—彭基肯特公路	2015 年	新疆北新路桥公司	112.60
	塔乌公路	2014 年	中国路桥公司	432.00
	哈特隆隧道	2013 年	中国路桥公司	4.43
	沙尔—沙尔隧道	2009 年	中国路桥公司	2.23

资料来源：中国一带一路网（https://eng.yidaiyilu.gov.cn/）及相关网页手动搜索。

土库曼斯坦公路总长逾 1.4 万公里，约 2/3 为最近十几年新建。其中，国道长 6540 公里，国际公路长 2280 公里。全长 546 公里的阿什哈巴德—卡拉库姆—达绍古兹一级公路和全长 1400 公里的土库曼巴什—法拉普一级公路分别为该国的南北交通动脉和东西交通动脉。土库曼斯坦公路网可覆盖全国所有城市和主要乡镇。据土库曼斯坦官方统计，2020 年土库曼斯坦公路货运量约 4.57 亿吨，占全国总货运量的 86.5%；客运量为 10.5 亿人次，占客运总量的 99.6%。土库曼斯坦与邻国哈萨克斯坦、乌兹别克斯坦、阿富汗和伊朗的边界均有公路过境点，除短暂冰雪天气外，车辆可全年通行。2017 年 3 月 7 日，土库曼斯坦与乌兹别克斯坦之间横跨阿姆河的土库曼纳巴特—法拉普铁路—公路大桥正式开通。同年，土库曼斯坦与伊朗之间跨捷詹河公路桥实现通车，车辆日通行能力约 2000 辆，连接该桥全长 105 公里的捷詹—萨拉赫斯公路也进行了全面修复。

（2）中国与中亚国家在铁路交通走廊建设中的合作逐步提升并具有巨大投资潜力

中亚位于亚欧大陆的中心和结合部。中亚国家独特的地理位置和自然条件决定了在现有科技条件下铁路运输仍是其最便捷、最经济、最基本的运输方式。同时，铁路也是新基建中能够明确将中国和中亚五国联系在一起的关键要素，并能影响中国与中亚五国在区域治理以及协同发展等多方面的合作。

哈萨克斯坦作为世界上面积最大的内陆国家，铁路交通在全国交通运输中扮演着重要角色。截至 2021 年底，哈国内铁路总里程约 2.1 万公里，运营总里程 1.51 万公里。其中，单线铁路约 9800 公里，复线铁路 4900 公里，电气化线路 4200 公里。哈萨克斯坦同中国、俄罗斯、乌兹别克斯坦、吉尔吉斯斯坦、土库曼斯坦等邻国共有铁路口岸 31 个。目前，哈萨克斯坦仅在阿拉木图市建有地铁，于 2011 年 12 月开通，全长 8.56 公里。中哈交通运输领域合作潜力巨大。据哈萨克斯坦官方统计，2022 年，中哈两国铁路货运量达 2300 万吨，同比增长 14%，创历史新高。经由哈萨克斯坦的中欧班列数达到 13279 列，同比增长 8.76%，占 2022 年中欧班列总数的 83%。

哈萨克斯坦作为我国"一带一路"倡议的战略支点，当前中哈有两条跨境铁路线分别为阿拉山口—多斯特克铁路和霍尔果斯—阿腾科里铁路。目前，中哈已签署关于第三条跨境铁路前期研究的谅解备忘录，开始规划新建第三条中哈跨境铁路为巴克图口岸（中方）—巴赫季口岸（哈方）铁路。该项目作为连接欧洲与中国及其他亚洲国家的国际过境运输走廊，将助推中哈及周边国家互联互通，促进哈萨克斯坦经济发展。中国还与哈萨克斯坦合作了阿斯塔纳轻轨项目。该项目是由中国企业采用全套中国标准和中国装备建造的哈萨克斯坦首条城市轻轨线路，也是由中国企业在海外设计、承建的首条无人驾驶轻轨线路。一期工程全长 22.4 公里，预计投资 18 亿美元，由中铁二局、中铁亚欧等联合体承建。

乌兹别克斯坦铁路总长约 7000 公里，其中正常运行路段约 4735.1 公里，电气化铁路 1830.3 公里。塔什干至撒马尔罕建有高速铁路，里程 344 公里，运行时长 2 小时 15 分钟，最高时速 250 公里。乌兹别克斯坦积极参与和支持国际运输通道的建立，已建有连接哈萨克斯坦、吉尔吉斯斯坦和土库曼斯坦的跨境铁路。2021 年，乌兹别克斯坦铁路货运量约 9885 万吨，同比增长 2.9%，客运量 7968 万人次，同比增长 26.9%。乌兹别克斯坦首都塔什干建有地铁，总计 3 条线，分别建成于 1977 年、1984 年和 2001 年，总里程 36.2 公里，总计 40 站。目前乌兹别克斯坦政府正修建塔什干环城地铁，相关工程已在实施中。

中乌在铁路项目合作上取得了诸多成果。中吉乌铁路作为中国与中亚互联互通合作领域的重点项目，总长约 523 公里，根据规划，中吉乌铁路从中国新疆喀什向西出境，经吉尔吉斯斯坦，到达乌兹别克斯坦安集延。此铁路的建设对于缩短中欧货运路程、节省时间具有重大意义。卡姆奇克铁路隧道是乌兹别克斯坦有史以来第一条铁路隧道，也是目前中亚最长的铁路隧道，全长 19.2 公里，总投资 4.5 亿美元，是连接乌兹别克斯坦东西部交通关键工程"安格连—帕普"铁路的"咽喉要道"。这一由中国铁路隧道集团公司承建的项目于 2013 年开工，2016 年 6 月正式通车。

吉尔吉斯斯坦境内铁路交通不发达，铁路总长度 423.9 公里，铁路网包括互不相连的南北两部分。目前北部铁路长 322.7 公里，东起伊塞克湖西岸的巴雷克奇，向西经吉—哈边境与哈萨克斯坦铁路网相连，并可直达俄罗斯；南部铁路长 101.2 公里，自奥什至贾拉拉巴德。吉境内无高铁。2020 年，吉尔吉斯斯坦铁路运输量 201.6 万吨，同比下降 10.1%；客运量为 7.2 万人次，同比下降 80%。

中国与吉尔吉斯斯坦之间最具代表性的铁路合作项目要属中吉乌铁路。中吉乌铁路起于中国新疆的喀什，经过吉尔吉斯斯坦，最终抵达乌兹别克斯坦的安集延，总长 523 公里。吉尔吉斯斯坦境内段占据了最大比例，也面临着最大的施工难度。中吉乌铁路的建设对亚欧大陆桥具有极其重要的意义。这条铁路的建成将缩短中国与土耳其之间的运输距离，减少运输时间，成为"中国—中亚—西亚—

欧洲"的最短路径。同时，中吉乌铁路将连接中东和波斯湾地区，成为中国进入中亚、中东、里海和波斯湾丰富资源区的重要通道。

塔吉克斯坦约93%的国土为山区，国内运输主要依靠公路。塔吉克斯坦的铁路系统主要承担旅客和货物进出境运输，有北、中、南三条互不相连的铁路线，通过邻国乌兹别克斯坦与独联体及周边国家相连。塔吉克斯坦铁路总长950.7公里，使用长度616.7公里，其中114公里已超期服役。铁路是塔吉克斯坦外贸货物运输的重要手段，但在通行和过境费用等诸多方面受他国制约。2021年，塔吉克斯坦铁路货运量568.11万吨，同比减少9.9%。铁路的客运量44.38万人次，同比减少0.2%。过去十年，在中国政府的大力支持和塔吉克斯坦努力下，在铁路合作项目上迈出了重要一步。

在中国和塔吉克斯坦铁路合作项目上，中国铁建十九局集团承建的"瓦赫达特—亚湾"铁路是中国铁建在塔吉克斯坦的第一个工程项目，也是中国铁路施工企业在中亚建成的首条铁路。项目全长48.65公里，总投资7200万美元，采用EPC模式。该工程于2015年5月15日开工，仅用15个月就实现了竣工通车。这是丝绸之路经济带框架下首个开工并建成的铁路，具有标志性意义。

土库曼斯坦独立后，境内铁路长度增加了1659公里，目前总长度为5198公里，共有742座铁路桥。土库曼斯坦境内现已基本形成东西贯通、南北相连的铁路布局，路网呈不规则的"大"字形分布，但尚无电气化铁路。土库曼斯坦与周边邻国乌兹别克斯坦、阿富汗、伊朗和哈萨克斯坦之间均有铁路对接站点。主要铁路有东西铁路干线：土库曼巴什—阿什哈巴德—马雷—土库曼纳巴特—法拉普，全长约1170公里。还有马雷—谢尔赫达巴特铁路，约320公里；土库曼纳巴特—加扎恰克铁路，约320公里；塔利马尔詹—科尔吉奇—基里夫铁路，约180公里；捷詹（土库曼境内）—谢拉赫斯（土伊边境）—马什哈德（伊朗）铁路，全长132公里；土库曼纳巴特—阿塔穆拉特铁路，全长203公里。"北—南铁路"北接哈萨克斯坦，南出伊朗至波斯湾，在土库曼斯坦境内全长697.5公里，已于2014年12月3日顺利开通。2019年7月，土库曼斯坦—阿富汗—塔吉克斯坦铁路阿富汗境内阿基纳—安德霍伊段开工建设，该铁路项目由土库曼斯坦倡议实施，也被称作亚洲铁路走廊，全长逾400公里，三国元首于2013年3月签署实施该项目备忘录。2016年，该铁路第一段克尔基（土库曼斯坦）—伊曼纳扎尔（土库曼斯坦）—阿基纳（阿富汗）建成通车。根据《2019—2025年土库曼斯坦社会经济发展计划》，土库曼斯坦将对土库曼纳巴特—土库曼巴什段铁路进行电气化改造。土库曼斯坦高度重视中国—哈萨克斯坦—土库曼斯坦—伊朗国际集装箱班列建设，希望借此提升"丝绸之路枢纽"地位和竞争力。

表 5-2　途经中亚国家的铁路路线　　　　　　　　　单位：公里

国家	合作项目	通车时间	里程
哈萨克斯坦	新亚欧大陆桥	1990 年	10900.00
	霍尔果斯—阿腾科里铁路	2012 年	13.20
	克拉玛依—巴克图—阿亚古兹铁路	规划中	610.00
	阿斯塔纳轻轨	建设中	22.40
乌兹别克斯坦	中吉乌铁路	规划中	523.00
	卡姆奇克铁路隧道	2016 年	19.20
	安格连—帕普铁路	2016 年	169.00
吉尔吉斯斯坦	中吉乌铁路	规划中	523.00
塔吉克斯坦	瓦赫达特—亚湾铁路	2015 年	48.65

资料来源：中国—带—路网（https://eng.yidaiyilu.gov.cn/）及相关网页手动搜索。

（3）中国与中亚国家在航空交通走廊建设中的合作稳步推进

中亚五国市场投入力度明显不如其他亚洲地区，导致中国与中亚地区航空市场规模不大，中亚地区的入境客流偏少，这些现状都亟待改善。随着共建"一带一路"合作不断深入，中亚五国近年来不断扩大对外开放。目前我国与中亚五国均已签订政府间航空运输协定，将逐步提升航权开放水平，恢复中国至中亚五国航线航班，积极开展同中亚的经贸和旅游合作，推动"空中丝绸之路"提质扩能，引领开放共赢新格局。

哈萨克斯坦国土辽阔，航空运输在哈萨克斯坦占有重要地位。现有大型机场21 个，其中 12 个提供国际空运服务。全国最主要的机场是阿拉木图机场和纳扎尔巴耶夫机场。目前境内共有 30 余家航空公司。2021 年，哈萨克斯坦民航领域主要指标增长稳健。据哈萨克斯坦国家统计局发布数据，航空公司累计运载旅客 5754万人次，同比增长 69.13%；货运周转量达 4.79 亿吨公里。2023 年 5 月 17 日在中国西安签署的《哈萨克斯坦共和国与中华人民共和国政府关于互免签证的协定》将于 2023 年 11 月 10 日生效；2023 年 10 月 18 日，在第三届"一带一路"国际合作高峰论坛互联互通高级别论坛召开前期，中国民用航空局局长宋志勇与哈萨克斯坦共和国交通运输部部长卡拉巴耶夫签署了《中国民用航空局和哈萨克斯坦共和国交通运输部关于共建"空中丝绸之路"的谅解备忘录》。谅解备忘录的成功签署是落实《中国—中亚峰会西安宣言》的具体举措，标志着中哈就进一步深化共建"空中丝绸之路"达成了广泛共识，双方将共同推进航空运输政策协同、航空运输开放发展、民航基础设施领域合作和民航安全、绿色、智慧等技术领域合作，以便利人员往来和货物运输，促进人文、经贸和社会领域合作，为共建"一带一路"贡献民航力量。

中国与哈萨克斯坦现已开通的航线有：阿斯塔纳航空北京—阿拉木图（每周6班）、中国南方航空西安—阿拉木图（每周1班）、中国南方航空乌鲁木齐—阿拉木图（每周4班）、阿斯塔纳航空北京—阿斯塔纳（每周1班）、中国国际航空北京—西安—阿斯塔纳（每周2班）、中国国际航空广州—乌鲁木齐—阿斯塔纳（每周2班）、斯卡特航空三亚—阿拉木图（每周1班）、长龙航空杭州—阿拉木图（每周1班）。

乌兹别克斯坦境内有11个机场，均为国际机场。塔什干国际机场最大，可起降各类飞机，每小时吞吐量超过1000人，每年可为200多万乘客提供服务。撒马尔罕机场为乌兹别克斯坦第二大机场，每小时吞吐量400人。中国与乌兹别克斯坦现已开通的航线有：乌兹别克斯坦航空北京首都机场—塔什干（每周2班）、中国南方航空北京大兴机场—塔什干（每周3班）、长龙航空成都—塔什干（每周3班）、长龙航空西安—塔什干（每周2班）、乌兹别克斯坦航空乌鲁木齐—塔什干（每周3班）、中国南方航空乌鲁木齐—撒马尔罕（每周1班）。

土库曼斯坦境内有6个国际机场（阿什哈巴德国际机场、土库曼纳巴特国际机场、土库曼巴什国际机场、达绍古兹国际机场、马雷国际机场、克尔基国际机场）和1个地方机场（巴尔坎纳巴特机场）。据土库曼斯坦官方统计，2020年土库曼斯坦航空货运量5000吨；民航客运量126.4万人次，占全国客运总量的0.12%。中国与土库曼斯坦之间的定期往返航班有：土库曼斯坦航空北京—阿什哈巴德（每周3班），中国南方航空西安—乌鲁木齐—阿什哈巴德（每周1班）、土库曼斯坦航空深圳—阿什哈巴德（每周1班）。

吉尔吉斯斯坦现有14家航空公司从事民航经营。其中，吉尔吉斯斯坦本国民航企业7家，外航企业7家。2020年吉尔吉斯斯坦航空货运量为100吨，同比下降66.7%，客运量为41万人次。中国飞往吉尔吉斯斯坦的主要航线有2条：中国南方航空西安—比什凯克（每周3班）、长龙航空乌鲁木齐—比什凯克（每周2班）。

塔吉克斯坦主要机场有杜尚别机场、胡占德机场、库利亚布机场。其中，杜尚别机场是塔吉克斯坦最大机场，2021年，塔吉克航空客运量38万人次，同比增长29.5%，货运量基本为零。中国南方航空公司经营中塔之间一条国际航线：中国南方航空乌鲁木齐—杜尚别（每周3班）。在第三届"一带一路"国际合作高峰论坛互联互通高级别论坛召开前期，我国与塔吉克斯坦签署了《中国民用航空局和塔吉克斯坦共和国民用航空局关于共建"空中丝绸之路"的谅解备忘录》。谅解备忘录的成功签署是落实《中国—中亚峰会西安宣言》的具体举措，标志着中塔就进一步深化共建"空中丝绸之路"达成了广泛共识，各方将共同推进航空运输政策协同、航空运输开放发展、民航基础设施领域合作，以便利人员往来和货物运输，促进人文、经贸和社会领域合作，为共建"一带一路"贡献民航力量。

表5-3　2023年中亚五国与中国计划航班情况

国家	航线	周班次	承运航司
哈萨克斯坦	北京—阿拉木图	6	阿斯塔纳航空
	西安—阿拉木图	1	中国南方航空
	乌鲁木齐—阿拉木图	4	中国南方航空
	北京—阿斯塔纳	1	阿斯塔纳航空
	北京—西安—阿斯塔纳	2	中国国际航空
	广州—乌鲁木齐—阿斯塔纳	2	中国国际航空
	三亚—阿拉木图	1	斯卡特航空
	杭州—阿拉木图	1	长龙航空
乌兹别克斯坦	北京首都—塔什干	2	乌兹别克斯坦航空
	北京大兴—塔什干	3	中国南方航空
	成都—塔什干	3	长龙航空
	西安—塔什干	2	长龙航空
	乌鲁木齐—塔什干	3	乌兹别克斯坦航空
	乌鲁木齐—撒马尔罕	1	中国南方航空
吉尔吉斯斯坦	西安—比什凯克	2	长龙航空
	乌鲁木齐—比什凯克	3	中国南方航空
塔吉克斯坦	乌鲁木齐—杜尚别	3	中国南方航空
土库曼斯坦	北京—阿什哈巴德	3	土库曼斯坦航空
	西安—乌鲁木齐—阿什哈巴德	1	中国南方航空
	深圳—阿什哈巴德	1	土库曼斯坦航空

资料来源：中国民用航空局国际合作服务中心。

2. 多式联运设施建设和公路常态化运营建设

（1）中国—中亚向南亚—中东—欧洲拓展的多式联运设施建设情况

2023年5月，中国—中亚峰会在陕西召开，《中国—中亚峰会西安宣言》提出要充分发展中国—中亚—南亚、中国—中亚—中东、中国—中亚—欧洲多式联运，包括中—哈—土—伊（朗）过境通道，跨里海运输线路。推进途经阿克套港、库雷克港、土库曼巴什港等海港的跨里海运输线路多式联运过境运输，发挥铁尔梅兹市的过境运输潜力。

区域经济走廊建设成就显著，新亚欧大陆桥经济走廊、中国—中亚—西亚经济走廊、中巴经济走廊、中国—中南半岛经济走廊、孟中印缅经济走廊以及中蒙俄经济走廊建设逐步深化，引领中国区域经济发展，六大经济走廊发展格局已经形成。从通道建设来看，西部陆海新通道建设成绩突出。截至2023年6月，西部陆海新通道海铁联运班列开行突破 4500 列，同比增长 9%；海铁联运班列累计运输货物 42.4 万标准箱，同比增长 10.5%，线路覆盖我国 17 个省（区、市），"一口价"线路增加至 71 条。这些项目建设为中国"一带一路"建设提供了有力保障。

基础设施互联互通水平不断提升，立体交通网络持续完善。新亚欧大陆桥经济走廊重点以铁路项目建设为主，中欧班列物流体系更是发挥了重要作用，中吉乌铁路建设将进一步提升新亚欧大陆桥经济走廊互联互通水平；中蒙俄经济走廊公路、铁路、航空网络建设不断深化，集（宁）二（连浩特）铁路贲红至二连浩特段能力补强工程全线开通、二连浩特铁路口岸扩能改造工程全部竣工、莫斯科至喀山的高铁已完成初步设计、贝加尔—阿穆尔铁路及跨西伯利亚铁路现代化改造也在逐步推进；中国—中亚—西亚经济走廊基础设施建设也逐步深化，截至 2023 年 5 月，中国—中亚峰会在陕西西安成功召开，中国同中亚五国达成合作共识，加快数字和绿色基础设施联通、逐步有序增开民用客运和货运航班、对现有口岸设施进行现代化改造。十年来，中国参与的双西公路、中吉乌国际公路、瓦亚铁路、安帕铁路等，巩固了中亚地区多式联运一体化。

跨里海国际运输走廊（Trans-Caspian International Transport Route，TITR）即"跨里海国际运输路线"又称"TITR"，是中国与欧洲之间的 3 条全球贸易走廊之一，于 2017 年 2 月正式启动。线路起自中国，经哈萨克斯坦和里海水域至阿塞拜疆、格鲁吉亚，并可延至土耳其和欧洲国家，其在里海沿岸的主要港口为格鲁吉亚的巴库港（Baku）和哈萨克斯坦的阿克套港（Aktau）。利用该运输走廊，可将中国到欧洲的货运时间缩短 2 倍。

俄乌冲突爆发后，中欧班列俄线（北方走廊，通过哈萨克斯坦、俄罗斯和白俄罗斯到欧洲）受阻，这条走廊获得的关注度急剧增加。为此，2022 年 3 月初，哈萨克斯坦、格鲁吉亚和阿塞拜疆三国签署《开发跨里海国际运输路线（TITR）协议》，旨在统筹协调里海航运和里海两端港口相关线路对接、设备标准和运营作业规范；2022 年 3 月底，哈萨克斯坦、格鲁吉亚、阿塞拜疆和土耳其四国签署《关于共同发展跨里海东西走廊的四方宣言》，旨在加强该走廊沿线各国的合作和提高过境能力，同时四国拟在 2023 年建立合资铁路货运公司；2022 年 11 月，哈萨克斯坦、阿塞拜疆、格鲁吉亚和土耳其四国在阿克套签署了《2022—2027 年跨里海国际运输通道（TITR）协调消除瓶颈的发展路线图》，该路线图将使跨里海国际运输通道的运力到 2025 年每年增加 1000 万吨，四国将在五年内投资 75 亿美元，以实现当前运力的 3 倍增长。2022 年通过该走廊的货运量增加了两倍，并且在 2022 年前 7 个月达到 84.5 万吨，而 2021 年同期则约为 31.1 万吨。这意味着全球贸易对该走廊的依赖度有所增加。

（2）"中国西部—欧洲西部"公路常态化运营建设情况

"双西公路"全称为"欧洲西部—中国西部"公路，东起中国连云港，西至俄罗斯圣彼得堡跨入欧洲西部。途经中国郑州、兰州、乌鲁木齐，出霍尔果斯口岸进入哈萨克斯坦境内，在哈北部边境城市马尔托克附近的哈、俄边境口岸"扎伊桑"和俄罗斯公路网连接，在俄罗斯境内，经奥伦堡、喀山、莫斯科、抵达圣彼得堡，与欧洲公路网相连，总长8445公里，在中国境内长3425公里，在俄罗斯境内长2233公里，在哈萨克斯坦境内长2787公里，也称"欧洲西部—中国西部"交通走廊。

中国和中亚五国达成的《中国—中亚峰会西安宣言》，提出要实现中塔乌公路和"中国西部—欧洲西部"公路常态化运营。双西公路的常态化运营对于中国与中亚促进经贸往来，加强互联互通，实现可持续发展等方面具有重要意义。

"中国西部—欧洲西部"公路的常态化运营有助于促进经贸往来。"中国西部—欧洲西部"公路不仅仅是一条公路，它是一个推动贸易和经济合作的关键通道。这条陆路贸易通道将中国与欧洲西部连接起来，使商品和货物可以更快、更便捷地到达目的地。这有助于降低贸易时间和成本，推动了中国与欧洲国家之间的贸易合作。中国已成为全球最大的商品出口国之一，而"中国西部—欧洲西部"公路为中国出口产品提供了更多选择，也为中国市场吸引了更多国际商品。对中亚国家而言，这意味着更多的贸易机会和经济合作。中亚国家位于"欧中西路"的核心地带，成为连接中国和欧洲的桥梁，能够在这一过程中获得更多的贸易和投资机会。

"中国西部—欧洲西部"公路的常态化运营还促进了地区的发展和互联互通。双西公路的常态化运营使沿线国家的基础设施得到改善和扩建，包括道路、桥梁、隧道和边境过境设施。这些改进既有助于提高交通流动性和运输效率，也增加了地区内外的联系。中亚国家在这个过程中发挥了重要作用，成为地区互联互通的核心。"欧中西路"的常态化运行也有助于推动地区合作与和平稳定。各国共同维护并推动公路的发展，这促进了地区之间的合作精神。这种合作有助于解决共同的挑战，包括交通安全、环境保护和跨境犯罪。通过这种方式，"中国西部—欧洲西部"公路不仅促进了贸易，还促进了地区的和平和稳定。

"中国西部—欧洲西部"公路的常态化运营有助于实现可持续发展。"中国西部—欧洲西部"公路涉及到可持续发展的概念。在碳中和背景下，各国正在改善基础设施，包括开展绿色能源基础建设项目，建设环保建筑和改造升级传统高污染工厂，以减少资源浪费和环境污染。这有助于提高地区的可持续发展，以及中亚地区和中国共同应对气候变化的挑战。

3. 数字基础设施建设现状及其取得的成果

中亚作为"一带一路"的首倡之地。十年来中国与中亚国家在政策沟通、设施联通、贸易畅通、资金融通、民心相通等方面合作日益深化，共同开创了睦邻友好、互利共赢的合作局面。中国—中亚峰会的成功召开推动中国与中亚五国之间的友好合作迈入崭新的发展阶段。中国和中亚五国达成的《中国—中亚峰会西安宣言》表示："各方愿推动基础设施和工程建设合作发展，加快数字和绿色基础设施联通，共同推进基础设施和工程建设合作可持续发展。各方愿研究建立绿色投资重点项目数据库的可能性。"

立足于全球"碳达峰"和"碳中和"的目标愿景，如何更好地同中亚国家开展数字和绿色基础设施联通，推动数字基础设施绿色低碳化发展、加速数字化与绿色化深度融合，以数字化引领绿色化，以绿色化带动数字化，让基础设施数字化绿色化协同发展，是实现"双碳"目标以及共建绿色"一带一路"的重要举措。

数字基础设施是以数据、软件、芯片、通信及分子涂层等"数字材料"为主体构建的软硬件一体的基础设施。数字基础设施具有全新的数字化技术体系的特征和移动性、广泛性应用场景特征，能够用数据表达新型生产力结构和生产关系，并用以支撑数字中国建设的底层架构和技术基础。

中亚国家数字基础设施呈现不同程度的发展。从表5-4中可以看出，中亚五国中，哈萨克斯坦的发展水平最高，其次是乌兹别克斯坦，而土库曼斯坦的发展水平最低。哈萨克斯坦作为中亚五国中数字基础设施最好的国家，与我国相比整体水平仍有一定差距。哈萨克斯坦在通信和计算机等占服务出口额的比重、安全的互联网服务器数量上与我国差距较大，这也能反映出中亚五国整体在信息技术专利、信息产品制造和互联网交易中使用加密技术的服务器方面还存在较大的发展空间。

表5-4　中亚国家数字基础设施环境　单位：万台，台/万人，%

	通信、计算机等占服务进口额比重		通信、计算机等占服务出口额比重		互联网用户占人口比重		安全的互联网服务器分布		安全的互联网服务器数量	
年份	2020	2021	2020	2021	2020	2021	2020	2021	2020	2021
中国	36.51	36.49	67.47	55.95	70.05	73.05	948.46	—	133.80	—
哈萨克斯坦	60.02	50.56	18.82	17.34	85.94	90.92	3307.43	—	6.20	—
吉尔吉斯斯坦	23.96	19.98	25.43	18.49	72.00	77.92	421.13	—	0.28	—
塔吉克斯坦	14.77	12.83	19.63	15.73	—	—	92.21	—	0.088	—
乌兹别克斯坦	17.80	12.58	18.59	16.21	71.10	76.59	468.68	—	1.60	—
土库曼斯坦	—	—	—	—	—	—	45.76	—	0.005	—

资料来源：世界银行（https://databank.worldbank.org）。

最近两年，随着中国与中亚各国高层对话升温，双方围绕数字经济、人工智能、智慧城市、数据安全、电子商务等领域的合作深挖潜力，开始广泛建设5G基站、数据中心、智慧城市等数字基础设施项目，顺应数字产业化、产业数字化趋势，将数字技术赋能传统基础设施建设，大力推动数字基础设施建设，加快中国与中亚数字基础设施联通，共建数字丝绸之路。

哈萨克斯坦在政策方面，自2017年哈萨克斯坦提出"数字哈萨克斯坦"国家规划以来，该框架下主要开展了以下工作：在能源领域开发17个"数字油气区块"；在阿特劳炼厂和巴甫洛达尔炼厂引进数字技术，将大修周期延长至3年；在112家工业企业实施数字化项目，其中包括在13家矿山冶金企业实施53个数字化项目；2019年10月启动旨在简化国家机关信息系统的"智慧桥"项目（Smart Bridge），计划到2020年底完成超过100个信息一体化项目，为企业提供超过40项公开在线服务；在"智慧数据"（Smart Data）项目下建立数据分析平台；开发智慧城市和人工智能项目；启动国家机关互联网资源统一平台，到2020年底前整合310个地方政府和中央国家机关的网站；到2020年底，宽带互联网接入服务将覆盖880个农村居民点，到2022年新增885个农村居民点接入服务；在阿斯塔纳、阿拉木图、奇姆肯特启动5G试点服务；在阿斯塔纳、阿拉木图、奇姆肯特和阿科尔等地启动工业互联网项目；全部完成"阿斯塔纳枢纽"国际初创科技园（Astana Hub）的基础设施建设，对外国人实施简化签证和劳动制度，对园区入驻企业实施税收优惠，颁布《风险投资法》，设立9个研发中心，未来将达到17个，实施6个加速器项目，124个项目处于孵化状态，将创造超过1000个就业岗位。该规划的最终目标是使哈萨克斯坦在全球通信技术发展中的排名到2022年上升至第30位，到2025年上升至第25位，到2050年上升至第15位。数字发展部表示，"数字哈萨克斯坦"国家规划提出的125项措施已落实120项。在国内建设方面，哈萨克斯坦互联网用户比例从2019年的81.8%增加到2022年的92.3%，互联网普及率预计在2023年达到99%。在2027年，宽带互联网的家庭普及率将达到100%，5G技术普及率将达到75%，相应地产生约2%的GDP。据哈萨克斯坦数字发展、创新和航空航天工业部网站2023年10月13日报道，2023年哈计划建设700个5G基站，目前已经超额完成目标，预计年底将安装超过1000个基站；2025年底，哈萨克斯坦一半以上的大城市将接入5G。在和中国开展合作方面，从2007年起，华为积极参与哈萨克斯坦"村村通"工程，独家提供技术设备，解决了哈萨克斯坦偏远地区30多万人的通信问题；在2013~2015年两年内建成覆盖哈萨克斯坦全境的4G网络，哈萨克斯坦5000人以上的农村都已可使用4G网络；浪潮威海海外服务有限公司与哈萨克斯坦国家铁路电信公司已签署《哈萨克斯坦全国数据中心合作协议》[1]。

乌兹别克斯坦在政策方面，乌兹别克斯坦在 2018 年 7 月颁布"关于发展数字经济措施"的总统令。2019 年 11 月，发布《数字乌兹别克斯坦 2030 国家战略构想》草案讨论稿与实施路线图，拟在 2020 年 10 月 1 日之前制定《2030 年国家数字战略》，确定短期、中期和长期的优先项目，以及 2030 年之前的数字发展目标。根据该草案，乌兹别克斯坦数字战略的主要目标包括：确保数字经济、电子政务、信息和通信技术以及创新技术的系统发展；提高居民的数字识字率，培养高素质的数字人才；推广远程工作方法；扩大电信基础设施和数据处理中心，并实施创新项目；完善有关数字经济的法律法规；提高数据的收集和加工效率；采用现代化的 IT 项目和公司融资形式；提高政府电子订单的透明度和可及性；建立风险基金和技术园区，吸引外国投资，促进面向出口的产品研发；加强数字发展领域的国际合作。乌兹别克斯坦期望到 2030 年可提供高质量、安全、便宜和智能的高速互联网和移动通信，建立稳定和有竞争力的通信和电信市场，减少城乡之间的数字鸿沟。在国内发展方面，2018 年，乌兹别克斯坦电信和信息技术服务出口额和进口额分别为 1.545 亿美元、4710 万美元，分别占服务出口和进口总额的 5.1% 和 2.1%。2019 年，乌兹别克斯坦有 2250 万互联网用户，约占其总人口的 68% 以上；其中，移动互联网用户 1900 多万人，移动互联网覆盖 70% 的家庭，固定宽带用户 300 多万人、75.8 万户，光纤宽带总长 3.7 万公里；乌兹别克斯坦通信技术支出 780 万美元，仅占其国家总支出的 1.5%。截至 2021 年，乌兹别克斯坦互联网数字用户比例已经达到 76.6%[2]。在和中国开展合作方面，并在其政府的大力鼓励和扶持下，乌兹别克斯坦开始逐步开展 5G 网络建设，目前还处于初期阶段。已经在 2019 年完成了对 5G 移动通信网的测试，于 2020 年在塔什干组织完成了商业网络启动。此外，中国企业凭借其丰富的经验和技术，同乌兹别克斯坦开展了一系列数字基础设施合作项目。例如，2019 年华为参与了乌兹别克斯坦"平安城市"、应急医疗等的数字基础设施项目建设，并讨论向乌兹别克斯坦国有电信公司提供 5G 技术的可能性。2023 年，智元汇董事长邓波与博扎罗夫州长就智慧城市、智慧交通、智能硬件等领域技术输出与商务合作深度交流对接并签订系列合作协议；中国阿里研究院与乌兹别克斯坦签订信息技术合作项目，进一步促进了中国与乌兹别克斯坦的数字基础设施建设合作。

吉尔吉斯斯坦在政策方面，吉国于 2018 年 12 月通过《2019—2023 年吉尔吉斯斯坦数字化转型构想》决议，并于 2019 年 2 月出台实施路线图，期望加速本国数字化转型和社会经济发展。吉尔吉斯斯坦数字化转型的基础包括发展数字技能、改善规范性法律框架、发展数字基础设施和平台、发展数字化国家、发展数字经济和管理体系等方面。吉尔吉斯斯坦拟发展三个重要领域：一是商业生产的数字化转型，将创新技术引入金融和银行业，提供合格的专业人员并提高国内公司的效率和竞争力，在优先经济部门发展数字基础设施和数字平台；二是利用伙伴国数字经济发展战略，即利用欧亚经济联盟 2025 年数字议程，参与共建数字丝绸之路，并支持其他有关发展区域数字基础设施的国际倡议；三是减少发展和开发数字技术的障碍。此外，吉尔吉斯斯坦将建设"智慧国家"为目标的数字化转型纳入 2018 年至 2040 年国家发展战略，将吉打造为"丝绸之路"上数字商业和创新的枢纽成为其七大转型目标之一。2021 年，吉尔吉斯斯坦通信业产值约合 2.36 亿美元，同比增长 14.54%。由于吉尔吉斯斯坦是山地国家，在山区铺设光缆的难度较大。因此，逾 70% 的网络集中在比什凯克等大城市，各地区无线网络需求大、发展快。网络零售、跨境电商、移动支付等服务平台建设发展缓慢。在和中国开展合作方面，2019 年，中国企业赛为智能与吉尔吉斯斯坦信息技术和通信局共同建设吉尔吉斯斯坦智慧城市项目，为吉国提供综合信息、视频监控和交通违规行为信息服务；2022 年，华为与 Megacom 一起推出了 2 个 5G 通信网络测试基站，见证并参与了吉尔吉斯斯坦移动通信网络由 2G 到 4G，再到如今 5G 网络的发展历程。

土库曼斯坦在政策方面，土库曼斯坦总统于 2018 年 11 月批准了《土库曼斯坦 2019—2025 年数字经济发展构想》，将分 2019 年、2020—2023 年、2024—2025 年三个阶段实施，目的是在国家、企业和公民的参与下，为有效发展数字经济创造有利的体制和法律条件，并改善数字生态环境。主要任务包括：在全国所有经济部门采用包括数字技术在内的创新技术；完成向电子文件和电子身份识别系统的过渡；建立竞争性数字经济；建立协调一致的电子工业；消除城乡之间的数字鸿沟。土库曼斯坦经济领域数字化主要包括两个方向：一是工作流程电子化；二是确保机关、企业和其他非国有机构向数字化过渡。主要目标是通过数字应用提高科学、技术和创新活动的效率，加强数字领域的国际合作，保障科学、教育和生产之间更加紧密的相互联系，为经济数字化转型提供科技和智力支持。根据土库曼斯坦总统签署的《土库曼斯坦 2018—2024 年通信发展规划》，当地通信领域将进行全面现代化改造。根据土库曼斯坦《2019—2025 年数字经济发展方案》，政府将在 3 年内系统地提高国家通信质量水平，在全国范围内建设发展光纤通信网络。土库曼斯坦金色世纪通讯公司将实现 3G 全国覆盖、4G 覆盖主要城市的目标，持续提高网络通信质量，使服务信号覆盖土库曼斯坦全境。土库曼斯坦国家通信署 2019 年总结报告显示，过去 3 年土库曼斯坦全国国际互联网容量扩展 10 倍，移动互联网用户增加 50 多万人。

塔吉克斯坦在政策方面上，塔政府于 2019 年 1 月通过《关于塔吉克斯坦 2018 年社会经济发展的结果和 2019 年任务》决议，要求制定本国数字经济发展构想并在社会经济部门引入数字技术。同年 2 月，根据经济发展和贸易部《关于编制塔吉克斯坦数字经济构想成立管理和技术工作组》命令，成立管理和技术工作组。

塔吉克斯坦于2019年12月30日通过了《塔吉克斯坦共和国数字经济发展构想》，旨在推动塔吉克斯坦利用现代数字技术构建信息化社会，实现社会经济数字化转型。塔吉克斯坦拟从以下主要方向发展数字经济：发展数字基础设施；优先以可负担得起的价格为国内所有人提供宽带接入服务；向数字政府过渡；关键行业数字化；保障信息安全和网络安全；发展人力资本；建立创新生态系统。在国内建设方面，塔吉克斯坦独立后，陆续出台了一系列相关的法律法规，鼓励外资及本国私营企业发展通信信息技术，培育通信服务市场。2000年以后，塔吉克斯坦通信产业得到了快速发展。目前，在塔吉克斯坦共有10家移动电话运营商。近年来，塔吉克斯坦网络基础设施建设取得极大进展，主要有5家互联网接入提供商为其提供服务；互联网服务用户数量不断增加，截至2021年初，塔吉克斯坦互联网用户数超过330万人，移动通信客户数超过600万人。在同年1月公布的全球网速排名中，塔吉克斯坦移动互联网速度在140个国家中排名第129位，有线互联网速度在175个国家中排名第99位。

4. 绿色基础设施建设现状及其取得的成果

可再生能源是实现绿色低碳发展的一个关键领域。各国对能源转型达成基本共识，大力发展风能、光能等可再生能源。中亚地区不仅有丰富的石油、天然气、煤炭等矿产资源，还有大量的风能、光能、水力等可再生能源资源。中亚国家出台相关政策鼓励和保障可再生能源的开发与利用。《哈萨克斯坦国家战略—2050》提出，大力发展风能、太阳能等新能源，2050年新能源发电量将占总发电量的一半，2060年实现碳中和。《2019—2030年乌兹别克斯坦向绿色经济过渡战略》提出，到2030年可再生能源发电占比提高至25%，到2030年将碳排放强度从2010年的水平减少10%，并将能效提高2倍。2021年颁布的《土库曼斯坦可再生能源法》旨在强调有效利用可再生能源、实现能源多样化和可持续发展。吉尔吉斯斯坦颁布的《绿色经济发展规划（2019—2023）》重点关注绿色能源、绿色农业、绿色工业等领域，以支持社会向绿色经济发展。在全球积极实现碳达峰碳中和的背景下，中亚既可依托丰富的天然气资源实现低碳过渡，又具备新一轮能源革命的资源条件，有一定的发展优势。

绿色基础设施是实现双碳目标的关键。这包括了更加环保和可持续的建筑、交通和能源系统。中国和中亚五国已经启动了一系列项目，以推动绿色基础设施的建设。

在哈萨克斯坦，中国参与了诸多绿色基础设施建设，包括一系列风电、水电、光伏发电等绿色能源项目。2022年，由中国电建与哈萨克斯坦萨姆鲁克能源公司共同投资建设的谢列克风电项目实现全容量并网发电。该项目总装机规模60兆瓦，包括 24 台 2.5 兆瓦风力发电机组，年发电量可达 2.28 亿千瓦时。2021 年 6 月，由中国电力国际有限公司和哈萨克斯坦维索尔投资公司共同投资、中国电建集团成都勘测设计研究院有限公司承建的札纳塔斯 100 兆瓦风电项目历经三年建设后竣工投产，是中哈合作的中亚最大风电项目。该项目相比同等容量的火力发电每年可节约标准煤约 11 万吨，每年可发电约 3.5 亿千瓦时，极大缓解了哈萨克斯坦南部地区缺电状况。2019 年，卡普恰盖 100 兆瓦光伏电站正式并网运营，项目总投资约 7100 美元，由寰泰能源公司与哈萨克斯坦合作伙伴共同投资。该项目包括占地 270 公顷的光伏场区和 220 千伏变电站，每年减排二氧化碳 15 万吨，年发电量达 1.4 亿千瓦时，可有效解决当地 10 万户居民用电；2021 年，图尔古松水电站全部机组投产发电。该电站总装机容量为 24.9 兆瓦，年平均发电量 7980 万千瓦时，每年可减少二氧化碳排放约 7.2 万吨。图尔古松水电站是中哈产能合作重点项目，也是哈萨克斯坦独立以来东哈州开工建设的首个水电站，建成后，将在很大程度上降低东哈州电力生产成本和填补电力缺口；奇姆肯特炼厂改造项目在 2017 年竣工后大幅提高了原油加工能力，使得奇姆肯特炼厂步入绿色环保炼厂之列，项目采用中国石油拥有自主知识产权的低温克劳斯硫黄回收工艺对硫黄进行回收，改造后，每年可回收硫黄 1.5 万吨，减少二氧化硫排放 3 万吨。

在乌兹别克斯坦，2023 年，布哈拉风电项目的建设由中国能建集团总承包，项目包含 158 台单机容量 6.5 兆瓦的风力发电机组，以及配套的变电站和送出线路。该项目建成后，预计每年可为乌兹别克斯坦提供约 35 亿千瓦时清洁电力，相当于减少 160 万吨碳排放，将直接惠及乌兹别克斯坦数百万居民，并为当地提供将近 500 个就业岗位。Zarafshan 项目总装机 500 兆瓦，由中国电建山东电建第三工程有限公司为工程总承包，金风科技为项目供应风机。该项目计划于 2022 年 3 季度发运，2024 年底完工，建成后将明显改善当地的电力结构，可以满足 50 万户乌兹别克斯坦家庭的电力需求，每年将减少 110 万吨二氧化碳排放，助力乌兹别克斯坦实现到 2030 年将绿色电力占比提升至 25% 的目标。2021 年 8 月，纳沃伊光伏电站成功并网，装机容量 138 兆瓦，由中企晶澳科技供货全部组件。乌兹别克斯坦纳沃伊光伏电站每年可发电 2.78 亿千瓦时，减少 20 万吨二氧化碳排放量，对乌兹别克斯坦开启新能源战略具有划时代意义，大力推动了乌兹别克斯坦绿色转型。

在吉尔吉斯斯坦，中铁二十局与吉尔吉斯斯坦在 2023 年 5 月成功签约该国首个大型集中式光伏项目——伊塞克库尔 1000 兆瓦光伏发电厂项目。该项目的建成将极大地提升吉尔吉斯斯坦的自主供电能力。预计项目投运后，每年发电量约达 24 亿千瓦时，占据吉尔吉斯斯坦国内发电量的 17%。这将对该国能源结构的优化和可持续发展产生积极影响。吉尔吉斯斯坦比什凯克 2×150 兆瓦热电厂改造项目是目前吉尔吉斯斯坦最大的热电厂项目，中国电建参与合作建设。2017 年 4 月工程顺利竣工，新建成的热电厂发电量从原有的每年 2.62 亿千瓦时提高到每年 17.4 亿千瓦时，有效保障了比什凯克 100 余万居民用电用暖，是目前比什凯克第一座现代化热电厂。2015 年 8 月底，由特变电工承建的"达特卡—克明"500 千伏输变电工程竣工，施工线路长达 400 多公里，贯穿吉尔吉斯斯坦南北全境，是吉国第一条电力大动脉。目前，该项目是中吉两国最大的电力合作项目。

在塔吉克斯坦，2023 年，中国东方电气集团与塔吉克斯坦签订了塞布佐水电站项目合作协议。塞布佐水电站位于塔吉克斯坦戈尔诺—巴达赫尚自治州，总装机容量为 11 兆瓦，预计年发电量约为 76.6 吉瓦时。该项目建成投运后将为戈尔诺—巴达赫尚自治州增加 25% 的发电量，同时将为塔吉克斯坦 22.7 万人及阿富汗 46.8 万人提供电力服务。塔吉克斯坦的格拉夫纳亚水电站，建造于苏联时期，运行时间过长，故障频发。中国电建于 2016 年中标该项目，主要承担全厂变配供电系统的更新升级，以及电站更新改造所需的土建工程和金属结构修复工程等。已于 2023 年完工。截至目前，格拉夫纳亚技改项目累计发电已达 31.4 亿千瓦时，其中提前发电量共计 2.77 亿千瓦时，创造提前发电收益约 900 万美元。

在土库曼斯坦，阿姆河天然气项目是中国石油拥有 100% 权益的海外最大天然气合作项目。阿姆河两期工程先后发现气田 45 个，形成 6 个千亿立方米气区格局，建成年产天然气 140 亿立方米，助力该国经济社会发展。"中国—中亚"天然气管道 ABC 线年输气能力 550 亿立方米，由中国石油公司与当地合作伙伴合资运营。其中 A 线和 B 线已经运营，每年总供气量达到 300 亿立方米，气源来自土库曼斯坦；C 线则在 2014 年投入使用，年产能为 250 亿立方米，土库曼斯坦和乌兹别克斯坦各提供一半供气量。将中亚资源国、过境国和中国市场紧密连接在一起，深化了中国与土库曼斯坦、乌兹别克斯坦、哈萨克斯坦等中亚国家的能源合作，推动中亚各国天然气开发利用水平。

表 5-5　中国—中亚绿色能源合作项目　　单位：亿千瓦时，万吨

国家	类型	项目	年发电量	减少二氧化碳排放	建成时间
哈萨克斯坦	风电项目	扎纳塔斯 100 兆瓦风电项目	3.50	28.90	2021 年
	水电项目	图尔古松水电站	0.80	7.20	2021 年
	风电项目	谢列克风电项目	2.28	16.00	2022 年
	光电项目	卡普恰盖 100 兆瓦光伏电站	1.40	15.00	2019 年
乌兹别克斯坦	风电项目	Zarafshan 项目	—	110.00	建设中
	风电项目	布哈拉风力发电站	35.00	160.00	建设中
	光电项目	纳沃伊 100 兆瓦光伏电站	2.78	20.00	2021 年

续表

国家	类型	项目	年发电量	减少二氧化碳排放	建成时间
吉尔吉斯斯坦	光电项目	伊塞克库尔 1000 兆瓦光伏发电厂	24.00	—	建设中
	热电厂改造	比什凯克 2×150 兆瓦热电厂改造项目	17.40	—	2017 年
塔吉克斯坦	水电项目	格拉夫纳亚水电站	5.20	—	2023 年
	水电项目	塞布佐水电站	0.77	—	2023 年

资料来源：中国一带一路网（https://eng.yidaiyilu.gov.cn/）及相关网页手动搜索。

（二）中国—中亚基础设施建设投资规模及效率分析

1. 中国—中亚基建投资规模测算

根据上文对中国—中亚基础设施建设项目的整理，使用熵值法构建中国—中亚基建投资规模总指数。

（1）中国—中亚基建投资规模的子指标构建

在上文的项目信息梳理基础上，将中国—中亚基建投资在公路、铁路、航空、绿色以及数字设施建设项目的信息进行量化处理。项目及指标的具体信息如表 5-6 所示，考虑到数据可得性，其一，选取中国—中亚双向公路互联互通中的公路数量、投资规模以及公路里程进行子指标构建，对于部分公路建设投资额缺失的项目，使用中国和该国合作建设项目的平均投资额来测算，对于同一项目，将投资总额按照建设期平均分配到各个建设期中。其二，铁路互联互通选取中国—中亚双向合作建设的铁路数量进行测度。其三，航空互联互通受到数据可得性的局限性最大，使用中亚各国整体的客运量和货运量进行测度。其四，绿色和数字基础设施建设均使用项目数进行测度。本节定量分析中使用的数据来源广泛，主要来自世界银行、中国一带一路网、中国对外直接投资公报、中国民用航空局国际合作服务中心等。

表 5-6　中国—中亚基建投资规模总指数测算的子指标及权重

项目	指标	单位	变量名称	熵值法确定的权重 W_k
公路互联互通建设	数量	条	road	11.4096%
	投资规模	亿美元	rdinv	11.5515%
	里程	公里	mileage	12.0068%
铁路互联互通建设	数量	条	train	15.1576%
航空互联互通建设	客运量	万人	passenger	8.9766%
	货运量	百万吨/公里	goods	14.5076%

续表

项目	指标	单位	变量名称	熵值法确定的权重 W_k
绿色基础设施建设	数量	项	green	15.7255%
数字基础设施建设	数量	项	digital	10.6649%

（2）使用熵值法测算中国—中亚基建投资规模总指数

熵值法是一种基于信息熵理论的客观赋值方法。首先，对子指标进行标准化处理。

$$Z_{itk} = \frac{X_{itk} - X_{min}}{X_{max} - X_{min}} \tag{5.1}$$

上式中，i 和 t 分别表示中亚国家和年份，k 代表各项测量指标。X_{itk} 表示处理前的各指标原始数据，X_{max} 和 X_{min} 分别表示最大值和最小值，Z_{itk} 则表示被标准化处理后的各指标。

其次，对指标进行归一化处理。

$$P_{itk} = \frac{Z_{itk}}{\sum_i \sum_t Z_{itk}} \tag{5.2}$$

根据国家和年份信息，对标准化处理后的 Z_{itk} 指标进行归一化处理得到 P_{itk}。

再次，基于熵值计算各项指标冗余度 D_k。

$$D_k = 1 + k \sum_i \sum_t P_{itk} \ln P_{itk} \tag{5.3}$$

上式中，$k = \dfrac{1}{\ln(i \times j)}$，$k \sum_i \sum_t P_{itk} \ln P_{itk}$ 则表示熵值。

又次，计算各项指标权重。

$$W_k = \frac{D_k}{\sum_k D_k} \tag{5.4}$$

基于各指标冗余度，可使用熵值法确定各项指标的权重 W_k，并列于表5-6的最后一列。

最后，根据权重计算中国与中亚各国之间历年进行的基建设施投资总规模指数 $Scale_{it}$。

$$Scale_{it} = \sum_k P_{itk} \times W_k \tag{5.5}$$

（3）变量的描述性统计

将上述变量进行整理，从表5-7的描述性统计中可以看到各变量的样本数、平均值、标准差、最大值和最小值。根据数据可得性，最终确定使用的是2010年到2021年12年间的项目信息，中国和中亚五国的项目信息，故共有60个样本观测值。

表 5-7　变量的描述性统计

变量	样本数	平均值	标准差	最大值	最小值
Scale	60	30.8759	31.9902	1.6253	145.9258
year	60	2015.5000	3.4812	2010.0000	2021.0000
road	60	0.7500	1.5473	0.0000	7.0000
rdinv	60	2.5682	5.1690	0.0000	27.1680
mileage	60	71.2013	155.9796	0.0000	690.0000
train	60	0.06667	0.3117	0.0000	2.0000
passenger	60	206.8467	201.4386	12.5000	876.5000
goods	60	30.8205	42.5486	0.0000	153.8164
green	60	0.3333	0.9328	0.0000	5.0000
digital	60	0.1500	0.4810	0.0000	3.0000

表 5-7 第一行 Scale 为熵值法测算的中国—中亚在基础设施建设项目中的投资规模总指数，下文对中国—中亚基建投资规模和投资效率的量化分析均建立在该指数的基础上。

2. 中国—中亚基建投资规模的影响因素分析

（1）中国和中亚双方基本情况特征对基建投资规模的影响分析

第一，中国和中亚双方的经济发展水平对中国—中亚基建投资规模的影响分析。

中国和中亚双方的经济发展水平均正向促进着中国—中亚基建投资规模的提高（见图 5-1 和图 5-2）。国内生产总值的增加，意味着该国国内经济发展水平表现良好，市场需求增加，这为基础设施建设项目可能提供了更多的投资机会。从图上可以看出，随着中国和中亚各国的国内生产总值的增加，中国—中亚基础设施建设规模也随之提升。

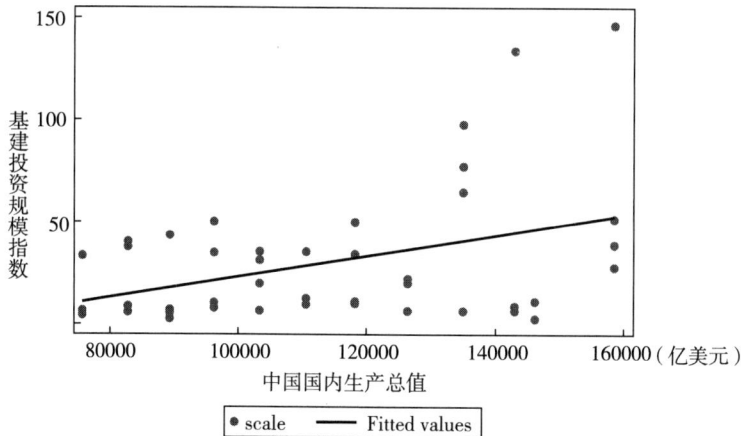

图 5-1　中国—中亚基建投资规模与中国经济发展水平

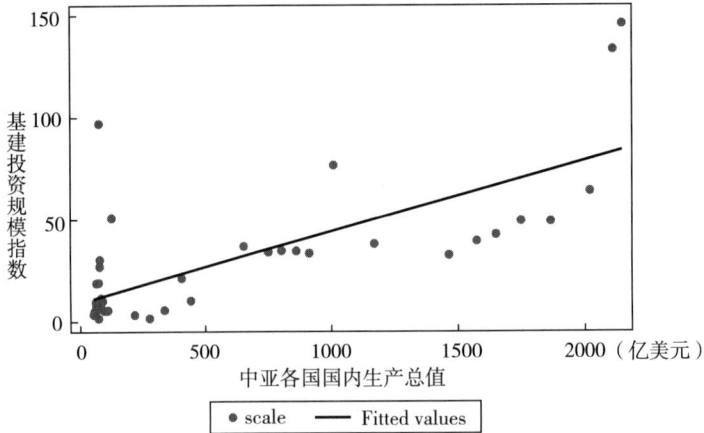

图 5-2　中国—中亚基建投资规模与中亚经济发展水平

第二，中国和中亚双方的基建能力对中国—中亚基建投资规模的影响分析。

中国和中亚各国在基础建设上所表现出的基建能力可以促进中国—中亚基建投资规模的提升（见图 5-3、图 5-4）。基建能力的提升对基建投资规模的促进作用主要体现在提升投资效率、创造投资机会、增强投资信心、促进产业升级和优化资源配置等方面。为了充分发挥这种促进作用，中国—中亚需要持续加强基建能力建设，提升基建项目的质量和效益，为中国和中亚国家进行基础设施建设提供了合作的基础，并扩展了合作空间。

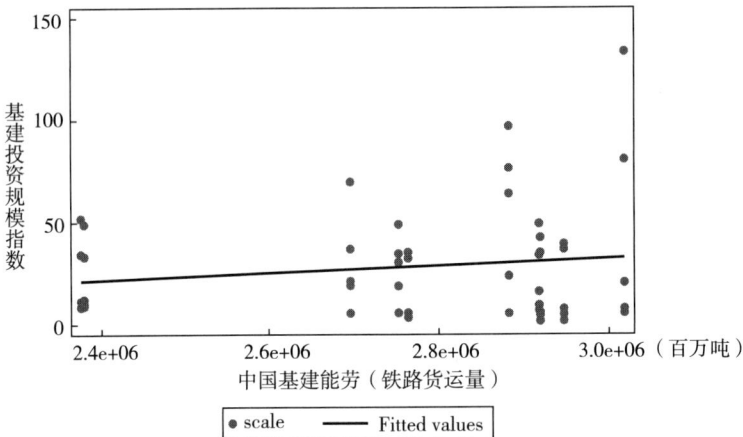

图 5-3　中国—中亚基建投资规模与中国基建能力

第三，中国和中亚各国制度质量对双边合作的基建投资规模的影响分析。

中国和中亚各国制度质量的提升均会促进双边合作的基建投资规模扩大（见图 5-5、图 5-6）。制度质量是指制度的好坏及程度的总称。制度质量较高的国家，意味着其国内更能为来投资或开展其他经济活动的企业提供稳定、可信赖的经济环境，减少外来合作企业在基础设施建设过程中面临的成本、投资风险和不确定性以及与本国企业的摩擦。因此，国家制度质量的提升会增加中国和中亚国家双边的基础设施合作意愿。

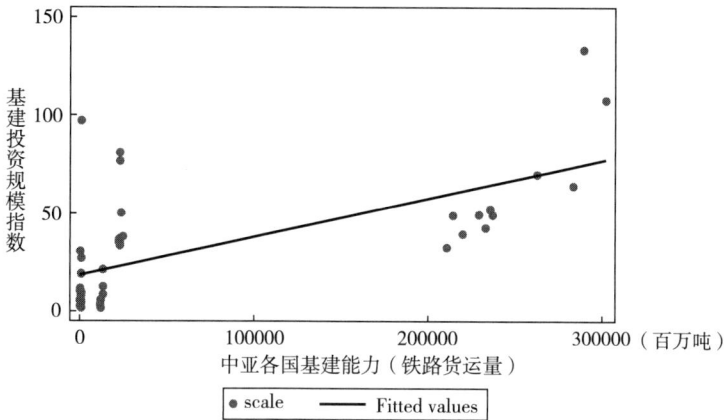

图 5-4　中国—中亚基建投资规模与中亚基建能力

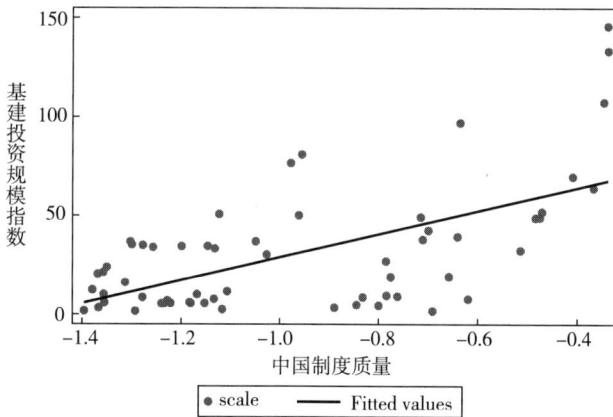

图 5-5　中国—中亚基建投资规模与中国制度质量

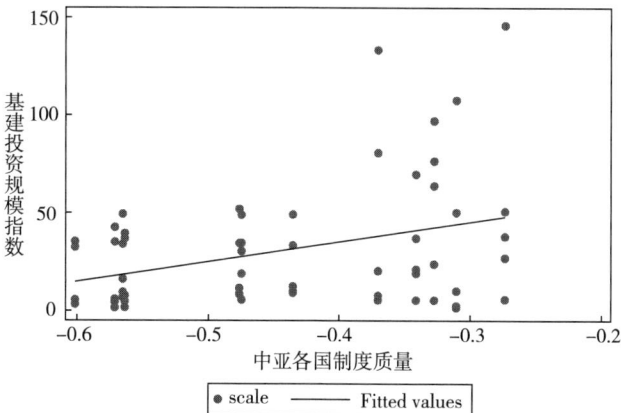

图 5-6　中国—中亚基建投资规模与中亚各国制度质量

（2）中国和中亚双边关联对中国—中亚基建投资规模的影响分析

第一，中国和中亚各国之间的经贸合作关系对双边基建投资规模的影响分析。

中国和中亚各国之间的进出口贸易和中国对中亚各国的对外直接投资规模均会积极促进双边基建投资规模的提升（见图5-7、图5-8）。随着中国和中亚国家经贸关系的提升，两国间的交流合作也会更加频繁，有利于扩大双边基建市场，促进双方的资金流动与技术交流，为两国基础设施建设提供更多的机会和更加广阔的基建投资空间。

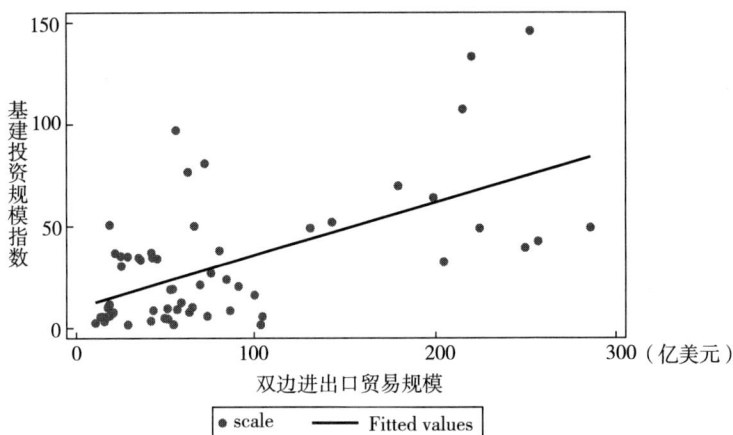

图5-7　中国—中亚基建投资规模与中国—中亚双边贸易

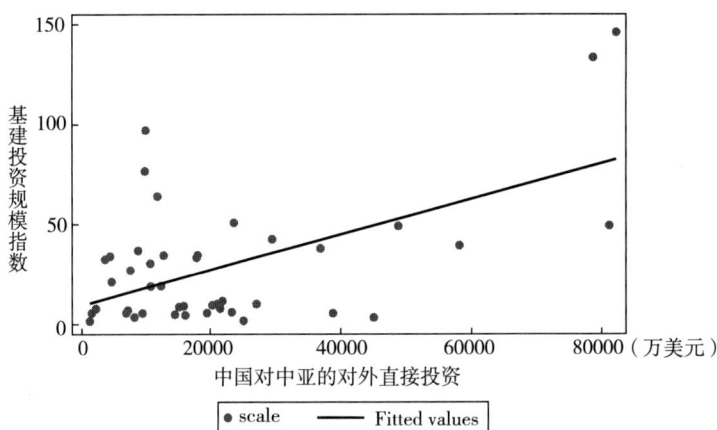

图5-8　中国—中亚基建投资规模与中国对中亚的对外直接投资

第二，中国—中亚双边政策协调互动机制对基建投资规模的影响分析。

中国—中亚双边高层互访对基建投资规模具有积极的促进作用（见图5-9）。30多年以来，中国与中亚五国秉持"和平合作、开放包容、互学互鉴、互利共赢"的精神，双边高层就各国发展与规划开展密切沟通和对接合作，不断加强中国—中亚基础设施建设，扩大基建投资规模，推进中国—中亚互联互通，拓展双边经济发展新空间。

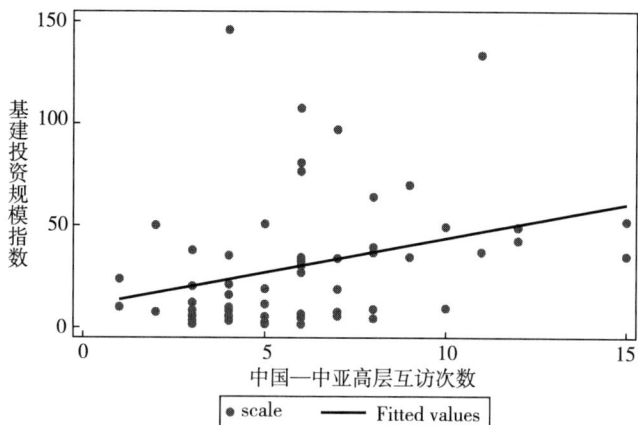

图5-9　中国—中亚基建投资规模与双边高层互访次数

第三，中国—中亚双边地理距离对基础建设合作的影响分析。

中国—中亚双边地理距离越远，双边在基础建设合作方面的基建投资规模越小（见图5-10）。一般来说，如果与开展基础设施建设合作的国家地理距离较远，将会造成合作所需的设备和资源运输困难，增加很多运输成本，从而不利于双边开展基础设施建设合作。

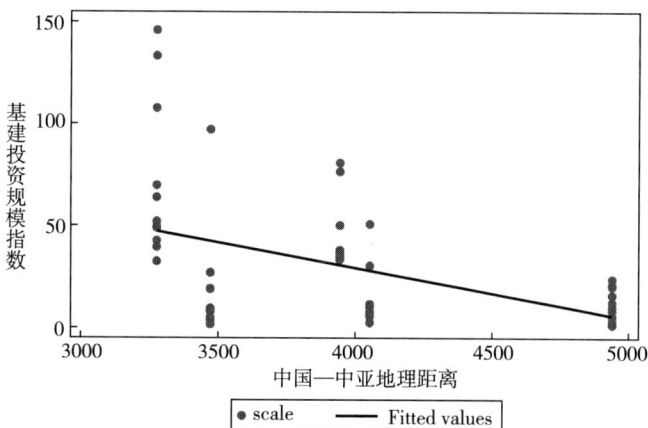

图5-10　中国—中亚基建投资规模与双边地理距离

（3）中国和中亚双边差异对中国—中亚基建投资规模的影响分析

第一，中国和中亚双边制度质量差异和营商环境差异对双边基建投资规模的影响分析。

中国和中亚双边制度质量差异和营商环境差异越小，双边的基建投资规模则越大（见图5-11、图5-12）。制度差异会造成双边进行基础设施建设合作过程中面临投资、监督管理等方面的制度不同，影响双方在进行合作时要面临的难度及做出调整的程度。双边制度差异越小，越有利于降低经济成本和投资风险，扩大基建投资规模，积极开展基础设施建设合作。良好的营商环境能够减少企业投资面临的不确定性问题，而双方相似的营商环境有利于推动基建合作的顺利进行。

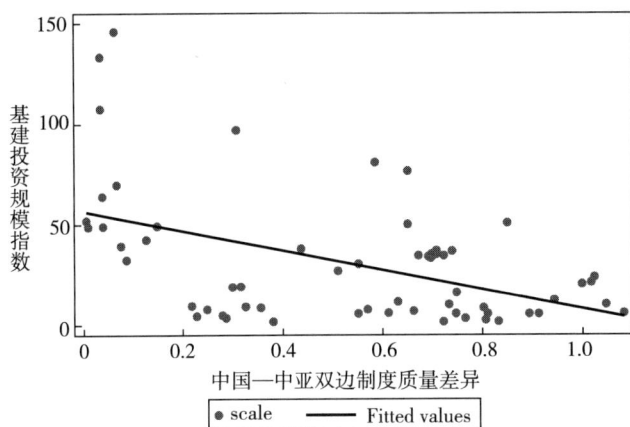

图5-11　中国—中亚基建投资规模与双边制度质量差异

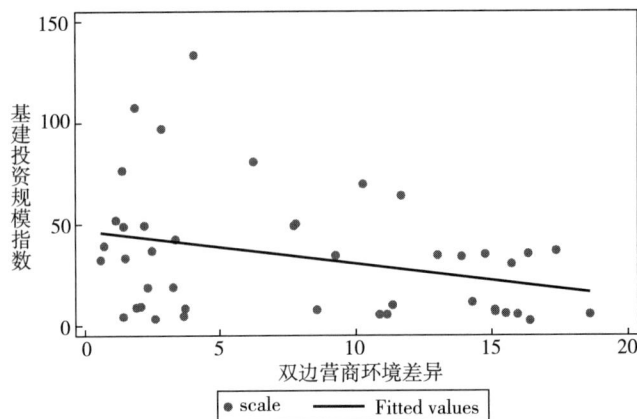

图5-12　中国—中亚基建投资规模与双边营商环境差异

第二，中国与中亚双边经济发展水平差异和数字经济发展差异对中国—中亚基建投资规模的影响分析。

中国和中亚双边经济发展水平差异和数字经济发展差异越大，双边的基建投资规模则越小（见图5-13、图5-14）。经济发展水平影响着基建投资规模与基建投资风险。一般而言，投资者倾向于对发展水平更高的国家进行投资，双边经济发展水平差距大则意味着较高发展水平的一方与较低发展水平的一方开展基建合作项目，进行基建投资时要面临较大的风险和不确定性，不利于合作的进行。数字经济发展可以体现出一国的科技发展水平，双边数字经济发展差距大则反映出双方科技发展水平的差距大，在一些技术标准上难以达到统一，不利于开展基建合作与投资。

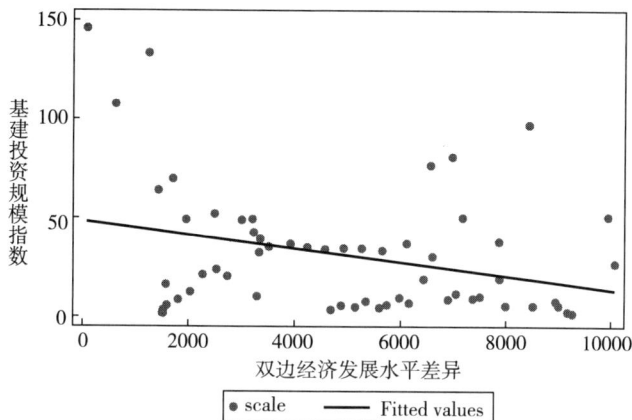

图5-13　中国—中亚基建投资规模与双边经济发展水平差异

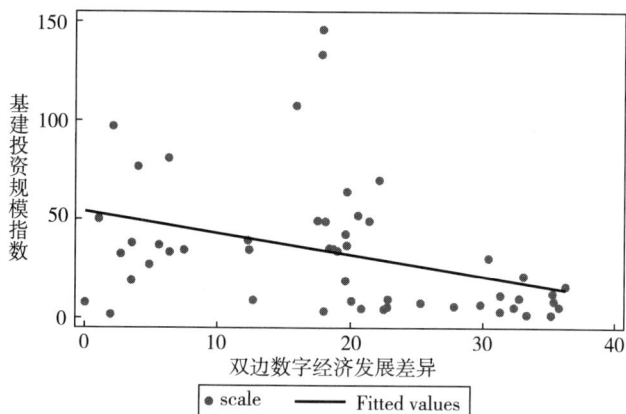

图5-14　中国—中亚基建投资规模与双边数字经济发展差异

第三，中国和中亚双边城镇化发展差异和基建能力差异对中国—中亚基建投资规模的影响分析。

中国和中亚双边城镇化发展差异和基建能力差异对中国—中亚基建投资规模有负向影响（见图5-15、图5-16）。城镇化发展处于不同阶段的国家，人口规模和分布有所不同，人口密集的地区需要更多的基础设施来满足人们的日常生活需求，如交通、供水、供电等，从而影响基础建设投资规模及侧重点。而双边基建能力的差异主要体现在施工技术和设备、技术和管理等相关专业人才以及设计和规划能力等方面的差异，基建能力的差异会影响基建的成本与效率，不利于开展基础设施建设合作。

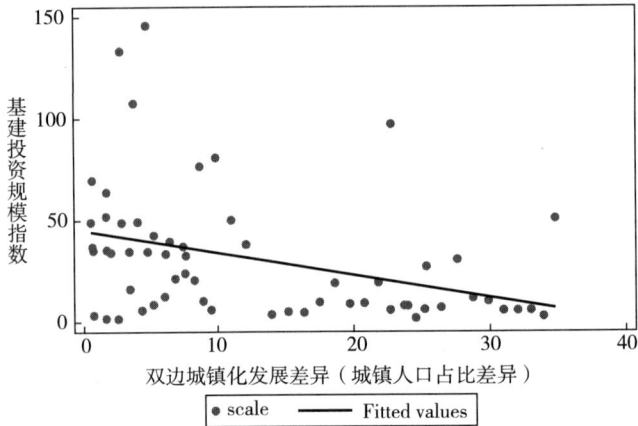

图 5-15 中国—中亚基建投资规模与双边城镇化发展差异

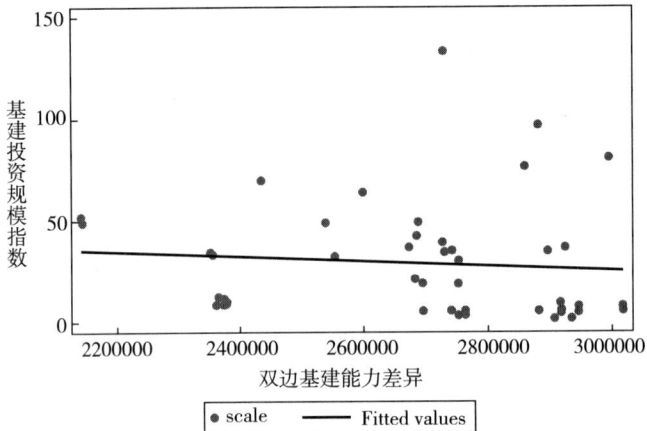

图 5-16 中国—中亚基建投资规模与双边基建能力差异

（4）中亚国家经济特征对中国—中亚基建投资规模的影响分析

第一，中亚国家城镇化发展和服务业发展对中国—中亚基建投资规模的影响分析。

中亚国家城镇化发展和服务业发展对中国—中亚基建投资规模有正向促进作用（见图 5-17、图 5-18）。随着中亚国家城镇化水平的提升，城镇内人口规模增大，人口密度增加，城市规模逐渐扩大，人们对基础设施建设的需求也随之增加。另外，城镇化水平的提升将为中亚国家带来更多的税收和财政收入，有利于中国—中亚开展基础设施建设与投资。中亚国家服务业发展水平的提升，为中亚国家基础设施建设提供了一定的支持和保障，包括资金、人力资源等方面，有利于扩大中亚国家基建投资规模。

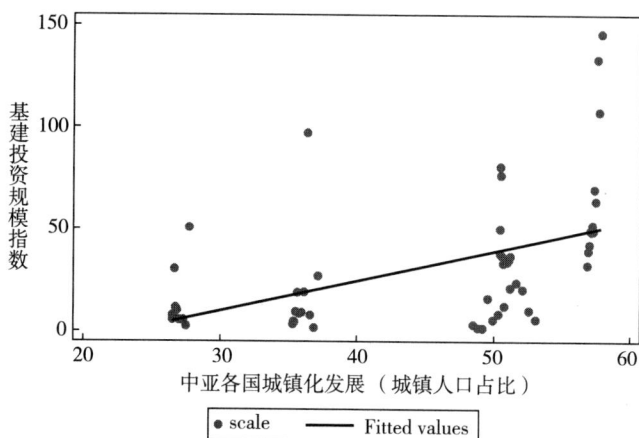

图5-17　中国—中亚基建投资规模与中亚国家城镇化发展

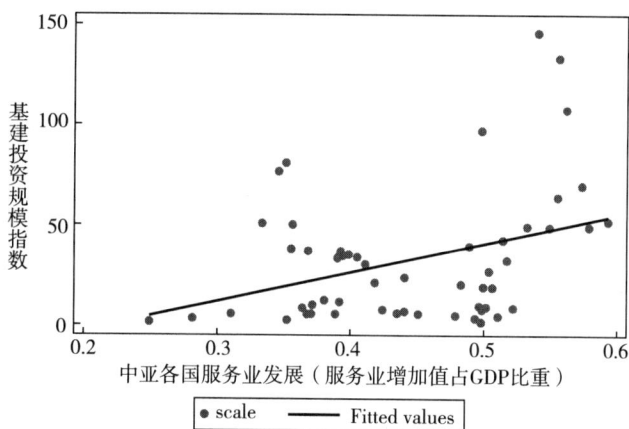

图5-18　中国—中亚基建投资规模与中亚国家服务业发展

第二，中亚国家人力资本发展对中国—中亚基建投资规模的影响分析。

中亚国家人力资本发展对中国—中亚基建投资规模有正向促进作用（见图5-19、图5-20）。中亚国家人力资本水平的提升可以表现在劳动参与率和教育水平的提升上。一方面，中亚各国劳动参与率提高，有更多的劳动力可以在基础设施建设中找到新的就业机会，从而为基础设施建设提供更多的人力支持。另一方面，中亚国家教育水平的提升有利于中亚国家培养具备专业知识的技术型人才，能够更好地理解和应用新技术、新工艺等，有利于推动基础设施建设的创新和发展。

第三，中亚国家数字技术发展对中国—中亚基建投资规模的影响分析。

中亚国家数字技术发展对中国—中亚基建投资规模有正向促进作用（见图5-21）。随着数字经济的快速发展，对于数字化基础设施的需求也不断增加，因此对数字化基础设施的投资需求逐渐增加。数字技术的不断发展与应用可以实现基础设施更加高效、智能的运行和管理，提高基础设施的使用效率，降低运行和维护

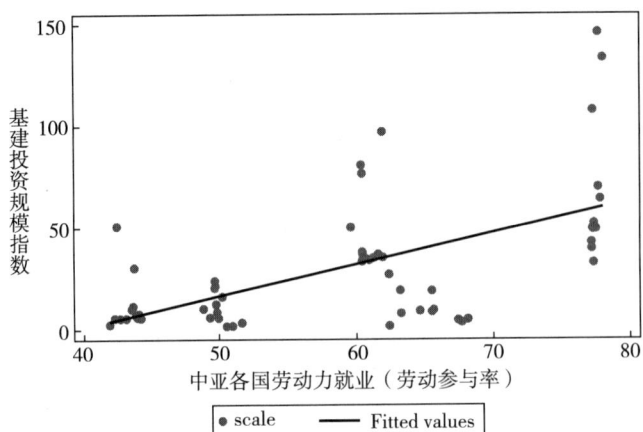

图 5-19　中国—中亚基建投资规模与中亚国家劳动力就业

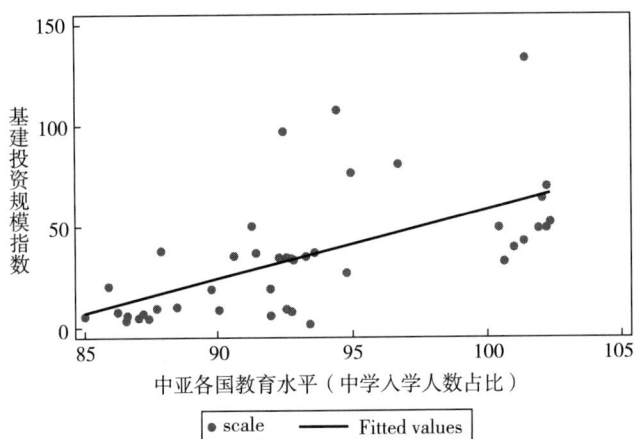

图 5-20　中国—中亚基建投资规模与中亚国家教育水平

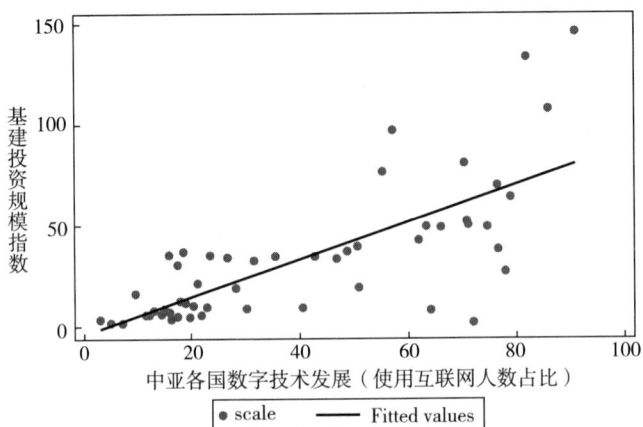

图 5-21　中国—中亚基建投资规模与中亚国家数字技术发展

的成本，从而提高基础设施的投资效益，扩大基建投资规模。

3. 中国—中亚基建投资效率测算

本节将使用随机前沿模型（Stochastic Frontier Approach，SFA）测算中国—中亚基础设施建设投资效率指数。基于对中国—中亚基础建设投资规模的影响因素分析，将双边国内生产总值、双边贸易规模、中国对中亚的对外直接投资、双边距离、高层互访、双边制度质量差异，以及时间固定效应和国家固定效应作为主要解释变量 X，将中国—中亚基础设施建设投资规模总指数 Scale 作为被解释变量，构建随机前沿计量模型如下：

$$\text{Scale}_{it} = X'_{it}\Pi + u_{it} \tag{5.6}$$

上式中，Scale 表示上文使用熵值法测算的中国—中亚基础设施建设投资规模总指数，i 和 t 分别表示中亚国家和年份，Π 为待估参数向量，u_{it} 表示模型的误差项。误差项 u_{it} 由 v_{it} 和 ε_{it} 两部分组成。

$$u_{it} = v_{it} - \varepsilon_{it} \tag{5.7}$$

其中，v_{it} 为白噪声，服从正态分布；ε_{it} 为单边误差项，被看作非负的投资效率损失项（One-side Inefficiency Component），服从均值为 μ_{it}，方差为 σ^2_{it} 的非负断尾正态分布。此外，v_{it} 与 ε_{it} 相互独立，并均与 X_{it} 相互独立。

$$v_{it} \sim N(0, \sigma^2_v) \tag{5.8}$$

$$\varepsilon_{it} \sim N^+[\mu_{it}, \sigma^2_{it}] \tag{5.9}$$

ε_{it} 包含了未纳入基建投资前沿方程的基建投资阻力，如果 ε_{it} 为零，则认为达到了无投资摩擦的效率"前沿"面，实现了最优基建投资效率，此时中国与中亚 i 国在 t 年可能达到的最大基建投资规模为：$\text{Scale}^*_{it} = X'_{it}\Pi$。但在现实经济社会条件下，由于存在诸多的基建投资阻碍因素，实际基建投资规模可能仅为：$\text{Scale}_{it} = X'_{it}\Pi - \varepsilon_{it}$。实际基建投资规模不可能超过前沿面最优基建投资水平，由此 ε_{it} 可以被看成是单边误差项。

中国—中亚基建投资效率指数（efficiency index）可以通过下式测算出来：

$$\text{efficiency}_{it} = \frac{\exp(X'_{it}\Pi - \varepsilon_{it})}{\exp(X'_{it}\Pi)} = \exp(-\varepsilon_{it}) \tag{5.10}$$

基建效率指数在 0~1 之间取值，当不存在投资阻力时，效率指数取值最大为1；但当投资阻力过大，ε_{it} 趋于无穷大时，基建投资效率指数取最小值为 0。

根据测算结果，中国—中亚基建投资效率指数的描述性统计展示如表 5-8 所示。

表 5-8　变量的描述性统计

变量	样本数	平均值	标准差	最大值	最小值
efficiency	60	0.1249	0.0280	0.0469	0.2314

从表 5-8 所显示出的数据信息可见，中国与中亚各国在基础设施建设方面的合作项目，其投资效率的平均值较低，约为 0.1249，表示中国—中亚在基建方面的合作具有巨大的效率提升空间。

4. 中国—中亚基建投资效率的影响因素分析

（1）中国—中亚基建投资效率指数的历年变化分析

根据 SFA 模型测算的中国—中亚基建投资效率指数，分别将中国和中亚五国的基建投资效率的历年变化进行图形展示。

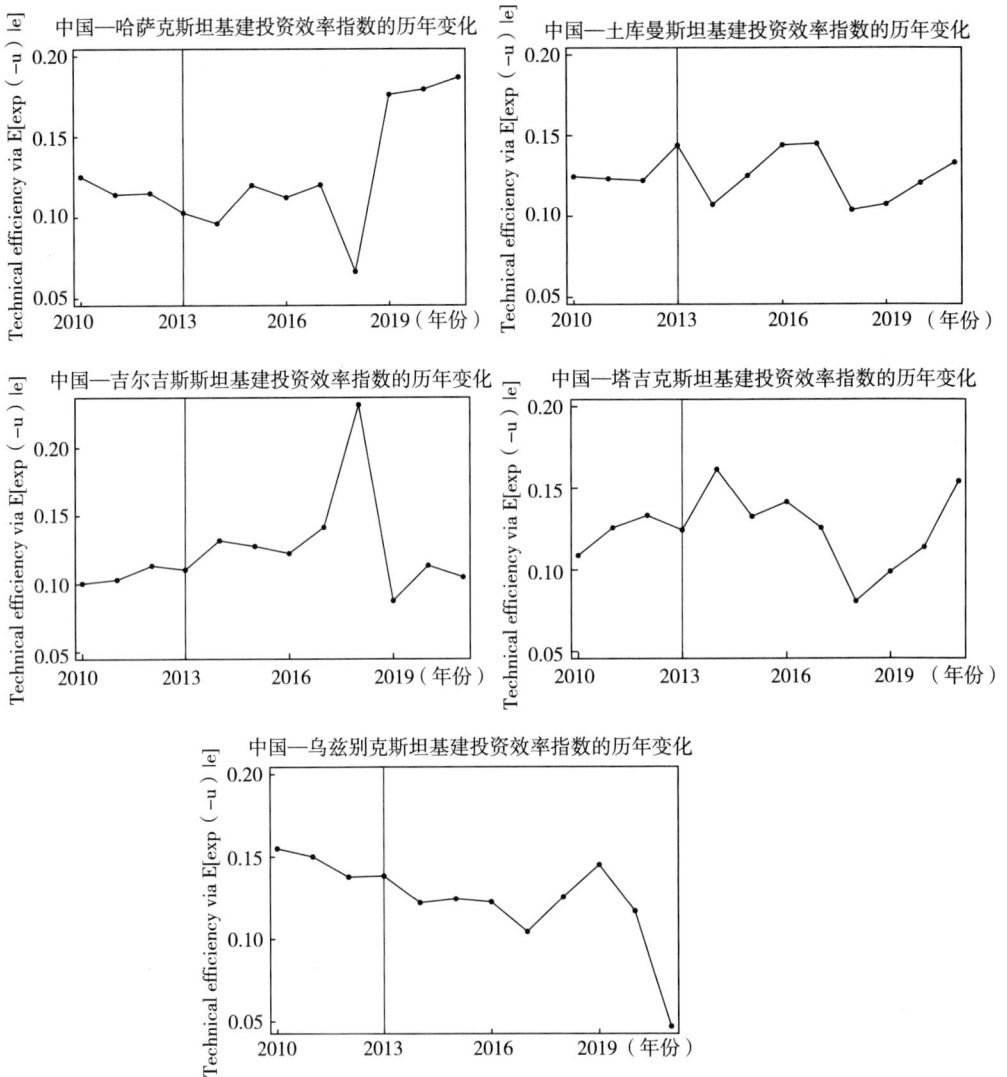

图 5-22　中国—中亚基建投资效率指数的历年变化

从图 5-22 中，我们可以看到：中国和哈萨克斯坦的基建投资效率指数发展前期较为稳定，在 2018 年出现大幅下跌后，在 2019 年恢复增长，并保持较高水平；中国和土库曼斯坦的基建投资效率在 2013 年"一带一路"倡议提出当年有所提高，并保持相对稳定的发展趋势；中国和吉尔吉斯斯坦的基建投资效率在 2018 年有较大幅度提升；中国和塔吉克斯坦的基建投资效率在"一带一路"倡议提出后有小幅度提升；中国和乌兹别克斯坦的基建投资效率在 2019 年之前一直保持在相对稳定的水平。

（2）中国—中亚基建投资效率的影响因素分析

第一，中国和中亚五国双边经济发展水平差异对中国—中亚基建投资效率的影响分析。

中国和中亚双边经济发展水平差异越大，双边的基建投资效率则越低（见图 5-23）。经济发展水平影响着基建投资规模与基建投资风险。一般而言，投资者倾向于对发展水平更高的国家进行投资，双边经济发展水平差距大则意味着，较高发展水平的一方与较低发展水平的一方开展基建合作项目，进行基建投资时要面临较大的风险和不确定性，不利于合作的进行。

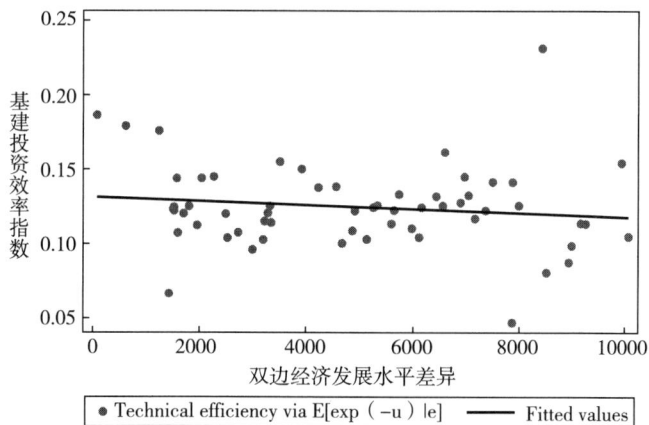

图 5-23　中国—中亚基建投资效率与双边经济发展水平差异

第二，中国和中亚五国双边城镇化发展差异对中国—中亚基建投资效率的影响分析。

中国和中亚双边城镇化发展差异对中国—中亚基建投资效率有负向影响（见图 5-24）。城镇化发展处于不同阶段的国家，人口规模和分布有所不同，人口密集的地区需要更多的基础设施来满足人们的日常生活需求，从而影响基础建设投资规模及重点。

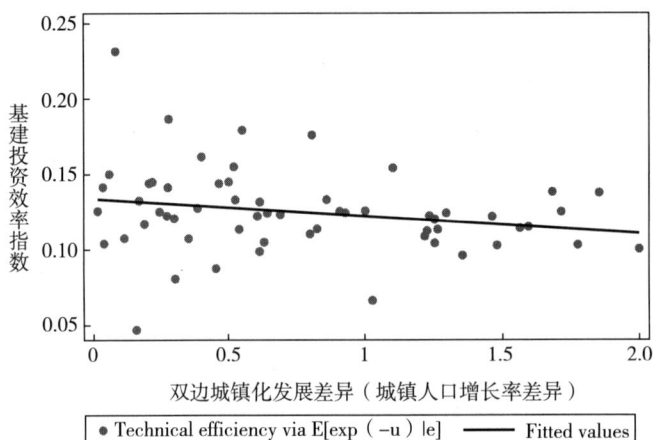

图 5-24　中国—中亚基建投资效率与双边城镇化发展差异

第三，中国和中亚五国双边收入分配制度差异对中国—中亚基建投资效率的影响分析。

在不同的收入分配制度下，国家间的基尼系数存在差异，影响中国—中亚基建投资效率（见图 5-25）。在较为注重建立公平的社会保障和福利，或较关注贫富差距过大可能带来的不良影响的国家中，该国的居民贫富差距不会有较大的表现。如果中国国内的贫富差距和中亚国家国内的贫富差距表现较大，则双边的基建投资效率也会随之降低。这可能是因为，双边对于民生的关注较为不同所致。

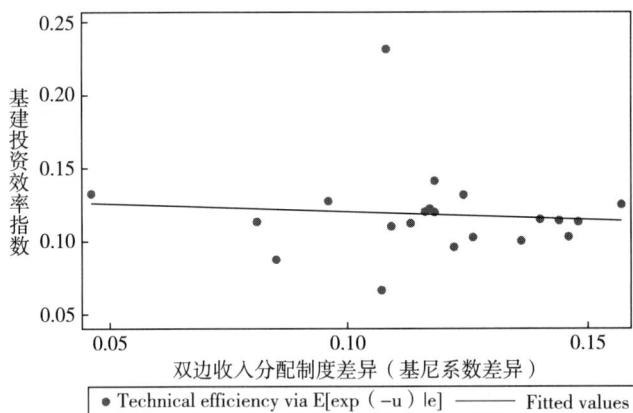

图 5-25　中国—中亚基建投资效率与双边收入分配制度差异

第四，中国和中亚五国双边数字贸易综合竞争力差异对中国—中亚基建投资效率的影响分析。

中国和中亚五国双边数字贸易综合竞争力差异抑制中国—中亚基建投资效率

（见图5-26）。数字贸易综合竞争力不仅能够体现国家的数字经济发展情况，还能够反映出国家贸易竞争力，是一个综合性指标。中国与中亚双边数字贸易综合竞争力差异越大，说明双方在数字技术发展以及贸易水平方面都有较大的差异，在合作过程中容易出现摩擦、技术标准不统一等问题，不利于基础设施建设合作的开展和投资效率的提升。

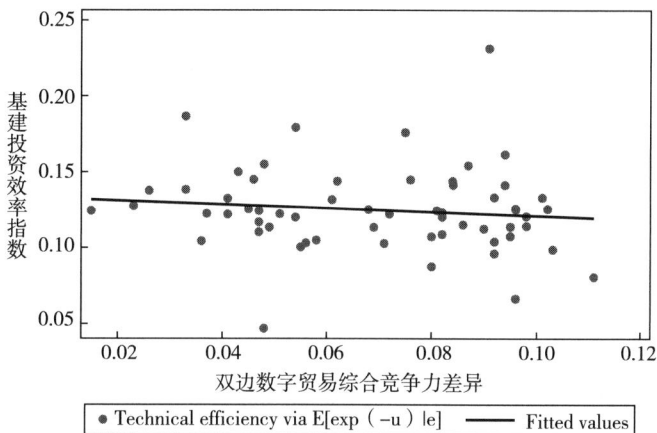

图5-26　中国—中亚基建投资效率与双边数字贸易综合竞争力差异

（三）释放中国—中亚基础设施建设潜力的建议措施

1. 中国—中亚基础设施建设合作潜力

中国—中亚基础设施建设合作蕴藏着巨大的潜力。

第一，能源合作发展空间广阔。中亚五国自然资源禀赋充足，而中国在制造业、服务业等方面具有显著优势。这种资源禀赋的差异为双方提供了广泛的合作空间。哈萨克斯坦有"能源和原材料基地"之称，以采矿业为传统支柱产业。哈萨克斯坦已探明矿藏90多种，矿物原料1200多种，矿藏储量在全世界名列前茅。吉尔吉斯斯坦以农业为经济支柱，矿产资源丰富。在其对外贸易结构中，吉尔吉斯斯坦出口的产品主要集中在贵金属、农产品等，进口商品主要有机械设备、化工产品等工业制成品和石油产品、天然气等能源资源。这种对外贸易结构在短期内难以发生显著改变。但是中国的工业和服务业发展较好，可以与吉尔吉斯斯坦形成优势互补。塔吉克斯坦具备水利资源优势与铝、锡、黄金、银等矿产资源优势。塔吉克斯坦水利资源丰富，占整个中亚的60%左右，居世界第八位，人均拥有量居世界第一位，但开发量不足实际的10%。此外，矿产资源极其丰富，种类全、储量大。土库曼斯坦矿产资源丰富，天然气在出口贸易中占据重要地位。土库曼斯坦天然气资源丰富，天然气探明储量约19.5万亿立方米，占世界总储量的10.1%，远景储量逾50万亿立方米、208亿吨，居世界第四位。其中，中国—中亚天然气管道ABC线自建成投产以来，土库曼斯坦每年可向我国输送500亿立方米天然气。乌兹别克斯坦除了丰富的矿产、石油、天然气资源，还具有丰富的太阳能资源，在可利用的可再生能源中占99%，目前仅开发利用0.8%，发展空间广阔。

可以看到，一方面，中亚五国自然资源禀赋充足，多国发展主要依赖于国内丰富的矿产资源与天然气资源，中国作为全球最大的制造业大国，同时也是世界上最大的能源消费国之一，对石油、天然气、矿产等资源的需求量巨大。中亚国家的矿产和资源丰富，且有巨大的开发空间，不仅可以很好地满足中国的市场需求，还为未来中国—中亚开展各项建设合作提供了丰富的资源基础。另一方面，除了丰富的矿产和油气资源，中亚地区还有十分充裕的水资源和太阳能资源，并且开发程度远低于实际存量，拥有着巨大的发展潜力。中国通过与中亚国家的能源合作可以获得稳定的能源供应，中亚国家可以通过向中国出口资源获得经济利益，促进本国资源的可持续开发，增加收入，降低对资源的依赖。随着高质量发展进程的推进，能源合作的重心将逐渐向新能源领域转变，为此中国和中亚国家将不断深化各类新能源基础设施建设合作，持续完善能源合作机制[3]，不断挖掘绿色基建市场的潜力，促进双边共同发展进步，实现可持续发展。

第二，绿色发展空间广阔。中国—中亚绿色低碳发展行动，是中国同中亚五国达成的系列合作共识之一。中亚地区是"一带一路"的首倡之地，是高质量共建"一带一路"示范区。共建"一带一路"倡议提出10年来，中国与中亚各国坚持绿色发展理念，推动绿色基础设施建设、绿色投资、绿色金融，绿色正成为高质量共建"一带一路"的鲜明底色，也是促进基础设施建设的关键一步。[4]

中亚五国地域广阔，拥有丰富的自然资源和大片的未开发土地。这为城市绿化提供了巨大的潜力，能够通过种植树木和建设公园等方式，提高城市空气质量、增加绿色景观。这些国家拥有丰富的太阳能和风能资源，其中塔吉克斯坦和哈萨克斯坦可以利用水力发电。通过大力发展可再生能源，中亚五国可以减少对传统能源的依赖，减少碳排放。中亚五国拥有广阔的农田和丰富的水资源，可以通过推广有机农业、精准灌溉和农业废弃物的合理利用等方式，提高农业的可持续发展水平，减少对环境的影响。同时这些国家拥有丰富的自然资源和独特的生态系统，如天山山脉、阿尔泰山脉等。通过加强自然保护区的建设和管理，以及加大对野生动植物的保护力度，中亚五国可以促进生物多样性保护和生态环境保护。

碳中和背景下，双方在气候变化问题上形成共识。中亚五国中，哈萨克斯坦率先宣布 2060 年实现碳中和目标。其他四国，如吉尔吉斯斯坦总统表示计划在 2024—2025 年摆脱能源危机、塔吉克斯坦通过法令确认了《2023—2027 年可再生能源计划》、土库曼斯坦颁布了《土库曼斯坦 2018—2024 年经济规划》、乌兹别克斯坦发布了《2017—2021 年发展可再生能源纲领》。这些政策文件为提倡绿色经济提供了相应的顶层设计和总体规划。总之，中亚五国政府对可持续发展的意识不断提高，同时也加大了对环境保护和可持续发展的投入。通过制定并实施相关政策，加强环境监控和管理，中亚五国可以推动绿色发展，并在区域合作中发挥领导作用。这些潜力都可以为国家经济发展和环境保护提供有力支撑，这无疑对发展数字基础设施有着至关重要的作用。

第三，数字领域合作潜力大。"数字丝绸之路"是"一带一路"倡议的完善和补充，将为新型基础设施建设合作拓展新空间。面对全球数字经济发展的浪潮，共建"一带一路"倡议未来将更多关注数字经济领域的合作。一是数字"一带一路"建设将推动中国—中亚国家数字基础设施建设合作。自 2017 年 5 月中国在首届"一带一路"国际合作高峰论坛上宣布加大对"一带一路"建设的资金支持、建设"一带一路"自由贸易网络、启动"一带一路"科技创新行动计划等，为共建"一带一路"注入强劲动力以来[5]。共建数字"一带一路"项目获得了显著动力，项目的实施逐步开始推进。新型基础设施将政府、企业、消费者紧密结合，借助数字化网络实现信息共享，推动质量效益优化、产能转换、产业结构升级。截至 2023 年 5 月底，"一带一路"项目已建设了 34 条跨境陆缆和多条国际海缆，并广泛建设了 5G 基站、数据中心和智慧城市等。未来在"一带一路"框架下中国与中亚五国的合作将顺应数字产业化、产业数字化的趋势，大力推动信息基础设施建设，在物联网、工业互联网、5G 通信等领域挖掘合作潜力。二是在基础设施建设领域催生新的合作空间。数字"一带一路"建设将推动亚洲国家数字技术赋能传统基础设施领域。人工智能、云计算等数字技术在传统基础设施建设领域的应用，也是数字"一带一路"建设为基础设施建设合作创造的重要机遇。例如，在能源行业，风力发电的大型设备多分布于偏远地区，工程师团队对设备进行定期维护及故障修复难度大，而工业互联网结合云计算和物联网技术就可以帮助解决这样的难题，降低运营和维护成本；在建筑行业，智能建造技术也需要计算机技术、网络技术与建造技术的深度融合，促使建造及施工过程实现数字化设计、机器人主导或辅助施工的工程建造方式。三是"数字丝绸之路"建设将推动亚洲国家的高科技产业园区合作建设。在"数字丝绸之路"项目的推动下，合作园区功能的转型升级将成为未来中国与中亚园区开展基础设施建设合作的重要方向。未来海外产业园区的建设将要求亚洲国家加强在人工智能、纳米技术、量子计算机等前沿领域合作，推动大数据、云计算、智慧园区建设，将产业园区定位于科技创新区域、海外研发中心型数字智慧园区等。

第四，双边政治互信不断深化。中国始终坚持以公平正义为理念引领全球治理体系改革。在国际关系中，中国一再强调要弘扬平等互信、包容互鉴、合作共赢的精神，坚持国家不分大小、强弱，一律平等。面对新形势，中国与中亚五国的关系已进入新阶段。2022年《中国同中亚五国领导人关于建交30周年的联合声明》的发布，标志着30年来，中国与中亚五国逐步推动构建相互尊重、公平正义、合作共赢的新型国际关系。2023年5月在西安举办的中国—中亚峰会，以签署《中国—中亚峰会西安宣言》为契机，擘画中国—中亚关系新蓝图，推动构建更加紧密的中国—中亚命运共同体。双方在政治上摒弃零和博弈，经过20多年的发展，中国与中亚国家关系不断提升。21世纪以来，中国与中亚国家均已建立战略合作伙伴关系，中哈已上升到永久全面战略伙伴关系，中乌、中塔、中吉皆提升到全面战略伙伴关系。这种关系的稳定性和持久性为双方在基础设施建设合作方面提供了良好的环境。

首先，双方通过外交交流和长期的友好合作，建立了相互尊重和平等互利的关系，双方互相承认彼此的核心利益，避免了冲突和紧张局势，这使得合作项目的谈判和实施更加顺利，减少了政治风险和不确定性。其次，由于中亚地区一直以来都面临一系列地缘政治和安全挑战。随着中国与中亚国家之间的政治互信不断加深，将极大地缓解地缘政治紧张局势，双方共同合作，加强反恐、反极端主义和边境安全措施，维护地区的和平与稳定。此外，政治互信也鼓励了更广泛的合作领域，包括经济合作、贸易和文化交流。双方愿意深化合作，推动基础设施建设项目的共同实施，共同开发能源资源、建设互联互通网络、推动贸易和投资，以及促进人文交流。政治互信使双方更愿意共享资源和经验，共同应对面临的挑战。最重要的是，政治互信为合作的可持续性和长期发展奠定了坚实的基础。它不仅促进了现有项目的成功实施，还为未来的合作开辟了更广阔的前景。通过加强政治沟通、增进理解和信任，中国与中亚国家可以更好地应对新的挑战和机遇，共同推动地区的发展和繁荣。在未来，中国也将继续倡导"共商、共建、共享"的发展理念，紧抓与中亚在发展方向和远景目标方面的精准对接与优势互补，形成更加稳定、均衡进步的"中国+中亚五国"合作机制。[6]

2. 中国—中亚基础设施建设合作的远景目标

中国作为世界第二大经济体，在基础设施建设方面积累了丰富的经验和成果，而中亚国家则面临着基础设施升级的迫切需求。通过加强基础设施建设合作，可以促进中亚国家的经济发展和民生改善，推动地区和平稳定，同时也有助于促进中国与中亚国家之间的互利合作和友好交往，推动双方共同发展。中国—中亚有着更为广阔的远景目标。

第一，更加完善的互联互通网络。中亚地区地理位置独特，连接了中国、俄罗斯、中东和欧洲。通过中国与中亚国家在基础设施方面的合作，将加强中亚国家之间的互联互通，促进区域一体化发展。例如，中国与中亚国家不断深化公路、铁路、航空和港口等领域的合作，将降低运输成本，加速货物流通，为中亚国家提供更便捷的通道连接中国和其他国际市场，促进地区内的贸易往来和人员交流，扩大区域市场，增加就业机会。这将帮助中亚国家更好地融入全球价值链，推动中亚国家与周边国家之间的经济联系和合作，促进经济发展。

第二，更深层次的能源合作。中亚地区拥有丰富的能源和矿产资源，可以通过出口这些资源获得经济收益。而中国则有巨大的市场需求，这种互补性使得基础设施建设合作具有巨大的经济潜力。中国可以与中亚国家合作开发这些资源，建设能源管道和输电线路，一方面确保稳定的能源供应，并促进能源资源的可持续开发；另一方面也能够吸引中国的投资和技术，加速自身的产业化和经济增长。

第三，更多元的贸易和投资合作。通过基础设施建设，中亚国家可以提高贸易和投资环境，带动相关产业的发展，吸引更多中国和国际企业前来投资。有助于促进中亚国家经济的多元化，降低对某一产业的依赖，增强经济韧性，提高人民生活水平，减少贫困。

第四，更加稳定和安全的区域环境。中亚地区位于欧亚大陆的交汇点，拥有丰富的资源和地缘战略重要性。因此，一直以来，地缘政治背景和安全威胁制约着中亚地区发展。中国与中亚国家开展基础设施建设合作将有效增强地区内国家之间的信任与合作，提高中亚地区内部社会和政治的稳定性，减轻地缘政治压力和外部干涉，降低冲突风险，促进共同的安全利益。

第五，更加频繁的人文交流。中国和中亚国家在基础设施建设方面的合作将更加注重人文交流。伴随着"一带一路"的合作交流，中国与中亚国家在教育、文化、旅游等领域的合作取得了丰硕的成果。如今，已经有多所孔子学院、鲁班工坊落地中亚，中亚国家学生来华留学规模日益扩大，并与中亚国家开展合拍电影、互译图书，联合考古、合作修复文物等活动逐渐增加。随着中国—中亚基础设施建设合作的不断深化，必将推动双方在人文交流领域迈上新台阶，让双方的交流更加热络，进一步促进百姓相知、民心更近。

第六，更加绿色和可持续的发展。随着全球对环境保护和可持续发展的重视，中国和中亚国家在基础设施建设方面的合作将更加注重环保和可持续发展。中国在环境保护方面积累了丰富的经验和成果，可以为中亚国家提供技术支持和经验借鉴。通过加强合作，可以帮助中亚国家提高其环境保护水平，促进可持续发展。

3. 进一步提升中国—中亚基础设施建设的建议措施

第一，强化交通互联互通机制。交通互联互通是推动中国—中亚交通走廊建设的基础。习近平总书记曾强调，设施联通是合作发展的基础，充分肯定了交通运输在"一带一路"的重要战略定位。中亚作为"一带一路"的关键枢纽，中国与中亚五国加强基础建设及互联互通，对于高质量共建"一带一路"，促进中国—中亚交通走廊建设具有重要意义。在未来，中国与中亚地区要继续把互联互通作为重点，以重大项目和重点工程为引领，在完善现有交通基础设施不足之处的同时，继续深化在铁路、公路、港口、航空等领域间的合作，加快新运输路线的落地与建设，打造中国与中亚国家的综合交通基础设施联通网络，全面提升中国—中亚跨境运输过货量。口岸作为连接铁路、公路、管道的重要枢纽，要不断升级和完善口岸配套设施（诸如物流仓储、检验装备、铁路换装等），扩大口岸承运规模，提高口岸通关效率，降低运输成本，促进提升交通走廊的运输质量和水平。另外，中亚国家虽为内陆国，水运发展较慢，但也意味着富含广阔的发展潜力。因此，中亚国家更应积极开展水运领域的建设，构建陆水联运通道，加强港口与综合运输大通道衔接，逐步构建连通内陆、辐射周边国家的国际运输通道，推动中国—中亚交通走廊与其他经济走廊的联通，促进沿线国家经贸合作，便利人员往来。

第二，完善交通运输制度体系。中国与中亚国家在交通基础设施领域缺乏统一的交通运输标准。中亚国家受苏联影响，铁路、公路的过境车辆监管标准与我国存在差异，导致通关时需要进行换装或换车作业，增加了通关的时间和成本，影响通关效率。中国—中亚应基于现有交通运输合作机制，就交通运输中所存在的不同交通运输标准进行磋商解决，协调双边通关事宜，建立双边统一的交通运输制度体系，形成统一的通关标准与程序，规范运输流程，统一收费标准。并且通过各国政府联合制定法律规范，以法律的形式约束相关部门人员，避免灰色清关，避免中间环节出现腐败贪污现象，保证通关的透明高效。在完善的交通运输制度体系基础上，持续优化交通运输结构，确保统一、标准的交通运输制度有效运用到中国—中亚交通走廊建设的各个环节，促进形成兼容规范的运输规则以及通关便利化流程，起到对交通运输规范管理的调控作用，更好地实现中国—中亚交通互联互通。

第三，打造商贸物流枢纽机制。加快推进中国—中亚商贸型物流枢纽城市和节点城市建设，优化商贸物流空间布局，增强商贸物流枢纽的辐射效应和带动功能，提升整体物流畅通率，进一步加强中亚国家在国际交通走廊中跨境运输枢纽的地位。充分利用中国与中亚现有的物流体系建设成果，优化商贸物流空间布局，加强商贸物流基础设施建设，创新商贸物流融合发展模式，繁荣商贸流通市场，提升发展新动能，以包容、务实、开放的态度推动商贸物流高质量发展。积极打造数字化商贸物流枢纽，结合中国—中亚地区物流的发展状况，积极探讨物流的发展动能以及态势，加强双方数字基础设施建设，完善云计算、人工智能、数据中心等智慧基础平台建设，将物流产业与数字化、智能化融合，构建物流信息一体化平台，推动建设智慧商贸物流枢纽。在中国—中亚和欧洲国际货运班列的基础上，积极与更多的国际铁路枢纽、港口加强合作，打造班列集结中心、提升枢纽流通效率。此外要完善多式联运运输体系，形成陆海联动，多点协调的运输模式，持续提高线路运行效率，逐渐降低双边贸易成本，不断拓展和提升中国—中亚经贸投资合作的规模与水平，促进双方经贸往来，共同实现双边繁荣发展。

第四，积极培育技术型人才。通过对中亚五国现有技术人员进行培养或者从我国引进技术型人才，可以解决中亚五国人才短缺的问题。对中亚国家内部培养现有技术人员来说，中亚五国应注重提高技术人员的薪资待遇和福利待遇，吸引更多的人才投身于中亚基础设施建设中来；提供良好的职业发展机会，为技术人员提供清晰的职业发展路径和晋升机会，激励他们不断提高自己的技能和能力；建立完善的培训和学习体系等措施，为中亚国家技术人员提供持续学习的机会，在提高竞争力的同时不断提升中亚国家技术人员的专业技能和实践经验整体水平，增强高技能人才的归属感和忠诚度，能够有效地防止内部人才向外部流失。对于从外部引进的数字人才，中亚国家可以通过以项目吸引人才，在项目建设过程中，通过向我国在本地承建项目的企业所带去的技术人员，积极学习相关技术，积累实践经验，不断提升中国—中亚基础设施建设项目合作的质量与水平。另外，中国同中亚可以建立青年交流合作计划，加强教育投入。例如，可以在中亚国家内设立国内高水平大学分校，引入中国高等学校教育资源，促进两国学术科研交流，提高人才培养质量，为进一步开展中国—中亚基础设施建设项目合作奠定基础。

第五，完善双方投融资体系。首先，构建双向投资平台，为国内企业对外投资提供全方位的服务和支持，包括投资咨询、政策解读、市场分析、风险评估等，帮助中国企业更好地了解和适应中亚市场的环境和规则，增强对外投资的稳定性和收益率。加强对中亚国家的经济和产业研究，了解当地市场的需求和趋势，为企业提供更加准确和及时的市场信息和投资机会。同时还应加强与中亚国家之间的政策沟通和协调，减少双方在投资合作中可能遇到的政策障碍和法律风险，为双方企业的投资合作提供更加稳定和可靠的环境。其次，加快建立以政府投入为主导、与市场运作相结合的建设机制。通过吸引社会资本参与基础设施项目，拓展企业债券、可转换债券、股票等资本市场融资渠道，建立稳定的融资体系。国家开发银行和中国进出口银行应与国内其他商业银行建立协调协同机制，优势互补、形成合力，共同参与融资，为中国—中亚基础设施互联互通项目提供投资建设资金、融资担保等全方位投融资服务。此外，鼓励国内银行和金融机构与其他国际金融组织积极运用各种资本市场融资工具，降低对项目投资主体的信用依赖，提高投资的多元化。最后，支持引导国内基础设施投资运营企业、大型工程承包商以及金融资本组成联合体，共同参与跨境基础设施 PPP 项目的投资建设和运营管理。这有助于项目的多元化和更广泛的资金来源。同时，鼓励国内基础设施投资运营企业、大型工程承包商等产业资本提出运用 PPP 模式实施跨境基础设施项目的建议，以进一步促进投资和合作。

参考文献

［1］王海燕．中国与中亚国家共建数字丝绸之路：基础、挑战与路径［J］．国际问题研究，2020（2）：107-133+136.

［2］世界银行数据库．https：//databank. worldbank. org/.

［3］张丹蕾．全球能源治理变局下"一带一路"能源合作机制构建的探讨［J］．国际经贸探索，2023（2）：106-120.

［4］方恺，席继轩，李程琳．全球碳中和趋势下的"绿色丝绸之路"建设——中国的路径选择［J］．治理研究，2022（3）：35-44.

［5］中国经济网．"一带一路"建设为世界经济增长注入"中国动力"［EB/OL］．http：//m. ce. cn/yw/gd/201705/15/t20170515_22837919. shtml？Eplnrzfumixbttdx.

［6］田润锋，段桂超．"一带一路"背景下中国与中亚五国推进新能源合作路径［J］．中阿科技论坛（中英文），2023（9）：11-15.

六、促进中国与中亚贸易便利化研究

（一）中国与中亚五国贸易便利化发展现状

1. 中国与中亚国家贸易便利化的重要意义

（1）贸易便利化有助于促进中国与中亚国家经济发展

"一带一路"倡议惠及国计民生，在促进沿线经济体之间的经济合作，推动中国与沿线国家产业的健康转型过程中发挥了重要的积极作用[1]。在过去的五年时间里，中国对沿线国家的投资额保持增长，尤其是中国对中亚国家的直接投资，存量已经超过 150 亿美元[2]。

从经济互利角度看，中国与中亚国家在众多资源、产业和技术等方面具有很强的互补性。中国与中亚国家通过促进贸易便利化，可以降低贸易成本，扩大双边贸易规模，进一步发挥各自的比较优势，实现互利共赢[3]。从优化区域贸易格局来看，中亚地区是"一带一路"倡议的重要节点，促进与中亚国家的贸易便利化有利于推动"一带一路"倡议的实施，实现区域经济一体化和发展战略对接[4]。更重要的是，中国与中亚国家在贸易便利化方面的合作可以为全球经济治理体系改革提供有益经验，推动国际贸易规则的制定和完善，为全球经济治理注入新的活力。从微观市场主体角度看，贸易便利化能够降低贸易的时间和成本、减少流程中繁文缛节、简化程序、降低风险，有助于提高中国和中亚国家企业国际竞争力，从而释放和激发企业发展的潜力。

（2）贸易便利化将为中国中亚贸易发展创造新机遇

中亚地区国家的贸易便利化水平相对较低。一些国家的通关手续繁琐、费用高昂、通关时间长等问题仍然存在[5]。2023 年召开的中国—中亚峰会上讨论了推进途经阿克套港、库雷克港、土库曼巴什港等海港的跨里海运输线路多式联运过境运输，发挥铁尔梅兹市的过境运输潜力，加强中亚国家之间的物流合作等促进贸易便利化等议题，致力于减少中国与中亚国家之间的贸易壁垒。

中国—中亚峰会成果落地实施，将使企业能够更加便捷地进行贸易活动，节省时间和成本。同时，还能加强各国知识产权保护、提供投资保障和优惠政策，改善中亚国家投资环境，从而吸引更多的投资进入该地区。这有助于促进贸易和投资活动一体化发展。在基础设施建设方面，中国—中亚峰会致力于加强跨境贸易基础设施建设，包括改善交通、电力、通信等基础设施条件。这有助于促进在线贸易的增长，并且为中小企业提供更多的贸易机会。

（3）贸易便利化合作有利于发挥中国示范效应

中亚贸易便利化是一个重要议题，在此方面中国经验值得借鉴和推广。中国在贸易便利化方面积累了丰富的经验，成为全球示范的国家。

中国积极推进贸易便利化的改革和创新。中国提出了"放管服"改革思路，实施简化行政审批、放宽市场准入、优化公共服务的一揽子改革措施。通过减少政府干预和准入限制，降低贸易壁垒和成本，提高贸易便利化水平。并且中国积极推动跨境物流和运输的改进，在海关、码头、机场等地建设先进的基础设施和设备，提高通关效率和货物流动性。同时，中国还推动了数字贸易的发展，建设了电子口岸和通关一体化平台，提供自动化、电子化的贸易服务，加快了贸易流程。

此外，中国还积极开展国际合作，推动贸易便利化的全球化进程。中国积极参与和支持WTO的贸易便利化协议和谈判，推动建立自由贸易区和区域经济一体化，促进贸易自由化和便利化。中国还积极参与亚太经合组织（APEC）和其他区域合作机制，推动贸易便利化的标准和准则的制定和落实。并且中亚贸易便利化是中国推动丝绸之路经济带建设的核心区域之一。中亚国家与中国之间的贸易便利化对于双方的经济发展都有着重要的意义。中亚国家与中国之间的贸易便利化可以总结出一些经验，将为其他地区提供一个全球示范和借鉴的范例。

2. 贸易便利化的研究进展

（1）贸易便利化内涵

国际上对于贸易便利化并没有统一的定义，亚太经合组织（APEC）、欧盟委员会（EC）、国际商会（ICC）、经济合作与发展组织（OECD）、联合国欧洲经济委员会（UNECE）、联合国贸易和发展会议（UNCTAD）和世界贸易组织（WTO）等国际组织，均对贸易便利化给出了解释（见表6-1）。总体而言，贸易便利化的本质都是简化国际贸易程序，降低贸易成本，进而促进国际贸易。

表6-1 贸易便利化的定义

机构	含义
APEC	是指简化和合理化海关及其他行政程序，主要涉及的是阻碍、拖延或增加跨越国家间边界运输货物的成本

机构	含义
EC	可以定义为简化和统一国际贸易程序，主要包括进出口程序。贸易程序指在国际贸易中收集、呈报、传送和处理货物运输相关数据时所涉及的一系列手续
ICC	提高与跨国贸易货物相关的流程效率
OECD	是指降低贸易成本的一系列政策措施，降低的途径主要是提高国际贸易链上每个阶段的效率
UNECE	指的是简化、标准化和统一将货物从卖方转移到买方手中并进行支付时所需要的所有程序和相关流程
UNCTAD	指国际贸易程序的简化和协调，这种程序指的是包括进行国际货物贸易流动时所涉及的收集、提供、沟通及处理数据的活动和做法等
WTO	简化和统一的国际贸易程序，其中国际贸易程序的概念与 UNCTAD 的一致

资料来源：根据相关文献整理。

20 世纪 80 年代以来，贸易便利化得到了全球范围内的广泛认可和推广。经济合作与发展组织和世界贸易组织等国际机构提出了一系列贸易便利化倡议和政策，包括关税减免、单一窗口和海关自动化等。1995 年关贸总协定理事会通过了《关于简化和协调海关手续的多边协议》，规定了海关手续简化和协调的原则和措施，其附件是《实施海关手续和货物贸易便利化协定》，明确了贸易便利化的具体内容和标准。经过近 20 年的谈判，《贸易便利化协定》于 2013 年 12 月在印度尼西亚巴厘岛举行的世界贸易组织第九届部长级会议上得到确认。此后，各国陆续签署了《贸易便利化协定》，并制定了相应的国内法规和政策，推动了贸易便利化的实施。

早期的研究者认为，贸易便利化主要包括关税和非关税壁垒的降低（Diego and Rachel，2018）[6]。随着研究的深入，学者们逐渐认识到贸易便利化不仅包括壁垒的降低，还包括贸易流程的简化和贸易成本的降低。欧盟通过推进关税减免、简化手续和提高贸易便利化水平，取得了显著的贸易便利化成果。在亚太地区，东盟国家通过建立贸易便利化的政策和机制，促进了区域贸易和投资的扩大与提升。

（2）贸易便利化促进经济增长的作用机制

对贸易便利化作用机制的研究经历了不同阶段。一种观点认为，减少贸易壁垒可以促进国际贸易，进而推动经济增长。另一种观点认为，简化贸易流程可以提高贸易效率，降低贸易成本，增加贸易收益（Rahul，2011）[7]。还有一种观点认为，简化贸易流程可以为贸易便利化合作提供更好的基础和条件，进而促进区域合作和经济一体化，有助于实现可持续发展的目标。可见，贸易便利化揭示的一个基本共识是贸易壁垒的减少和贸易流程的简化可以共同促进经济发展，提高国际贸易效率和促进区域可持续发展。

（3）贸易便利化的经济效应测算

国际组织设计了不同的实证方法，构建贸易便利化指标体系，并借助问卷调查，量化打分的方法，运用统计工具和计量分析方法，对不同国家和地区的贸易便利化程度进行了测度，同时对贸易便利化的经济效应进行了测算，测算的结果与前述作用机制的分析一致，证明了削减关税降低贸易壁垒、简化通关程序、提升港口效率、改善监管环境总体上能够在很大程度上降低贸易成本，提升贸易效率，促进经济增长，带来社会福利的增加（见表6-2）。无论用何种方法，研究结论都具有普遍性，即贸易便利化对经济增长和贸易发展具有积极的影响（Jesse and Michael，2023）。[8]

表6-2　国际组织对贸易便利化经济效应的评价

代表性国际组织	评价方法	评价结果
OECD	从成本与收益角度进行评价	对交易成本减少1%的收入效应进行模拟，发现世界各国收益都有显著增加。直接和间接成本都大幅减少，OECD国家和非OECD国家的收入增幅最大，尤其是非OECD国家增幅最高达63%
APEC	对行动计划的数量评估进行评价	将贸易便利化项目按照海关程序、标准一致化、商务流动性和其他分为四类，考察其完成情况，计算已完成、在进行和悬而未决的比例
World Bank WEF	用统计分析法研究贸易便利化	World Bank建立贸易便利化评价指标体系，主要包括港口效率、海关环境、规章环境及电子商务四个方面，给各国贸易便利化水平打分 WEF将贸易便利化具体分为四个指标：市场准入、边境管理、交通和通信基础设施以及商业环境

资料来源：根据文献资料整理。

（4）中国与中亚五国贸易便利化分析

中亚五国地理位置的重要性，使得该地区国家在"一带一路"经贸合作中具有特殊的战略意义，中亚五国的贸易便利化问题逐渐成为研究的关注点。学者们普遍认为中亚贸易便利化是促进中亚地区经济发展和区域一体化的重要因素（Kavalski，2016；Felipe and Kumar，2012）[9][10]。中亚地区的贸易便利化对于促进区域经济发展和推动国际贸易合作具有重要意义。于晨曦（2022）的研究表明，中亚五国的贸易分布和对外投资，对贸易政策的制定和调整有着重要影响[11]。张晓静和李梁（2015）认为，"一带一路"倡议推动了中国出口贸易的发展，贸易便利化在其中起到了重要作用[12]。

目前，学者们主要从贸易流量变化、经济增长效应、投资环境变化等方面对中国中亚国家贸易便利化政策效果进行评估。李玉成（2022）探讨了贸易便利化对中国—中亚五国双边贸易潜力的影响。通过建立模型并进行实证分析，研究结果表明贸易便利化对双边贸易潜力具有显著的影响[13]。刘学航（2023）的研究指出，在双循环格局下，数字化发展对贸易便利化有着重要的影响[14]。张文中（2014）的研究聚焦于中亚五国的贸易分布、对外投资以及贸易政策。通过定量分析，研究发现贸易政策对中亚五国的贸易发展起到了积极的促进作用[15]。

一些学者还对毗邻中亚国家的中国新疆地区与中亚贸易合作进行了具体研究。开艺兰等（2021）研究了中亚国家贸易便利化对中国新疆农产品出口贸易的影响。研究结果显示，中亚国家贸易便利化政策的推进，对中国新疆农产品出口贸易具有积极的促进作用[16]。穆沙江·努热吉等（2016）在研究中指出，丝绸之路经济带中国—哈萨克斯坦国际合作示范区是中亚地区贸易合作的重点，该地区的合作模式和重点需加以选择和优化[17]。艾赛提江·艾拜都拉（2015）的研究分析了"新丝绸之路"对中国与中亚贸易的影响，并提出了相应的对策[18]。

还有学者对影响中国与中亚贸易往来的具体因素做了分析。肖瑶和陈晓文（2019）通过实证分析发现，制度质量和外商直接投资对出口贸易有正向影响，并且贸易质量是中国与中亚五国贸易合作的重要因素[19]。郭扬和李金叶（2018）从国家时空视角出发，研究了中国与中亚贸易的质量，并探讨了贸易发展的特点和趋势[20]。姚树俊等（2018）考虑了公平与默契因素，分析了中国与中亚五国贸易合作的潜力[21]。黄丽等（2022）研究了中亚五国自华进口贸易的技术溢出和碳排放影响[22]。汪晓文等（2018）通过实证分析探讨了人民币中亚区域化贸易基础的情况，为该地区的贸易发展提供了参考[23]。孙景兵和杜梅（2016）研究了中国新疆与哈萨克斯坦贸易便利化的发展情况。贸易便利化政策的实施对国际贸易和经济发展具有重要影响，但其政策效果需要进行评估[24]。在共建"一带一路"国家贸易便利化水平分析及中国对策方面，盛斌和靳晨鑫（2019）的研究发现，共建"一带一路"国家的贸易便利化水平对中国的出口有着重要影响，同时提出了相应的对策[25]。

3. 中亚国家贸易便利化的发展现状

（1）中亚国家基础设施

1）哈萨克斯坦

①公路

哈萨克斯坦的交通运输系统中，公路和铁路占有重要地位，管道运输排在第三位。公路是哈萨克斯坦最主要的交通运输方式，其公路网规模在独联体地区居第二位，仅次于俄罗斯。2022年公路总里程为9.8万公里。其中，区县级公路

3.91 万公里，州级公路 3.29 万公里，国际及国家级公路 2.6 万公里。哈萨克斯坦境内有 6 条国际公路，总长 8258 公里，承担着欧亚大陆之间过境货物运输的重要任务，具有极其重要的意义。

②铁路

哈萨克斯坦作为世界上面积最大的内陆国家，铁路交通在全国交通运输中扮演着重要角色。截至 2021 年底，哈萨克斯坦国内铁路总里程约 2.1 万公里，运营总里程 1.51 万公里。其中，单线铁路约 9800 公里，复线铁路 4900 公里，电气化线路 4200 公里。哈萨克斯坦同中国、俄罗斯、乌兹别克斯坦、吉尔吉斯斯坦、土库曼斯坦等邻国共有铁路口岸 31 个。

③空运

哈萨克斯坦国土辽阔，航空运输在哈萨克斯坦占有重要地位。2021 年，哈萨克斯坦民航领域主要指标增长稳健。据哈萨克斯坦国家统计局发布数据，航空公司累计运载旅客 5754 万人次，同比增长 69.13%；货运周转量达 4.79 亿吨/公里。哈萨克斯坦现有大型机场 21 个，其中 12 个提供国际空运服务。全国最主要的机场是阿拉木图机场和努尔苏丹机场。

④水运

哈萨克斯坦是内陆国，相比其他运输方式，水运不发达。哈萨克斯坦里海海上运输主要依靠 3 个港口：阿克套国际商港、包季诺港和库雷克港。阿克套港可装卸各种干货和石油，是航空、铁路、公路、海运和管道多种运输途径的交通枢纽，也是目前哈萨克斯坦唯一的国际海港。为扩大海运能力，已将库雷克港列入哈属里海地区发展规划。库雷克港设计能力为年装运原油 2000 万吨，经升级改造后，目前开始运输干散货等物资。包季诺港是哈萨克斯坦里海大陆架石油开采公司的海运辅助港口，主要用于转运哈萨克斯坦境内石油开采公司所需的设备、建筑材料、燃料物资等。

哈萨克斯坦目前内河航运总里程 4054 公里，分布在 3 个水域，即额尔齐斯河水域（1719.5 公里）、伊犁河—巴尔喀什水域（1308 公里）和乌拉尔河—里海水域（956 公里）。

2）吉尔吉斯斯坦

①公路

吉尔吉斯斯坦是内陆国家，公路运输是其最重要的运输方式。公路总里程约 3.4 万公里，其中各地州的公路总长 1.88 万公里，其余 1.52 万公里为城镇、乡村及各类企业用路。境内无专门的高速公路。

吉尔吉斯斯坦境内共有 8 条主要公路交通干线，总长 2242 公里，包括比什凯克—奥什公路（672 公里）、比什凯克—纳伦—吐尔尕特公路（539 公里）、奥什—伊尔克什坦公路（258公里）、奥什—伊斯法纳公路（385公里）、萨雷塔什—卡拉梅克公路（142公里）、比什凯克（卡拉巴尔塔）——恰尔多瓦尔公路（31公里）、塔拉兹—塔拉斯—苏萨梅尔公路（199公里）和比什凯克—格奥尔吉耶夫卡公路（16公里）。吉尔吉斯斯坦公路可通往中国、哈萨克斯坦、乌兹别克斯坦、塔吉克斯坦等邻国。

据吉尔吉斯斯坦国家统计委员会统计，2021年，吉尔吉斯斯坦公路货物运输量2615.86万吨，占全国货运总量的90%以上，同比增长16.8%；公路客运量达4.4亿人次。

②铁路

吉尔吉斯斯坦境内铁路交通不发达，铁路总长423.9公里，铁路网包括互不相连的南北两部分。目前，北部铁路长322.7公里，东起伊塞克湖西岸的巴雷克奇，向西经吉—哈边境与哈萨克斯坦铁路网相连，并可直达俄罗斯；南部铁路长101.2公里，自奥什至贾拉拉巴德。吉尔吉斯斯坦境内无高铁。2021年，吉尔吉斯斯坦铁路运输量211.2万吨，同比增长4.85%；客运量为25.5万人次，同比增长352.2%。

③空运

吉尔吉斯斯坦现有14家航空公司从事民航经营。其中，吉尔吉斯斯坦本国民航企业7家，外航企业7家。2021年吉尔吉斯斯坦航空货运量为400吨，同比增长400%，客运量为92.21万人次，同比增长211.1%。

主要国际航线为：比什凯克—乌鲁木齐（中国）、比什凯克—杜尚别（塔吉克斯坦）、比什凯克—塔什干（乌兹别克斯坦）、比什凯克—莫斯科（俄罗斯）、比什凯克—圣彼得堡（俄罗斯）、比什凯克—阿拉木图（哈萨克斯坦）、比什凯克—迪拜（阿联酋）、比什凯克—伊斯坦布尔（土耳其）、比什凯克—乌兰巴托（蒙古）、比什凯克—新德里（印度）、奥什—莫斯科（俄罗斯）和奥什—乌鲁木齐（中国）等。

④水运

吉尔吉斯斯坦内河航运以伊塞克湖为主，港口包括巴雷克奇和卡拉阔尔，航线总长189公里。年货运量不超过5万吨。

3）塔吉克斯坦

①公路

塔吉克斯坦在苏联时期属于边远地区，基础设施建设落后，独立后政府无力在此领域进行投资，且经几年内战破坏，基础设施损毁严重，制约了国家经济发展。塔吉克斯坦国土面积的93%为山地，地形地貌复杂，筑路困难，交通条件较差，交通主要以公路为主。

塔吉克斯坦现有 4 条公路干线，均以首都杜尚别为中心，向周边国家辐射。包括塔中（中国）公路，西起杜尚别，东到中塔边境阔勒买口岸，全长 1002 公里。塔吉（吉尔吉斯斯坦）公路，由杜尚别到东北边境城市卡拉梅克，全长 368 公里。塔阿（阿富汗）公路，北起杜尚别，南至边境城市下喷赤，全长 185 公里。塔乌（乌兹别克斯坦）公路，塔乌公路北段南起杜尚别，北至边境小镇恰纳克，全长 368 公里。塔乌公路西段东起杜尚别，西至边境城市图尔松扎德，全长 64 公里。2021 年，塔吉克斯坦货运量 8202.94 万吨，同比增长 2.7%；客运量 7.37 亿人次，同比增长 12.6%，其中 97.3% 为公路客运量。

②铁路

塔吉克斯坦的铁路系统主要承担旅客和货物进出境运输，国内运输主要依靠公路。塔吉克斯坦有北、中、南三条互不相连的铁路线，通过邻国乌兹别克斯坦与独联体及周边国家相连。塔吉克斯坦铁路总长 950.7 公里，使用长度 616.7 公里，其中 114 公里已超期服役。铁路是塔吉克斯坦外贸货物运输的重要手段，但在通行和过境费用等诸多方面受他国制约。2021 年，塔吉克斯坦铁路货运量 568.11 万吨，同比减少 9.9%。铁路的客运量 44.38 万人次，同比减少 0.2%。

③空运

塔吉克斯坦主要机场有杜尚别机场、胡占德机场、库利亚布机场。其中，杜尚别机场是塔吉克斯坦最大机场，机场级别 B，飞行区等级为 4D。2015 年法国公司负责建设的新航站楼已投入使用，并于 2017 年 4 月正式开通杜尚别至乌兹别克斯坦首都塔什干的直航航班。2021 年，塔吉克航空客运量 38 万人次，同比增长 29.5%，货运量基本为零。

塔吉克斯坦与莫斯科、圣彼得堡、阿拉木图、比什凯克、奥什、叶卡捷琳堡、新西伯利亚等独联体国家重要城市开通了国际航线。与其他国家开通的有塔吉克斯坦至沙迦（阿联酋）、马什哈德（伊朗）、新德里（印度）、喀布尔（阿富汗）、伊斯坦布尔（土耳其）、法兰克福（德国）、乌鲁木齐（中国）等国际航线。中国南方航空公司经营中塔之间两条国际航线：乌鲁木齐—杜尚别，乌鲁木齐—胡占德市。

④水运

塔吉克斯坦为内陆国家，无海运。国内水系不适合于航行，也无内河航运。

4）土库曼斯坦

①公路

土库曼斯坦地处欧亚大陆中心地带，挖掘过境运输潜力是当地的优先发展方向。土库曼斯坦公路总长逾 1.4 万公里，约 2/3 为最近十几年新建。其中，国道长 6540 公里，国际公路长 2280 公里。全长 546 公里的阿什哈巴德—卡拉库姆—

达绍古兹一级公路和全长 1400 公里的土库曼巴什—法拉普一级公路分别为该国的南北交通动脉和东西交通动脉。土库曼斯坦公路网可覆盖全国所有城市和主要乡镇。据土库曼斯坦官方统计，2020 年土库曼斯坦公路货运量约 4.57 亿吨，占全国总货运量的 86.5%；客运量为 10.5 亿人次，占客运总量的 99.6%。

土库曼斯坦与邻国哈萨克斯坦、乌兹别克斯坦、阿富汗和伊朗的边界均有公路过境点，除短暂冰雪天气外，车辆可全年通行。

②铁路

土库曼斯坦独立后，境内铁路长度增加了 1659 公里，目前总长度为 5198 公里，共有 742 座铁路桥。土库曼斯坦境内现已基本形成东西贯通、南北相连的铁路布局，铁路网呈不规则的"大"字形分布，但尚无电气化铁路。土库曼斯坦与周边邻国乌兹别克斯坦、阿富汗、伊朗和哈萨克斯坦之间均有铁路对接站点。土库曼斯坦铁路建设沿用苏联技术标准，路轨为 1520 毫米轨距的宽轨，与采用国际标准轨距的伊朗和阿富汗铁路对接时须进行路轨换装。据土库曼斯坦官方统计，2020 年土库曼斯坦铁路货运量约 2188 万吨，占全国货运总量的 4.14%；铁路客运量 278.2 万人次，占全国客运总量的 0.26%。

土库曼斯坦大部分铁路线路严重老化，境内没有高铁线路，当地政府拟对所有老化和低速铁路线路进行提速改造，并酝酿引进国外高速列车。目前，土库曼斯坦铁路署已经开始进行阿什哈巴德—土库曼巴什 590 公里铁路线二级提速的改造和论证工作。2018 年 2 月，土库曼斯坦—阿富汗跨境铁路"谢尔赫塔巴特—图尔衮季"段开通。2018 年 10 月，土库曼斯坦与阿富汗、阿塞拜疆、格鲁吉亚、土耳其在第七届阿富汗区域经济合作会议上签署青金石走廊运输合作协议。青金石走廊始于阿富汗，经土库曼斯坦里海港口土库曼巴什跨越里海，通过巴库、第比利斯抵达黑海港口巴统和波季，随后经土耳其城市卡尔斯、伊斯坦布尔抵达欧洲。2019 年 7 月，土库曼斯坦—阿富汗—塔吉克斯坦铁路中阿富汗境内阿基纳—安德霍伊段开工建设，被称作亚洲铁路走廊，全长逾 400 公里。

③空运

土库曼斯坦境内有 6 个国际机场（阿什哈巴德国际机场、土库曼纳巴特国际机场、土库曼巴什国际机场、达绍古兹国际机场、马雷国际机场、克尔基国际机场）和 1 个地方机场（巴尔坎纳巴特机场）。据土库曼斯坦官方统计，2020 年土库曼斯坦航空货运量 5000 吨，民航客运量 126.4 万人次，占全国客运总量的 0.12%。

土库曼斯坦航空公司执行的定期国际客运航线共有 14 条，目的地包括阿布扎比、阿拉木图、安卡拉、曼谷、伯明翰、法兰克福、德里、迪拜、明斯克、莫斯科、北京、伊斯坦布尔、圣彼得堡、喀山。此外，土库曼斯坦航空公司共有 5 条使用伊尔 76TD 型飞机执行的定期国际货运航线，目的地包括阿布扎比、伊斯坦布尔、德里、比什凯克和乌鲁木齐。

④水运

土库曼斯坦是内陆国家，无出海口，但濒临里海。水运系指经里海和阿姆河（内河）的客、货运输。土库曼巴什港是里海东岸最大港口、土库曼斯坦西部的对外门户，可停靠 7000 吨货轮，是土库曼斯坦原油、成品油、聚丙烯等商品的主要出口通道。土库曼斯坦里海港口不仅是其通往其他沿岸国家的门户，还是中亚、伊朗等国家的贸易中转枢纽：货流可经土—俄之间的里海航线、从阿斯特拉罕港口（俄）进入伏尔加河内河航道、再经伏尔加—顿河航道出亚速海进而抵达黑海港口（暖季）；也可在土库曼巴什港通过轮渡至里海对岸的巴库港后，直接进入外高加索铁路网，进而从陆路抵达黑海的波季港（格鲁吉亚）。据土库曼斯坦官方统计，2020 年土库曼斯坦海上货运量 240.9 万吨，占全国货运总量的 0.46%；海上客运量仅 6.5 万人次。

此外，土库曼斯坦与其他沿里海国家的港口—阿克套（哈萨克斯坦）、阿斯特拉罕（俄罗斯）、马哈奇卡拉（俄罗斯）、巴库（阿塞拜疆）和涅卡（伊朗）之间均辟有油轮航运通道。2018 年 5 月 2 日，土库曼巴什新国际港口正式投运，该项目造价约 15 亿美元，港区面积近 152 公顷，可以同时停靠 17 艘船舶。设计货物吞吐量 1700 万吨/年（不包括石油制品），客运能力为 30 万人次/年、接驳货运汽车 7.5 万辆/年、集装箱 40 万个。土库曼巴什新国际港口港区内建有"巴尔坎"船舶修造厂。

土库曼斯坦正致力于建设现代化里海贸易船队，造船成为当地新兴产业。截至 2021 年 3 月，巴尔坎船厂维修船舶 80 余艘，其中 20 艘为大修。

"里海—黑海"过境运输走廊是连接中亚与欧洲的最短、最经济的路线。2019 年 3 月，土库曼斯坦与阿塞拜疆、格鲁吉亚和罗马尼亚在布加勒斯特举行外长会议，探讨里海—黑海过境运输走廊建设，并签署《布加勒斯特宣言》。

5）乌兹别克斯坦

①公路

乌兹别克斯坦现有公路 18.4 万公里，其中城市间公路 4.27 万公里，乡村公路 6.73 万公里，市内公路约 6.17 万公里，其他公路 1.23 万公里，无高速公路。乌兹别克斯坦干线公路连通各州并与哈萨克斯坦、塔吉克斯坦、吉尔吉斯斯坦、土库曼斯坦、阿富汗等邻国公路网相连，总体路况一般，少部分路段亟待改造。

②铁路

乌兹别克斯坦铁路总长约 7000 公里，其中正常运行路段约 4735.1 公里，电气化铁路 1830.3 公里。塔什干至撒马尔罕建有高速铁路，里程 344 公里，最高时速 250 公里。乌兹别克斯坦积极参与和支持国际运输通道的建立，已建有连接哈萨克斯坦、吉尔吉斯斯坦和土库曼斯坦的跨境铁路，正积极探讨建设连通阿富汗和巴基斯坦的铁路。2021 年，乌兹别克斯坦铁路货运量约 9885 万吨，同比增长 2.9%；客运量 7968 万人次，同比增长 26.9%。

③空运

乌兹别克斯坦境内有 11 个机场，均为国际机场。塔什干国际机场最大，可起降各类飞机，每小时吞吐量超过 1000 人，每年可为 200 多万乘客提供服务。撒马尔罕机场为乌兹别克斯坦第二大机场，每小时吞吐量为 400 人，每周有飞往首都塔什干，以及俄罗斯莫斯科、圣彼得堡的航班。乌兹别克斯坦航空公司航班可直飞美国、英国、法国、日本、俄罗斯、德国、中国、韩国、阿联酋、土耳其、哈萨克斯坦、吉尔吉斯斯坦、塔吉克斯坦等 40 多个国家和地区。

④水运

乌兹别克斯坦是内陆国家，无海。内陆河流水量小，无水运。

（2）中亚国家海关效率

衡量各国海关效率没有直接官方指标，我们根据世界银行的物流绩效指标（Logistics Performance Index，LPI）子项中的清关效率指标（Efficiency of customs clearance process）来考察中亚国家的海关效率。数据来自世界银行与从事国际物流的学术机构和国际机构以及私营公司和个人合作开展的物流绩效指数调查（2007 年开始，自 2010 年起每两年一次）。每位受访者根据 6 个核心维度对 8 个国家进行评估，评分范围从 1（最差）到 5（最好）。这 8 个国家是受访者国家最重要的进出口市场，随机选择，包括内陆国家以及受访者国家的邻国。2023 年 LPI 调查由 652 名物流专业人员在世界银行所有区域的 115 个国家提供了 4090 项国别评估，答复者对清关程序的效率（手续的速度、简单性和可预测性）进行了评价。中亚五国的清关效率结果如表 6-3 所示。

表 6-3　中亚五国清关效率

年份	哈萨克斯坦	吉尔吉斯斯坦	塔吉克斯坦	土库曼斯坦	乌兹别克斯坦
2007	1.91	2.20	1.91	—	1.94
2010	2.38	2.44	1.90	2.14	2.20
2012	2.58	2.45	2.43	—	2.25
2014	2.33	2.03	2.35	2.31	1.80
2016	2.52	1.80	1.93	2.00	2.32
2018	2.66	2.75	1.92	2.35	2.10
2022	2.60	2.20	2.20	—	2.60

注："—"为缺失值。

资料来源：https://data.worldbank.org/.

数据显示，15 年来中亚五国清关效率总体上在不断提高，清关效率排名依次是哈萨克斯坦、乌兹别克斯坦、吉尔吉斯斯坦、塔吉克斯坦和土库曼斯坦。2022年清关效率最高的是哈萨克斯坦和乌兹别克斯坦（得分均为 2.60），其次是吉尔吉斯斯坦和塔吉克斯坦（得分均为 2.20），土库曼斯坦没有最新的清关数据。但是根据 2018 年的结果，土库曼斯坦的清关效率要高于乌兹别克斯坦和塔吉克斯坦。乌兹别克斯坦的海关清关效率提升最快，可能与其在改革政策及实施海关现代化战略、提升海关服务能力以及优化清关流程等方面采取积极措施有关。此外，乌兹别克斯坦通过加强信息化建设，提升了海关工作效率，进一步加速了清关速度。吉尔吉斯斯坦清关效率的下降，可能与其在通关流程管理、海关监管机制改革以及信息化建设等方面存在的挑战和问题有关。同时，吉尔吉斯斯坦所处的地理位置复杂，也可能使物流通关效率受到影响。

从指标本身含义来看，清关效率高意味着进出口货物在该国出发港停留时间和综合停留时间（包括在中间地点花费的时间）比较短，通关手续简化，边境管理部门高效，物流基础设施好（比如口岸有足够多的停车位，不用排队），海关口岸电子化信息化程度高，等等。总之，通关效率是一个国家贸易便利化政策落地、基础设施完善、过境流程简化、电子化清关、人员专业等一系列高效配套的综合结果。

在影响货物清关效率的所有因素当中，报关电子化、无纸化，数据标准化、信息共享是十分重要的贸易便利化措施，为此联合国在 2005 年提出了"单一窗口"（Single window）计划。在单一窗口建设实施方面，中国走在前列，国家层面有标准版单一窗口系统，各地有地方版单一窗口，地方单一窗口在全国统一版基础之上，增加了差异化特色服务功能。单一窗口的使用大大方便了相关贸易主体，节约了时间，降低了成本。中亚国家当中，哈萨克斯坦已经推出了单一窗口试点版本，吉尔吉斯斯坦的单一窗口系统（Tuplar System）也已经上线，塔吉克斯坦单一窗口系统也于 2023 年 2 月底开始实施[26]。

（3）中亚国家通信设施

1）哈萨克斯坦

①电话

哈萨克斯坦的电信行业发展水平在中亚地区位居前列。截至 2021 年底，拥有固定电话用户 298 万户，同比减少 3.6%；移动用户 2447 万户，同比减少 0.72%；固网宽带用户 275.36 万户。

②互联网

2020 年以来，哈萨克斯坦互联网用户增长迅速，普及率达到 99.3%。2021 年9 月，哈萨克斯坦在努尔苏丹、阿拉木图和奇姆肯特 3 个直辖市开展 5G 测试，后续拟分阶段推广。根据哈数字化发展部发布的消息，5G 网络将不采用独家运营的方式，旨在促进市场竞争，使当地居民享受更好的网络服务。

③智慧物流

哈萨克斯坦正在建设国家商品配送系统，由 24 个批发配送中心构成。第一阶段拟建立 7 个批发配送中心，包括 4 个仓储中心和 3 个配送中心，向当地零售网点、网店和其他批发商供应产品。2022 年 1 月，完成 2 个批发配送中心的现代化改造并交付使用。其余 5 个批发配送中心将于 2022 年 8 月完工。国家商品配送系统二期计划建设 17 个批发配送中心，目前正会同私营合作伙伴开展市场分析，70%的建设用地已经确定并启动划拨程序。

2020 年，哈萨克斯坦贸易和一体化部启动新的出口支持工具"出口加速"计划，其宗旨是为中小企业扩大出口集中提供支持，为企业进入新市场提供全程伴随服务。2022 年，哈萨克斯坦贸易和一体化部为本国出口企业搭建两个出口平台——"出口加速—2022"和阿里巴巴电商平台。"出口加速—2022"是一个以实践为导向的平台，旨在为出口企业提供全面支持，包括培训、诊断、制定出口战略、市场推广、组织企业参与展会，以及寻找可靠的买家和签订出口合同，目标市场为俄罗斯、乌克兰和阿塞拜疆、阿联酋、沙特阿拉伯和乌兹别克斯坦。

2）吉尔吉斯斯坦

①固网通信

运营商主要包括吉尔吉斯国家电信公司 Kyrgyztelecom、Saima-Telecom 公司和 Megaline 公司。国家电信公司是吉尔吉斯斯坦国内最大的固网运营商，为国家控股企业，拥有 50 万用户。Saima-Telecom 公司和 Megaline 公司是吉尔吉斯斯坦通信市场放开后首批进入吉尔吉斯斯坦固网运营市场的私人公司，其中 Saima-Telecom 公司拥有 8000 个用户，业务覆盖范围仅限于比什凯克市及周边地区，Megaline 公司为小运营商，网络小，以宽带为主。目前用户数约 1 万，业务覆盖吉尔吉斯斯坦北部地区、奥什市和贾拉拉巴德市。

②移动通信

2020 年吉尔吉斯斯坦移动通信运营商主要包括"O"公司、Megacom 公司和 Beeline 公司。目前，吉尔吉斯斯坦运营商主要提供 3G 和 4G 数据传输，全国有 70%以上的居民使用智能手机，收费较低。

③互联网

吉尔吉斯斯坦是山地国家，在山区铺设光缆的难度较大。因此，逾 70%的网络集中在比什凯克等大城市，各地区无线网络需求大、发展快。网络零售、跨境电商、移动支付等服务平台建设发展缓慢。

2021 年，吉尔吉斯斯坦通信业产值为 188.8 亿索姆（约合 2.36 亿美元），同比增长 14.54%。

3）塔吉克斯坦

①移动通信

塔吉克斯坦数字基础设施非常薄弱，且缺少相应的立法和政策支持，数字化发展投资不足，缺少专业技术人才，人们普遍缺乏数字技能，数字技术创新和应用环境较差。塔吉克斯坦独立后，陆续出台了一系列相关的法律法规，鼓励外资及本国私营企业发展通信信息技术，培育通信服务市场。2000 年以后，塔吉克斯坦通信产业得到了快速发展。目前，在塔吉克斯坦共有 10 家移动电话运营商，其中较有实力的是塔吉克斯坦最大私营通信公司 Babilon-Mobile、塔俄合资的 MLT-Mobile、塔美合资的 Indigo，以及中塔合资的 TKMobile。

塔吉克斯坦移动电话共采用 5 种技术标准：AMPS、GSM、CDMA450、CD-MA20001X 和 3G-UMTS，移动电话网络基本形成，信号已能覆盖全国各大中城市、主要交通干线及其邻近地区和居民点，但广大农村地区和偏远山区仍是一片空白。随着塔吉克斯坦开通独联体第一家 3G 业务，多家公司开通 4G 服务业务，移动服务已不仅限于拨打国内国际电话，还可提供因特网、可视电话和远程教育等高端服务。

塔吉克斯坦市场上有四大运营商，按市场占有率排名分别为：Tcell（36%）、MegaFon（25%）、BabilonMobile（20%）和 Beeline（19%），全部持有 GSM900MHz/1800MHz 运营许可证。目前，塔吉克斯坦分布最广泛的是 2G 网络，特别是在人口占比超过 73% 的农村地区，正在开展的 3G/4G 网络建设将有助于互联网的普及，4G 仅覆盖主要城市，仍是建设重点。Tcell 在塔吉克斯坦拥有最广泛的 4G 网络覆盖。5G 建设才开始站点布置，仍处于试用阶段。

②互联网

近年来，塔吉克斯坦网络基础设施建设取得极大进展，主要互联网接入提供商为 MLT、Megafon、Tcell、Intercom 和 Babilon 等；互联网服务用户数量不断增加，居民上网比例约 35%，多使用移动设备上网。

在 2021 年 11 月末发布的全球网速排行榜上，塔吉克斯坦移动网速（下载速度 7.57Mb/s、加载速度为 4.07Mb/s）在 138 个国家（地区）中排第 135 位，固定宽带网速（下载速度 16.63Mb/s、加载速度为 14.75Mb/s）排第 120 位，明显低于邻国哈萨克斯坦、吉尔吉斯斯坦和乌兹别克斯坦。据 2022 年 1 月"Ookla"全球网速测试结果，塔移动宽带平均网速为 6.4Mb/s，在 140 个国家（地区）中排名第 135 位。

另据塔吉克斯坦通信局数据，截至 2021 年底，塔吉克斯坦因特网用户数超过 330 万，移动通信客户数超过 600 万。塔吉克斯坦互联网速度较慢，且基础上网费较高，1GB 流量约 1.5~2 美元，用户每月上网费用相当于月均工资的 8%~10%。

③电子商务

塔吉克斯坦电子商务处在初级发展阶段。制约电子商务发展的主要原因不仅有网络基础设施落后、上网费用偏高，还有电子金融滞后、电子支付不普及、人们对网上支付系统不信任、物流不够发达等。

4）土库曼斯坦

①电话

土库曼斯坦全国现有程控交换设备总容量约 100 万线，其中数字交换机 81 万线，首都固定电话网络基本实现数字化，全国范围的数字化率则达到 80% 以上，传统电话业务可覆盖全国所有的固定居民点。数字交换设备全部来自国外供应商。目前，2G 移动网络已基本覆盖全国，包括各州府城市、小城市、乡镇及主要固定居民点。土库曼斯坦目前投入网络使用的 GSM 移动设备容量总计 600 多万户，CDMA 设备容量约 1 万户。2004 年建成的土蜂窝型移动电话网络系统"金色世纪"隶属于土库曼斯坦通信署，金色世纪移动公司是土库曼斯坦国家电信公司下属的全资国有企业，垄断经营全国移动业务。目前，该公司已经加入了世界 GSM 移动运营商协会。

根据国家统计委员会数据，金色世纪在当地共有近 500 万个移动用户，原俄罗斯移动通信服务在土库曼斯坦运营的 MTS 网络 150 万个用户基本已全部迁网至土库曼斯坦本国企业运营的金色世纪网络。目前，土库曼斯坦全境移动通信覆盖率已达 97%。金色世纪网络可以提供 2G GPRS、3G WCDMA 和 4GLTE 移动通信服务，未来还将提供 5G 服务。土库曼斯坦电信用户中，2G 用户占比约 65%，3G 用户占比约 34%，4G 用户占比约 1%，只有 2 万至 3 万人。

②互联网

自 2000 年起，土库曼斯坦开通国际互联网业务，至今仍主要采用 ADSL2 拨号上网方式，下一代宽带技术（VDSL2 技术）自 2015 年起开始规模使用。截至 2018 年底，全国国际出口总带宽 10Gb 左右，宽带用户总计 6.5 万个左右，多为国家机关、企事业单位、外交机构等团体用户以及首都家庭用户。土库曼斯坦于 2009 年底开放 3G 服务业务，2013 年 8 月 4G 网络投入使用。

根据《土库曼斯坦 2018—2024 年通信发展规划》，当地通信领域将进行全面现代化改造。根据土库曼斯坦《2019—2025 年数字经济发展方案》，政府将在 3 年内系统地提高国家通信质量水平，在全国范围内建设发展光纤通信网络，阿什哈巴德市承载网容量将由目前的 20G/s 增加到 100G/s，各州中心城市将增加到 1G/s~10G/s，农村偏远地区将增加到 1G/s。固定宽带最高可以达到 200Mbps，新增 23 万个固定宽带接入。金色世纪通讯公司将实现 3G 全覆盖、4G 覆盖主要城市的目标，持续提高网络通信质量，使服务信号覆盖土库曼斯坦全境。国家通信署 2019 年总结报告显示，过去 3 年全国国际互联网容量扩展 10 倍，移动互联网用户增加 50 多万个。

5）乌兹别克斯坦

乌兹别克斯坦移动电话用户超过 2991 万户，普及率为 84.8%，移动通信基站数量超过 4.57 万个，覆盖 98% 的居民点；互联网用户 2720 多万人，普及率 77%，其中，移动互联网用户 2530 多万人，移动宽带覆盖率 70%；4G 网络覆盖率 54%，5G 建设刚刚起步，目前仅在首都塔什干市建设了 15 个试验基站。

乌兹别克斯坦数字应用基础设施仍处于起步或计划阶段，因自有资金有限，乌兹别克斯坦政府目前重点发展电子政务系统、远程教育、平安城市、智慧医疗和加强 ICT 人才培养等方面，商用基础设施暂未开始大规模建设和推广，网络零售平台建设刚刚起步，跨境电商、智慧物流、移动支付等服务平台建设尚未开展。

（4）中亚国家贸易规制

1）哈萨克斯坦

①进出口管理

哈萨克斯坦实行完全放开自由贸易，所有自然人和法人均可从事对外贸易活动。除武器、弹药、药品等产品限制进口之外，其余产品均可自由进口，也不受配额及许可证限制。哈萨克斯坦对出口实行鼓励政策。除武器、弹药等产品需要取得许可证之外，其余商品均可自由出口，但有时也会根据国家的需要，暂时禁止某些商品的出口，如粮食、菜籽油、白糖等。另外，在一定时期内，哈萨克斯坦政府会根据国际和国内市场的变化对部分商品的出口征收出口关税，如原油、某些动物皮毛以及废旧金属等。

②进口税收

2014 年 5 月，俄罗斯、白俄罗斯和哈萨克斯坦签约成立欧亚经济联盟，哈萨克斯坦同俄罗斯和白俄罗斯实施统一的进口关税税率，按照同盟共同制定的进口税率征收。哈萨克斯坦仅对石油、石油产品、废旧金属和动物皮毛等部分出口商品征收出口关税。

哈萨克斯坦海关税费也由欧亚经济联盟统一制定。为保护本国生产企业的利益，哈萨克斯坦要求分阶段与统一税率接轨，并为 400 多种商品申请了过渡期，另外，凡用于外资对哈投资项目的进口机械设备和原、辅料一律免征进口关税。其他海关手续费等由哈萨克斯坦自行审定。

2）吉尔吉斯斯坦

①进出口管理

吉尔吉斯斯坦对外贸易活动的基本法律有《吉尔吉斯共和国对外贸易法》《吉

尔吉斯共和国海关法》《吉尔吉斯共和国许可证法》。

2014 年 10 月，吉尔吉斯斯坦加入欧亚经济联盟，实施同盟统一的关税税率。吉尔吉斯斯坦执行严格的进口许可证管理制度，与武器、贵金属、药品、危险化学品、酒精制品相关贸易都需取得进口许可证。出口管理方面，除上述物品之外，活牲畜、植物类的制药原料、战争物资、弹药、有色金属边角料和废料都受到出口管制。

②税费优惠

吉尔吉斯斯坦对包括中国在内的 WTO 所有成员国以及与吉尔吉斯斯坦达成有关双边协议的国家给予贸易最惠国待遇；对于产自未与吉尔吉斯斯坦达成相互给予最惠国待遇国家的商品，或未明确原产地的商品，实行加倍征收进口关税的规定；对关税税则规定为零关税的商品则加收 10% 的进口关税。吉尔吉斯斯坦对欧亚经济联盟其他成员国实行特殊的关税优惠。

3）塔吉克斯坦

①进出口管理

塔吉克斯坦实行较为宽松的对外贸易政策，企业法人、自然人都可从事进出口贸易，一般商品均放开经营。部分商品受许可证和配额管制，包括武器、军品、贵金属、烟草、皮革、动植物、化学品等。

②海关税费

吉尔吉斯斯坦对出口品免征关税，进口方面，为支持本国生产和国内市场，2018 年 8 月对进口关税税率调整，平均进口税率从 7.6% 提高至 8.1%。对进口自欧亚经济共同体成员国的商品和进口自较不发达国家的商品，免征关税。

4）土库曼斯坦

①进出口管理

出口方面，土库曼斯坦对本国产品出口实行计划配额管理，由国家统一联合经营，即国家根据产品的实际产量和国内需求，确定当年出口计划，并将全部出口产品统一投放国家商品和原料交易所进行竞卖，国家商品和原料交易所有权对出口产品价格进行管控，若双方签订合同中，出口商品价格低于国家商品和原料交易所规定的基准范围，则国家商品和原料交易所有权拒绝对合同进行注册。进口方面，主要通过关税措施进行管理和调节，同时对烟酒类商品、机动车、化工产品等进口实行许可证管理制度。

参与交易的自然人和法人，无论买方还是卖方，均需取得经纪资格，否则只能通过与经纪人签订经纪服务合同参与交易。外国法人、合资企业、外国公民及无国籍人士仅能通过交易中介（经纪人）参与交易。交易中介只能由国家商品和原料交易所经纪服务机构人员或独立经纪人担任。

②海关管理

自 2019 年 9 月起，土库曼斯坦海关对过境货物实行新通关要求，规定应在货物上标注类型编号、体积重量、驾驶员和车辆信息、收货地点及行程路线等。2020 年 4 月，国家议会通过《关于修订和增补土库曼斯坦海关法》的法案，规定取消海关对免税商店、海关监管仓库、临时仓储场所和报关代理等经营许可证审批。

土库曼斯坦海关自 2020 年 1 月起实施通关货物电子报关程序。2021 年 3 月，土库曼斯坦海关署举办"国际贸易单一窗口"跨部门协调委员会首次会议。2021 年 5 月，土库曼斯坦成为《关于简化和协调海关业务制度的国际公约》第 126 个缔约国。

5）乌兹别克斯坦

①进出口管理

乌兹别克斯坦主要贸易法规有《对外经济活动法》《出口监督法》《保护措施、反倾销及补偿关税法》和《海关法》。进口方面，除了对国家安全、人民生命健康有影响的商品禁止进口外，对于进口产品没有过多限制。但 2017 年以来，由于国际收支进一步恶化，为减少进口节约外汇资源，要求加大力度推动工业生产本土化进程，对本国可以生产的产品、材料等不允许进口。

②海关税费

2018 年 6 月，乌兹别克斯坦发布《关于进一步整顿对外经济活动和改善乌关税制度的措施》，对《关税税率法》进行补充，取消过去给予的大范围进口关税优惠，鼓励吸引外资，在国内创造有竞争力的生产环境，鼓励高附加值产品出口。

按照世贸组织的分级标准，乌兹别克斯坦税率制度可归入"开放"类。《关税税率法》规定，对与乌兹别克斯坦签订最惠国待遇协定的国家，其进口商品关税税率的最高水平由法律确定，对未与乌兹别克斯坦签订该协定的国家进口商品或无原产地证明的进口商品，进口关税税率增加一倍。

（二）中国—中亚贸易便利化水平测度

1. 贸易便利化测度的主要方法

（1）世界银行营商环境报告

世界银行于 2003 年发布第一份全球营商环境报告（Doing Business Report），到 2019 年止，已经连续发布了 17 期。报告通过收集分析营商环境评价指标相关数据，对世界各经济体的营商便利度进行评价和排名。评价项目从 2003 年的 5 项增至 2019 年的 12 项，评价的经济体总数从 133 个增至 190 个。报告评价指标体系包含 11 个评价项目，46 个二级指标，122 个三级指标。指标设置主要围绕营商环境监管的过程、效率、企业服从监管的成本及质量，具有客观性、针对性和国际可比性，主要衡量监管程序的复杂性和成本，以及相关法律制度的力度。评价项目具体包括开办企业、办理施工许可、获得电力、不动产登记、获得信贷、保护少数投资者、纳税、跨境贸易、执行合同、办理破产和劳动力市场监管。

该报告是国际上较为成熟、具有广泛影响力的营商环境评价报告，为开展全球主要经济体的营商环境综合评价提供了评价方法和评价结果。报告部分指标对于衡量经济体国际贸易便利化水平有一定的参考价值，但该指标体系主要考虑经济体内部企业的经营环境，对国际贸易涉及较少。

2021 年 9 月，世界银行宣布停止《营商环境报告》项目，并宣布从 2024 年春季开始，推出新的旗舰报告《商业准备就绪》（Business Ready）对全球大多数经济体的商业环境和投资环境进行基准评估。

（2）世界银行物流绩效指数

物流绩效指数（Logistics Performance Index）是由世界银行、物流服务提供商和学术界共同制定的。物流绩效指数是一个交互式基准测试工具，用于衡量各国贸易物流绩效，该指数由两部分组成，一是对国际物流运营商（全球货运代理和快递公司）进行全球范围的实地调查，对与他们进行贸易的国家的物流"友好度"提供反馈，由此得到基于国际物流专业人员评估其合作伙伴国家的看法。二是由数据合作伙伴提供的海运和集装箱跟踪、邮政和空运活动的高频信息，由此通过使用实际供应链跟踪信息来衡量全球贸易的实际速度。

该指数包括 6 项核心指标，分别是海关、基础设施、国际运输、物流能力与质量、及时性、追踪追溯，根据 5 分制 Likert 量表，对核心绩效指标进行评估，运用主成分分析法，将 6 项核心绩效指标综合成一个总指标，表明各国在物流绩效的排名得分和排名情况。

物流绩效指数实用性较强，因为它可以衡量物流速度和某个物流节点所花费的时间，然而，该指数无法检查延误原因。同时，该指数反映的是国际商界领域对各国贸易互联互通的看法，无法完全反映国家层面的变化，缺少国家层面深度评估。

（3）国际公路运输联盟新欧亚陆路运输项目

新欧亚陆路运输项目（The New Eurasian Land Transport Initiative）由国际公路运输联盟自 2006~2008 年发起，目的是建立中国、中亚和欧洲间的常规货物公路运输路线。该项目重点在于详细监测货物运输信息。向欧亚 13 个国家的 37 家公路运输公司的卡车司机发放行驶记录表，要求司机记录下所有关于运输、过境、强制停止、道路状况和辅助基础设施、官方收费和非法课税，以及路途中遇到的其他问题和侵权行为等相关信息。

该项目的实施取得了成效，公众对于欧亚之间公路运输的重要性形成了普遍认知，同时也发现了程序上的障碍，需要进一步改善和深化过程监测。比如，货物的平均运输时间为每小时18.4千米，卡车因加油、用餐、休息、道路交通管理、过境点等候、海关清关以及繁杂的车辆和货物管控增加运输时间。

该项目能在一定程度上衡量欧亚地区贸易便利化程度，不足之处在于其数据收集只有公路运输，不含铁路运输，且数据不够连续，统计范围上也没能覆盖所有6条中亚区域经济合作走廊。

（4）世界经济论坛贸易促进指数

贸易促进指数（Enabling Trade Index）由世界经济论坛《全球促进贸易报告》发布，该指数是在世界经济论坛"促进贸易"计划的背景下，在学者、伙伴组织和公司的帮助下，以论坛在发展研究方面的悠久传统及其在基准制定方面的专业知识为基础而制定的。

贸易促进指数评估经济体在促进货物跨境自由流动和到达目的地的制度、政策、基础设施和服务方面的到位程度。因此，贸易便利化的范围比大多数国际组织，包括世界贸易组织所采取的贸易便利化措施要广泛得多。

作为一个综合指标，贸易促进指数由衡量各种贸易促进因素的单项指标的总和组成，包括市场准入、边境监管、运输和通信基础设施、商业环境四大类指标，四大类指标又分为7个支柱子指标，包括外国市场准入、国内市场准入、边境管理效率和透明度、交通基础设施可用性和质量、运输服务的可用性和质量、信息通信技术的可用性和使用、经营环境。

贸易促进指数数据来源渠道广泛，与全球快递协会、国际贸易中心、贸发会议、世界银行和世界贸易组织是长期数据合作伙伴关系，覆盖影响贸易便利化水平的诸多因素，因而指数的可信度和实用性较高。该指数局限在于只发布到2016年，缺乏最新的数据。

（5）世界海关组织放行时间研究

放行时间研究（The Time Release Study）是一项国际公认的战略性工具，用以衡量货物从抵港至实际放行所需的实际放行及/或清关时间，以期发现贸易流动过程中的瓶颈，并采取相应的必要措施，提高边境程序的成效和效率。通关时间研究软件是由世界海关组织和世界银行联合开发的，目的是帮助其收集人员轻松获取数据，并尽量减少重新输入数据的需要，特别是在单一窗口环境中。

该工具旨在准确衡量与贸易流动有关的边境流程绩效，特别是货物的清关和放行，并帮助确定相关的瓶颈，以便能够精心设计和有效实施改善绩效的适当政策决策。它允许量身定制解决方案，以解决在国际货物运输的整个清关和放行过程中因任何因素而产生的低效率问题，从而导致清关时间和贸易交易成本的稳步减少[27]。

该工具衡量海关活动的实际表现，直接关系到边境的贸易便利化程度，因此构成了测量贸易便利化水平的一项参考指标，也与世界银行营商环境指数和世界经济论坛促进贸易指数衡量的其他贸易便利化指标建立了自然联系，是各国有效履行世界贸易组织《贸易便利化协定》义务的有效手段。

2. 中国与中亚国家贸易便利化指标构建

前文所述国际上测度贸易便利化的方法要么侧重对经济体内部营商环境的考量，要么测量视角完全来自市场主体，缺少政府主体，要么数据不连续、更新不及时，要么测量范围没有覆盖中亚地区所有国家，缺少个别国家的样本数据。经过综合考虑，本研究采用亚洲开发银行中亚区域经济合作项目组的走廊绩效测量和监测方法来构建中国—中亚国家贸易便利化指标体系。中亚区域经济合作项目是由 11 个国家和业务伙伴共同参与，通过合作促进发展，从而加速经济增长和减少贫困的伙伴关系，以"好邻居、好伙伴、好前景"为总体愿景。

（1）经济走廊简介

中亚区域经济合作项目将中亚地区陆路贸易运输线路划分为六条经济走廊，欧洲—东亚、地中海—东亚、俄罗斯—中东和南亚、俄罗斯—东亚、东亚—中东和南亚、欧洲—中东和南亚[28]。

1）1 号走廊：欧洲—东亚

1 号走廊从中国江苏连云港向西经新疆吐鲁番延伸至欧洲，在吐鲁番又细分为三条支线，一条经阿拉山口进入哈萨克斯坦，一条经霍尔果斯进入哈萨克斯坦，一条经喀什进入吉尔吉斯斯坦，但所有分支最终都向北进入俄罗斯。

2）2 号走廊：地中海—东亚

2 号走廊是最广阔的走廊。它的东端在中国吐鲁番，西端在阿塞拜疆首都巴库，多个分支穿过 11 个国家中的 7 个。这是唯一通过阿塞拜疆和土库曼斯坦的走廊，走廊的重要意义部分在于打通丝绸之路跨里海集装箱班列的预期用途，该服务将中国与土耳其连接起来，并随着博斯普鲁斯隧道的开通，连接到欧洲。

3）3 号走廊：俄罗斯—中东和南亚

这是以铁路为主的唯一走廊。大多数项目在阿富汗，完成连接阿富汗安德胡伊（Andkhoy）和班达尔（Shirkhan Bandar）的铁路，这条线路通过阿富汗将塔吉克斯坦与土库曼斯坦连接起来。

4）4 号走廊：俄罗斯—东亚

这条走廊穿过蒙古国，北部连接俄罗斯，南部和东部连接中国。北段与乌鲁木齐 1 号走廊相连，经吐鲁番乌鲁木齐与 2 号、5 号走廊相连。4 号走廊的主要发展将是西部区域公路，4 号走廊的东段通过乌兰巴托连接俄罗斯和中国，从蒙古乌兰巴托开始，经过比希特（蒙古国），然后进入中国，延伸到锦州港。

5）5 号走廊：东亚—中东和南亚

这条走廊网络将连接中国与南亚和中东，在巴基斯坦加入中亚区域经济合作计划后，该走廊可继续通往阿拉伯海。

6）6 号走廊：欧洲—中东和南亚

该走廊连接俄罗斯与南亚和中东，重点项目是阿富汗北部的铁路项目和巴基斯坦连接阿拉伯海港口的公路项目。

（2）走廊绩效测量和监测指标

1）贸易便利化测量方法设计

依据上述六条经济走廊，亚洲开发银行中亚区域经济合作项目开发了走廊绩效测量和监测方法，用于量化和监测运输走廊的效率。

走廊绩效测量与监测方法基于运输时间—成本—距离框架，记录经济走廊上运输车辆门到门移动的成本和时间，记录过境时间和各类检查站点的耗时情况。涉及四个主要参与主体，即卡车司机、项目合作伙伴和协调员、实地顾问以及亚投行贸易便利化专项小组。前三个主体负责记录和收集数据、制定统计规则和方法，后一个主体负责数据分析。

具体来说，每个项目合作伙伴的协调员每月随机抽取通过六个走廊的货物运输司机填写的记录表格，协调员将司机表格中的数据输入到电子表格中，每个合作伙伴协会每月完成 10~30 份表格，提交给现场顾问，并对其进行一致性、准确性和完整性的筛选。合作伙伴提交的时间/成本—距离数据是标准化的，因此每个时间/成本—距离表可以在分支走廊、走廊和汇总报告级别上进行总结和分析。公路运输的标准是 20 吨卡车，铁路运输的标准是 20 英尺标准集装箱，分支走廊的过境点的数量为每 500 公里段标准化。

2）贸易便利化指标

走廊绩效测量和检测评估四项贸易便利化指标，以说明中亚走廊的总体年度绩效和效率，这些指标按时间和跨走廊进行测量，提供了一种比较情况，可以评估和验证该地区运输和贸易倡议的影响。四项综合贸易便利化技术指标（Trade Facilitation Index，TFI）如下：

指标 1：跨境耗时 TFI1

跨境耗时指的是将货物从过境点（Border-crossing Point）的入口转移到出口所需的平均时间长度（以小时为单位），出入口通常是处理海关、移民和检疫的主要控制中心。除了标准的清关手续外，该测量还包括等待时间、装卸时间、更换轨距所需的时间和其他指标。其目的是捕捉跨境过程中固有的复杂性和低效率。

指标 2：跨境成本 TFI2

跨境成本是指在过境点发生的成本。这是以美元为单位，将货物从过境点的入口转移到出口的平均总成本。官方和非官方的付款都包括在内。

指标 3：总运输成本 TFI3

总运输成本是指通过走廊段的费用，包括过境成本与车辆运输成本。这包括以美元计算的一单位货物沿一个国家内或跨国界的走廊段运输的平均总费用。一单位货物是指一辆载重 20 吨货物的货车或火车，走廊段的定义是一段 500 公里长的道路，官方和非官方的支付都包括在内。由于数据收集方面的限制，运输费用指的是卡车运输费率或火车的铁路运价。

指标 4：运输速度 TFI4

运输速度是指中亚区域走廊货物运输的速度。这是一单位货物沿着一个国家内的走廊段或跨境段的平均速度，单位为每小时公里（km/h）。货物单位是指装载 20 吨货物的货车或火车，走廊段是指 500 公里长的道路。速度的计算方法是用行驶的总距离除以行驶的时间。距离和时间的测量包括过境点。速度度量又包括无延迟速度和有延迟速度，无延迟速度是车辆从起点到目的地的行驶距离与行驶时间之比（实际行驶时间），有延迟速度是行驶距离与旅程总时间的比率，包括车辆行驶和静止的时间，其中，所有导致延迟的活动（海关控制、检查、装卸和警察检查站等）都由司机记录下来。无延迟速度是衡量物质基础设施（如道路和铁路）状况的指标，而有延迟速度是衡量走廊沿线过境点效率的指标。

3. 中国—中亚贸易便利化指标测量

（1）中国与中亚国家跨境贸易时间：TFI1

整体上看 2010~2020 年，中国与中亚五国跨境运输在减少过境点的平均时间方面取得的进展有限，公路运输平均耗时由 6.3 小时上升到 15.1 小时，且耗时基本呈现出逐渐增加的趋势（见表 6-4）。铁路运输方面，耗时呈现出先增后降的局面，以 2014 年为高点（见表 6-5）。2020 年由于特殊的原因，公路和铁路跨境运输节点的检验检疫用时增加，导致跨境平均时间增加。其他时段来看，由于中亚五国普遍对外国注册车辆过境的限制，导致运输时间往往很长，成本较高。例如，中国的卡车被拦在边境，通常不允许通过，除非持有特殊的保税卡车许可证，这造成在边境需要在卡车之间转运货物，从而大大延误了交货时间。

表 6-4　中国与中亚五国公路运输通过过境点耗时　　　　单位：小时

年度	中国	哈萨克斯坦	吉尔吉斯斯坦	塔吉克斯坦	土库曼斯坦	乌兹别克斯坦	加权平均值
2010	10.2	9.5	3.9	7.8	8.8	6.4	6.3
2011	11.0	7.4	6.1	4.4	8.3	6.9	6.2
2012	24.2	9.8	5.6	3.2	9.1	11.0	8.8

续表

年度	中国	哈萨克斯坦	吉尔吉斯斯坦	塔吉克斯坦	土库曼斯坦	乌兹别克斯坦	加权平均值
2013	8.1	6.0	3.3	3.5	7.3	7.2	5.6
2014	11.4	3.6	1.1	4.7	6.2	5.9	9.9
2015	6.3	3.8	2.8	4.6	6.3	5.9	9.3
2016	7.3	4.4	3.4	4.3	6.4	5.9	11.3
2017	2.9	8.6	3.5	3.8	6.6	5.8	16.9
2018	3.1	7.1	1.6	3.8	8.5	8.5	12.0
2019	4.3	9.2	1.6	4.3	9.0	7.7	12.2
2020	7.1	8.7	2.1	4.4	7.3	10.1	15.1

资料来源：https：//data.adb.org/。

表6-5 中国与中亚五国铁路运输通过过境点耗时　　　　　单位：小时

年度	中国	哈萨克斯坦	吉尔吉斯斯坦	土库曼斯坦	乌兹别克斯坦	加权平均值
2010	17.6	36.7	—	—	12.0	22.1
2011	29.6	35.8	—	—	—	26.1
2012	35.1	21.8	2.9	—	—	25.3
2013	33.6	44.6	—	13.3	10.9	29.9
2014	38.5	49.4	—	12.0	7.4	32.6
2015	31.0	40.6		4.6	10.5	27.4
2016	26.1	42.5	—	4.2	9.4	25.9
2017	29.9	44.0		5.4	7.5	26.2
2018	22.9	40.5	1.2	3.3	5.6	23.2
2019	13.4	39.9	1.2	3.5	6.2	20.6
2020	18.3	48.6	1.7	5.7	6.4	23.0

注："—"为缺失值，塔吉克斯坦没有数据。

资料来源：https：//data.adb.org/。

在过境时间上，中国与中亚五国的表现差别很大。自2010年以来，这一比例在大多数中亚国家已逐渐减少。此外，大多数国家的时间低于平均水平，在跨境效率方面取得了积极进展。公路运输方面，中亚五国大都低于平均时间。铁路运输方面，哈萨克斯坦和中国跨境耗时较高。总的来说，降低区域内个别国家的过境延误，降低跨境耗时，可以大大提高区域总体运输绩效。

（2）中国与中亚五国跨境贸易成本：TFI2-TFI3

2010~2020年中国与中亚五国公路运输平均跨境贸易成本表现为小幅波动的特点（见表6-6），11年间跨境成本变化不大。而铁路运输平均跨境贸易成本方面，表现为快速增加后逐渐降低的特点（见表6-7）。从国别情况来看，中国与中亚五国大多数国家的过境成本正在下降，但哈萨克斯坦等少数国家的持续高成本推高了平均成本。大多数国家提高效率的显著因素包括采取强有力的风险管理措施，简化边境控制程序，以及加强中亚邻国之间的数据共享。国家单一窗口和边境联合合作也减少了过境的时间和成本。此外，许多国家正在实施边境流程数字化，以进一步减少边境摩擦，促进贸易。

表6-6 中国与中亚五国公路运输通过过境点成本   单位：美元

年度	中国	哈萨克斯坦	吉尔吉斯斯坦	塔吉克斯坦	土库曼斯坦	乌兹别克斯坦	加权平均值
2010	156	296	54	71	93	151	192
2011	155	216	121	129	178	160	150
2012	165	170	80	133	239	243	145
2013	212	138	114	74	197	51	236
2014	172	105	35	69	184	78	177
2015	156	104	71	144	188	89	149
2016	159	113	142	142	190	99	160
2017	141	124	121	103	198	88	159
2018	211	96	24	118	204	73	155
2019	166	115	23	105	211	87	162
2020	424	123	27	90	229	102	199

资料来源：https：//data.adb.org/。

表6-7 中国与中亚五国铁路运输通过过境点成本   单位：美元

年度	中国	哈萨克斯坦	吉尔吉斯斯坦	土库曼斯坦	乌兹别克斯坦	加权平均值
2010	181	78	—	—	—	160
2011	223	404	—	—	—	265
2012	149	640	49	—	—	280
2013	164	411	—	151	82	229
2014	165	176	—	158	95	148
2015	149	333	—	128	97	208
2016	140	369	—	100	103	215
2017	122	381	—	73	112	202
2018	129	332	—	94	112	196
2019	104	327	—	97	113	198
2020	115	341	—	87	125	193

注："—"为缺失值，塔吉克斯坦没有数据。

资料来源：https：//data.adb.org/。

为了进一步了解运输成本随时间的变化，本研究使用美国城镇消费者的消费者物价指数（2010 年＝100）和美国国内生产总值（GDP）隐含价格平减指数（2010 年＝100）对公路和铁路运输通关成本的走廊绩效评测与监测名义指标进行了通货膨胀调整。经公路运输（见图6-1）和铁路运输（见图6-2）跨越过境点的未经调整的区域平均成本显示出突然波动。经通胀调整后所得指标的趋势略趋平缓，这表明在过境点的跨境成本实际保持相对稳定，尤其是自2015年以来。

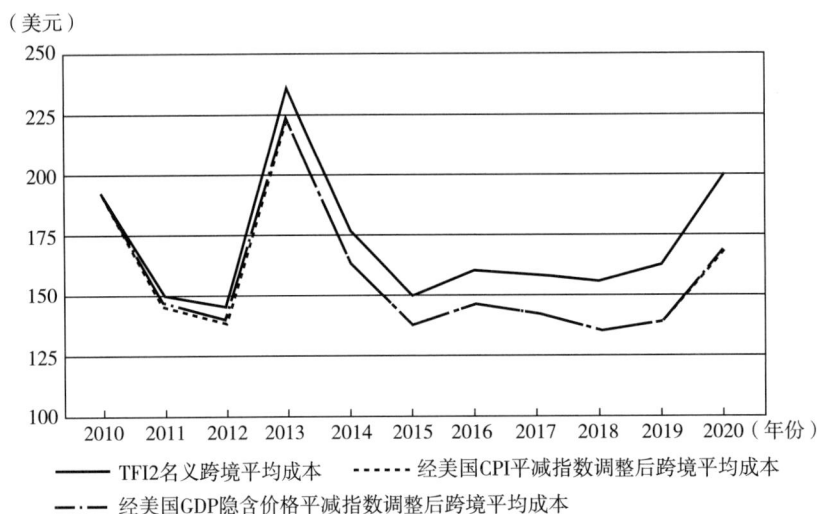

图 6-1　中国—中亚公路运输通过过境点成本

资料来源：https：//fred. stlouisfed. org/。

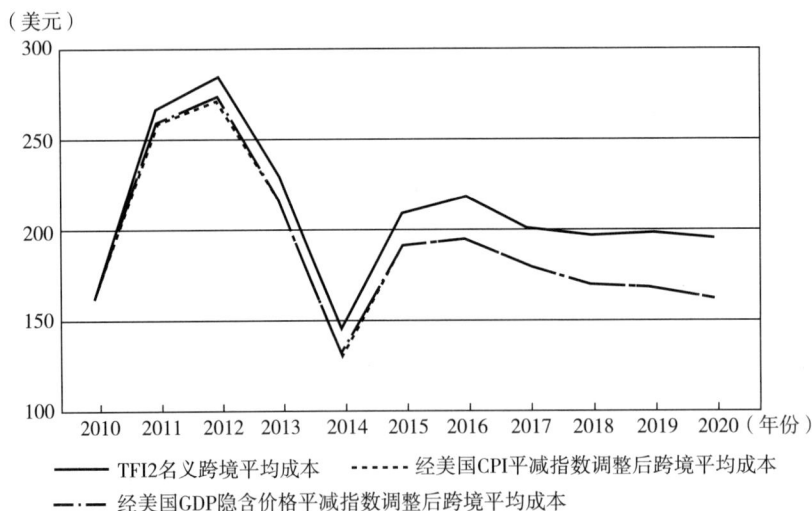

图 6-2　中国—中亚铁路运输通过过境点成本

资料来源：https：//fred. stlouisfed. org/。

调整后的指标进一步显示，铁路运输跨境的实际成本下降得更快，自 2016 年以来一直呈下降趋势。这表明铁路运输的成本效益在不断提高。另外，通过公路跨境的实际成本呈现出一种更不稳定的趋势，尽管与名义成本相比，其幅度较低。

（3）中国与中亚五国跨境贸易运输速度：TFI4

图 6-3 和图 6-4 表明公路运输的无延迟速度和有延迟速度通常比铁路运输快，这是为了防止火车脱轨，对火车施加了更严格的速度限制。此外，火车面临更长的过境延误，比如列车在边境口岸必须改变轨距，并进行分类，等待优先列车通过等活动，海关管制导致过境时间延长。

（公里/时）

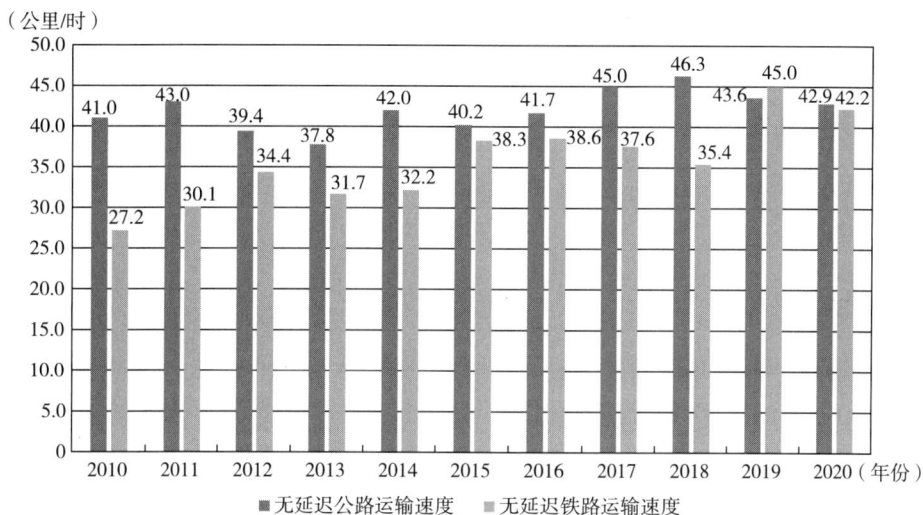

图 6-3 中国与中亚五国间无延迟货物贸易运输速度

资料来源：https://data.adb.org/。

（公里/时）

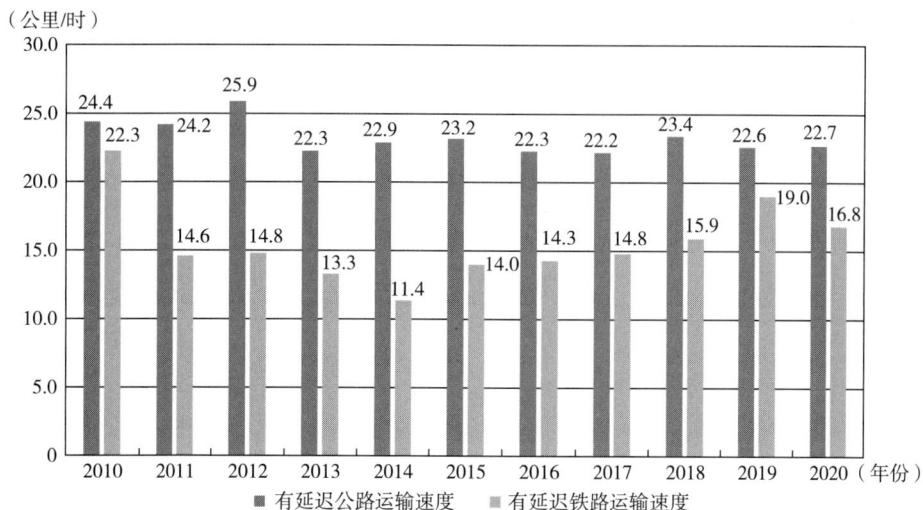

图 6-4 中国与中亚五国间有延迟货物贸易运输速度

资料来源：https://data.adb.org/。

提高速度需要多管齐下的策略。首先，主要城市之间的互联互通、城市间的互联互通和城乡之间的互联互通，需要投资建设桥梁、隧道和旁路。其次，越来越多的城市拥堵问题也影响到货运效率。最后，需要制度性安排，以简化交警、称重站和过境点的检查。为了保护当地的卡车运输业，以不遵守规定的名义建立了障碍，导致需要在边境转运。上述问题的解决将非常有利于提高平均装运速度。

（三）中国与中亚五国贸易便利化的制约因素

中亚五国大多是内陆国家，这些国家呈现出几个共性特征，一是与全球价值链的整合有限；二是区域一体化程度较低；三是出口商品和贸易伙伴范围狭窄；四是加工附加值较低，难以向价值链上游移动；五是存在一系列导致货物跨境流动摩擦的系统性障碍，这些因素共同作用制约了本地区的贸易发展。

1. 内陆国家缺少海港和内河水道

当今世界，内陆是发展国际贸易一个主要的劣势，因为90%的货物都是通过海洋运输完成的（The Economist，2020）[29]。在中亚五国中，哈萨克斯坦和土库曼斯坦因临黑海和里海而拥有内陆港，其他国家均为内陆国家，没有海港，于是货物将不得不通过公路和铁路等陆路运输，这必然比水路运输更昂贵。仅仅成为内陆国家就会使经济增长减少约0.5%（Sachs，2005）[30]，尽管这一估计在资源丰富和资源贫乏的国家之间会有所不同。如果一个过境国阻碍进入国际市场，内陆发展中国家将无法从贸易自由化中获益，从而进一步增加合作的需要。

进入国际市场很重要，因为中亚五国由于相似的气候和地形倾向于生产同类产品，这导致了同类产品出口竞争。因此，施加限制以减少过境运输可以成为限制竞争对手出口的有效方法。2003年为内陆发展中国家制定的《阿拉木图行动纲领》在提供一套一致的政策行动方面取得了关键进展。但是，塔吉克斯坦仍然受到这种过境障碍的影响。在其过境制度自由化之后，乌兹别克斯坦作为一个过境国也变得越来越重要。

《内陆国过境贸易公约》要求签署国为进出海港的货物运输提供一条走廊，中亚地区临近的主要海港如表6-8所示。

表6-8 中亚五国临近的主要海港

地区	海港	国别
太平洋	天津港，连云港	中国
印度洋	卡拉奇港，瓜达尔港	巴基斯坦

地区	海港	国别
里海	Baku 港 Aktau 港 Turkmenbashy 港	阿塞拜疆 哈萨克斯坦 土库曼斯坦
黑海	Poti，Batumi 港	格鲁吉亚

资料来源：ADB（2021）. Ports and Logistics Scoping Study in CAREC Countries. Manila.

尽管有上述公约，但实际情况反映了海港内的多重障碍，这些障碍影响了内陆国家的整体供应链效率。例如，卡拉奇港是中亚五国最近的入海通道，可以作为中亚五国的门户港口。中亚五国需要将货物经阿富汗贾拉拉巴德，运到从卡拉奇。而从贾拉拉巴德到卡拉奇的距离长达 1509 公里，通行预计所需时间为 8 天，其中 40%～50% 为港口停留时间，这意味着集装箱有一半的时间没有移动，因为巴基斯坦海关程序和其他检查，导致货物在卡拉奇停留时间过长。

跨里海的过境点则有不同的限制。原则上它提供了一条直接的路线，避免了穿过里海北部的迂回路径。然而，恶劣的天气严重延误了船只的时间表，使出发和到达时间无法预测。运输经营者抱怨渡轮费用高昂，除此之外还有与过境、保险和许可证相关的高额费用。

研究估计，在相同的有效载荷和条件下，内河运输的成本仅为公路运输的 10% 和铁路运输的 25%。中亚五国虽有内河航道，但基础设施不发达。例如，乌兹别克斯坦与阿富汗之间的阿姆河渡河依赖于驳船服务，而这种服务往往不可靠。然而，由于公路运输部门的既得利益，缺乏投资，以及某些地方的浅水干旱，内陆水道基础设施和船队很少。

2. 原材料出口的高度集中

中亚五国的出口产品高度集中，加之地处内陆，这就限制了出口和本不发达的加工业。出口产品集中本身并不是贸易便利化的障碍，但它带来了挑战，因为当同一区域的国家向同一地区出口相似的产品时，总是鼓励过境国阻碍他国竞争产品在本国领土内的流动。该问题已受到关注，并在世界经济论坛上进行讨论[31]。因此，中亚五国被限制出口低价值含量的原材料，再加上长途和边境过境，导致使用相对昂贵的公路运输方式运输低单位价值商品的双重挑战（Coke-Hamilton，2019）[32]，这种情况在塔吉克斯坦和土库曼斯坦表现得尤为明显（见表6-9）。

表6-9　中亚五国出口集中度　　　　　　　　　　　　　单位:%

国别	合作伙伴		出口产品	
	2010 年	2019 年	2010 年	2019 年
哈萨克斯坦	55	52	90	86
吉尔吉斯坦	82	85	76	66
塔吉克斯坦	79	81	78	85
土库曼斯坦	71	91	91	98
乌兹别克斯坦	82	75	74	74

注：塔吉克斯坦的数据为 2014 年至 2019 年，乌兹别克斯坦为 2017 年至 2019 年。

资料来源：https://www.trademap.org/Index.asp。

通过对 2010~2019 年商品出口数据的分析，检验集中度，比较前五大出口目的地（合作伙伴）和按两位数 HS 编码分类的前五大商品（产品）的贸易额份额（表6-9）。中亚五国高度集中并依赖前五个合作伙伴及产品，且高度依赖单一产品。由于俄罗斯的市场规模较大、卫生检疫措施较为统一、语言和做法相同以及粮食生产不足，中亚五国传统上向俄罗斯出口。

一方面，如此缺乏多元化是有风险的。因为经济和地缘政治冲击可能使经济增长脱轨。中亚五国在 2014 年经历了这种情况，当时西方国家俄罗斯的经济制裁和油价暴跌影响导致的货币贬值，对本国产生了不利影响。目前由于俄乌冲突持续，也会产生类似的负面影响。另一方面，吉尔吉斯斯坦和塔吉克斯坦之间临时的边界紧张局势有时会导致边境暂时关闭，因此需要卡车改变路线。

3. 跨境运输规则与成本带来的挑战

区域贸易协定旨在解决过境方面的分歧，并制定一套统一的规则和程序，以便货物能够在中亚地区内迅速流动。公路运输方面，中亚地区一些国家加入了《跨境运输协定》和《四方过境运输协议》，但在协定实施过程中遇到了很多挑战，因为吉尔吉斯斯坦不同意将卡拉米克作为国际过境点，导致《跨境运输协定》在吉尔吉斯斯坦和塔吉克斯坦无法运作。《四方过境运输协议》签署于 1995 年，2004 年生效，涉及哈萨克斯坦、吉尔吉斯斯坦和中国，但由于各国在行车许可证数量和过境费用收取方面存在意见分歧，一直未能实施四国过境运输业务，直到 2008 年 10 月四国联运的过境运输才真正得以实施。此后，喀喇昆仑公路遇山崩，致联运被迫中止，后于 2012 年修复通车。2015 年《四方过境运输协议》重启，各方从道路基础设施建设、信息交换、行车许可证、司乘人员签证、车辆标准、交通法律法规等方面进行了技术性磋商。

1975 年《TIR 单证担保国际货物运输海关公约》（简称 TIR 公约）是国际跨

境公路运输使用最广泛的过境系统。中亚五国都是缔约方，通过利用相互商定的海关管制和交换货物数据，使用 TIR 的运输经营者可以免除在每个过境国的海关重复担保和检查，但该公约在中亚五国尚未落地实施。

然而，一些中亚国家的 TIR 许可证数量有所下降。一方面，俄罗斯联邦海关决定实施其自己的过境制度，并通过俄罗斯联邦限制 TIR 的效力。由于中亚五国货物主要是运往俄罗斯联邦的，这影响了中亚五国使用 TIR 的决定。欧亚经济联盟（EAEU）的成立进一步降低了哈萨克斯坦和吉尔吉斯斯坦与俄罗斯联邦进行贸易时使用 TIR 的兴趣。另一方面，TIR 也被认为是昂贵的，特别是短途运输。批准TIR 持有者需要根据批准的卡车数量向 TIR 协会缴纳保证金，这些卡车必须每两年重新认证一次。在中国等国家实施 TIR 表明，需要修改立法、提升能力建设和建设信息基础设施，以充分发挥作用。因此，TIR 在中亚五国进展缓慢。但即使有了TIR，过境也可能被拒绝，因为车辆难以获得道路通行证，司机难以获得签证许可，而 TIR 公约并未涵盖这些领域。

在没有多边过境协定的情况下，道路许可证和配额是常见的。虽然欧亚经济联盟的成立取消了哈萨克斯坦和吉尔吉斯斯坦之间的海关边界，但为塔吉克斯坦、土库曼斯坦和乌兹别克斯坦设置了一些壁垒。此外，来自东亚和南亚的卡车无法穿越中亚五国。这导致需要在卡车之间反复转运货物。

铁路运输方面，与公路运输不同，火车集装箱不是独立移动的。作为一个运输单位，铁路货运依赖于整列火车的运行。障碍可归因于基础设施和监管障碍。

首先，中亚五国与中国铁路轨距的差异导致轨道不联通，需要在过境点转移货物。中亚五国采取的是宽轨距 1520 毫米，中国使用标准轨距 1435 毫米。其次，货运列车的机车车辆的可用性是影响火车运行的制约因素，边境检查站货车数量不足会阻碍过境。再次，如果有运送食品、能源、医疗物资、救灾物资等优先货物的列车，普通货运列车就无法行驶。又次，中亚五国和中国都是铁路合作组织成员国，并使用《国际铁路货物运输协定》托运单进行跨境铁路货运，如果数据缺失或错误会导致过境延误。如果一国火车站签发国内托运单时数据出错，这些信息在指定的火车站被转移到《国际铁路货物运输协定》托运单上，然后再越过边境，在过境点发生翻译或人工错误。最后，物资搬运设备的短缺阻碍了铁路的运营，并导致过境延误。

除了运输规则不同之外，中亚五国跨境运输的成本也比较高。中亚五国货物运输严重依赖公路和铁路，内陆河流作为商业运输货物的手段几乎不存在。中亚地区国家的河流有时被用来发电，因此水坝意味着河流不能用于货运，总运输成本多年来一直居高不下（见图 6-5）。

（美元）

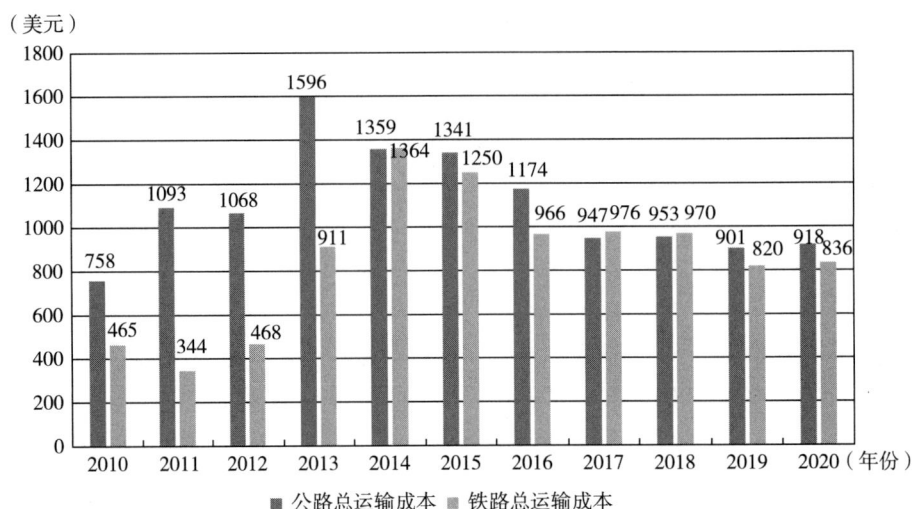

图 6-5　总运输成本

注：运输成本指每 20 公吨货物行驶 500 公里的成本。

资料来源：https：//data. adb. org/。

成本核算包括运输费用、过境费用和非正式付款。当运输低价值密度产品时，包括农产品，运输成本也会加剧。这些低价值密度产品无法承受高昂的长途运输成本，导致这类产品很难进入其他地区市场。表 6-10 关于运输苹果和药品两种产品的比较说明了这一问题。

表 6-10　较高运输成本的影响

产品	苹果	药品
商业价值	$10000	$1000000
总重量	20000kg	20000kg
单价	$0. 50/kg	$50/kg
运输成本	$2000	$2000
单位运输成本	$0. 10/kg	$0. 10/kg
运输成本/商业价值	20%	0.2%

资料来源：https：//data. adb. org/。

表 6-10 中，苹果为低价值密度产品，药品为高价值密度产品，苹果的发货人需要为苹果支付 20% 的运费，而药品发货人只需要支付 0.2% 的费用，前者的单位重量产品运费远高于后者。要解决这个问题，需要采取两种方法，一是实现实体运输基础设施的现代化，以改善贸易流动的联通性和效率，从而降低成本。二是鼓励产品向价值链上游迁移，如加工原材料，而不是销售未经加工的产品。降低

运输成本比重将有利于产品进入更多的出口目的地。

此外，中亚五国过境程序比较复杂。一般来说，中亚五国的主管当局对过境点只进行活动控制，如对司机、货物和车辆进行外观检查，以及文件检查。如果检查结果符合规定，车辆将被放行到内陆设施进行清关。由于缺乏设备和技术人员，跨境点通常无法完成更高级别的查验功能，如对货物进行详细估价或进行实验室测试。图6-6描述了标准过境程序的典型步骤。

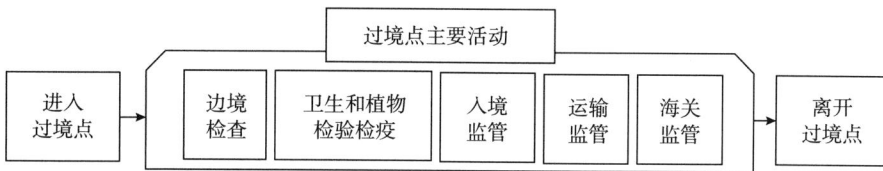

图6-6 中亚五国贸易过境流程

资料来源：根据相关文献整理。

卡车到达后先在过境点外排队等待进入，入境后从边境安全检查开始，不同的边境当局将对司机和车辆进行检查。然后，进行卫生检疫、入境和运输管控，海关通常是完成手续的最后监管部门。海关监管作为入境流程最后的环节，在发现任何问题时可扣留货物，即使问题与海关无关。例如，车辆执照问题或司机签证错误可能导致此类扣留。这有时会导致过境延误归咎于海关，而实际原因超出了海关的直接责任范围。

上述过境流程需要完成繁琐的手续和文书工作，增加了额外的时间，而货物则停留在原地。因此，中亚五国尽管距离很近，但运输时间和成本比欧洲地区还要高。

4. 国际贸易文本单据标准不统一

国际贸易文本单据的复杂性也构成了贸易便利化的障碍。为了进出口货物，贸易商需要填写多种文件并获得许可和批准。虽然一些国家，比如，哈萨克斯坦已经实施了最新的解决方案，但其他国家仍要求贸易商访问不同的部委和机构来完成文书工作，有选择地使用电子系统或没有电子系统，手写签名很常见。

表6-11说明了完成出口或进口的文书工作的工作量。出口方面，哈萨克斯坦出口商需要花费100多个小时来完成一笔货物的文书工作，哈萨克斯坦、塔吉克斯坦和乌兹别克斯坦花费超过200美元或更多，塔吉克斯坦要求完成13份文件。主要经济体通常只需要商业发票、装箱单、提单和海关申报单。进口方面，进口货物耗时、成本费用普遍要高于出口，但进口文件数量平均下来要比出口要求低。

表6-11　中国与中亚五国国际贸易文本复杂度　　单位：小时，美元

国别	跨境贸易便利化排名	出口文件			进口文件		
		时间	成本	数量	时间	成本	数量
中国	56	8	70	6	11	75	8
哈萨克斯坦	105	128	200	5	6	0	3
吉尔吉斯斯坦	89	72	110	7	84	200	2
塔吉克斯坦	141	66	330	13	126	200	11
乌兹别克斯坦	152	96	292	9	150	242	7

注：排名数据代表该经济体该项指标在全球190个经济体中的排名。土库曼斯坦无相关数据。

资料来源：World Bank. Doing Business 2020。

高效的跨境贸易对中亚五国的文件一致和其他过境单证，如运单、道路许可证、证书和其他与检验检疫有关的表格以及实验室测试等，提出了更高的标准化要求。缺乏这种统一的标准是该地区货物清关和过境延误的主要原因。中亚五国不承认彼此的证书时，通常需要重复检查和测试。

5. 过境管理中存在寻租行为

寻租行为在过境点比较常见，可能发生在任何节点，风险很高，比如实际收费高于公布的税费标准。在许多情况下，运输公司利用这种额外支付来换取过境便利，比如获得许可证，缩短排队时间，提前完成通关，或避免因货物超载而受到处罚。

在公路运输贸易量较高的过境站点中，寻租行为往往更为普遍，因为如果货物不能迅速清关，托运人和运输公司将承担巨额成本。在铁路运输领域，寻租往往不太常见，因为拦下一列火车比拦下一辆卡车要困难得多，而且需要更充分的理由。

在中亚五国交通繁忙的边境口岸，俄语术语 tolkach（"推手"的意思）被用来指代边境当局指定的非官方人员，以协助运输公司办理跨境所需的文书工作。运输公司有时需要通过这些 tolkach 来填写文件，以避免被拒绝入境或出境。

表6-12给出中亚五国过境点非官方支付的统计情况。2020年，寻租活动发生概率比较高的活动包括车辆注册登记48%、植物检疫28%、海关监管24%、运输检查21%、重量和标准检验18%。与2011年相比，在边境遇到车辆登记、植物检疫和海关监管方面的非官方付款的可能性有所增加。然而，其他活动遭遇寻租的可能性则大幅度降低。就每辆卡车的非正式付款数额而言，最大的数额是在护送或护航时（102美元）和海关监管时（79美元）。

表6-12　中亚五国过境点非官方收费估计值（公路运输）　单位：美元,%

项目	2011 年		2020 年	
	可能性	平均支付	可能性	平均支付
边境安全检查	26	20	1	4
海关监管	23	51	24	79
商业检验	—	—	1	7
健康和检疫	17	7	17	4
植物检疫	17	6	28	5
兽医检查	18	3	5	2
签证和移民	43	7	6	3
运输合规	—	—	1	5
汽车运输检验和交通检查	33	9	0	—
警察检查站或停车	30	10	0	—
运输检查	21	9	21	5
重量和标准检验	21	14	18	6
车辆注册登记	40	15	48	4
紧急维修	2	41	1	5
护送或护航	0	6	1	102
装卸	14	52	0	3
道路或桥梁收费	24	15	1	3
等待或排队	2	8	0	—

注："—"为缺失值。

资料来源：Corridor Performance Measurement and Monitoring Annual Report 2020.

运输公司表示，在新冠疫情开始时，许多边境官员不得不回国或在家工作，寻租现象较轻，这说明减少人为现场干预有助于遏制寻租现象，这可以通过流程数字化和工具数字化来实现。

（四）促进中国与中亚国家贸易便利化的政策建议

中亚五国在欧亚大陆占据战略要地，是连接主要经济体的大陆桥。中国与中亚五国贸易存在互补性，中国共建"一带一路"国家倡议为中亚五国经济发展提供了良好的机会，抓住机遇，实施贸易便利化措施，促进中亚对外贸易发展，将使该地区充满经济活力。

1. 完善物流基础设施和跨境运输标准

走廊绩效评价和监测指标分析的结论之一是在过境点漫长的等待时间构成了贸易低效率的主要障碍。贸易吞吐量大的过境点之所以会出现耗时过长，原因之一是过境点基础设施及其功能布局不发达。因此，促进中亚五国贸易便利化的首要措施就是各国政府加快基础设施建设，解决跨境贸易对道路和公共设施的需求，建设更多、铺设更好的连接过境点的沥青路面道路。比如，可以吸引私人资本和运营商来建设和运营重型卡车停车场，带来创收。同时还可以在公路两边修建各类服务设施，如银行、汽车旅馆、咖啡厅、汽车维修中心等。另外，还可以建设物流中心和跨境货站，以临时储存需要在卡车之间转运的货物。此外，考虑到该地区大量的农产品贸易，建设低温保鲜储存设施十分有必要。

运输和车辆标准的差异导致中国与中亚五国之间需要频繁地使用不同的卡车进行转运。除非外国运输公司持有保税运输许可证，否则不属于同一"集团"的卡车通常不允许越过边境。这就增加了货物在不同国家卡车之间转移的耗时和费用。虽然《TIR 公约》是一个有效的解决方案，但它不能免除转运的需要，因为它并没有免除对车辆通行证的需要。另一个重要的问题是，各国可能会采取保护主义措施，实施本国运输规则，保护当地卡车运输业免受外国同行竞争冲击。

对此的解决方案是全面审查所有运输和车辆标准，并建立卡车尺寸、轴重、车辆和驾驶员安全标准，以及道路标志和导航规则的最低标准。统一重量过桥证书，避免在途中重复重量检查。同时对称重桥站进行现代化改造，如使用数字称重桥和最大限度地减少寻租的可能性。一旦协调到位，中国与中亚五国可以考虑增加彼此的道路配额，增加道路许可证的数量，并提高公路跨境运输的效率。

中欧班列是运行于中国与欧洲以及"一带一路"共建国家间的集装箱等铁路国际联运列车。中欧班列于 2011 年启动，早期在阿拉山口—多斯特克（中国—哈萨克斯坦）与哈萨克斯坦 Temir Zholy 连接。但在 Zhetygen-Altynkol 铁路建成后，通过霍尔果斯—阿尔廷科尔过境点为中欧班列打开了新的门户。中欧班列现已完全实现市场化运营，从 2011 年的 17 列，到 2022 年上升到 16562 列，为促进"一带一路"沿线国家经济发展做出重要贡献。

中欧班列有许多优点，更短的运输时间（与海运 45 天相比通常为 12 天），与空运相比运费更低，能够运输通常被航空公司禁止的磁性产品等货物，由于在火车站停留时间更短，与其他传统铁路服务相比减少了盗窃，更有效的清关和文件，减少对货物进行物理检查，降低过境点寻租腐败行为。建议各国加强铁路基础设施建设，加强铁路沿线站点配套设施建设，为中欧班列运输创造条件。

2. 提高海关效率实施互认认证经营者制度

中亚五国在这方面取得了一些显著进展，通过海关合作委员会（Customs Cooperation Committee）推动了各国海关提升效率的讨论。下一步将在实施国家单一窗口、联合海关合作、相互交换贸易数据和简化申报方面作出努力。从作为管理者的海关官员向贸易促进者的转变需要适当的工具、技术和立法。中亚五国之间可以相互学习其他国家好的做法。

过境业务操作是指货物在过境点完成的一系列活动的类型、顺序和复杂度。货物在过境点要完成海关、检验检疫和单据检查等工作，之后被分配到绿色、黄色或红色通道。协调货物过境管理包括标准化过境作业时间，延长双方的作业时间，为 TIR 运输货物和时效性高的货物建立绿色通道，方便提前通知或申报，以便进行风险管理，以及提供"一站式"服务。

在提高协调过境作业操作效率方面，可以采用联合边境管理的方法，货物在边境只通过一个边境点，而不是两个点（出境一个点和入境一个点）。虽然这对于空运和海运来说不太可能，但对于中亚地区陆路运输来说，是非常可行的。但是，这个方法实施起来有一定复杂性，因为两国共享一个共同的过境点对政策制定者或边境管理局带来挑战。

认证经营者（Authorized Economic Operator，AEO）是世界海关组织倡导的，由各国海关对守法程度、信用状况和安全水平较高的企业进行认证认可，并对通过认证的企业给予通关优惠便利的制度，是全球贸易的"绿色通行证"，是企业信用良好、管理规范的象征。根据世界海关组织保障和促进全球贸易的标准，企业成为 AEO 之前必须符合严格的标准，一旦企业获准成为 AEO，就可以享受简化的过境和清关程序。进一步地，通过各个国家之间的 AEO 互认，相互给予对方 AEO 企业通关便利措施，降低国际贸易成本，提高效率，这将极大地促进全球贸易。

以中国为例，获得 AEO 资质的企业在通关过程中享有如下便利措施：适用较低的单证审核率，降低进出口货物的查验率，对需要实货检查的货物给予优先查验，指定海关联络员，负责沟通解决 AEO 企业在通关中遇到的问题，因安全警戒级别提高、边境关闭、自然灾害、危险突发事件或是其他重大事故等造成国际贸易中断时，在贸易恢复后优先通关[33]。

截至 2022 年 2 月，中国海关已经与俄罗斯、欧盟、新加坡等 22 个经济体签署 AEO 互认协议，覆盖 48 个国家（地区），互认国家（地区）数量居全球首位，中国 AEO 企业对互认国家（地区）进出口值占其进出口总值约六成。其中，包括 32 个共建"一带一路"国家，5 个《区域全面经济伙伴关系协定》（RCEP）成员国和 13 个中东欧国家。

中亚五国当中，塔吉克斯坦于 2020 年启动该计划。一旦中亚五国 AEO 计划建立并全面运作，五国之间及与中国可以考虑建立区域 AEO 系统，成员之间的合格企业相互认可，以扩大区域范围内的利益。因此，中国海关应加快与中亚五国进行 AEO 互认磋商进程，充分落实互认便利措施，促进 AEO 企业享受通关便利，提升企业国际竞争力。

3. 推动监管数字化和贸易数字化转型

推动和支持中亚五国的单一窗口建设。WTO《贸易便利化协定》要求各成员采用信息化数字化手段建立单一窗口，相关通关文件和数据进行一次提交即可办完所有手续，这是简化通关的重要举措。中国单一窗口建设已经进入国家阶段，已在全国上线运行，积累了一定经验，系统不断优化和上线新功能，可以对中亚地区国家进行推广。

同时，中国可以将人工智能、区块链、数据分析等创新解决方案推广到中亚五国，在运输和供应链管理、海关现代化等领域实现应用，可以促进提升贸易便利化水平。

此外，应加强中国中亚跨境电子商务合作。电子商务在中亚五国有巨大发展潜力。2019 年中亚地区国家的电商渗透率仅为 21%，而全球为 41%，单个电商平均收入比全球平均水平低 10 倍。在中亚五国发展跨境电子商务需要多方面的努力。一是推动国家间合作，中国通过"丝路电商"平台可以充分分享本国经验，促进中亚五国在跨境电商领域合作，协调法律法规，促进商品和服务的跨境流动，为电子商务的发展创造有利的环境。二是加强数字基础设施建设，改善互联网连接，扩大宽带覆盖范围，建立在线支付系统，建设物流配送体系。三是加强电子商务数字行业人才培养，多渠道、多主体为企业和公众提供电子商务实践培训和教育资源。四是创造良好的监管环境，制定完善的电子商务法规，规范和协调海关、税收、知识产权、保险、原产地规则，保护消费者，维护国家数据安全。五是实施简化的通关程序，统一文件要求，推广电子海关系统，提高跨境贸易的效率和速度。

4. 治理腐败寻租行为

面对中亚五国贸易过境环节中遇到的寻租索贿等腐败现象，各国政府进行了许多改革。然而，经验数据和调查结果显示，执法记录较差，各国没有使其法律完全符合国际标准[34]。因此，为有效消除跨境贸易中的腐败寻租行为，中亚五国应对照国际标准，加强制定国内反腐败政策和制度，加强国内腐败的刑事定罪和执法，以及制定公共部门反腐败的预防措施。同时，地区国家之间需要紧密合作，努力创造公平透明的跨境贸易流程和规则，建立腐败的监督和反馈机制。另外，在货物过境监管过程中，可以借助更多的现代技术、信息通信等工具和方法，进行在线申报，电子查验，减少人为处理和检查环节，降低检查人员直接接触经营者而产生寻租索贿的机会。还可以采用基于风险的管理方案，如认证经营者 AEO 和随机抽样检查，精简通关环节，减少过境点拥堵，为运输公司支付额外费用以缩短排队时间创造寻租环境。

参考文献

［1］朱鹏. 中国与"一带一路"国家农业合作的战略选择及实现路径［J］. 江淮论坛，2020（3）：38-43.

［2］朱音楠．"丝绸之路经济带"建设背景下中国与中亚贸易伙伴国贸易关系研究［J］．安徽工业大学学报（社会科学版），2021，38（6）：22-24。

［3］张文中．中亚五国的贸易分布、对外投资与贸易政策［J］．新疆财经，2014（3）：60-68.

［4］刘峰，等．出口、对外投资与中国国家形象，来自拉丁美洲的证据［J］．国际贸易问题，2019（2）：15-28.

［5］朱音楠．"丝绸之路经济带"建设背景下中国与中亚贸易伙伴国贸易关系研究［J］．安徽工业大学学报（社会科学版），2021，38（6）：22-24.

［6］Diego C，Rachel N. A multidimensional approach to trade policy indicators［J］. IMF Working Papers，2018，18（32）.

［7］Rahul S. Trade facilitation and regional cooperation in asia－edited by douglas H. Brooks and Susan F. Stone［J］. The Developing Economies，2011，49（4）.

［8］Jesse M，Michael O. Economic development and export diversification：The role of trade costs［J］. International Economics，2023，173.

［9］Kavalski E. Book review：ian goldin and mike mariathasan，the butterfly defect：how globalization creates systemic risks，and what to do about it：［J］. Political Studies Review，2016，14（2）.

［10］Felipe J，Kumar U. The role of trade facilitation in central asia［J］. Eastern European Economics，2012，50（4）.

［11］于晨曦．贸易便利化对中国新疆出口中亚国家农产品贸易的影响研究［D］．新疆农业大学，2022.

［12］张晓静，李梁．"一带一路"与中国出口贸易：基于贸易便利化视角［J］．亚太经济，2015（3）：21-27.

［13］李玉成．贸易便利化对中国—中亚五国双边贸易潜力的影响研究［D］．江苏海洋大学，2022.

［14］刘学航．双循环格局下数字化发展对贸易便利化的影响研究［J］．商业经济研究，2023（16）：99-103.

［15］张文中．中亚五国的贸易分布、对外投资与贸易政策［J］．新疆财经，2014（3）：60-68.

［16］开艺兰，甘学玲，张迪，等．中亚国家贸易便利化对中国新疆农产品出口贸易影响研究［J］．对外经贸，2021（4）：16-20.

［17］穆沙江·努热吉，方创琳，何伦志．丝绸之路经济带中国—哈萨克斯坦国际合作示范区经贸合作重点与模式选择［J］．干旱区地理，2016，39（5）：979-986.

［18］艾赛提江·艾拜都拉．"新丝绸之路"对中国与中亚贸易的影响及对策

研究［J］. 价格月刊，2015（1）：46-49.

［19］肖瑶，陈晓文. 制度质量、OFDI 与出口贸易效应——基于中国与中亚五国数据的实证分析［J］. 价格月刊，2019（11）：69-78.

［20］郭扬，李金叶. 中国与中亚贸易的质量研究——基于国家时空视角［J］. 亚太经济，2018（02）：55-61+150.

［21］姚树俊，丁巨涛，乔媛. 考虑公平与默契的中国与中亚五国贸易合作潜力分析［J］. 统计与信息论坛，2018，33（3）：108-113.

［22］黄丽，王武林，龚姣. 中亚五国自华进口贸易技术溢出及碳排放影响研究［J］. 干旱区地理，2022，45（3）：986-997.

［23］汪晓文，宫文昌，张凯，等. 人民币中亚区域化贸易基础的实证分析［J］. 兰州大学学报（社会科学版），2018，46（1）：60-66.

［24］孙景兵，杜梅. 中国新疆与哈萨克斯坦贸易便利化发展研究［J］. 新疆大学学报（人文社会科学版），2016，44（1）：74-79.

［25］盛斌，靳晨鑫. "一带一路"沿线国家贸易便利化水平分析及中国的对策［J］. 国际贸易，2019（4）：4-13.

［26］ADB. National single window-Guidance Note May 2022［EB/OL］. https：//www. adb. org/sites/default/files/publication/822566/national - single - window - guidance-note. pdf.

［27］World Customs Organization. Guide to Measure the Time Required for the Release of Goods VERSION 3，2018.

［28］CAREC Transport and Trade Facilitation Strategy，2020.

［29］The Economist. How COVID - 19 Put Wind in Shipping Companies'Sails［EB/OL］. https：//www. economist. com/business/2020/10/10/how - covid - 19 - put - wind-in-shipping-companies-sails.

［30］Sachs J. D. The End of Poverty［M］. London：Penguin Press，2005.

［31］https：//www. weforum. org/agenda/2019/05/why-commodity-dependence-is-bad-news-for-allof-us/（accessed 14 September 2021）.

［32］P. Coke-Hamilton. We Must Help Developing Countries Escape Commodities Reliance. World Economic Forum［EB/OL］. https：//www. weforum. org/agenda/2019/05/why-commodity-dependence-is-bad-news-forall-of-us/.

［33］中华人民共和国商务部. 中华人民共和国海关总署公告 2021 年第 115 号［EB/OL］. http：//file. mofcom. gov. cn/article/zcfb/zcwg/202208/20220803337540. shtml.

［34］OECD（2020）. Anti-corruption Reforms in Eastern Europe and Central Asia Progress and Challenges，2016-2019.

第三部分　政策篇

七、中国—中亚双边经贸政策研究

（一）中国—中亚双边经贸政策大事记

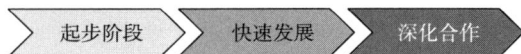

起步阶段 ▸ 快速发展 ▸ 深化合作

　　中国与中亚五国均于 1992 年建立外交关系，在 2000 年之前，中亚五国的部分国家内部政治局势尚不稳定，中国与中亚五国的合作体量也比较少，这一阶段的双边合作内容更多为前期的准备与起步工作。中国在 2001 年加入 WTO 后，对外开放程度进一步增强，对外的投融资和贸易活动日益增多，相关的贸易体系也更加完善，从此中国与中亚五国的双边经贸合作开始走上正轨、快速发展。在 2013 年，中国国家主席习近平在访问哈萨克斯坦和印度尼西亚时首次提出了"一带一路"这一伟大构想，哈萨克斯坦积极响应，随后其他中亚四国也纷纷赞同这一倡议，并将该倡议与各国发展战略相对接。在这一基础上，无论是在合作的深度还是广度都进一步扩展，双边各领域的合作均得到深化，中国与中亚五国的伙伴关系也得到发展。2023 年 5 月，中国—中亚峰会在陕西西安举行，这是中国与中亚五国建交 31 周年来首次以实体形式举办峰会，在促进经济合作和贸易往来之间具有重要意义。

　　因此，本章将 1992 年建交后到 2001 年左右，划分为中国与中亚五国双边经贸合作的起步阶段；将 2001 年左右至 2013 年左右，划分为中国与中亚五国双边经贸合作的快速发展阶段；将 2013 年左右至 2024 年，划分为中国与中亚五国双边经贸合作的深化合作发展阶段。①

　　1. 中哈经贸合作政策演进

　　（1）起步阶段：1992 年至 2001 年

　　• 1992 年 1 月中哈两国建交，并共同发表《中华人民共和国和哈萨克斯坦共

---

① 本章政策资料来源：中华人民共和国外交部官网，https：//www.mfa.gov.cn；中国一带一路网，https：//www.yidaiyilu.gov.cn；中国中央政府网，https：//www.gov.cn；以及部分网页搜索。

和国建交联合公报》。两国决定自 1992 年 1 月 3 日起建立大使级外交关系，发展友好合作关系，为后续的经贸合作打下基础。

- 1992 年 8 月，两国签署《中华人民共和国政府和哈萨克斯坦共和国政府关于开放边境口岸的协定》。两国互相开放了多个边境公路口岸，进一步巩固和发展两国人民传统友谊和两国政府的睦邻友好关系和合作。

- 1997 年 9 月，两国共同签署了《中华人民共和国政府和哈萨克斯坦共和国政府海关合作与互助协定》，双方愿意通过在海关事务领域的合作发展两国间的睦邻关系，力求通过两国海关当局间的合作，便利和加快两国间货物和人员的往来。

- 2001 年 9 月，两国共同发表了《中华人民共和国政府和哈萨克斯坦共和国政府联合公报》。其中，第四至七条为经贸相关部分，中哈双方一致认为两国经贸合作具有良好的前景，重点强调了石油天然气领域和交通运输领域的合作，并表示愿为对方企业和商人在本国的合法权益提供有效保护。

（2）快速发展阶段：2002 年至 2012 年

- 2002 年 12 月，两国共同签署《中华人民共和国和哈萨克斯坦共和国睦邻友好合作条约》。其中，第七条为经贸相关部分，表示双方愿意在发展睦邻友好关系的基础上，致力于扩大和深化两国的经贸合作，并依法创造相关的必要便利条件。

- 2003 年 6 月，两国共同发表《中华人民共和国和哈萨克斯坦共和国联合声明》。其中，第九至十四条为经贸相关部分，双方再次肯定了加强双边贸易对全面推进两国关系的重要意义，愿意依法保障双方经贸合作的开展，加强在能源、交通运输、人文交流等领域的合作，并不断完善相关法律法规，保障双边合作的合法权益。

- 2004 年 5 月，两国共同发表《中华人民共和国和哈萨克斯坦共和国联合声明》。其中，第八至十条为经贸相关部分，双方再次肯定在国事访问期间签署的经贸、能源、交通和农业领域的合作协议的重要意义，并明确支持双方共同参与的石油天然气项目和交通运输项目的开展。

- 2005 年 7 月，中哈建立战略伙伴关系，并签署了《中华人民共和国和哈萨克斯坦共和国关于建立和发展战略伙伴关系的联合声明》。其中，第四条为经贸相关部分，双方一致认为，经济、贸易、能源、交通、金融等领域的合作是双边关系的重要发展方向，且随着部分双边重大合作项目的实施，两国各领域务实合作进入了一个崭新的发展阶段。此外，中哈商品和服务市场准入谈判已成功起步，双方表明将共同努力完成此项工作。

- 2006 年 1 月，两国共同发表《中华人民共和国和哈萨克斯坦共和国联合公报》。其中，第五至八条为经贸相关部分，双方高度评价两国经贸合作的成果，重点加强在经贸、能源、交通、电信、金融等领域的合作，尽快启动霍尔果斯国际边境合作中心工作，积极推动和探讨中哈天然气管道建设及其他项目的开展与落实。

- 2007年8月，两国共同发表《中华人民共和国和哈萨克斯坦共和国联合公报》。其中，第九至十三条为经贸相关部分，双方肯定了中哈双边贸易的开展，并表示将继续由实施大型油气项目向开展非资源领域重要项目合作过渡。

- 2008年4月，两国共同发表《中华人民共和国政府和哈萨克斯坦共和国政府联合公报》。其中，第六至十一条为经贸相关部分，双方积极评价近年来中哈经贸合作取得的成果的同时表示将继续深入开展非资源经济领域合作，同时继续深化能源、金融、农业领域的合作，大力推动边境地区双边贸易的开展。

- 2008年10月，两国共同发表《中华人民共和国政府和哈萨克斯坦共和国政府联合公报》。其中，第七至十三条为经贸相关部分，双方积极评价近年来中哈经贸合作取得的成果，除了表示将继续深入开展非资源经济、能源、金融、交通运输、农业等既有领域的合作，还在第十二条提到了科技领域的合作部分，双边合作领域得到了拓展。

- 2009年4月，两国共同发表《中华人民共和国和哈萨克斯坦共和国联合声明》。其中，第三至七条为经贸相关部分，双方认为，当前两国经贸合作进入新的重要发展时期，双方均表示愿进一步挖掘双方合作潜力，将双边贸易额提到更高水平。

- 2010年6月，两国共同发表《中华人民共和国和哈萨克斯坦共和国联合公报》。其中，第六至十二条为经贸相关部分，双方高度评价两国为消除国际金融危机影响所采取的措施及合作，并一致同意将进一步加强经贸领域的互利合作。

- 2011年2月，两国共同发表《中华人民共和国和哈萨克斯坦共和国联合声明》。其中，第四至十条为经贸相关部分，在金融危机的影响下，中哈双边贸易额甚至大大超过了金融危机前的水平，双方对共同应对国际金融危机所做出的措施和合作表示满意。双方重点强调中哈能源合作已进入新阶段，将在传统油气领域的合作的基础上，开展可再生能源领域的合作。

- 2012年6月，两国共同发表《中华人民共和国和哈萨克斯坦共和国联合宣言》。其中，第二条为经贸相关部分，双方一致认为经济合作是中哈全面战略伙伴关系的重要组成部分，肯定了能源、金融、投资、交通运输、口岸与海关领域的合作，并再次强调科技合作的重要性，双方认为加强两国科技合作对发展中哈全面战略伙伴关系具有重要意义。

- 2012年6月，两国签署《中华人民共和国政府和哈萨克斯坦共和国政府关于中哈边境口岸及其管理制度的协定》。双方为进一步巩固和发展两国友好关系和两国人民的传统友谊，促进两国经济贸易合作，在平等互利原则基础上，新增了多个公路口岸和铁路口岸并制定相关合作机制，为双方开展经贸合作打下坚实基础。

（3）深化合作发展阶段：2013年至2024年

● 2013年9月，两国共同发表《中华人民共和国和哈萨克斯坦共和国关于进一步深化全面战略伙伴关系的联合宣言》。其中，第二条为经贸相关部分，双方一致认为中华人民共和国和哈萨克斯坦共和国都处在发展的重要阶段，并高度评价两国经贸合作的成果，并愿意进一步深化相互投资、能源、金融、跨境基础设施建设、农业、科技等领域的合作，并表示双方将进一步加强在通信和信息技术领域的合作。

● 2014年5月，两国共同发表了《中华人民共和国和哈萨克斯坦共和国联合宣言》。其中，第二条为经贸相关部分，双方一致认为，愿加强各领域的务实合作，其中经贸合作是中哈全面战略伙伴关系最具活力的组成部分，双方将进一步加强对两国经贸合作的政策规划。

● 2015年8月，中哈建立永久全面战略伙伴，并签署《中华人民共和国和哈萨克斯坦共和国关于全面战略伙伴关系新阶段的联合宣言》。其中，第二至三条为经贸相关部分，双方一致认为，中哈两国处于重要发展阶段，并将采取新的措施，提高经贸合作水平，拓展经贸合作领域。此外，双方强调，中国"丝绸之路经济带"倡议和哈萨克斯坦"光明之路"新经济政策相辅相成，双方将以此为契机进一步加强产能与投资合作，共同就"丝绸之路经济带"倡议和"光明之路"新经济政策进行对接开展合作。

● 2015年12月，两国共同发表《中华人民共和国政府和哈萨克斯坦共和国政府联合公报》。其中，第三至十六条为经贸相关部分，双方将尽快开展丝绸之路经济带与"光明之路"新经济政策的对接工作，并高度评价中哈产能合作启动一年来取得的成果。

● 2016年9月，中哈两国政府签署《关于"丝绸之路经济带"建设与"光明之路"新经济政策对接合作规划》。中哈双方为共同推进"丝绸之路经济带"建设与"光明之路"新经济政策对接合作，特制定本规划，双方的合作重点主要在于交通基础设施领域、贸易领域、制造业领域及其他领域。

● 2017年6月，两国共同发表《中华人民共和国和哈萨克斯坦共和国联合声明》。其中，第二至四条为经贸相关部分，双方再次强调了"一带一路"建设和"光明之路"新经济政策对接合作规划具有重大意义，中方将支持哈方举办专项世博会。在双边贸易方面，双方愿采取新的措施，提高合作水平，拓展合作领域。

● 2018年6月，两国共同发表《中华人民共和国和哈萨克斯坦共和国联合声明》。其中，第二条为经贸相关部分，双方肯定中哈双边务实合作，双方同意继续提高合作水平，拓展双边贸易、产能与投资合作、能源合作、金融、跨境电商、跨境基础设施、农业、科技、军工、航天等领域的合作，并共同运营好中哈霍尔果斯国际边境合作中心。

• 2019年9月，中哈建立永久全面战略伙伴关系，并共同发表《中华人民共和国和哈萨克斯坦共和国联合声明》。其中，第二条为经贸相关部分，双方指出，务实合作是中哈全面战略伙伴关系发展的推动力，再次强调中国"丝绸之路经济带"建设和哈萨克斯坦"光明之路"新经济政策对接合作意义重大，双方愿继续提高合作水平，拓展多个领域的合作。

• 2022年9月，中哈共同发表《中华人民共和国和哈萨克斯坦共和国建交30周年联合声明》。其中，第四条为经贸相关部分，双方高度肯定三十年来中哈经贸合作的成果，中国长期稳居哈萨克斯坦主要贸易伙伴地位，两国双边贸易额大幅提升，并愿进一步扩大双边贸易规模。当前，中哈双边贸易已基本涵盖从能源到农产品贸易等各合作领域，双方将不断加强检验检疫合作，为农产品食品准入创造有利条件，积极促进双边贸易发展。双方愿共同分析并采取措施消除可能阻碍双边贸易额增长和资本流动的因素。

• 2023年是"一带一路"在哈萨克斯坦首倡十周年，中哈双方签署了《中华人民共和国政府与哈萨克斯坦共和国政府产能与投资合作规划》，其中双方重申将进一步加强地区互联互通，充分发挥相互贸易投资和跨境运输潜力，深化"一带一路"框架下各领域务实合作。

• 2023年5月，两国共同发表《中华人民共和国和哈萨克斯坦共和国联合声明》。其中，第三条为经贸相关部分，双方重申将进一步加强地区互联互通，充分发挥相互贸易投资和跨境运输潜力，深化"一带一路"框架下各领域务实合作。双方将研究建立中哈合作委员会创新合作分委会来拓展电子商务、大数据、人工智能、5G等新领域合作。双方愿积极推动进一步扩大双边经贸、产能与投资合作，重视可再生能源、创新、食品安全、农业、交通、运输和物流等有前景领域的合作。

2. 中吉经贸合作政策演进

（1）起步阶段：1992年至2001年

• 1992年1月，两国建交，并签署《中华人民共和国和吉尔吉斯共和国建交联合公报》，这为两国发展友好合作关系打下坚实基础。

• 1996年7月，两国共同发表《中华人民共和国和吉尔吉斯共和国友好关系基础的联合声明》。其中，第四至六条为经贸相关部分，双方表示将进一步加强在政治、经济、贸易、科技、文化、教育、卫生、新闻、旅游、体育等领域的平等互利合作。

（2）快速发展阶段：2002 年至 2015 年

● 2002 年 6 月，两国共同签署《中华人民共和国和吉尔吉斯共和国睦邻友好合作条约》。其中，第六至七条为经贸相关部分，双方将在平等互利的基础上开展经贸、军技、科技、能源、环保、金融、信息技术、交通和过境运输等领域的合作与建设，并依法做出保护。

● 2004 年 9 月，两国共同发表《中华人民共和国政府和吉尔吉斯共和国政府联合公报》。其中，第六至九条为经贸相关部分，双方在《中华人民共和国和吉尔吉斯共和国睦邻友好合作条约》的基础上，愿进一步开展边境贸易，推动交通运输、能源和矿产资源领域等的合作。

● 2012 年 6 月，两国共同发表《中华人民共和国和吉尔吉斯共和国联合宣言》。其中，第三条为经贸相关部分，双方认为，建立在互利原则基础上的经贸领域合作发展潜力巨大，并强调了中吉双方投资领域的合作。

● 2013 年 9 月，中吉建立战略伙伴关系，签署了《中华人民共和国和吉尔吉斯共和国关于建立战略伙伴关系的联合宣言》。其中，第二条为经贸相关部分，双方一致认为，务实合作是两国战略伙伴关系的物质基础，双方愿继续加强能源、互联互通、电力通信调控、农业等领域的合作，并进一步研究运输物流领域合作问题。

● 2014 年 5 月，两国共同发表《中华人民共和国和吉尔吉斯共和国关于进一步深化战略伙伴关系的联合宣言》。其中，第二条为经贸相关部分，双方一致认为经贸合作是中吉战略伙伴关系的主要组成部分之一，除进一步推进各领域合作外，双方还指出，应充分挖掘中吉政府间经贸合作委员会中国新疆—吉尔吉斯斯坦工作组的潜力。

● 2015 年 12 月，两国共同发表《中华人民共和国政府和吉尔吉斯共和国政府联合公报》。其中，第三至十条为经贸相关部分，双方将加强两国发展战略对接，积极制订和通过相关文件，在共建丝绸之路经济带框架下推进务实合作，创新合作模式，继续深化各领域合作，并加强银行金融合作，推动双边本币结算。

（3）深化合作发展阶段：2016 年至 2024 年

● 2016 年 11 月，两国共同发表《中华人民共和国政府和吉尔吉斯共和国政府联合声明》。其中，第四至十条为经贸相关部分，双方将继续共同努力，实现双边经贸合作长期可持续发展。双方决定进一步深化产能与投资、交通、农业、口岸等领域的合作。

● 2018 年 6 月，中吉建立全面战略伙伴关系，两国元首签署《中华人民共和国和吉尔吉斯共和国关于建立全面战略伙伴关系联合声明》，两国关系实现战略升级。其中，第二条为经贸相关部分，双方一致认为，务实合作是中吉全面战略伙伴关系的重要物质基础。双方愿落实好两国业已签署的各项合作文件和共同商定的合作项目，推动实施更多经贸领域双边和多边合作项目，包括建设公路和铁路、光纤通信线路、能源、采矿、发展信息技术基础设施、数字技术等，不断拓展新的合作领域，为两国务实合作发展不断充实新内容，促进合作可持续发展。

- 2019 年 6 月，两国共同发表《中华人民共和国和吉尔吉斯共和国关于进一步深化全面战略伙伴关系的联合声明》。其中，第二条为经贸相关部分，双方指出，中方提出的共建"一带一路"倡议和吉尔吉斯斯坦《2018—2040 年国家发展战略》对接合作潜力巨大。双方将充分利用中吉政府间经贸合作委员会及其下设中国新疆—吉尔吉斯斯坦工作组机制，进一步推动双边贸易平衡发展。

- 2022 年 9 月 15 日，中国与吉尔吉斯斯坦、乌兹别克斯坦有关部门签署了《关于中吉乌铁路建设项目（吉境内段）合作的谅解备忘录》。协议要求，在 2023 年上半年，完成中吉乌铁路项目吉境内段路线方案可行性研究的所有工作。中方表示愿同乌方一道完善欧亚大陆运输大通道建设，推动中吉乌铁路早日启动建设。

- 2023 年 5 月 18 日，国家发展改革委主任郑栅洁与吉尔吉斯斯坦交通和通信部部长捷克巴耶夫、乌兹别克斯坦交通部部长马赫卡莫夫签署了《中华人民共和国国家发展和改革委员会、吉尔吉斯共和国交通和通信部、乌兹别克斯坦共和国交通部关于就中吉乌铁路建设项目（吉境内段）可行性研究三方联合评审达成共识的谅解备忘录》，标志着项目可行性研究工作已接近尾声。

- 2023 年 5 月，两国共同发表《中华人民共和国和吉尔吉斯共和国关于建立新时代全面战略伙伴关系的联合宣言》。其中，第八条为经贸相关部分，双方指出，加强经贸和投资合作是双边关系的重要组成部分，双方愿携手推动经贸、基础设施、交通、能源资源、产业与投资、加工业、矿业、农业、数字化、旅游、地方、防灾减灾、应对气候变化以及绿色能源开发等领域合作，并持续跟进和推动现有项目取得新进展。

3. 中塔经贸合作政策演进

（1）起步阶段：1992 年至 1997 年

- 1992 年 1 月，中塔两国建交，并共同签署《中华人民共和国和塔吉克斯坦共和国建交联合公报》，这为两国发展友好合作关系打下坚实基础。

- 1993 年 3 月，两国签署《中华人民共和国和塔吉克斯坦共和国关于相互关系基本原则的联合声明》。其中，第五至七条为经贸相关部分，双方认为发展经济合作是两国关系的重要组成部分，双方将在平等互利的基础上巩固和加深两国的经济合作。

- 1996 年 9 月，两国共同发表《中华人民共和国和塔吉克斯坦共和国联合声明》。其中，第三条中的第二部分为经贸相关部分，双方愿意进一步拓展双边经贸合作，并优先考虑能源、农业、交通、纺织、矿肥生产领域的合作。

（2）快速发展阶段：1998 年至 2013 年

● 2000 年 7 月，两国共同发表《中华人民共和国和塔吉克斯坦共和国关于发展两国面向 21 世纪的睦邻友好合作关系的联合声明》。其中，第四条为经贸相关部分，双方一致认为经贸合作是中塔关系的重要组成部分，并强调了两国公路运输合作部分。

● 2002 年 3 月，两国共同发表《中华人民共和国和塔吉克斯坦共和国关于进一步发展两国睦邻友好和互利合作关系的联合声明》。其中，第三至四条为经贸相关部分，双方表示愿充分利用地缘优势扩大和深化经贸合作，尤其是交通运输领域的合作，政府愿为此创造更好的条件。

● 2002 年 5 月，两国共同发表《中华人民共和国和塔吉克斯坦共和国联合声明》。其中，第三条为经贸相关部分，双方强调指出在互利基础上开展经贸合作的重要性，重申将加强两国政府间经贸合作委员会的工作。

● 2006 年 9 月，两国共同发表《中华人民共和国和塔吉克斯坦共和国联合公报》。其中，第六至八条为经贸相关部分，双方积极评价近年来中塔经贸合作取得的成果，并表示，将加强两国在交通、通信、电力、地质和矿产资源勘探开发、轻纺、农业、基础设施建设等领域的合作。

● 2007 年 1 月，两国共同签署《中华人民共和国和塔吉克斯坦共和国睦邻友好合作条约》。其中，第九条为经贸相关部分，双方愿继续扩大和深化各领域的合作。

● 2008 年 8 月，两国共同发表《中华人民共和国和塔吉克斯坦共和国关于进一步发展睦邻友好合作关系的联合声明》。其中，第十至十二条为经贸相关部分，双方认为，加强双边经贸合作对全面推进两国关系发展具有重要意义，强调交通运输领域的合作潜力，并将依法为经贸合作提供保护和支持。

● 2010 年 11 月，两国共同发表《中华人民共和国政府和塔吉克斯坦共和国政府联合公报》。第三至五条为经贸相关部分，双方积极评价近年来中塔经贸合作取得的成果，认为保持两国贸易额持续稳定增长、推动中塔经济技术项目合作是当前两国经贸合作的重点方向，愿进一步推动各领域的深化合作和口岸合作。

● 2012 年 6 月，两国共同发表《中华人民共和国和塔吉克斯坦共和国联合宣言》。其中，第四至十一条为经贸相关部分，双方积极评价中塔经贸合作取得的重要成果，不仅愿进一步推动国家层面的各经贸领域合作，还将落实和推动中国新疆维吾尔自治区与塔吉克斯坦相关州市在经贸、交通、通信、电力、矿产开发、口岸、农业等领域合作再上新台阶。

● 2013 年 5 月，建立战略伙伴关系，两国共同发表了《中华人民共和国和塔吉克斯坦共和国关于建立战略伙伴关系的联合宣言》。其中，第二条为经贸相关部分，双方一致认为，务实合作是两国战略伙伴关系的物质基础。双方将充分发挥政府间经贸合作委员会的作用，继续深入挖掘好推动贸易与投资、金融、互联互通、矿产资源、能源资源、农业等领域的进一步合作。

（3）深化合作发展阶段：2014 年至 2024 年

● 2014 年 9 月，两国共同发表《中华人民共和国和塔吉克斯坦共和国关于进一步发展和深化战略伙伴关系的联合宣言》。其中，第三条为经贸相关部分，在丝绸之路经济带倡议的提出下，双方指出，共同建设"丝绸之路经济带"的伟大倡议为中塔开展全方位合作提供了新的历史机遇。双方愿密切合作，共同推动丝绸之路经济带建设，开辟中塔合作新的广阔前景。

● 2017 年 8 月，中塔建立全面战略伙伴关系，两国元首共同签署并发表了《中华人民共和国和塔吉克斯坦共和国关于建立全面战略伙伴关系的联合声明》。其中，第三条为经贸相关部分，双方一致认为务实合作是两国全面战略伙伴关系的坚实物质基础，商定开展"一带一路"建设同塔吉克斯坦"2030 年前国家发展战略"对接合作，实现优势互补和共同发展繁荣。

● 2019 年 6 月，两国共同发表《中华人民共和国和塔吉克斯坦共和国关于进一步深化全面战略伙伴关系的联合声明》。其中，第二条为经贸相关部分，双方一致认为，基于多层面互利经贸协作的务实合作是两国全面战略伙伴关系的坚实基础，双方将继续全面、切实落实现有双边共识和共同合作项目。

● 2023 年 5 月，两国共同发表《中华人民共和国和塔吉克斯坦共和国联合声明》。其中，第七至十一条为经贸相关部分，双方愿积极推动共建"一带一路"倡议和塔吉克斯坦 2030 年前国家发展战略对接。双方将采取措施进一步扩大双边贸易规模，深化"丝路电商"框架下合作，双方愿研究在机械制造、道路施工技术、电信、制药、石油天然气、轻工业、煤炭、化学和食品工业、建材生产、电力、矿产资源、交通基础设施、灌溉和土壤改良、农业基础设施和其他社会领域实施合作项目。

4. 中乌经贸合作政策演进

（1）起步阶段：1992 年至 2002 年

● 1992 年 1 月，中乌两国宣布建交，并共同签署《中华人民共和国和乌兹别克斯坦共和国建交联合公报》，这为两国发展友好合作关系打下坚实基础。

● 1994 年 10 月，两国共同发表《中华人民共和国和乌兹别克斯坦共和国关于相互关系的基本原则和发展与加深互利合作的声明》。其中，第六至八条为经贸相关部分，双方将加强政治、经济、文化、科学领域以及贸易、交通、通信、教育、卫生、新闻、旅游、体育、环保诸领域的平等互利合作。

● 2000 年 11 月，两国共同发表《中华人民共和国和乌兹别克斯坦共和国关于进一步发展两国友好合作关系的联合声明》。其中，第三至四条为经贸相关部分，双方表示，应进一步发挥两国在轻纺、家电、通信、食品和农产品加工等领域的潜力，优先发展交通领域的合作，积极开展各种形式的互利经济技术合作。

● 2002 年 3 月，两国共同发表《中华人民共和国和乌兹别克斯坦共和国联合声明》。其中，第十一至十二条为经贸相关部分，两国政府将为经贸合作的主体，首先是信誉好和有经济实力的大、中型企业和公司，开展相互合作创造有利条件，提供必要的支持，双方将进一步完善两国间的交通运输。

（2）快速发展阶段：2003 年至 2012 年

● 2004 年 6 月，两国共同发表《中华人民共和国和乌兹别克斯坦共和国关于进一步发展与加深两国友好合作伙伴关系的联合声明》。其中，第四至五条为经贸相关部分，双方表示，必须充分发挥两国政府间经贸合作委员会的作用，在平等互利的基础上拓展能源、交通、农业、水利、机电、航空、纺织、科技和信息技术领域的合作，其中需优先发展交通领域的合作。

● 2005 年 5 月，两国共同签署了《中华人民共和国和乌兹别克斯坦共和国友好合作伙伴关系条约》。其中，第十至十一条为经贸相关部分，双方认为，经贸合作是友好合作的重要组成部分，两国应继续深化各领域的经贸合作，尤其是交通运输领域。

● 2007 年 11 月，两国共同发表《中华人民共和国政府和乌兹别克斯坦共和国政府联合公报》。其中，第五至七条为经贸相关部分，双方积极评价近年来中乌经贸合作取得的成果，认为保持两国贸易额持续增长、推动中乌经济技术项目合作是当前两国经贸合作的重点方向。

● 2010 年 6 月，两国共同发表《中华人民共和国和乌兹别克斯坦共和国关于全面深化和发展两国友好合作伙伴关系的联合声明》。其中，第四至十一条为经贸相关部分，双方认为，建立持久稳定的贸易合作关系是两国经贸合作的优先方向，双方将继续深化能源、开发和贸易、非资源和高科技、金融、投资、交通运输、农业、科技等领域的合作。

● 2011 年 4 月，两国共同发表《中华人民共和国和乌兹别克斯坦共和国联合声明》。其中，第六至十条为经贸相关部分，双方认为，稳定的双边经贸合作对两国关系全面发展具有重要意义。双方应改善贸易条件，扩大高新技术和非资源领域的贸易规模，同时继续推进现有项目的落实与实施。

● 2012 年 6 月，两国建立战略伙伴关系，并签署《中华人民共和国和乌兹别克斯坦共和国关于建立战略伙伴关系的联合宣言》。其中，第二条为经贸相关部分，双方决定共同推动扩大贸易、金融、投资领域互利合作，认为这是推进两国战略伙伴关系的重要因素。

（3）深化合作发展阶段：2013 年至 2024 年

- 2013 年 9 月，两国共同发表《中华人民共和国和乌兹别克斯坦共和国关于进一步发展和深化战略伙伴关系的联合宣言》。其中，第六至九条为经贸相关部分，双方满意地指出，中乌建立了政府间合作委员会，促进经济合作多样化，在平等互利基础上改善双方商品、服务和先进技术准入条件，深化金融投资、交通运输和农业领域合作，扩大人文科技联系。此外，双方强调加快落实 2011 年 4 月 19 日签订的双边本币互换协议，推动双边贸易本币结算。

- 2014 年 8 月，两国共同发表《中华人民共和国和乌兹别克斯坦共和国联合宣言》。其中，第七至十条为经贸相关部分，双方非常满意地指出，中乌两国经济稳定快速增长，为两国进一步扩大经济领域全方位互利合作创造了良好条件。双方一致决定扩大经贸、投资、金融合作，协助和支持两国企业开展活动。

- 2016 年 6 月，两国建立全面战略伙伴关系，签署并发表了《中华人民共和国和乌兹别克斯坦共和国联合声明》。其中，第二条为经贸相关部分，双方决定共同推动扩大贸易、金融、投资领域互利合作，认为这是推进两国战略伙伴关系的重要因素，并高度评价金融、能源、交通、高新技术领域的合作成果。

- 2017 年 5 月，两国共同发表《中华人民共和国和乌兹别克斯坦共和国关于进一步深化全面战略伙伴关系的联合声明》。其中，第二条为经贸相关部分，双方一致认为，务实合作是中乌全面战略伙伴关系的重要组成部分。双方将全面落实两国现有双边各项合作文件和共同商定的合作项目，在共建"一带一路"框架内扩大贸易、投资、经济技术和交通、通信、农业、园区等优先领域合作。

- 2022 年 9 月，两国共同发表《中华人民共和国和乌兹别克斯坦共和国联合声明》。其中，第三至四条为经贸相关部分，双方愿积极推进"一带一路"倡议同"新乌兹别克斯坦"2022—2026 年发展战略对接，深化共建"一带一路"合作，特别是经贸、投资、金融、科技、旅游、交通运输、水利、信息技术、生态、人文、工业、农业、粮食安全、数字化、云计算、人工智能、绿色能源、提高能效等领域协作，保障两国经济社会稳步发展。

- 2023 年 5 月，两国共同发表《中华人民共和国和乌兹别克斯坦共和国联合声明》。其中，第九至十四条为经贸相关部分，为持续深化新时代中乌全面战略伙伴关系，双方愿加紧推进"一带一路"倡议同"新乌兹别克斯坦"2022—2026 年发展战略对接，并进一步推进双方各经贸领域的深化合作。

5. 中土经贸合作政策演进

（1）起步阶段：1992 年至 2001 年

- 1992 年 1 月，中土两国建交，并共同签署《中华人民共和国和土库曼斯坦建交联合公报》，这为两国发展友好合作关系打下坚实基础。

• 1992年11月，两国共同发表《中华人民共和国和土库曼斯坦联合公报》。其中，第四条为经贸相关部分，双方政府愿意进一步发展政治、经贸、科技、教育、新闻、文艺等领域的合作，双方特别重视并将采取措施保证经贸关系的发展。

• 2000年11月，两国共同发表《中华人民共和国和土库曼斯坦联合声明》。其中，第四至五条为经贸相关部分，双方一致认为，两国经贸合作具有巨大的潜力和良好的前景。依法为两国经贸活动提供必要支持，重视加强能源领域的合作。

（2）快速发展阶段：1998年至2013年

• 1998年8月，两国共同发表《中华人民共和国和土库曼斯坦关于进一步发展和加强两国友好合作关系的联合声明》。其中，第五至八条为经贸相关部分，双方重申，进一步发展中土经贸关系具有重要意义，双方将积极推动两国在经贸领域合作的不断扩大，并将在海关领域内开展合作以支持能源、交通运输等经贸领域的合作发展。

• 2006年4月，两国共同发表《中华人民共和国和土库曼斯坦联合声明》。其中，第六至七条为经贸相关部分，双方决定进一步采取有效措施，不断提高合作水平，优先拓展能源、电信、机电、纺织、化工、基础设施等领域的合作，尤其强调能源领域的合作。

• 2007年7月，两国共同发表《中华人民共和国和土库曼斯坦关于进一步巩固和发展友好合作关系的联合声明》。其中，第五至六条为经贸相关部分，双方高度评价近年来中土经贸合作取得的积极成果，扎实推进双方已商定的能源、交通、电信、化工、建材、纺织和食品加工等重点领域的经济合作项目，并强调土方向中方出售天然气相关项目和协议的重要意义。

• 2008年8月，两国共同发表《中华人民共和国和土库曼斯坦联合声明》。其中，第八至十条为经贸相关部分，双方首次商定将成立中国和土库曼斯坦合作委员会，进一步深化和协调两国的经贸发展。

• 2013年9月，两国建立战略伙伴关系，签署《中华人民共和国和土库曼斯坦关于建立战略伙伴关系的联合宣言》。其中，第二至三条为经贸相关部分，双方将全面扩大基础设施建设、电信、化工、纺织工业、农业、卫生、高科技等领域合作，确立并实施新的互利合作项目，并高度评价两国能源合作的成果及发展前景。

（3）深化合作发展阶段：2014年至2024年

• 2014年5月，两国共同签署《中华人民共和国和土库曼斯坦友好合作条约》。其中，第八至十一条为经贸相关部分，双方全面支持持续发展双边务实合作，双方将采取一切必要措施为双边经贸合作提供协助。

• 2014年5月，两国共同发表《中华人民共和国和土库曼斯坦关于发展和深化战略伙伴关系的联合宣言》。其中，第二至三条为经贸相关部分，双方高度评价中土合作委员会及其分委会对深化双方务实合作起到的统筹、指导和协调作用，商定加强经济社会发展政策沟通与协调，努力实现中华民族伟大复兴的"中国梦"同土库曼斯坦建设"强盛幸福时代"发展战略的对接，实现共同发展繁荣。双方再次强调能源合作的重要性，并将共同努力确保现有项目顺利开展。

• 2023 年 1 月，两国共同发表《中华人民共和国和土库曼斯坦联合声明》。其中，第六至十一条为经贸相关部分，双方商定，要充分发挥中土合作委员会统筹协调作用，加紧推进"一带一路"倡议和"复兴丝绸之路"战略对接，全力落实好中土政府 5 年合作规划（2021—2025 年），推动中土各领域合作齐头并进，全面发展。双方将采取有效措施，进一步推动投资与金融、能源合作、互联互通、医疗、农业等领域的深化合作。

（二）中国—中亚双边经贸政策对比及解读

1. 政策发布时间进程分析

图 7-1 以前文所述的发展阶段为划分标准，度量了中国与中亚五国自建交以来发表的联合宣言、联合声明、联合公报等联合发表内容的政策数量。根据图 7-1 可知，中国与中亚五国中双边合作政策数量最多的时期为快速发展阶段，即 2001 年左右至 2013 年左右，中国与中亚五国中双边合作政策数量最多的国家为哈萨克斯坦，共计发表联合内容的政策 22 个。

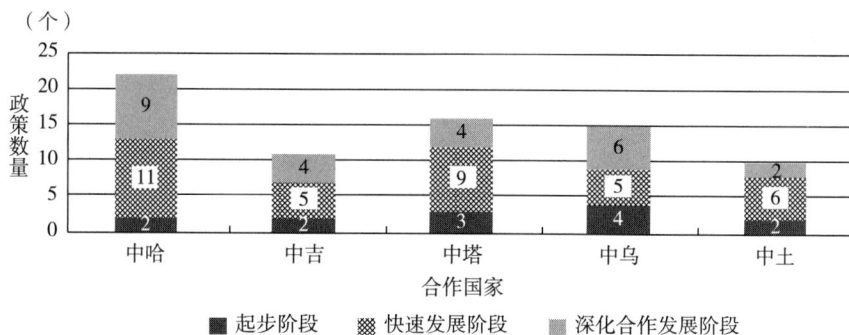

图 7-1　中国与中亚五国双边各阶段联合政策数量

中国与中亚五国在起步阶段合作政策数量较少、双边经贸合作的体量也有限，所签署的联合政策也主要集中在前期准备内容，更多地体现在双边合作的基础性协议，其中有关经贸的内容以能源、交通运输等传统基础领域合作为主。

在快速发展阶段，中国与中亚五国发布双边经贸合作政策数量最多、合作体量也最大。这一时期的双边政策内容以起步阶段内容为基础，逐步走上正轨，合作中开始加入农业、电信、金融与投资等领域，同时积极发挥政府间经贸合作委员会的联系作用，双边合作内容在广度上有极大拓展。

在 2013 年中国首次提出"一带一路"倡议后，中国与中亚五国的双边合作相继进入深化合作发展阶段，这一时期的双边经贸合作政策数量和合作体量都较多。中亚五国纷纷将本国的发展规划与"一带一路"倡议相对接，综合推动双边合作发展。双边政策在致力于深耕现有合作领域的同时，内容也不再局限于基础合作，而是更为强调双边务实合作，切实推动双边合作的深化发展。

表 7-1　中国与中亚五国不同领域合作开展时间及政策

	能源领域	交通运输领域	农业领域	投资领域	成立合作委员会
中哈	1997 年，《中华人民共和国政府和哈萨克斯坦共和国政府关于在石油天然气领域合作的协议》	1992 年，《中华人民共和国政府和哈萨克斯坦共和国政府汽车运输协定》	2008 年，《中华人民共和国政府和哈萨克斯坦共和国政府联合公报》	1992 年，《中华人民共和国政府和哈萨克斯坦共和国政府关于鼓励和相互保护投资协定》	2004 年，《中华人民共和国政府和哈萨克斯坦共和国政府关于成立中哈合作委员会的协定》
中吉	2002 年，《中华人民共和国政府和吉尔吉斯共和国政府关于在能源领域开展合作的框架协定》	1994 年，《中华人民共和国政府和吉尔吉斯共和国政府汽车运输协定》	2012 年，《中华人民共和国和吉尔吉斯共和国联合宣言》	2002 年，《中华人民共和国政府和吉尔吉斯共和国睦邻友好合作条约》	1994 年，《中华人民共和国政府和吉尔吉斯共和国关于建立中吉政府间经贸合作委员会的协定》
中塔	1996 年，《中华人民共和国和塔吉克斯坦共和国联合声明》	1996 年，《中华人民共和国和塔吉克斯坦共和国联合声明》	1996 年，《中华人民共和国和塔吉克斯坦共和国联合声明》	1996 年，《中华人民共和国和塔吉克斯坦共和国联合声明》	1996 年，《中华人民共和国政府和塔吉克斯坦共和国政府经济贸易关系协定》
中乌	2004 年，《中华人民共和国和乌兹别克斯坦共和国关于进一步发展与加深两国友好合作伙伴关系的联合声明》	1993 年，《中华人民共和国政府和乌兹别克斯坦共和国政府汽车运输协定》	2004 年，《中华人民共和国和乌兹别克斯坦共和国关于进一步发展与加深两国友好合作伙伴关系的联合声明》	2004 年，《中华人民共和国和乌兹别克斯坦共和国关于进一步发展与加深两国友好合作伙伴关系的联合声明》	1992 年，《中华人民共和国政府和乌兹别克斯坦共和国政府关于建立中乌政府间经贸合作委员会的协定》
中土	2000 年，《中华人民共和国和土库曼斯坦联合声明》	1998 年，《中华人民共和国和土库曼斯坦关于进一步发展和加强两国友好合作关系的联合声明》	1998 年，《中华人民共和国和土库曼斯坦关于进一步发展和加强两国友好合作关系的联合声明》	2013 年，《中华人民共和国和土库曼斯坦关于建立战略伙伴关系的联合宣言》	2008 年，《中华人民共和国和土库曼斯坦联合声明》

资料来源：中华人民共和国外交部官网，https：//www.mfa.gov.cn；中国一带一路网，https：//www.yidaiyilu.gov.cn；中国中央政府网，https：//www.gov.cn；以及部分网页搜索。

无论是从政策体量、合作深度、合作广度还是合作时间来看，中国与哈萨克斯坦的经贸合作都是更为紧密的。哈萨克斯坦是我国边界线最长的邻国，它不仅是中国的友好睦邻，更在 2019 年与中国建立永久全面战略伙伴关系，两国自 1992 年建交以来，积极开展各项双边合作，具有良好的政策、经济、文化合作基础与前景。

2. 中哈细分领域双边政策解读

（1）能源领域

1）中哈能源合作政策演进

中哈能源合作始于 1997 年，两国政府签署了《中华人民共和国政府和哈萨克斯坦共和国政府关于在石油天然气领域合作的协议》，协议规定，中国承包哈境内的阿克纠宾斯克油田和乌津油田，同时修建从乌津到中哈边境阿拉山口的长达 3000 公里的输油管道。该协议将承包油田和输油管道建设捆绑在一起，为中哈的能源合作开创了一个良好的开端。中哈之间最早的能源合作项目是阿克纠宾项目，最早参与合作的企业是中石油。

2001 年 9 月，中哈两国共同发表了《中华人民共和国政府和哈萨克斯坦共和国政府联合公报》，第五条提到，双方强调，两国在石油天然气领域的合作具有重要意义，将采取有效措施保障现有合作项目的顺利实施，并继续对铺设中哈石油管道项目进行研究。本政策立足于之前所签署的口岸和海关相关协定，结合本年上合组织成立，中哈两国的能源合作发展进入新阶段。

2006 年 1 月，两国共同发表《中华人民共和国和哈萨克斯坦共和国联合公报》，第六条提到，双方认为，发展和深化能源合作符合双方的利益。2005 年 12 月 15 日中哈原油管道阿塔苏至阿拉山口段如期竣工，标志着中哈能源合作进入新的发展阶段。双方将鼓励和推动两国能源企业继续深化合作。从 2002 年中哈两国领导人就商谈铺设中哈输油管道项目，到 2005 年的原油管道一期竣工，不仅能够体现前期各个双边政策中能源领域的落实，更标志着中哈能源领域合作得到进一步深化。

2007 年 8 月，两国共同发表《中华人民共和国和哈萨克斯坦共和国联合公报》，第十条提到，双方将协助各自的经济实体实施中哈原油管道二期工程、中哈天然气管道工程、石油化工联合体等项目以及在油气深加工领域开展合作。在 2006 年中哈输油管道项目一期顺利对华开展输油后，两国在巩固一期项目的同时开展中哈原油管道二期项目，这将进一步提升管道的输油能力，继续深化两国在能源领域的合作。

2010 年 6 月，两国共同发表《中华人民共和国和哈萨克斯坦共和国联合公报》，第八条提到，双方表示，中哈能源领域合作已达到新的水平。双方将确保中哈天然气管道、中哈原油管道等重点能源合作项目顺利建设并长期稳定运营。双方将在平等、互利基础上扩大在核能领域以及风能、太阳能等可再生能源利用领域合作。相较于之前所提出的能源合作更侧重于石油天然气方面，本《公报》中首次提出了扩大两国在核能领域以及可再生能源利用领域的合作，进一步扩大了中哈能源领域的合作广度。

2013 年 9 月，两国共同发表《中华人民共和国和哈萨克斯坦共和国关于进一步深化全面战略伙伴关系的联合宣言》，第二条中提到，双方将本着互利共赢原则继续扩大和深化能源合作，确保油气田勘探开发生产、油气运输等共同项目长期安全稳定运营，努力做好中哈原油管道扩建和投入运营工作，使其达到双边协议约定的 2000 万吨/年的输油能力。双方将加快实施中哈天然气管道一期扩建（C线）和二期（别伊涅乌—巴佐伊—奇姆肯特）建设，以及阿特劳炼化厂现代化改造项目建设和阿克套沥青厂建设。双方鼓励和支持两国企业在油气田勘探开发、原油加工和扩大对华能源出口等新项目上开展合作。双方将进一步深化核领域合作，推动和平利用核能领域合作项目。双方将在发展替代能源领域积极开展合作。

政策基于前期各双边政策，总结了中哈现有各重点能源合作项目的建设与运营情况，并再次鼓励传统油气能源领域、核能源领域、替代能源领域的深化合作，为未来各能源领域的深化合作做出预期与展望。

2015 年 12 月，两国共同发表《中华人民共和国政府和哈萨克斯坦共和国政府联合公报》，第七条提到，双方商定扩大和深化能源合作，按时落实中哈原油管道扩建、中哈天然气管道二期（别伊涅乌—博佐伊—奇姆肯特）建设、奇姆肯特炼厂改造项目。双方表示愿扩大煤炭领域合作，包括煤炭开发和生产高附加值产品。双方积极评价中哈核工业合作工作组工作，将继续深化核领域合作，推动和平利用核能领域合作项目，包括核电项目合作、开采铀资源、生产和供应核燃料及其组件。中方表示愿积极推动扩大进口哈萨克斯坦天然铀。该政策基于中哈两国共同努力推动丝绸之路经济带倡议和"光明之路"新经济政策开展对接合作和《中华人民共和国政府和哈萨克斯坦共和国政府关于在产能与投资合作框架内便利双方人员办理商务签证的协定》背景，在总结中哈原油管道扩建等项目的同时，明确了中哈在煤炭领域、核领域的合作方向和相关项目，并首次提到了天然铀的进出口合作。

2023 年 5 月，两国共同发表《中华人民共和国和哈萨克斯坦共和国联合声明》，第三条提到，双方商定采取措施保障中哈原油管道、中国—中亚天然气管道哈萨克斯坦境内段的长期安全稳定运营和按计划稳定供应，继续深化石油、天然气、天然铀等领域合作，积极拓展风电、光伏、光热、核电等清洁能源领域合作。中哈两国继续深化石油、天然气、天然铀等领域合作之外，又再次提到了清洁能源领域合作。不仅肯定了过去中哈双方的能源合作成果，更展望了未来的合作方向。

2）中哈能源合作政策效应解读

能源领域一直是中哈双边经贸合作中极为重要的一部分，中国近年来已成为全球能源消耗第一大国，而哈萨克斯坦一直是世界上能源资源最丰富的国家之一，中哈双方在能源领域具有互补性，因此能源领域的合作对于中国和哈萨克斯坦来说都是互惠互利的双赢合作。

中哈能源合作始于1997年，两国政府签署了《中华人民共和国政府和哈萨克斯坦共和国政府关于在石油天然气领域合作的协议》，该协议将承包油田和输油管道建设捆绑在一起，为中哈的能源合作开创了一个良好的开端，根据该协议，中哈之间最早的能源合作项目是阿克纠宾项目，最早参与合作的中国企业是中石油。中哈原油管道是中哈双边能源合作中十分重要的一项，从2001年9月中哈两国共同发表的《中华人民共和国政府和哈萨克斯坦共和国政府联合公报》中强调继续对铺设中哈石油管道项目进行研究，到2007年8月两国共同发表的《中华人民共和国和哈萨克斯坦共和国联合公报》提到中哈输油管道项目一期顺利对华开展输油后，两国在巩固一期项目的同时开展中哈原油管道二期项目，中哈两国在石油领域的合作不断加深。此外，在这一时期同时开展的项目还有中哈天然气合作项目，中哈两国的能源合作领域也主要集中在石油和天然气部分。

2010年6月，两国共同发表的《中华人民共和国和哈萨克斯坦共和国联合公报》中提到，双方将扩大在核能领域以及风能、太阳能等可再生能源利用领域合作。相较于之前所提出的能源合作更侧重于石油天然气方面，《公报》中首次提出了扩大两国在核能领域以及可再生能源利用领域的合作，进一步扩大了中哈能源领域的合作广度。2013年9月，两国共同发表《中华人民共和国和哈萨克斯坦共和国关于进一步深化全面战略伙伴关系的联合宣言》，其中第二条提到双方将进一步深化核领域合作，推动和平利用核能领域合作项目，双方将在发展替代能源领域积极开展合作。中哈能源领域的合作深度得到了再拓展。

2015年12月，中哈两国共同发表了《中华人民共和国政府和哈萨克斯坦共和国政府联合公报》，其中在总结中哈原油管道扩建等项目的同时，明确了中哈在煤炭领域、核领域的合作方向和相关项目，并首次提到了天然铀的进出口合作。2023年5月，两国共同发表《中华人民共和国和哈萨克斯坦共和国联合声明》，其中第三条提到，双方商定采取措施保障中哈原油管道、中国—中亚天然气管道哈萨克斯坦境内段的长期安全稳定运营和按计划稳定供应，继续深化石油、天然气、天然铀等领域合作，积极拓展风电、光伏、光热、核电等清洁能源领域合作。《声明》高度总结了前期各项能源合作概况，在肯定过去中哈双方的能源合作成果的同时，又展望了未来的合作方向。

（2）交通运输领域

1）中哈交通运输合作政策演进

2001年9月，两国共同发表了《中华人民共和国政府和哈萨克斯坦共和国政府联合公报》，第六条提到，双方认为，交通运输领域合作是两国经贸关系的重要组成部分。双方愿在平等互利的基础上，积极开展两国间和包括泛亚铁路北部通道在内的过境运输方面的合作，努力提高阿拉山口和德鲁日巴口岸的过货能力，加强两国边境贸易，进一步协调两国通关手续。本政策肯定了交通运输领域在中哈两国经贸合作中的重要性，强调了以泛亚铁路为代表的运输合作项目，双方愿意进一步协调通关手续，为后续交通运输的开展打好基础。

2004年5月，两国共同发表《中华人民共和国和哈萨克斯坦共和国联合声明》，其中第十条提到，双方认为，修建从多斯特克站至阿克套港口的横跨哈萨克斯坦的铁路干线，对发展连接亚太地区国家和欧洲国家的交通走廊的过境运输能力具有战略意义。中方支持这一方案，重视这条新干线对未来发展亚、欧国家之间经贸关系的潜力。双方愿加强合作，发展泛亚铁路北部通道，提高阿拉山口—多斯特克口岸的过货能力。双方同意共同研究和协调运价政策，以提高交通通道的吸引力和竞争力。本政策再次肯定了现有交通领域合作项目具有战略意义，双方愿意在此基础上加强合作，继续发展更多项目，且为了相关项目的顺利开展，双方愿继续研究和协调相关政策。

2009年4月，两国共同发表《中华人民共和国和哈萨克斯坦共和国联合声明》，第七条提到，双方强调，将全面发掘两国铁路、公路和航空过境运输合作潜力。哈方欢迎中方企业参与"欧洲西部—中国西部"国际公路运输走廊建设项目。相较于之前政策更侧重于公路运输角度，本政策还提出了铁路、航空过境运输方面的合作潜力，这是对中哈交通运输领域合作的再扩展。

2015年12月，两国共同发表《中华人民共和国政府和哈萨克斯坦共和国政府联合公报》，第十条提到，双方支持在航空交通领域加强合作，将研究签署中华人民共和国政府和哈萨克斯坦共和国政府关于航空搜救领域的合作协定。双方理解扩大和加强航空交通领域合作的重要性。哈方请求中方根据哈方申请批准哈方航空运输企业进出中国机场的时段。中方表示将积极研究。该政策着重强调中哈双方在航空交通领域的深化合作，并愿签署关于航空搜救领域的合作协议，这表现出了中哈航空领域合作的多元化。

2019年9月，中哈建立永久全面战略伙伴，两国共同发表《中华人民共和国和哈萨克斯坦共和国联合声明》，第二部分的第十一条和第十二条提到，加强中哈国际道路运输合作，提高运输便利化水平，为增强中国—哈萨克斯坦国际运输通道的竞争力创造良好条件。加快发展国际铁路货运班列，包括发展中国—哈萨克斯坦—中亚、中国—哈萨克斯坦—欧洲、中国—哈萨克斯坦—海湾国家方向的集装箱运输，本政策从国际道路运输合作和国际铁路货运班列合作的两国角度出发，基于中哈建立永久全面战略伙伴关系这一背景，明确了未来中哈交通运输领域的进一步合作目标和方向，尤其是加快发展国际铁路集装箱运输。

2023 年 5 月，两国共同发表《中华人民共和国和哈萨克斯坦共和国联合声明》，第三部分提到，双方同意促进交通运输合作以稳定产供链，积极探索并研究第三条跨境铁路、增设铁路口岸的可能性，共同发展跨里海国际运输走廊，加强中国与欧亚地区铁路合作。双方对两国航空运输恢复、航班航线数量的进一步增加表示满意。本政策提出多个未来中哈交通运输合作的可能性方向，为进一步深化合作提供了思路，并再次肯定了航空交通领域的恢复与增加。

2）中哈交通运输合作政策效应解读

交通运输领域是中哈两国合作的基础领域，这不仅体现在这一细分领域的合作深度与广度，更体现在"交通运输"对于经贸往来的影响。交通运输基础设施的日趋完善，使得中哈双边货物流通更为便利，对提高中哈双边经贸往来具有重要推动作用。

中哈双边在交通运输领域的合作始于 1992 年 9 月签署的《中华人民共和国政府和哈萨克斯坦共和国政府汽车运输协定》，在此基础上，2001 年 9 月两国共同发表了《中华人民共和国政府和哈萨克斯坦共和国政府联合公报》，强调了以泛亚铁路为代表的运输合作项目，并且双方愿意进一步协调通关手续，为后续交通运输的开展打好基础，并在此基础上开展了横跨哈萨克斯坦的铁路干线等多个公路合作项目。2009 年 4 月，两国共同发表《中华人民共和国和哈萨克斯坦共和国联合声明》，其中双方强调，将全面发掘两国铁路、公路和航空过境运输合作潜力，相较于之前政策更侧重于公路运输角度，本政策还提出了铁路、航空过境运输方面的合作潜力，这是对中哈交通运输领域合作的再扩展。2015 年 12 月，两国共同发表的《中华人民共和国政府和哈萨克斯坦共和国政府联合公报》中强调，中哈双方在航空交通领域的深化合作，并愿签署关于航空搜救领域的合作协议，这表现出了中哈航空领域合作的多元化。

中哈双方在 2019 年 9 月共同发表的《中华人民共和国和哈萨克斯坦共和国联合声明》中则从国际道路运输合作和国际铁路货运班列合作的两国角度出发，基于中哈建立永久全面战略伙伴关系背景下，明确了未来中哈交通运输领域的进一步合作目标和方向，尤其是加快发展国际铁路集装箱运输。2023 年 5 月，两国共同发表《中华人民共和国和哈萨克斯坦共和国联合声明》，其中提出多个未来中哈交通运输合作的可能性方向，为进一步深化合作提供了思路，并再次肯定了航空交通领域合作的恢复与增加。

（3）农业领域

1）中哈农业合作政策演进

2008 年 4 月，两国共同发表《中华人民共和国政府和哈萨克斯坦共和国政府联合公报》，第十条提到，双方认为，两国农业合作发展潜力巨大。双方应尽快建立相应工作机制，制订合作计划，充分利用地缘优势，以加强农业领域合作。这是中哈联合公报中第一次提到农业领域的双边经贸合作，该政策表明，中哈双方已经看到两国农业合作的潜力，并愿意继续促成该方面的合作。

2011 年 2 月，两国共同发表《中华人民共和国和哈萨克斯坦共和国联合声明》，第九条提到，双方责成两国相关部门在农业领域开展人员培训、专家互访等方面的合作。双方愿就哈萨克斯坦向中国出口及通过中国向第三国转运粮食开展合作。相较于之前的政策，本政策更为实际，通过人员培训和专家互访等方面的合作对于农业领域的进一步合作具有良好的推动作用。

2013 年 9 月，两国共同发表《中华人民共和国和哈萨克斯坦共和国关于进一步深化全面战略伙伴关系的联合宣言》，第二条提到，双方将扩大农业、良种繁育、种子及其加工产品贸易、农产品加工运输、检验检疫等领域的合作。该政策立足于中哈两国进一步深化全面战略伙伴关系的背景下，将农业合作政策划分为多个细分领域，并提出为中哈农产品建立"绿色通道"，是对中哈农业合作关系发展的进一步深化。

2023 年 5 月，两国共同发表《中华人民共和国和哈萨克斯坦共和国联合声明》，第三条提到，双方愿全面深化农业合作，在中哈合作委员会下设立农业合作分委会，加强粮食安全协作，促进农业投资与贸易往来，提升两国在节水灌溉、畜牧兽医、农业机械、盐碱地综合利用等领域的科技与产业交流合作水平。相较于前期政策，本政策首次提出要在中哈合作委员会下设立农业合作分委会以促进两国农业贸易的进一步开展，不仅深化农业合作，更将农业与投资、科技等领域相结合，继续深化中哈两国的合作。

2）中哈农业合作政策效应解读

2008 年 4 月，两国共同发表的《中华人民共和国政府和哈萨克斯坦共和国政府联合公报》，第十条提到，双方认为，两国农业合作发展潜力巨大。这是中哈联合公报中第一次提到农业领域的双边经贸合作，该政策表明，中哈双方已经看到两国农业合作的潜力，并愿意继续促成该方面的合作。2011 年 2 月，中哈两国共同发表《中华人民共和国和哈萨克斯坦共和国联合声明》，其中提到，双方责成两国相关部门在农业领域开展人员培训、专家互访等方面的合作，从更为实际的方面推动农业领域合作的开展。2013 年 9 月，两国共同发表《中华人民共和国和哈萨克斯坦共和国关于进一步深化全面战略伙伴关系的联合宣言》，立足于中哈两国进一步深化全面战略伙伴关系的背景下，将农业合作政策划分为良种繁育、农产品加工运输等多个细分领域，并提出为中哈农产品建立"绿色通道"，是对中哈农业合作关系发展的进一步深化。2023 年 5 月，两国共同发表《中华人民共和国和哈萨克斯坦共和国联合声明》，其中首次提出要在中哈合作委员会下设立农业合作分委会以促进两国农业贸易的进一步开展，不仅深化农业合作，更将农业与投资、科技等领域相结合，继续深化中哈两国的合作。

随着农业领域的合作深化，中哈两国的农业贸易量和贸易品种也逐渐增多。当今时代，粮食安全问题备受关注，中哈农业领域的进一步合作也为两国提供更多保障。

3. 中哈重要经贸政策对接分析

哈萨克斯坦"光明之路"新经济计划是由哈萨克斯坦总统纳扎尔巴耶夫在 2014 年 11 月 11 日宣布的，计划预期通过一系列投资促进哈萨克斯坦经济结构转型，实现经济增长。"光明之路"新经济计划共投资 5000 亿坚戈（约合 28 亿美元），这笔资金将用于支持中小企业发展、解决银行坏账、加强基础设施建设等。

2013 年，中国国家主席习近平在对哈萨克斯坦进行国事访问时首次向全世界宣告了共建"丝绸之路经济带"的伟大构想，哈萨克斯坦也因此成为"一带一路"首倡地。在提出共同建设"丝绸之路经济带"倡议时，哈萨克斯坦就积极响应，后来其所提出的"光明之路"新经济计划也与"丝绸之路经济带"契合度高、互补性强，对于促进两国深化合作有着重要意义。

中国"丝绸之路经济带"建设与哈萨克斯坦"光明之路"新经济政策的对接，始于 2015 年两国所签署的《中华人民共和国和哈萨克斯坦共和国关于全面战略伙伴关系新阶段的联合宣言》。在合作开始之初，中哈的经贸合作领域就十分广阔，包括能源、金融、交通等基础设施建设、农业、科技等各个领域。2023 年是中国"一带一路"倡议在哈萨克斯坦首倡十周年，也是中国"丝绸之路经济带"建设与哈萨克斯坦"光明之路"新经济政策对接开展的第八年，两国的经贸合作也随着时间的推移愈发深入和密切。2023 年 5 月，中哈双方签署了《中华人民共和国和哈萨克斯坦共和国联合声明》，明确提出双方愿进一步扩大双边经贸、产能与投资合作，重视可再生能源、创新、食品安全、农业、交通、运输和物流等有前景领域的合作，同时促进扩大贸易和推动贸易便利化，拓展电子商务、大数据、人工智能、5G 等新领域合作。中哈两国的合作范围也早已不再局限于传统的能源矿产、交通运输等方面，而是扩大至更广阔的新兴领域。

近年来中哈合作程度发展迅猛，中哈两国之间的关系飞速进展，离不开中国

"丝绸之路经济带"建设与哈萨克斯坦"光明之路"新经济政策的对接。

（1）政策协同演进解读

从2015年8月，中哈在《中华人民共和国和哈萨克斯坦共和国关于全面战略伙伴关系新阶段的联合宣言》中首次提出，中国"丝绸之路经济带"倡议和哈萨克斯坦"光明之路"新经济政策之间具有联系关系，并表示将开展对接合作，到2015年12月两国在共同发表的《中华人民共和国政府和哈萨克斯坦共和国政府联合公报》中表示将尽快成立"丝绸之路经济带"建设与"光明之路"新经济政策对接联合工作组、启动相关对接合作规划联合编制工作，中国"丝绸之路经济带"倡议和哈萨克斯坦"光明之路"新经济政策的对接已顺利开展，并深入影响中哈两国经贸合作的方方面面。

2016年9月，中哈两国政府签署《中华人民共和国政府和哈萨克斯坦共和国政府关于"丝绸之路经济带"建设与"光明之路"新经济政策对接合作规划》，这是"一带一路"框架下签署发布的第一个双边合作规划，既是中哈两国之间加强发展战略对接、深化务实合作的一项顶层设计，也是构建中国—中亚—西亚国际经济合作走廊迈出的重要一步。《规划》以交通基础设施、贸易、制造业等领域为合作重点，同时建立健全实施保障机制，深入挖掘中哈合作优势，牢牢抓住双方现实需要。在此基础上，中哈两国在2017年和2018年分别签署的两则《中华人民共和国和哈萨克斯坦共和国联合声明》中均再次肯定了中方倡议的"一带一路"建设和哈萨克斯坦"光明之路"新经济政策对接的重要意义，并将本着开放、透明的精神促进两国产能与投资、能源、金融、农业等各领域的合作发展。

2019年9月，中哈建立永久全面战略伙伴关系，签订了《中华人民共和国和哈萨克斯坦共和国关于建立永久全面战略伙伴关系的联合声明》，在对接合作方面，双方欢迎签署关于"丝绸之路经济带"建设与"光明之路"新经济政策对接合作规划的谅解备忘录，这表明该对接合作又有新进展。在2022年和2023年分别签署的《中华人民共和国和哈萨克斯坦共和国建交30周年联合声明》和《中华人民共和国和哈萨克斯坦共和国联合声明》中，中哈双方继续表明将大力推动共建"一带一路"倡议同哈萨克斯坦"光明之路"新经济政策对接，共同积极开辟中哈务实合作新领域。

（2）政策协同意义

中国的"一带一路"建设和哈萨克斯坦"光明之路"新经济政策对接对于中哈两国双边经贸关系发展具有重要意义。

首先，经过前期的发展，中哈双边合作已具备有了良好的基础，而该政策对接正是推动两国关系迈上新台阶的助推器。2015年5月8日，中国国家主席习近平访哈期间，两国元首明确提出将"一带一路"与"光明大道"进行相互对接时，一切明朗化。这标志着中哈合作从"自在"进入了"自为"的新阶段，中哈双边合作水平又迈上新台阶。

其次，"光明大道"新经济政策中明确提出要重点加强基础设施建设，而基础设施互联互通也是"一带一路"建设的优先领域。随着基础设施建设的日趋完善，不仅能够促进哈方基础设施现代化进程，在建造过程中为当地民众提供更多就业机会，还能大大提高中哈双边货物流通效率，对提高中哈双边各领域经贸往来和务实领域进一步合作具有重要推动作用。同时，这为"一带一路"沿线各国经济发展和人员往来都提供了便利。[1]

最后，随着两国政策对接工作的开展，中哈双方已成功落实本币结算制，并将进一步扩大本币结算在贸易和投融资领域的使用规模，同时继续落实中哈鼓励和保护相互投资协定。这标志着中哈双方在进行双边贸易时不用再经过第三方货币进行换汇，对降低双边国际贸易成本、促进和优化双边贸易和双向投资、方便双边货物进出口、促进中国人民币和哈萨克斯坦坚戈的货币国际化具有重要推动作用。

（3）问题与堵点

中国的"一带一路"建设和哈萨克斯坦"光明之路"新经济政策的对接和落实过程中仍存在一些问题与堵点。

首先，能源合作是中哈双边政策对接的重要领域之一。中哈两国之间的能源合作具有重大优势，哈萨克斯坦具有丰富的天然气、石油、铀等能源资源储备，中国是全球最大的能源消费国之一，能源需求规模巨大。然而中哈两国在能源领域具有多种合作优势的同时，也面临着挑战。[2] 一方面，近年来国际能源价格，尤其是油气价格，波动较大，由此带来的价格风险使中哈两国能源合作的稳定性受到一定影响。另一方面，随着全球变暖问题的严重，绿色低碳会越来越成为新的发展趋势，中哈两国在可再生能源、新能源等领域的合作仍需探索。

其次，国际局势对政策对接具有一定影响。哈萨克斯坦处于丝绸之路经济带的核心位置，是中亚最大并具有话语权的国家，与美国、俄罗斯等大国都有长期的双边往来合作，一直以来是大国博弈的焦点。因此，一旦国际局势出现重大变化，中国的"一带一路"建设和哈萨克斯坦"光明之路"新经济政策的对接和落实进程就可能会受到影响和冲击。[3]

最后，人才短缺问题也需要关注。人才培养是一个长期过程，并不能一蹴而就，同时需要投入大量的教育资金。尽管中哈双方都很重视人才的培训与储备，但以哈萨克斯坦现有教育水平培养的人才数量有限，同时出于贸易保护，即使中国具备充足的人才和技术储备，也不能大量挤占哈方劳工的工作岗位。因此，即使中哈双方在推动政策对接时积极签署了一系列的项目和协议，但是否能按计划完成项目从而进一步推动政策对接进程仍是一个未知数。

4. 中吉乌铁路相关政策解读

中吉乌铁路全长约 523 公里，从我国新疆喀什出发，经吐尔奈特口岸出境，穿过吉尔吉斯斯坦，到达乌兹别克斯坦的安集延。中吉乌铁路的修建具有重要意义，在修建成功后，它将成为第二亚欧大陆桥的又一支线，在连接中国与中亚国家吉尔吉斯斯坦和乌兹别克斯坦的同时，向西延伸还可能连接西亚以及欧洲各国，其交通运输方面的作用不可忽视。

从 1999 年该项目首次被提出，到 2023 年中国举办中国—中亚峰会，历经 24 年时间，中吉乌铁路一直没有顺利开工。目前，该项目仍处于启动阶段。

（1）相关政策演进解读

1999 年，"欧洲—高加索—亚洲运输走廊组织"在巴黎会议上首次提及建设中吉乌铁路，在中国积极推动下，中吉乌三国当年就修建一条联通三国的铁路项目签署备忘录。同年，根据中国铁道部的计划，铁道部第一勘测设计院在《新建中吉乌国际铁路建设方案铁路中国境内段可行性研究报告》中提出了中吉乌南、北两个方案，并于 2008 年通过中吉乌南方案，该方案也得到了吉方的确认。2012 年，中吉两国就中吉乌铁路建设项目展开会谈，并在会谈结束后签署合作备忘录。中吉两国在 2018 年和 2019 年分别签署的《中华人民共和国和吉尔吉斯共和国关于建立全面战略伙伴关系联合声明》和《中华人民共和国和吉尔吉斯共和国关于进一步深化全面战略伙伴关系的联合声明》中均提到，双方愿稳步推进中吉乌铁路相关工作。但在这一时期内，中吉乌铁路的相关工作仍处于前期沟通准备阶段。

2022 年 9 月 15 日，中国与吉尔吉斯斯坦、乌兹别克斯坦有关部门签署了《关于中吉乌铁路建设项目（吉境内段）合作的谅解备忘录》。此时中吉乌铁路虽仍处于准备阶段，但相应准备工作的要求、分工和完成期限都更为明确，中方仍积极做出推动。

2023 年 5 月 18 日，中吉两国领导人在中国—中亚峰会期间签署《中华人民共和国和吉尔吉斯共和国关于建立新时代全面战略伙伴关系的联合宣言》，其中双方指出完成研究、确认可研和三方签署关于实施该铁路建设项目协议的重要性，欢迎中吉乌铁路项目早日实施。在这一时期，中吉乌铁路的可研性分析已基本完成，中吉乌三国都愿加快推进该项目早日实施。同日，中吉乌三国政府代表签署了《中华人民共和国国家发展和改革委员会、吉尔吉斯共和国交通和通信部、乌兹别克斯坦共和国交通部关于就中吉乌铁路建设项目（吉境内段）可行性研究三方联合评审达成共识的谅解备忘录》，标志着项目可行性研究工作已接近尾声。后续，三方将在可研性分析基础上进一步深化研究合作，基本确定了中吉乌铁路的技术可行性和经济可行性。在整个过程中，乌兹别克斯坦同中国共同发布多则声明，积极为启动中吉乌铁路建设做好准备。

从 1999 年首次提出开始，中吉乌三国，尤其是中国，已出台多项政策以推进中吉乌铁路的建设，但在 2022 年之前，相关政策的执行效果不佳，该项目一直处于前期沟通准备状态，并未获得实质性进展。从 2022 年开始，中吉乌三国的合作分工内容和要求都更为明确，并于 2023 年完成相关可研性分析，这一阶段的政策执行效果得到了大幅提升。

（2）政策实施的意义

中国—吉尔吉斯斯坦—乌兹别克斯坦铁路项目及相关的政策对于中吉乌三国经贸关系发展具有重要意义。

首先，作为新亚欧大陆桥的重要组成部分，中吉乌铁路修建成功后，不仅能帮助中吉乌三国进一步完善国内铁路运输网络，更是突破了传统中欧班列的运输范围条件，货运路线距离和时间都将大幅缩短。在进一步增强中吉乌三国交通运输领域的合作的同时，还将造福沿线国家，推动整个亚欧大陆沿线和亚太地区的互联互通。

其次，能源领域一直是中国与吉尔吉斯斯坦和乌兹别克斯坦的重要合作领域。能源运输的显著特征是运输容量大、运输距离长、占用运输能力多，吉尔吉斯斯坦和乌兹别克斯坦作为内陆国家，铁路运输是其能源运输的重要途径之一。因此，中吉乌铁路的建设对于促进中吉乌三国、中亚乃至中欧区域内经贸合作，尤其是能源领域合作具有重要促进作用。

此外，中吉乌铁路路线是古丝绸之路的一部分，中国"一带一路"建设也将基础设施互联互通设置为优先领域。因此，中吉乌铁路相关建设政策可以与中国"一带一路"倡议相辅相成、互相促进。[4] 中吉乌铁路在中国起点于新疆喀什，中吉乌铁路的中国国内段可以接入中国国内铁路网，直通中国国内各大港口，不仅能够有效促进新疆地区的经济发展，还能够促使新疆在新丝绸之路中发挥更重要的作用。

（3）问题与堵点

中国—吉尔吉斯斯坦—乌兹别克斯坦铁路相关的政策的对接和落实过程中最重要的问题与堵点就是，中吉乌铁路的修建涉及三个国家以及周边国家的各方面利益，只要有一个参与国出现问题，铁路的修建工作就难以顺利开展和进行。

一方面，俄罗斯一直对修建中吉乌铁路的态度含糊。[5] 吉尔吉斯斯坦和乌兹别克斯坦都是俄罗斯主导的集体安全组织成员国，一直与俄罗斯合作紧密。但长期以来，俄罗斯对修建中吉乌铁路的态度并不积极，因此即使中国一直大力推动，这一项目也一直在前期准备阶段。但随着俄乌局势的演进，俄罗斯更加重视现有的合作伙伴，终于在 2022 年 6 月表示同意修建中吉乌铁路。也正是从 2022 年开始，中吉乌铁路的前期准备内容更为实际和深入。

另一方面，中吉乌铁路项目本身难度较大。中吉乌铁路的途经地区以山区为主，因此项目的施工难度大、工程量大、项目造价高。[6] 铁路主要的施工区域在吉尔吉斯斯坦境内，工程的费用对吉尔吉斯斯坦来说是一笔不小的资金。[7] 此外，目前中吉乌三国的铁路分工还在前期准备中，具体的投资资金来源、管理权限、技术分工等重要问题都还没有明确，该项目对于中吉乌三国具体能有何经济增长尚不明晰。

（三）中国—中亚双边经贸政策优化分析

1. 中国—中亚双边经贸政策优化的价值导向

中亚五国作为贯通亚欧大陆的交通枢纽，在中国倡导共建"丝绸之路经济带"通道中发挥着不可忽视的作用。随着"一带一路"项目在全球范围内不断扩大，中国与中亚五国的伙伴关系得到不断发展。推动区域经贸合作高质量发展，不仅有助于加速国家间的经济融合，还对维持国家间友好合作关系有着重要的意义。[8]经贸政策优化应以推动区域经贸合作高质量发展为导向。

（1）以深化经济开放融合为目标

区域经贸合作高质量发展意味着中国与中亚五国在经济领域的合作不仅仅关注数量的增加，更注重质量的提升和可持续发展，更加强调合作的双赢结果。2014 年 9 月中塔两国共同发表的《中华人民共和国和塔吉克斯坦共和国关于进一步发展和深化战略伙伴关系的联合宣言》、2023 年 5 月中国—中亚峰会期间中国分别与中亚五国签署的相关声明等，都能够切实在挖掘地区经贸合作新增长点、进一步推动中亚区域经济开放融合程度等方面发挥积极作用，从而促进区域经贸合作高质量发展。从经贸合作角度看，区域内经贸合作高质量发展也能够在一定程度上促进区域内投资自由化和贸易便利化发展，这不仅能够使域内国家的经贸投资往来更为密切，还能够扩大区域贸易的投资规模，有效助力地区投资不断取得新的硕果。

（2）推动经济结构的升级和多元化发展

中亚五国自然环境良好，土地肥沃，并且拥有丰富的石油、天然气、矿产等资源，但与中国相比，中亚五国地区利用率有限，中国是全球最大的能源消费国之一，具有巨大的市场需求。中亚地区的资源丰富度为双方合作提供了巨大的潜力。加强合作可以推动技术转移和知识共享，促进创新合作和产业升级，为双方提供更多合作机会和发展空间，中国与中亚五国也通过签署相关公报、条约的方式来为此提供政策支持和保护，例如，2001 年 9 月中哈两国共同发表了《中华人民共和国政府和哈萨克斯坦共和国政府联合公报》、2002 年 6 月中吉两国共同签署了《中华人民共和国和吉尔吉斯共和国睦邻友好合作条约》等。

中国与中亚深化能源领域合作，扩展合作范围，提高区域经贸合作的质量，可以在实现资源开发利用机制协调、衔接和互动的基础之上更好地实现资源的互利共享，促进资源的开发和利用，同时为中亚国家提供更多出口市场，推动经济结构的升级和多元化发展。

（3）提高区域内部互联互通水平

中亚地区是"一带一路"倡议的重要组成部分，提高区域经贸合作质量可以更好地推动互联互通和基础设施建设。为此，中国已经做出了许多实践。一方面，中国"丝绸之路经济带"倡议与哈萨克斯坦"光明之路"新经济计划有很强的互补性和很高的契合度，对于促进两国深化合作有重要意义。[9] 2015 年两国签订的《中华人民共和国和哈萨克斯坦共和国关于全面战略伙伴关系新阶段的联合宣言》中就明确提出，两国将开启政策对接合作，其中重点合作领域之一就是交通运输领域。另一方面，中国积极倡导中吉乌铁路的修建。中吉乌铁路突破了传统中欧班列的运输范围条件，提高了运输效率，在进一步增强中吉乌三国交通运输领域合作的同时，还将造福沿线国家，推动整个亚欧大陆沿线和亚太地区的互联互通。

交通运输领域是中亚合作的基础，交通运输基础设施的日趋完善也体现出区域经贸合作的深化，使双方货物交通更为便利，对提高中亚双边经贸往来具有重要推动作用，促进贸易和经济活动的便利化。

（4）深化文化交流和稳定地区安全

中亚地区一直以来都是重要的地缘政治和经济中心，拥有丰富的文化遗产和文化积淀，自古就与中国关系密切，中国与中亚各国有着深厚的历史渊源，促进双方经贸合作有助于加强人文交流与文化合作，为经贸合作提供更加坚实的基础。2023 年 5 月中国—中亚峰会不仅是经济合作的平台，也是文化交流的契机，文化交流活动进一步促进了各国之间的交流与合作，促进相互理解与友谊。

此外，区域经贸合作的高质量发展建立在自愿平等、互惠互利的基础之上，中亚地区处于中国周边，地区的安全稳定对中国具有重要意义。加强经贸合作可以促进地区的经济发展和社会稳定，减少地区内部的冲突和分歧，增强地区的安全合作和共同利益。这将为地区的和平与繁荣作出重要贡献。

2. 中国—中亚双边经贸政策优化路径

（1）优化顶层设计

中国与中亚五国经贸合作以及构建中国—中亚自贸区需要良好的顶层设计做

保障，顶层设计决定了中国与中亚五国合作的基本内容以及方向，并对进一步开放合作、交流互通打下坚实基础。制度决定发展，经贸融合制度先行。良好的顶层设计是中国和中亚五国继续深化合作的前提与保障。机制制度建设通过优化组织中国与中亚五国的经济贸易活动来改进现有经贸交流中存在的不充分低效率等问题，可以为自贸区各成员国提供清晰、明确的规则，规范彼此在经济贸易领域的行为，确保自贸区内的经济活动有序进行。通过建立协调统一的准则，促进经济贸易全方位、多角度自由畅通，降低因为交流不充分，机制不完善、不统一等情况下的低效率经济往来，提高沟通效率，满足各国对于自由贸易区建立的利益诉求。

制度建设应以双方互信为基础，在充分考虑各方利益需求后，以各参与方的共同利益为着力点，以共同谋划建立自由贸易区为路径和目标，在此基础上不断促进中国与中亚五国互惠互利，同时持续深化双方经贸关系，发挥各自的比较优势，共同面对和克服构建自贸区的困难及阻碍，通过优势互补的合作方式来达到双边合作共赢的目的。优化顶层设计可以规范各方行为，在经济往来的过程中遵循一定的规则，促进经贸活动的有序开展和持续深入。通过制度建设与完善，可以在一定程度上简化贸易流程，降低经贸过程中的不必要成本，在很大程度上可以提高经贸往来的效率。明确完善的机制制度可以在很大程度上增强各方对自贸区发展的信心，稳定市场预期。对于投资者来说，制度建设有利于营造可预测的投资环境，降低投资风险，制度的建立与完善可以在更大程度上吸收资金进行投融资活动，更加推动了自贸区的发展。同时，完善的制度建设可以防范化解风险，识别和应对自贸区建设过程中可能出现的问题和挑战，如贸易摩擦、投资争端等。通过建立健全争端解决机制等，有助于维护各方的合法权益，保障自贸区稳定发展。把制度建设作为基础，有利于推动区域经济一体化，在中国—中亚自贸区建设中，制度的完善可以推动更深入的经济互通与贸易往来，可以加强成员国之间的经济联系，实现互利共赢，最终推动区域经济一体化进程。

根据中国与中亚五国的经贸合作现状来看，制度建设是中国与中亚五国进一步合作以及中国—中亚自贸区构建的一大障碍。根据中亚五国的自身情况，可以将制度建设中的阻碍分为四个部分。第一，中亚五国的经济发展层次具有较大差异，经济发展不均衡。这导致中亚五国制定的经济发展方针具有较大差异，这对于制度建设无疑是一种阻碍。由于经济发展水平的差别，中亚五国对于自身发展与经贸合作的程度有着不同的诉求，如何考虑各方利益与其对应发展水平和自身特点是制度建设中的一个难题。第二，中亚五国市场发展水平不一。中亚五国市场化程度较低，市场经济发展不充分、不完善，当前仍存在保护主义思想，使得各国在和中亚五国开展国际贸易和投融资时面临较高的贸易壁垒和关税壁垒，这些障碍在一定程度上增加了贸易成本，降低了贸易效率，从而增加了制度建设的难度。第三，中亚五国的法律和制度不够健全。法律制度的缺失很可能导致经贸往来过程中出现法律或者制度上的空白，导致贸易往来效率降低，缺乏法律的保障也在一定程度上加大了风险，增加双方贸易往来的阻碍。

中国与中亚经贸关系与合作水平的提升，不仅需要加强双方政府间的高层沟通，协调建立新的统筹性、制度性安排，同时也需要区域合作提供合适且有力的制度和法律支持作为保障。新形势下，中国与中亚各国对深化经济务实合作既有良好的政治意愿，也有良好的基础。中亚各国在国际运输、经济转型和工业化等方面对华依赖度提高，增加了双方开展经贸投资和大项目合作的机会。双方都应从本国国情出发，将共建"一带一路"倡议与中亚各国的具体发展战略相对接，深化和完善多层次、全方位的立体化经贸合作机制，制订落实倡议的具体行动计划和路线图，与中亚各国加快发起和落实中长期经贸合作规划。机制制度的建设与优化，需要各国积极协商，在相互信任，友善沟通的基础上达成一致，建立良好的互动机制，通过深化政治互信来推动更进一步的政治交往，避免因不必要的误解与猜忌带来损失。同时，要进一步建立健全监管机制，通过法律手段来充分保障交易双方的合法权益，避免出现"经济冷，政治热"的现象。建立政府执法的刚性制度约束，保护投资人的合法投资权益，畅通经济往来，尽量避免因制度缺失而导致的经济效益损失和效率损失。健全申诉和追偿机制，稳定市场预期，构建良好的投融资环境。另外，还需要建立常态化政治协商机制，为双多边贸易便利化提供制度基础和保障，不断完善经贸制度，促进中国—中亚自贸区的持续发展。

（2）加强重点领域合作

1）加强政策沟通，强化多边联络

近几年中国与中亚各国在经贸、金融、基础设施建设、人文等领域签署了多项双边贸易的合作文件，有着良好的政治互信基础，形成了基本稳定政策协调机制。当前，国际局势不稳定性与不确定性加强，中亚各国深受极端组织与国际争端的影响，加上中亚战略位置重要，历来是大国博弈竞争的舞台。在国际关系体系变革的大背景下，中亚地区地缘政治和地缘经济格局正在发生新的变化，存在一定的不确定性，中国与中亚开展贸易合作的进程不会一帆风顺。因此，中国要持续深化战略对接与政策协调，保持与中亚各国的政策沟通，深化政治互信的关系，继续在公共领域开展安全合作，维护各方安全稳定的局势。以外交为引领，以政府间战略沟通为支撑，以地方和部门间政策协调为助力，以企业、社会组织等开展项目合作为载体，建立起多层次、多平台、多主体的常规性沟通渠道，及时发现问题、反映问题、最终解决问题。[10]

2）推动设施联通，优化资源配置

中亚国家多为发展中国家，各国的基础设施条件和我国相比存在一定的差距，加上资金匮乏，各国基建开展缓慢。因此，我国应从自身优势条件出发，与中亚各国开展一系列基础设施领域合作，加快推进多层次、复合型基础设施网络建设，基本形成"陆海天网"四位一体的互联互通格局，提高中国与中亚的贸易便利化程度可以从以下几个方面入手：

首先，应加强交通运输基础设施建设。中亚五国全部为内陆国，水运能力十分有限，因此改善交通运输条件、降低货物运输成本十分重要，尤其是应加强陆运和空运的建设。目前中国与中亚五国在加强交通运输基础设施建设方面也已取得一些成就，例如，我们已经成功建成了中亚天然气管道的一、二期项目，成功开通"长安号"铁路货运专线，并积极推动中吉乌铁路项目进程。其次，应加强中亚各国海关政策的透明度和通关能力。双方应积极推进中国与中亚国家的电子海关信息平台建设，必要时也可以成立中国与中亚国家对应的海关监督管理委员会，实现相关口岸部门的电子联网和专项管理，提高通关效率。最后，应提高中亚各国物流业的发展水平。中国物流业的快速发展为中亚物流业提供了支持。基于互惠共利的原则，中国物流企业可以为中亚物流市场分享先进技术、员工培训方法和管理方法，开展定点物流合作和帮扶，助力中亚物流业发展。此外，应积极打破与中亚国家存在的交通壁垒，促进各种资源的优化配置，实现资源互补，为促进双边经贸和产能合作、加强文化交流和人员往来奠定基础。[11]

3）提升资金融通，健全融资机制

资金融通是中国与中亚各国开展贸易往来的重要支撑。我国应积极给予各国相应的资金支持与政策优惠，创新融资模式、拓宽融资渠道、丰富融资主体、完善投资机制，帮助各国克服融资难的瓶颈，共同构建一个长期的、稳定的、可持续的、风险可控的投融资体系。从国内层面来看，可以考虑借助互联网等平台，成立互联网金融合作中心和专项合作项目组，为中小企业提供资金支持。[12] 这可以加速拓宽资金融通的渠道，并加快网络银行的发展步伐。一方面，对于国家而言，需要拓宽中国与中亚区域的资金融通渠道，建立更加完善的清算系统和支付清算系统，创新支付的工具、手段、方式，需要国家金融部门之间的合作，包括国家外汇管理局和证监会等。另一方面，对于个人而言，需要鼓励助推个人金融服务便利化创新。从国际层面来看，可以借助亚投行、丝路基金等国际金融组织来解决融资难、经费不足等问题。通过强化国家的融资能力，促使资金资源合理化配置，并促进区域经济金融一体化进程，从而帮助各国更好地发展。为了实现这一目标，需要与国际金融组织进行深入合作，并共同推动区域经济金融的发展。此外，通过共建双边金融市场和合作生态，可以着力推进本币结算制、国际直接和间接投资等，从而更好地促进各国经济发展。

4）夯实民心相通，稳固民意基础

民心沟通是中国与中亚五国深入开展经贸合作的重要基础。中国应以"平等协商、互利共赢、市场运作、平衡和可持续"为合作原则，充分发挥社会组织、民间团体、普通民众等不同社会主体的沟通作用，推动文化融合创新，加强人文交流，增进双方经贸合作的信心。[13] 各方应积极宣传中国与中亚各国开展经贸合作的意义，重点强调经贸合作给中亚各国带来的发展机遇与民生福祉。在未来，各国相关部门应加强沟通与合作，搭建更多的交流平台，继续巩固现有的交流合作模式机制，促进各国之间的人文交流和相互理解。企业应发挥引领带动作用，在走进中亚国家的过程中尊重当地的法律法规与风俗文化，妥善处理好与当地居民、组织等群体的关系，增强当地企业和居民对中国与中亚合作的接受度，夯实合作的群众基础。中国企业可以通过积极帮助当地开展基础设施建设、参与当地社会救助活动等方式，展示中国的大国责任和大国担当，为中国企业树立起良好形象。

（3）加快自由贸易区建设

1）优化产品结构，扩大合作领域

当前，中国从中亚五国进口的商品类别主要为资源密集型，而中国向中亚五国出口的商品则以劳动密集型和技术密集型商品为主，这种商品类型的单一性在一定程度上限制了双方贸易的发展。因此，中亚各国应着眼于加速产业升级与转型，促进产业结构化调整，提高产品的附加值，发展既符合本国国情，又具有国际市场的加工业和技术密集型产业。同时，中亚各国产业结构的进一步优化也能够进一步扩大国际贸易额、丰富国际贸易商品类型。

在巩固原有经贸关系的基础上，中国可以深化与中亚五国的经贸合作，不同程度地加强与各国的联系。相对来说，中国与哈萨克斯坦、吉尔吉斯斯坦、塔吉克斯坦的经贸合作较为密切，需要保持并进一步深化，可以从简单的商品贸易向深层次的服务贸易、金融合作、人文交流、道路联通等领域拓展。而中国与土库曼斯坦、乌兹别克斯坦的合作稍显薄弱，需要加强程度，在深化能源合作的基础上，双方合作的范围和领域应进一步展开，对能源相关领域的合作应给予重视。

从合作领域来看，能源领域一直是中国与中亚国家合作的重点领域之一。中国对能源产品需求具有刚性，这方面的合作主要是与哈萨克斯坦、土库曼斯坦、乌兹别克斯坦三国，以直接投资方式开展的。对于能源领域合作而言，还需加强对外直接投资，有利于巩固双方贸易合作关系、规避贸易风险。而对吉尔吉斯斯坦、塔吉克斯坦的合作则应注重农业方面的合作，尽管两国国内能源资源相对较少，经济欠发达，市场规模较小，但水资源较为丰富，因此双方可在农业领域开展深度合作。

2）促进贸易畅通，改善营商环境

一方面，俄乌冲突发生后，中亚在中国西向陆路运输中地位上升，保证交通和供应链安全成为中国与中亚国家的共同任务，中国提出完善六国合作的"四梁八柱"的战略任务，构建中国—中亚交通走廊，进一步完善互联互通网络。下一步需切实落实关于深化"中国+中亚五国"互联互通合作倡议提出的各项措施，挖掘双方在跨境铁路运输、国际公路运输便利化、加强口岸通关能力建设等"硬联通"和技术、国际标准认证、通关便利化等"软联通"多个领域的合作潜力，聚焦高质量发展，构建全方位、复合型、绿色环保、可持续发展的交通基础设施体系，提升跨境物流服务，挖掘多式联运潜力，保证中欧班列安全高效运行，按既定工作计划有序推进中吉乌铁路建设项目。

另一方面，要密切关注中亚各国贸易政策的变化情况，推动中国—中亚自由贸易区进一步发展，消除可能存在的贸易壁垒，改善营商环境。中国与中亚各国资源互补性强，但贸易结构存在缺陷，贸易合作多存在于能源领域、交通运输领域和农业领域，有巨大的改进和提升空间。要逐步完善双边贸易结构，优化产能合作，加快双边产业结构转型升级，中国—中亚天然气管道、中哈霍尔果斯国际边境合作中心等开通运营，都标志着中国与中亚国家在设施合作项目上已经取得了越来越多的卓越成就。同时，也要推动产业合作深入发展，以重点创新领域为抓手，打造创新能力，积极探索在数字经济、绿色能源、电子商务、信息通信、现代农业等新兴领域的合作，建立中国—中亚电子商务合作对话机制，深化智能制造领域和新基建领域建设合作，打造区域数字伙伴关系。针对有一定实力的中亚国家，中国可以在金融服务领域重点开展合作，并鼓励中资企业通过多样化国际投资方式与中亚国家开展多方市场合作，从而促进各国互惠共利、合作共赢[14]。

参考文献

［1］刘瑞．"丝绸之路经济带"与"光明大道"新经济政策对接：现实与前景［J］．兰州大学学报（社会科学版），2019，47（4）：103-110.

［2］宋利芳．中哈"丝路经济带"战略与"光明之路"新经济政策的对接［J］．中国流通经济，2016，30（9）：70-75.

［3］温瑞．丝绸之路经济带与光明之路新经济政策对接中新疆金融发展的路径选择［J］．西部金融，2017（8）：53-56.

［4］刘阳．"一带一路"背景下中吉乌铁路建设的前景分析［J］．兵团党校学报，2018（2）：68-70.

［5］廖成梅，王彩霞．制约中吉乌铁路修建的原因探析［J］．国际研究参考，2016（5）：8-12.

［6］Begimai A．"一带一路"背景下中吉乌铁路建设项目面临的问题［J］．中国商论，2019（9）：69-71.

［7］郝新鸿，柯文．"丝绸之路经济带"中的铁路政治——对中吉乌铁路的技术社会学分析［J］．科学学研究，2016，34（7）：977-984.

［8］张学鹏，路凤敏，孙玉娇．中亚对中国贸易结构与其产业结构变化关系实证分析［J］．上海经济，2019（5）：35-43.

［9］石源华．中国周边外交研究报告：2015—2016［M］．北京：世界知识出版社，2016.

［10］段永军．体验"一带一路"［M］．北京：经济科学出版社，2018.

［11］丁巨涛，张涛．中国与中亚五国贸易合作研究［J］．西安财经学院学报，2015（5）：9.

［12］刘亚辉，蒙永胜．深化中哈货币金融合作的可行性分析［J］．新疆财经大学学报，2017（2）：7.

［13］刘慧灵，姚海凤，付江月．丝路经济带背景下中国与中亚五国经贸合作机制优化研究［J］．商业时代，2021（13）：138-141.

［14］聂励．"一带一路"背景下中国与中亚国家的经贸合作分析［J］．现代交际，2018（4）：4.

八、中国—中亚多边经贸政策研究

（一）中国—中亚多边经贸政策体系梳理

中国—中亚经贸往来日益密切，在多边经贸合作机制下的务实合作已取得了一系列重要的成果。本节首先通过对多边经贸合作政策大事记的梳理，发现上合组织框架和"一带一路"倡议框架下中国—中亚多边经贸合作的政策背景；其次通过对两个框架下的主要多边政策进行解读，阐释"一带一路"倡议促进中国与中亚五国在经贸领域合作中的关键作用。

1. 多边政策大事记

1996 年 4 月 26 日，"上海五国"机制创立。中、俄、哈、吉、塔五国元首，为加强边境地区信任，解决边界问题和裁军，创建了"上海五国"会晤机制，并共同签署了《关于在边境地区加强军事领域信任的协定》，即《上海协定》，奠定了五国合作的基础，促进了中国同四国边境地区的和平、稳定与安宁。

2001 年 6 月 15 日，上海合作组织正式成立。为了将"上海五国"机制提升到更高的合作层次，促进各成员国更有效地共同利用机遇和应对新的挑战与威胁，中国、俄罗斯、哈萨克斯坦、吉尔吉斯斯坦、塔吉克斯坦、乌兹别克斯坦六国元首在上海共同签署《上海合作组织成立宣言》和《打击恐怖主义、分裂主义和极端主义上海公约》。上合组织逐渐成为中国与中亚国家开展全方位合作的重要平台，推动中国对中亚国家外交进入多边与双边并行发展的新阶段。

2001 年 9 月 14 日，上海合作组织成员国总理第一次会议上，六国总理签署了《上海合作组织成员国政府间关于区域经济合作的基本目标和方向及启动贸易和投资便利化进程的备忘录》，标志着六国多边经贸合作进程正式启动。

2003 年 9 月 23 日，上海合作组织成员国总理第二次会议上，为了在互惠和平等基础上深化上合组织成员国之间的经贸合作，改善投资环境，六国总理批准了《上海合作组织成员国多边经贸合作纲要》，明确了成员国多边经贸合作的优先方向，确定了"长期、中期、短期"三步走的战略目标，标志着经济与安全成为上合组织合作的两大重点领域。

2004 年 9 月 23 日，上海合作组织成员国总理第三次会议上，为了充分发挥本组织拥有的潜力，以尽快在经济和贸易领域取得实际的互利成果，不断提高成员国人民的生活水平，六国总理批准了《〈上海合作组织成员国多边经贸合作纲要〉落实措施计划》。该计划根据分阶段原则确定了落实机制以落实所通过的纲领性文件，并指出本组织成员国将主要致力于逐步为商品、资本、服务和技术的自由流动提供条件，并为此制定必要的法律文件、协调相关立法。

2005 年 10 月 26 日，上合组织银行联合体成立，旨在为上合组织成员国政府支持的投资项目组建融资机制和提供银行服务，开启了区域金融合作的进程，为上合区域的经济合作提供更好的金融服务，助力打造上合命运共同体。

2007 年 8 月 16 日，在上海合作组织比什凯克峰会框架内签署了上合组织银行联合体与实业家委员会合作协定，逐步推动上合组织成员国的金融合作。目前，各家成员行将在上合区域基础设施互联互通、绿色低碳、数字经济、社会民生等领域开展金融合作。

2009 年 10 月 14 日，上海合作组织成员国总理第八次会议上，为了促进多边经济合作、克服全球金融危机影响和保障区域经济安全，六国总理签署了《上海合作组织成员国关于加强多边经济合作、应对全球金融经济危机、保障经济持续发展的共同倡议》，建议本组织实业家委员会和银联体更加关注优先领域的多边合作项目。

2013 年 9 月 7 日，习近平主席在访问哈萨克斯坦时提出共同建设"丝绸之路经济带"倡议。自倡议提出后，中亚国家先后同中国签署"一带一路"合作协议，签订"一带一路"政府间合作备忘录。加强共建"一带一路"倡议与各国发展战略及各类合作机制对接，中国同中亚区域经济合作步入快车道。

2015 年 3 月 28 日，在习近平主席出席博鳌亚洲论坛并发表主旨演讲后，国家发展改革委、外交部、商务部联合发布了《推动共建丝绸之路经济带和 21 世纪海上丝绸之路的愿景与行动》，全面介绍了"一带一路"作为对外开放战略决策的整体愿景和行动规划，标志着"一带一路"从一种概念发展成实质性战略，同时指出要强化上合组织等现有多边合作机制作用，加强相关国家沟通，让更多国家和地区参与"一带一路"建设。

2015 年 5 月，中俄两国元首签署《中华人民共和国与俄罗斯联邦关于丝绸之路经济带建设和欧亚经济联盟建设对接合作的联合声明》，启动了中国与欧亚经济联盟经贸合作方面的协定谈判，标志着"一带一路"建设与欧亚经济联盟对接合作进程的正式开启。

2015 年 7 月，上合组织乌法峰会批准了《上海合作组织至 2025 年发展战略》，明确指出，成员国就丝绸之路经济带倡议形成共识，将其作为创造有利条件推动上合组织地区经济合作的手段之一，标志着上合组织区域合作正式迈入与共建"一带一路"融合发展的新阶段。

2015年12月15日，上海合作组织成员国总理第十四次会议上，通过了《上海合作组织成员国政府首脑（总理）关于区域经济合作的声明》。声明指出，为加强区域经济合作应通过建立项目融资保障机制推动本组织框架下金融合作，共同防范和应对区域性金融风险，开展本币互换，保障金融市场稳定，发挥金融投资机制作用，为上合组织地区经济项目合作提供融资支持。

2015年12月25日，亚洲基础设施投资银行正式成立，是首个由中国倡议设立的多边金融机构，标志着金融主导"一带一路"建设进入务实、高效的细致落实阶段。

2017年5月，亚投行会同世界银行等6家多边开发银行，与中国政府共同签署了《关于加强"一带一路"倡议下相关领域合作的谅解备忘录》，旨在加快推进在共建"一带一路"国家信息交换、项目对接、能力建设等方面的工作。

2017年5月14日至15日，首届"一带一路"国际合作高峰论坛在北京举行。本次峰会形成《"一带一路"国际合作高峰论坛成果清单》。中方提出，加强在数字经济、人工智能、纳米技术、量子计算机等前沿领域合作，推动大数据、云计算、智慧城市建设，连接成21世纪的数字丝绸之路。

2017年6月8日，丝路基金与上合组织银联体签署关于伙伴关系基础的备忘录。根据备忘录，丝路基金将与上合组织银联体各成员行共同推进在上合地区开展多元化投资，构建各方长期高效的互利合作模式。

2018年5月17日，中国同欧亚经济联盟签署了《中华人民共和国与欧亚经济联盟经贸合作协定》，标志着对接合作取得重要阶段性成果，为亚欧地区各国经贸合作提供了制度性保障，同时标志着中国与该联盟及其成员国经贸合作从项目带动进入制度引领的新阶段，对于推动"一带一路"建设与欧亚经济联盟建设对接合作具有里程碑意义。

2019年4月25日至27日，第二届"一带一路"国际合作高峰论坛在北京举行。中方提出高质量共建"一带一路"倡议，标志着共建"一带一路"高质量发展新征程的正式开启。

2020年7月，"中国+中亚五国"外长会晤机制正式启动，此机制成为双方加强信任、推进合作、发展新型建设性关系的重要渠道和有效平台。

2022年1月17日，中国—中亚经贸合作论坛上，《关于中国与中亚经贸合作高质量可持续发展的联合倡议》正式发布，就共同扩大贸易、投资、数字、绿色等领域合作达成广泛共识。

2022年1月25日，中国同中亚五国建交30周年视频峰会上，六国元首共同宣布打造中国—中亚命运共同体，开启了中国和中亚国家相互关系进入携手构建命运共同体的新时代，中国同中亚合作机制应运而生。

2023年5月18日至19日，首届中国—中亚峰会在陕西西安举行。六国领导人共同签署了《中国—中亚峰会西安宣言》，并通过《中国—中亚峰会成果清单》，对推动中国同中亚国家直接开展全方位、跨领域、深层次合作具有里程碑意义。

2013年以来，随着中国同中亚国家关系的深入发展，中国对中亚地区的经贸合作力度不断加大，相关合作平台与机制建设不断健全和拓展。截至目前，现有的核心框架性机制有"一带一路"倡议、上海合作组织、欧亚经济联盟，在其中运行的重要平台有亚投行、丝路基金、中国—中亚合作论坛、博鳌亚洲论坛、欧亚经济论坛等，具体如图8-1所示。

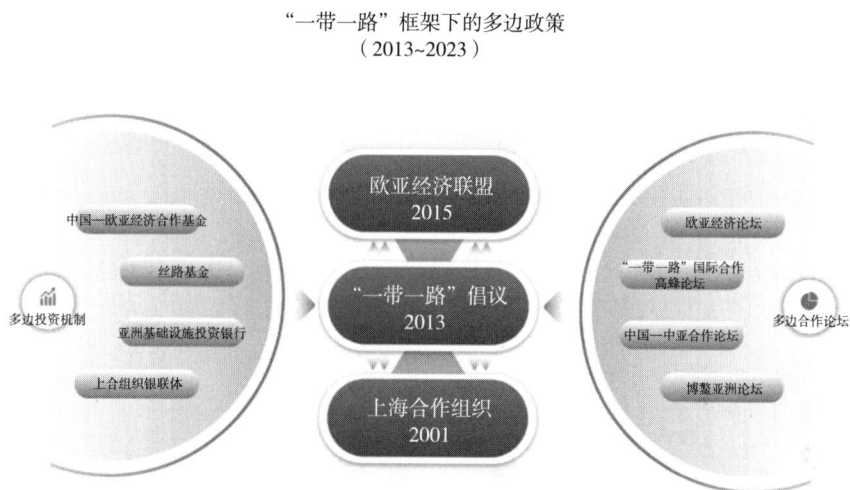

"一带一路"框架下的多边政策
（2013~2023）

中国—欧亚经济合作基金
丝路基金
亚洲基础设施投资银行
上合组织银联体
多边投资机制

欧亚经济联盟 2015
"一带一路"倡议 2013
上海合作组织 2001

欧亚经济论坛
"一带一路"国际合作高峰论坛
中国—中亚合作论坛
博鳌亚洲论坛
多边合作论坛

图8-1 多边合作机制与平台

2. 上合组织框架下的多边经贸政策解读

上海合作组织（The Shanghai Cooperation Organization，简称上合组织，SCO），成立于2001年6月15日，创始成员国为中国、俄罗斯、哈萨克斯坦、吉尔吉斯斯坦、塔吉克斯坦和乌兹别克斯坦六国。前身为"上海五国"会晤机制，除土库曼斯坦外，其余中亚四国都是创始会员国。上合组织是第一个以中国城市命名的国际组织，它进一步加强了中国与中亚国家的关系，堪称不同政治制度、不同文化国家和谐共处的典范，致力于维护地区和平、稳定，加强地区经贸以及人文合作，为地区间睦邻友好合作带来新机遇与新可能。

（1）中国—中亚经贸合作相关的政策演进阶段

上海合作组织各类政策的出台，对中国与中亚国家经贸合作带来的影响是连贯和持续的。在"上海五国"时期，当建立边界安全和信任措施这一重要任务基本完成后，经贸合作便提上议程。在上合组织初创时期，其目标主要是构建安全与经济"双轮驱动"合作，但这一时期上合组织主要以安全合作为主，经济合作处于起步阶段。2013年"一带一路"倡议的提出，为上合组织经济合作带来新机遇，上合组织经济合作逐渐步入正轨，取得了重要成果。2017年上合组织完成了首次扩员，进入新的发展阶段，上合组织与"一带一路"建设在新的发展阶段相辅相成、互为依托，不断成为中国与中亚国家开展经贸合作、深化务实合作的重要多边框架平台。[1]

根据上合组织政策对中国—中亚经贸合作发展的影响，将上合组织多边政策演进划分为四个阶段，如图8-2所示。

安全合作阶段
- 1992~2001年
- 以1996年"上海五国"为标志
- 建立睦邻友好安全合作阶段

01 STEP.

经贸合作起步
- 2001~2013年
- 以2001年上合组织为起点
- 安全合作为主经贸合作起步

02 STEP.

经贸合作步入正轨
- 2013~2018年
- "一带一路"促进上合组织经贸合作步入正轨

03 STEP.

高质量发展阶段
- 2018年至今
- 上合组织与"一带一路"建设共同迈入发展新阶段

04 STEP.

图8-2　上合组织多边政策演进的四个阶段

第一阶段：建立睦邻友好，安全合作阶段（1992~2001年）

1992年1月，中国先后同中亚五国签署了建交公报，订立了开展经济贸易和其他领域合作关系的协议。中亚国家与中国经贸合作初期，虽有同中国发展经贸合作以提振本国经济的强烈意愿，但囿于国内政局不稳、能源资源开采及转化技术落后等原因，双方经贸合作处于较低水平。

这一时期，中亚地区安全形势趋于复杂，为了维护地区和平、稳定与安宁，加强边境地区信任，解决边界问题和裁军，"上海五国"先后签署了《关于在边境地区加强军事领域信任的协定》和《关于在边境地区相互裁减军事力量的协定》。

"上海五国"机制成为该区域首个国际多边机制，是为应对地区所面临的恐怖主义、分裂主义、极端主义等各种挑战而跨出的重要一步。"两个协定"的签订巩固了睦邻友好的基础，为五国开展积极、广泛和富有成果的各领域合作创造了良好氛围。

第二阶段：安全合作为主，经贸合作起步（2001~2013年）

2001年6月，上海合作组织的成立开启了中国—中亚合作的新阶段。经历了近10年的磨合和探索，中国与中亚国家关系已形成较明确的合作轮廓，即在双边和多边框架下加强睦邻友好关系，维护地区安全与稳定，促进各国共同发展与繁荣。

在成立初期，维护地区安全稳定仍是上合组织的核心目标。上合组织是"上海五国"机制的延续，它是在"两个协定"的基础上成立的，因此为了达成尽一切必要努力保障地区安全的目标，成员国签署了《打击恐怖主义、分裂主义和极端主义上海公约》，随后设立了反恐怖机构，并围绕遏制非法贩卖武器、毒品、非法移民和其他犯罪活动制定了一系列多边合作文件，还多次举行联合反恐演习、军事演习等多边安全合作行动，不断丰富和完善上合组织安全合作的内容。以上合组织成立和运行为标志，中国与中亚国家的关系发生了从后发性参与到战略性规划的转变，中国与中亚的外交进入全方位合作新时期，并不断付诸实践。

这一时期，在安全合作的基础上，上合组织成员国开始重视经贸领域的合作。2001年9月，随着《上海合作组织成员国政府间关于区域经济合作的基本目标和方向及启动贸易和投资便利化进程的备忘录》的签署和上合组织成员国总理会议机制的建立，六国多边经贸合作进程正式启动。2003年9月，上合组织国家签署《上海合作组织成员国多边经贸合作纲要》，明确了成员国多边经贸合作的优先方向，确定了"长期、中期、短期"三步走的战略目标，标志着经济与安全成为上合组织合作的两大重点领域。2004年9月，成员国又通过了《〈上海合作组织成员国多边经贸合作纲要〉落实措施计划》，该计划涉及11个领域、127个项目。

2005年和2006年，上合组织银行联合体和上合组织实业家委员会相继成立，逐步推动上合组织成员国的金融合作。上合组织银联体（the Interbank Consortium under the Shanghai Cooperation Organization）是上合组织最重要的投融资平台，自2005年成立以来，为助推中国同中亚国家间的区域金融合作发挥了重要作用。银行联合体成员包括中国国家开发银行、俄罗斯外经银行、哈萨克斯坦开发银行、塔吉克斯坦国家银行、乌兹别克斯坦对外经济活动银行和吉尔吉斯斯坦储蓄结算银行。上合组织银联体自成立以来，采取多样化的融资模式，通过中长期贷款为一些重要项目提供融资支持，解决了区域经济发展的瓶颈问题。中国国家开发银行是银联体中贷款规模最大的成员银行，在上合组织银联体框架下，国家开发银行与成员行、伙伴行合作开展了多期农业和中小企业领域的转贷款授信项目。

2009 年，为应对全球金融危机，成员国签署了《上海合作组织成员国关于加强多边经济合作、应对全球金融危机、保障经济持续发展的共同倡议》。2011 年，上合组织成员国总理会议通过了《上海合作组织政府首脑（总理）关于世界和上海合作组织地区经济形势的联合声明》，要求主管部门制定《上海合作组织进一步推动项目合作的措施清单》。2012 年上合组织成员国总理会议强调落实《〈上海合作组织成员国多边经贸合作纲要〉落实措施计划》，并批准通过《上海合作组织中期发展战略规划》，明确了上合组织 2020 年前七大合作方向。可以看到，上合组织初创时期以安全合作为主，经济合作的意识逐渐增强，区域经济合作制度框架日趋完善。

但是，这一时期上合组织的合作成果主要来源于双边层面，多边框架内的经贸合作始终进展缓慢。主要原因是成员国处在不同的经济发展阶段，各自的经济发展目标、经济体制以及市场化程度不尽相同，同时成员国在地缘政治和地缘经济利益方面又各有诉求，加之历史上形成的矛盾与纠纷，使成员国在涉及共同利益的项目上难以达成共识。这些因素导致上合组织经济合作出现"四多四少"现象，即双边合作多，多边合作少；签订的合作协议多，建立的合作实体少；政策性项目开发多，商业性项目开发少；非约束型合作平台多，紧密型合作平台少。总体而言，上合组织的经济合作总体处于起步阶段，是区域经济一体化的最基本阶段——优惠贸易和投资安排，此后，多边经贸政策的出台为成员国在经贸领域合作提供了有力支持。

第三阶段："一带一路"促进上合组织经贸合作步入正轨（2013~2018 年）

2013 年是上合组织合作发展历程中的一个新开端。这一时期，随着合作不断深入，上合组织的发展更加协调与成熟，成员国制定了一系列发展战略，为上合组织的发展锚定方向。一方面是由于上合组织本身更加成熟，合作领域不断扩展，由"安全经济双轮驱动"进入"安全、经济、人文"协同发展的新阶段；另一方面则得益于 2013 年中国"一带一路"倡议的提出为上合组织经济合作带来的新机遇。2013 年，中国把与中亚国家的关系全面提升至战略伙伴关系层次，实现了从睦邻友好合作关系升级为战略伙伴关系的转变。此后，上合组织合作内涵进一步拓展，真正从专注于边界管理和军事互信的"上海五国"成长为以"安全、经济、人文"为三大支柱的地区性国际组织。

2013 年 9 月，上海合作组织成员国元首理事会第十三次会议前夕，习近平主席在访问中亚国家时首次提出共建丝绸之路经济带的重大倡议，得到上合组织各成员国的积极响应，成为深化上合组织区域经济合作的重要动力。[2] 经过多年的发展，上合组织已经成为中亚区域合作的重要平台，为"一带一路"倡议在该地区落地奠定了良好基础。与此同时，"一带一路"倡议的重点建设领域与上合组织的发展需求高度契合，为上合组织全面合作与发展带来新机遇。2013年9月比什凯克元首峰会和11月塔什干总理会议进一步明确了上合组织未来务实合作的六大重点，并把丝绸之路经济带建设逐步纳入上合组织经济合作的议题之中，在经济合作领域，加强"五通"建设，完善经贸合作机制，争取在能源、矿产、交通、通信、金融、农业、高新技术、基础设施等领域有所突破。其中，基础设施互联互通是上合组织经济合作的一大主题。

2014年，上合组织成员国签署了《上海合作组织成员国政府间国际道路运输便利化协定》，标志着区域经济合作迈出关键的一步。

2015年7月，上合组织成员国元首理事会批准了《上海合作组织至2025年发展战略》，在2012年中期发展规划的基础上进一步细化发展目标。与2012年上合组织将"保障地区安全稳定"作为优先任务相比，2015年的共同目标明确扩展了范围，提出要深化经贸、投资合作，安排优先领域的合作项目，以此促进成员国可持续发展，提高人民生活水平；扩大人文联系，包括在科技、卫生、环保、教育领域开展人员交流。

由此可见，上合组织自身建设已经成熟，组织发展的战略性、前瞻性和科学性进一步增强。但从现实角度来看，受国际经济形势总体低迷和乌克兰危机以及大宗商品价格持续走低等影响，2015年部分上合组织成员国经济增长乏力，对外贸易减少，尤其是对资源出口依赖较大的国家对外贸易下滑幅度较大。总的来说，上合组织成员国对经济发展的期望与现实存在矛盾，"一带一路"倡议的提出成为化解这一矛盾的关键。

2015年7月上合组织乌法峰会期间，成员国就共建"一带一路"达成共识，会议批准的《上海合作组织至2025年发展战略》明确指出，成员国就丝绸之路经济带倡议形成共识，将其作为创造有利条件推动上合组织地区经济合作的手段之一，标志着上合组织区域合作正式迈入与共建"一带一路"融合发展的新阶段。2017年上合组织阿斯塔纳峰会上，恰逢"一带一路"国际合作高峰论坛闭幕不久，针对目前贸易保护主义有所抬头的趋势，成员国一致认为要继续秉持合作共赢、开放包容的理念，消除贸易壁垒，维护多边贸易体制。习近平主席在本次主旨演讲中强调，上合组织在"一带一路"国际经济合作倡议与各国发展规划对接中"发挥重要平台作用"。

此外，2017年印度和巴基斯坦的加入，是上合组织成立以来的首次正式扩员，上合组织的发展迈入新阶段，使上合组织整体在全球经济舞台上的地位提升，扩员后的上合组织发展潜力不断扩大，对发展的需求也进一步增加，这意味着该组织需要拓展经济职能，更好地把握扩员后的发展新机遇。经历了首次扩员后，上合组织成员国的合作意愿不断提升，合作领域不断拓宽，这与迈入高质量发展阶段的"一带一路"建设需求相得益彰。上合组织在多年的发展过程中积累的巨大合作潜力，在"一带一路"建设的"五通"领域已经取得了重要成果。[3]

总体而言，自"一带一路"倡议提出以来，上合组织成员国和观察员国陆续启动本国发展战略与"一带一路"倡议对接，一些成员国之间经济合作的务实成果已经成为"一带一路"合作的样板工程和示范项目。

第四阶段：上合组织与"一带一路"建设共同迈入发展新阶段（2018年至今）

2018年6月的上合组织青岛峰会具有里程碑意义，此次会议是在上合组织实现首次扩员、进入发展关键期的背景下举行的，它为扩员后的上合组织发展方向提供了重要指引。在会后通过的《青岛宣言》中，成员国支持完善全球经济治理体系，发展经贸和投资合作，主张贸易和投资便利化，以逐步实现商品、资本、服务和技术的自由流通。会议通过了《〈上合成员国长期睦邻友好合作条约〉实施纲要（2018—2022）》等23个合作文件，各方重申继续加强在政策沟通、设施联通、贸易畅通、资金融通、民心相通、发展安全、能源、农业等领域的合作。峰会指出要推动各方加强发展战略对接，推进"一带一路"建设，加快地区贸易便利化进程，加紧落实国际道路运输便利化协定等合作文件，强调上合组织要拓宽合作领域，培育新的合作增长点，尤其是在数字经济、创新、环保等新兴领域。

此后几年，上合组织陆续通过了一系列相关合作文件，涉及数字化和信息通信技术、环保、数字经济、科技创新、应对气候变化等多个领域的合作。可见，在新的发展阶段，上合组织对于数字经济、科技创新、环保、可持续发展等领域的合作需求不断涌现，与高质量共建"一带一路"的重点领域与发展路径不谋而合。可以说，上合组织是实现高质量共建"一带一路"的重要平台，高质量共建"一带一路"为上合组织的发展合作提供了重要机遇，两者相辅相成，共同为中国与中亚经贸合作作出贡献。

（2）上合组织相关政策对接"一带一路"倡议

"一带一路"倡议提出以来，获得了上合组织国家的普遍认可与支持，虽然其在经济职能上比上合组织机制更充分和丰富（见图8-3），但"一带一路"倡议也为推动上合组织从安全合作转变为安全、经济、人文全方位发展提供了重要推动力。[4]

上合组织和"一带一路"倡议能够顺利对接具备基础条件：

第一，"丝路精神"与"上海精神"高度契合。上合组织为共建"一带一路"提供安全屏障、制度支持与民心根基，共建"一带一路"有力支持上合组织在基础设施、经贸合作、资金融通等领域开展合作。同时，中国与上合组织成员国在

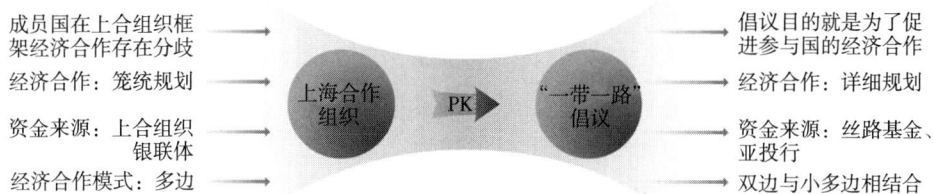

成员国在上合组织框   →   倡议目的就是为了促
架经济合作存在分歧   进参与国的经济合作

经济合作：笼统规划   →   经济合作：详细规划

资金来源：上合组织   →   资金来源：丝路基金、
银联体   亚投行

经济合作模式：多边   →   双边与小多边相结合

上海合作组织   **PK**   "一带一路"倡议

"一带一路"建设在推动区域经济合作上比上合组织更具优势，主要体现在：
"一带一路"比上合组织经济合作目标更明确、模式更灵活、资金来源更广泛。
"一带一路"的开放性弥补了上合组织封闭性对其经济职能的发展限制

图 8-3 上合组织与"一带一路"倡议的经济职能对比

"一带一路"框架下取得的务实合作成果为促进两者融合发展奠定了基础。上合组织 6 个创始成员国是"一带一路"倡议衔接和实施的主要国家和地区，新成员加印度和巴基斯坦也是"一带一路"倡议推行经过的重要国家和地区。在发展理念上，双方有高度的契合性。

第二，"一带一路"合作内容需要上合组织支持。"一带一路"重点合作内容包括政策沟通、设施联通、贸易畅通、资金融通、民心相通等五方面内容。这和上合组织重视政治合作、经贸合作与人文合作相适应。

上合组织正在成为与沿线各国共建"一带一路"的全方位区域合作平台。强化上海合作组织推动的作用。上海合作组织作为中亚地区具有重要影响力的区域合作组织将发挥在"丝绸之路经济带"建设重要的助推作用。同时，"丝绸之路经济带"建设为上合组织成员国间加强合作搭建了新平台、提供了新契机，促进贸易便利化与自由化。因此，成员国之间应秉持互利共赢的合作理念，消除贸易壁垒，加强多边合作，逐步实现上海合作组织区域经济一体化的战略目标。

上合组织在促进基础设施互联互通、区域贸易便利化、金融合作等诸多领域均建立了较为完善的机制框架，为"一带一路"落地中亚奠定了重要基础。《"一带一路"愿景与行动》明确提出了借助现有的上海合作组织等多边机制促进"一带一路"建设。

具体而言，在设施联通方面，上海合作组织通过的《上海合作组织成员国政府间国际道路运输便利化协定》（2014）、《上海合作组织成员国基础设施发展规划》（2022）等协定为"一带一路"设施联通提供了支持。在贸易畅通方面，《上海合作组织成员国政府间关于区域经济合作的基本目标和方向及启动贸易和投资便利化进程的备忘录》（2001）、《上海合作组织成员国元首关于贸易便利化的联合声明》（2018）等协议，为推动建立稳定、可持续、多元化的供应链，发展区域内服务和货物贸易，促进"一带一路"贸易畅通奠定了基础。在资金融通方面，上合组织先后成立了上合组织银行联合体、上合组织实业家委员会，并定期召开银行联合体理事会会议和实业家委员会理事会会议，为促进成员国实业界合作及相互投资创造了便利条件。上合组织成员国金融机构在实践中不断创新完善银保合作、银企合作等多种金融合作模式。2022年上合组织撒马尔罕峰会还通过了扩大本币结算份额路线图，支持扩大该领域合作，有力地支持"一带一路"资金融通。

第三，"一带一路"倡议的深入实施与上合组织机制的进一步发展相互助推。"一带一路"倡议通过上合组织这个平台更好更快地扩展，上合组织机制也因为"一带一路"倡议而进一步发展，合作内容不断丰富。

在设施联通方面，"一带一路"设施联通助力上合组织国家基础设施建设与互联互通。"一带一路"倡议与上合组织对基础设施建设的需求高度契合。基础设施建设是共建"一带一路"的核心，主要目标是区域经济互联互通和改善国内发展。基础设施建设与互联互通是上合组织合作的重要内容。上合组织成员国大都处于欧亚大陆核心地带，地理上是沟通亚欧之间的必经之路，具有重要的交通和战略意义。但大部分上合组织国家的交通、电力等基础设施落后，导致货物运输常因气候及人为因素受阻，工程承包及投资项目的设备、原材料和产品成本较高，运输周期长，严重制约了国内发展与国际合作。上合组织各项发展规划均表露出将自身打造成欧亚交通枢纽的愿望。在共建"一带一路"倡议提出之前，由于各成员国在经济实力、发展水平、地缘环境、资源禀赋等方面差距显著，上合组织一直未能找到让所有成员国都感兴趣并能参与的合作大项目。"一带一路"倡议的提出很好地契合了各成员国的现实需求。2014年上合组织成员国共同签署了《上海合作组织成员国政府间国际道路运输便利化协定》，提出的主要目标是2020年前开通包括最远端从中国连云港到俄罗斯圣彼得堡，覆盖六个成员国的六条公路运输线路，旨在深化本地区互联互通，破除地区经济一体化瓶颈，不仅带动成员国加强公路、桥梁、隧道及其配套交通基础设施建设，扩大当地就业机会，拉动经济增长，还以亚欧大陆互联互通公路网络为基础，为未来形成欧亚地区统一的商贸、物流、资本市场奠定基础。

在贸易畅通方面，"一带一路"贸易畅通契合上合组织经济合作的需求。2019年塔什干会议通过新版《上海合作组织成员国多边经贸合作纲要》，是上合组织在2020~2035年推动区域经济合作发展的纲领性文件。"一带一路"倡议提出之前，由于国家间差异等原因，上合组织区域多边经贸合作始终进展缓慢。贸易畅通是共建"一带一路"的重要着力点，在共建"一带一路"框架下，沿线国家之间的贸易自由化和便利化稳步提升，贸易新业态新模式不断涌现，国际贸易保持快速增长。

在资金融通方面，"一带一路"资金融通为上合组织发展提供资金支持。随着合作的不断深入，上合组织的合作项目逐年增多，每个项目都有融资需求，解决资金问题才能释放上合组织巨大的投资潜力。对上合组织经济合作来说，最重要的是资金和主体的瓶颈。资金融通是共建"一带一路"的重要支撑。2013 年以来，"一带一路"框架下建立了多层次的金融服务体系，为沿线国家提供多元化的金融支持与服务。一方面，金融机构协同能力逐步增强。中国与国际货币基金组织建立能力建设中心，为沿线国家优化宏观经济金融框架提供智力支持；与世界银行、亚洲开发银行、亚洲基础设施投资银行等国际金融机构共同成立多边开发融资合作中心，通过促进信息共享、项目前期准备和能力建设为共建"一带一路"项目提供资金支持。另一方面，多边金融合作支撑作用日益显现。亚投行、丝路基金等多边金融合作机构相继成立，大部分资金流向电力电站开发、基础设施建设、港口航运、高端制造业等大型国际合作项目。共建"一带一路"框架下的多种融资工具将为上合组织开展合作提供充足、安全的资金保障。

2018 年 8 月，习近平总书记在推进"一带一路"建设工作五周年座谈会上讲话指出，过去几年共建"一带一路"完成了总体布局，绘就了一幅"大写意"，今后要聚焦重点、精雕细琢，共同绘制好精谨细腻的"工笔画"。[5] 共建"一带一路"正在向落地生根、持久发展的阶段迈进。推动共建"一带一路"向高质量发展转变，是下一阶段推进共建"一带一路"工作的基本要求。随着"一带一路"建设进入精雕细琢、高质量发展的新阶段，数字丝绸之路、创新丝绸之路、绿色丝绸之路、健康丝绸之路等新的合作领域应运而生，为上合组织成员国互利合作提供了新的增长点。[6]

（3）上合组织对接中国—中亚峰会机制

目前，在上合组织框架下，除元首级会晤、总理会议等最高级别的对话机制外，2003 年开始，形成了经贸部长会议、财长和央行行长会议、交通部长会议、农业部长会议、科技部长会议等经贸高官委员会机制。其中，在经贸部长会议下还设立了海关、电子商务、投资促进、发展过境潜力、现代信息和电信技术、贸易便利化 6 个专业工作组对接机制，担负着落实峰会及总理会议在经贸领域的决议等重要任务。除政府部门合作机制外，2006 年、2018 年还先后增设了实业家委员会、经济智库联盟等非政府合作机制。实业家委员会的主要任务是推动成员国在经贸、投资、能源、交通、电信、银行信贷、教育、科学、创新、卫生和农业等领域的合作。经济智库联盟是上合组织合作机制的创新，力图通过智库合作促进各国政府区域合作协议尽快转化为合作成果，提高合作效率，为区域经济合作提供智力支持。

上述上合组织框架下的机制为后来中国—中亚峰会上中方倡议成立的多边合作平台，如中国—中亚外长会晤机制、经贸部长会议机制、产业与投资部长级会晤机制、农业部长会晤机制、交通部长会晤机制、能源合作机制、实业家委员会、中国—中亚合作论坛、中国—中亚智库论坛、中国—中亚电子商务合作对话机制打下了坚实的基础。

2020年7月，"中国+中亚五国"外长会晤机制正式启动，成为双方加强信任、推进合作、发展新型建设性关系的重要渠道和有效平台。2022年1月17日，中国—中亚经贸合作论坛上，商务部和中亚五国经贸部门发布《关于中国与中亚经贸合作高质量可持续发展的联合倡议》，就共同扩大贸易、投资、数字、绿色等领域合作达成广泛共识。2022年1月25日，中国同中亚五国领导人举行建交30周年视频峰会。六国元首共同宣布打造中国—中亚命运共同体，中国同中亚合作机制应运而生，双方战略互信迈上新台阶，中国与中亚关系和地区合作发展呈现前所未有的勃勃生机。同年2月4日，五国元首又齐聚北京，共赴"冬奥之约"。6月"中国+中亚五国"外长第三次会晤期间，六国一致同意建立"中国+中亚五国"元首会晤机制，加快打造中国—中亚命运共同体。

在此背景下，中国与中亚峰会应运而生。2023年5月18日至19日，首届中国—中亚峰会在陕西西安举行，峰会期间，中国同中亚五国达成了包括《中国—中亚峰会西安宣言》《中国—中亚峰会成果清单》等在内的7份双多边文件，签署了100余份各领域合作协议。商务部同中亚国家经贸主管部门签署《"中国—中亚五国"经贸部门关于加强经贸合作的谅解备忘录》和《"中国—中亚五国"经贸部门关于数字贸易领域合作的谅解备忘录》。各方认为中国同中亚国家经贸合作潜力巨大，愿充分发挥中国—中亚经贸部长会议机制作用，全面提升贸易规模，挖掘中国—中亚电子商务合作对话机制潜力，拓展数字贸易、绿色经济等新兴领域合作。

此次峰会的成功举办和成果的落地，将有力推动构建更加紧密的中国—中亚命运共同体，并反哺上合组织框架下的合作机制，强化上合组织的基础。

3. "一带一路"框架下的多边经贸政策解读

"一带一路"（The Belt and Road Initiative）是"丝绸之路经济带"和"21世纪海上丝绸之路"的简称。2013年9月，习近平主席在出访哈萨克斯坦时提出与中亚国家共同建设"丝绸之路经济带"构想；同年10月，在印度尼西亚访问期间提出建设"21世纪海上丝绸之路"的倡议。之后中共十八届三中全会再次提出要加快推进丝绸之路经济带和海上丝绸之路的建设，并将"一带一路"上升为国家战略。"一带一路"借用古代丝绸之路的历史符号，通过共商、共建、共享，积极推进沿线国家发展战略的相互对接，积极发展与沿线国家的伙伴关系。经过十年的发展历程，"一带一路"已成为全球最受欢迎的全球公共产品，共建"一带一路"成为范围最广、规模最大的国际合作平台。"一带一路"的宗旨是：高举和平、发展、合作、共赢旗帜，秉持亲诚惠容的外交理念，以政策沟通、设施联通、贸易畅通、资金融通、民心相通为主要内容，以人文交流为纽带，以共商、共建、共享为原则，与沿线各国共同打造政治互信、经济融合、文化包容的利益共同体、责任共同体和命运共同体，造福沿线国家人民。

根据中国一带一路网的统计资料，截至 2023 年 10 月，中国与五大洲的 152 个国家、32 个国际组织签署了 200 多份共建"一带一路"合作文件，共建"一带一路"已先后写入联合国、亚太经合组织等多边机制成果文件。

（1）经贸合作相关的政策演进阶段

在共建"一带一路"框架下，沿线国家的多边合作不断推进。十年来，中外合作伙伴发起成立了 20 余个专业领域多边对话合作机制，涵盖铁路、港口、能源、金融、税收、环保、减灾、智库、媒体等领域，参与成员数量持续提升。共建国家还依托中国—中亚峰会、中国—东盟（10+1）合作、中非合作论坛、中阿合作论坛、中拉论坛、中国—太平洋岛国经济发展合作论坛、中国—中东欧国家合作、世界经济论坛、博鳌亚洲论坛、中国共产党与世界政党领导人峰会等重大多边合作机制平台，不断深化务实合作。

在此背景下，中国同中亚区域经济合作也步入快车道。中亚国家先后同中国签署"一带一路"合作协议，签订"一带一路"政府间合作备忘录，加强共建"一带一路"倡议与各国发展战略及各类合作机制对接。按照经贸合作的推进程度，"一带一路"倡议的发展经历了两大阶段。

第一阶段：战略规划与立柱架梁阶段（2013~2018 年）

2016 年推进"一带一路"建设工作座谈会中，习近平总书记充分肯定三年来"'一带一路'建设从无到有、由点及面，进度和成果超出预期"，将"一带一路"建设明确与京津冀协同发展、长江经济带发展并列为三个大的发展战略，强调2014 年《丝绸之路经济带和 21 世纪海上丝绸之路建设战略规划》与 2015 年对外发布的《推动共建丝绸之路经济带和 21 世纪海上丝绸之路的愿景与行动》的重要性，提出切实推进思想统一、规划落实、统筹协调、项目落地、金融创新、民心相通、舆论宣传、安全保障等八点"一带一路"建设的具体要求。2017 年首届"一带一路"国际合作高峰论坛上，习近平主席充分肯定过去四年在政策沟通、设施联通、贸易畅通、资金融通、民心相通方面的重要进展，对到京参会的 100 多国嘉宾表示，要将"一带一路"建成和平之路、繁荣之路、开放之路、创新之路、文明之路，还提出一系列务实的经贸、投资、援助、科创、机构合作措施。

习近平主席表示："'一带一路'建设植根于丝绸之路的历史土壤，重点面向亚欧非大陆，同时向所有朋友开放。不论来自亚洲、欧洲，还是非洲、美洲，都是'一带一路'建设国际合作的伙伴。"至此，具有"六廊六路多国多港"的"一带一路"互联互通大体架构对外基本成形。

第二阶段：高质量共建阶段（2018~2024年）

与党的十九大报告中提出"我国经济已由高速增长阶段转向高质量发展阶段"重要论断相呼应，在2018年推进"一带一路"建设工作5周年座谈会上，习近平总书记首次明确指出，经过夯基垒台、立柱架梁的5年，共建"一带一路"正在向落地生根、持久发展的阶段迈进。推动共建"一带一路"向高质量发展转变，这是下一阶段推进共建"一带一路"工作的基本要求。他还强调，要从完成总体布局"大写意"到绘制精谨细腻的"工笔画"转变，需要在项目建设、开拓市场、金融保障等方面下功夫。自此开始，深化区域经济合作，高质量共建"一带一路"，推动各国经济政策协调、制度机制对接，创新合作模式，开展更大范围、更高水平、更深层次的区域合作成为当前的重点。

在2019年第二届"一带一路"国际合作高峰论坛开幕式上，习近平主席对外清晰讲述"秉持共商共建共享原则""坚持开放、绿色、廉洁理念""努力实现高标准、惠民生、可持续目标"等高质量发展的方向，还就如何"构建全球互联互通伙伴关系，实现共同发展繁荣"和下一步中国将采取的一系列重大改革开放举措做了详细的说明。在2021年第三次"一带一路"建设座谈会上，习近平总书记强调要完整、准确、全面贯彻新发展理念，努力实现更高合作水平、更高投入效益、更高供给质量、更高发展韧性，完善陆、海、天、网"四位一体"互联互通布局，稳妥开展健康、绿色、数字、创新等新领域合作，要探索建立境外项目风险的全天候预警评估综合服务平台，推动共建"一带一路"高质量发展不断取得新成效。

参与"一带一路"共建的各国将把重点放到充分运用自身要素禀赋，增强彼此之间产业链的融合性、互动性、协调性，推动产业优势互补，提升分工效率，共同推动产业链升级上，致力于打破贸易壁垒和市场垄断，释放消费潜力，推动跨境消费，共同扩大市场规模，形成区域大市场，共同推动跨越式发展。

（2）"一带一路"框架下的多边金融机制

从金融合作情况看，我国已通过亚洲基础设施投资银行为中亚发展中国家的基础设施建设提供资金支持，为促进我国与中亚国家的经济合作奠定了基础。"一带一路"倡议下中国—中亚多边金融的合作，在包括亚投行、丝路基金、中国—欧亚经济合作基金等多渠道的融资平台与资金支持体系下进行。中国与中亚国家间的合作项目主要通过以上机构提供资金。[7]

丝路基金（Silk Road Fund）注册成立，标志着金融主导"一带一路"建设上升到国家层面战略。丝路基金是由中国外汇储备、中国投资有限责任公司、中国进出口银行、国家开发银行共同出资，按照市场化、国际化、专业化原则设立的中长期开发投资基金，重点是在"一带一路"发展进程中寻找投资机会并提供相应的投融资服务。自 2014 年底成立以来，已多次在上合组织区域内进行大笔投资。2017 年 5 月 14 日，中国国家主席习近平在"一带一路"国际合作高峰论坛开幕式上宣布，中国将加大对"一带一路"建设资金支持，向丝路基金新增资金 1000 亿元人民币。同年 6 月 8 日，丝路基金与上合组织银联体签署关于伙伴关系基础的备忘录，拟与上合组织银联体各成员行共同推进在上合地区开展多元化投资，构建各方长期高效的互利合作模式。

亚洲基础设施投资银行（Asian Infrastructure Investment Bank，简称亚投行，AIIB）于 2015 年 12 月 25 日正式成立，是首个由中国倡议设立的多边金融机构，标志着金融主导"一带一路"建设进入务实、高效的细致落实阶段。亚投行是在"一带一路"框架下推进的，服务于"一带一路"建设是亚投行的重要职能。作为一个亚洲地区政府间的多边合作开发组织，亚投行的创立，为整个亚太地区的基础设施建设以及各项经贸合作活动提供资金支持，促进了亚洲各国和各地区之间的互联互通建设，有力地推动了以亚欧大陆桥、泛亚铁路和公路等重点基础设施项目为龙头的区域互联互通建设，推进上海合作组织等区域合作发展，加快亚洲经济一体化进程，促进了国际金融治理体系的完善，增强了中国与亚洲各国之间区域经济发展的内生动力，维护亚洲区域金融和经济稳定。[8]

（3）"一带一路"框架下的多边合作论坛

中国—中亚合作论坛（China-Central Asia Cooperation Forum），是中国与中亚国家间机制化交流的国家级合作平台，是中国倡议成立的地域性经济论坛，旨在加强中国同中亚国家的经济合作，拓展双方合作空间，日益成为双方开展对话合作的有效机制和合作平台。习近平主席高度评价中国—中亚合作论坛的重要平台作用，深刻指出中国—中亚合作大有可为，也必将大有作为，对深化共建"一带一路"合作寄予殷切希望，为中国与中亚国家关系行稳致远注入强大动力。

论坛自 2012 年 5 月首次举办以来，已成功举办十届，为促进中国与中亚国家关系发展、推动务实合作、服务国家总体外交发挥了重要作用。2023 年 9 月 8 日至 9 日，第十届中国—中亚合作论坛在福建厦门举行。本届论坛以"赓续友好关系，深化互利合作"为主题，旨在贯彻落实习近平总书记在 2023 年首届中国—中亚峰会上与中亚五国元首达成的重要共识，全面深化与中亚各领域的友好交流与务实合作，是被列入中国—中亚峰会成果清单的重要多边合作平台，也是继 2019 年第七届后首次恢复线下举办。

中亚区域经济合作（Central Asia Regional Economic Cooperation，CAREC）是亚洲开发银行主导的中亚区域重要的经济合作机制，其成员包括 10 个国家和 6 个多边机构，众多国际组织的参与是其独特之处，其宗旨是以合作谋发展，通过促进交通运输、贸易、能源和其他重要领域的区域合作，促进成员国经济社会发展，减少贫困。与上合组织和欧亚经济联盟相比，CAREC 成员国涵盖范围广泛，包括了土库曼斯坦和巴基斯坦两个重要国家，但缺少重要的区域内大国俄罗斯。CAREC 是以贷款项目为基础的区域经贸合作机制。CAREC 并不是以法律合约为基础的组织，而是一个非正式论坛。其组织形式由部长级会议、高官会议和技术委员会构成。CAREC 通过建设和管理交通走廊—贸易走廊—经济走廊的方式逐步推动中亚区域经济合作。

博鳌亚洲论坛（Boao Forum For Asia，BFA）于 2001 年 2 月在海南省琼海市博鳌镇宣布成立，每年定期举行年会。论坛成立的初衷，是促进亚洲经济一体化。当今，随着博鳌亚洲论坛规模和影响不断扩大，论坛为凝聚各方共识、深化区域合作、促进共同发展、解决亚洲和全球问题发挥了独特作用，已成为连接中国和世界的重要桥梁，成为兼具亚洲特色和全球影响的国际交流平台。2015 年 3 月 28 日，习近平主席在博鳌亚洲论坛正式宣布，经过各方努力，"一带一路"建设愿景与行动计划已制订。其中，陆上"丝绸之路经济带"将依托国际大通道，以沿线中心城市为支撑，以重点经贸产业园区为合作平台，共同打造新亚欧大陆桥、中国—中亚—西亚、中国—中南半岛等国际经济合作走廊。"丝绸之路经济带"建设运行的初始阶段将主要涉及中国和中亚各国，未来将会逐步涵盖和辐射中东欧、西欧以及西亚、北非等更广泛的地域。

（4）共建"一带一路"对接欧亚经济联盟

"一带一路"国际合作是一个具有广泛包容性的合作平台，因此它的实施可以与现有多边合作机制有效对接。多边合作机制主要包括沿线各国区域、次区域的相关合作组织、国际论坛和展会等，比如上海合作组织（SCO）、中亚区域经济合作（CAREC）等。

欧亚经济联盟（Eurasian Economic Union，EAEU），于 2015 年 1 月 1 日成立，成员国包括俄罗斯、哈萨克斯坦、白俄罗斯、亚美尼亚、吉尔吉斯斯坦五国，观察员国包括乌兹别克斯坦、古巴、摩尔多瓦，是俄罗斯主导的拥有国际法律地位的区域经济一体化组织。土库曼斯坦由于是中立国，不参与欧亚经济联盟。欧亚经济联盟的发展目标是在 2025 年前实现联盟内部商品、服务、资本和劳动力的自由流动，并推行协调一致的经济政策。联盟所有成员国均为加入"丝绸之路经济带"倡议的国家，与中国存在良好的经济互补性。[9]

在"一带一路"框架下，欧亚经济联盟与"丝绸之路经济带"倡议对接合作取得了实质性进展。2013 年以来，中俄关系持续健康稳定发展，中俄新时代全面战略协作伙伴关系日渐成熟坚韧，为双方共建"一带一路"奠定了坚实基础。2014 年 2 月，普京总统向出席索契冬奥会开幕式的习近平主席表示，"俄方积极响应中方建设丝绸之路经济带和海上丝绸之路的倡议。愿将俄方跨欧亚铁路与'一带一路'对接，创造更大效益"。2015 年 5 月，两国元首发布《关于丝绸之路经济带建设和欧亚经济联盟建设对接合作的联合声明》，开启了"丝绸之路经济带"与欧亚经济联盟对接合作之路。在贸易自由化合作难以达成的情况下，双方将合作的主要方向转向贸易便利化，即从制度安排上提高贸易效率、降低贸易成本。2017 年 7 月，双方签署《中华人民共和国和俄罗斯联邦关于进一步深化全面战略协作伙伴关系的联合声明》，表示将继续开展"一带一路"建设与欧亚经济联盟对接。

2018 年 5 月 17 日，在高质量共建"一带一路"时期，中国同欧亚经济联盟共同签署了《中华人民共和国与欧亚经济联盟经贸合作协定》，标志着对接合作取得重要阶段性成果，为亚欧地区各国经贸合作提供了制度性保障，同时标志着中国与该联盟及其成员国经贸合作从项目带动进入制度引领的新阶段，对于推动"一带一路"建设与欧亚经济联盟建设对接合作具有里程碑意义。2019 年 10 月，该协定正式生效。2020 年 10 月，《中华人民共和国与欧亚经济联盟经贸合作协定》联合委员会首次会议以视频会议形式召开，双方积极评价该协定实施一年来双边经贸关系发展，并探讨在技术法规、贸易救济、海关和投资等方面加强对话合作。2021 年，哈萨克斯坦接任欧亚经济联盟轮值主席国，建议联盟成员国加大互惠联合项目的实施力度，确保欧亚经济联盟与"丝绸之路经济带"倡议对接。2023 年 3 月，习近平主席访问俄罗斯期间两国元首共同发布《中华人民共和国和俄罗斯联邦关于深化新时代全面战略协作伙伴关系的联合声明》，双方同意积极推动"一带一路"与欧亚经济联盟建设对接合作，加强亚欧地区互联互通，继续推动共建"一带一路"和"大欧亚伙伴关系"建设并行不悖、协调发展，推动双多边一体化进程，造福亚欧大陆各国人民。目前，欧亚经济联盟与"丝绸之路经济带"倡议对接的几个早期项目已成功付诸实施。

（二）"一带一路"倡议的贸易效应分析

通过上文对多边经贸合作政策大事记的梳理，可以发现中国—中亚多边经贸合作机制主要在上合组织框架和"一带一路"倡议框架下运作，而"一带一路"倡议的经贸合作宗旨更为显著，各类机制和平台更为完善。因此，本节通过理论分析与实证建模来检验"一带一路"倡议在促进中国与中亚五国经贸合作中的作用。

从图 8-4 变化趋势可以看出，中国和中亚五国之间的贸易经历了一个重要的转折点，即 2015 年，这主要和"一带一路"倡议的正式落地有关。

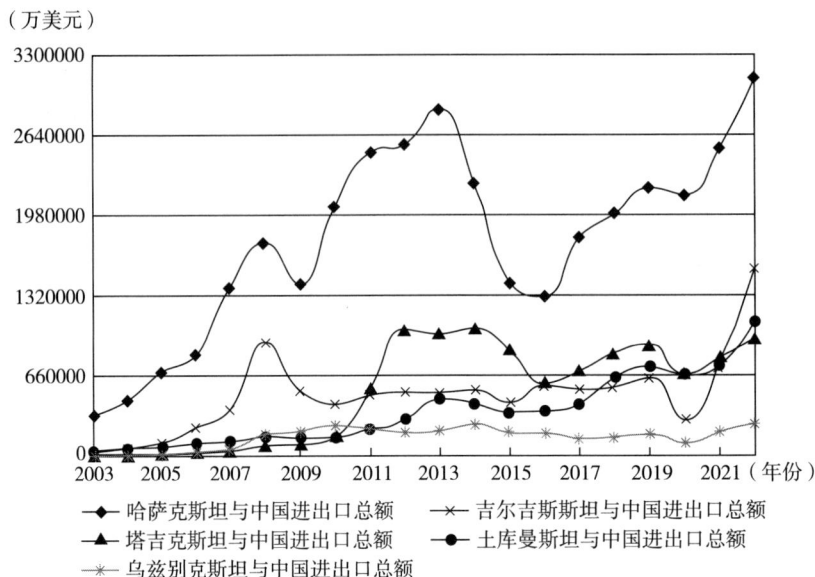

图 8-4　2013~2022 年中国与中亚五国进出口总额

资料来源：国家统计局。

经过十年的发展，共建"一带一路"已成为范围最广、规模最大的国际合作平台。在共建"一带一路"框架下，贸易投资规模稳步扩大。2013~2022 年，中国与共建国家进出口总额累计 19.1 万亿美元，年均增长 6.4%；与共建国家双向投资累计超过 3800 亿美元，其中中国对外直接投资超过 2400 亿美元；中国在共建国家承包工程新签合同额、完成营业额累计分别达到 2 万亿美元、1.3 万亿美元。2022 年，中国与共建国家进出口总额近 2.9 万亿美元，占同期中国外贸总值的 45.4%，较 2013 年提高了 6.2 个百分点；中国民营企业对共建国家进出口总额超过 1.5 万亿美元，占同期中国与共建国家进出口总额的 53.7%。①

"一带一路"倡议的提出和落地，为中国与中亚经贸合作扫除了诸多障碍，中国—中亚双边贸易获得了长足发展，对完善中国—中亚贸易影响机制具有重要意义。那么，"一带一路"倡议对中国—中亚贸易水平的促进效应究竟有多大？其对贸易的作用机制是什么？针对政策效应估计，双重差分法因能排除其他因素的影响进而较好地识别政策效应而被学术研究广泛使用。本节基于 2003~2022 年国家

---

① 资料来源：国务院新闻办公室 2023 年 10 月 10 日发布的《共建"一带一路"：构建人类命运共同体的重大实践》白皮书。

层面的面板数据，采用双重差分模型，将共建"一带一路"倡议视为政策事件，选取了加入"一带一路"倡议的中亚五国和未加入倡议的 30 个国家，研究分析共建"一带一路"政策对中国—中亚五国贸易额变化的影响。

本节的安排如下：第一部分提出理论机制分析假说；第二部分详述研究设计、数据来源以及样本的描述性统计；第三部分分析共建"一带一路"政策对中国—中亚五国进出口贸易影响的实证结果，在此基础上探究共建"一带一路"政策的异质性影响，剖析可能的传导机制；第四部分是结论和政策启示。

1. 机制分析

"一带一路"倡议不仅仅是一个自由贸易协定，更是一个以开放为导向，冀望通过加强交通、能源和网络等基础设施的互联互通建设，促进经济要素有序自由流动、资源高效配置和市场深度融合，开展更大范围、更高水平、更深层次的区域合作，服务于中国对外开放新体制的构建和更高水平的"走出去"战略目标。自"一带一路"倡议实施以来，中国与中亚五国贸易迅猛增长，那么"一带一路"倡议是如何促进中国—中亚经贸合作的呢？[10]

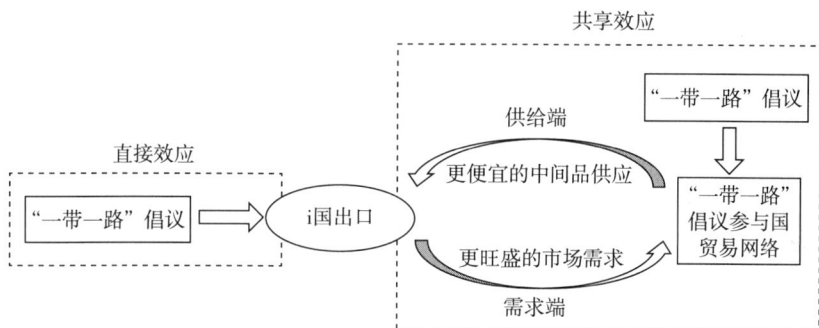

图 8-5 "一带一路"倡议推动国际贸易出口增长的机制

"一带一路"倡议提出之初，就包含了"五通"的建设路径，即政策沟通、设施联通、资金融通、贸易畅通和民心相通。"五通"建设是"一带一路"倡议下中国—中亚贸易促进效应作用的关键渠道，这五个方面互相支撑、相互促进，降低了中国与中亚双边贸易成本，有助于贸易畅通，提高了国际贸易的效率。[11]

第一，政策沟通为双边贸易稳定发展提供了重要保障。"一带一路"倡议促进了中国与中亚五国的战略对接。"一带一路"倡议同哈萨克斯坦"光明之路"新经济政策、吉尔吉斯斯坦"2026 年前国家发展纲要"、塔吉克斯坦"2030 年前国家发展战略"、土库曼斯坦"复兴丝绸之路"战略、"新乌兹别克斯坦"2022—2026 年发展战略等中亚五国倡议和发展战略对接，促进了中国与中亚经济的深度互补、高度共赢的合作发展。此外，中国与中亚国家在"一带一路"倡议下建立了一系列经贸合作机制，为企业之间的商贸往来提供了平台。双方还在物流、交通、金融和信息等多个领域开展了广泛的政府间合作，推进基础设施项目建设，落实产能合作协议，积极推进数字经济合作，建立数字贸易平台，推动电信和智慧城市发展等领域实现创新驱动发展，为企业间合作提供了更多的机会，促进了贸易便利化和资金融通，实现双方互利共赢。

第二，设施联通提升了流通与合作效率。"一带一路"倡议下沿线设施联通建设取得了显著成果，不仅畅通了中国与中亚国家之间的贸易往来，也有助于中亚国家的经济发展和区域一体化进程。在交通设施方面，中国与中亚国家不断共同完善交通基础设施，中国—中亚—西亚经济走廊方向，中吉乌公路运输线路实现常态化运行，哈萨克斯坦北哈州粮油专线与中欧班列并网运行，包括新建和升级改造现有的中国至中亚铁路和公路。跨境物流建设也初见成果，中国和中亚国家已经开通了多条跨境电商快递直达线路，积极发展地区物流网络。中国企业已在中亚国家布局多个海外仓，跨境物流设施的完善，使跨境电商贸易更加便捷和高效。在能源设施方面，中国与中亚国家通过共建能源基础设施，优化能源资源配置。中方已与中亚建立中国—中亚能源发展伙伴关系，扩大能源全产业链合作，进一步拓展石油、天然气、煤炭等传统能源领域合作，此外，中国还加快推进与中亚国家在水力、太阳能、风能等可再生能源合作，深化和平利用核能合作，实施绿色技术、清洁能源等项目，共同推进可持续发展。在信息技术设施方面，中国企业华为、腾讯、电信等积极布局中亚国家，参与数据中心基础设施开发，提供批发和零售服务以及云设施，推动信息技术的发展，促进了数字化智能化的转型。

第三，贸易畅通促进了贸易自由化与便利化。自"一带一路"倡议提出以来，中国与中亚五国积极推行贸易便利化措施，降低贸易壁垒和贸易成本，通过双边贸易协定的深化等，实现了更高水平的关税减让、非关税壁垒降低、电子商务推进等。中国与中亚逐步实现边境口岸农副产品快速通关"绿色通道"全覆盖。同时，中国积极推动国际贸易"单一窗口"互联互通，简化手续，加快通关速度。增设跨境铁路货运口岸，开通新的跨境货运班列，也有助于缩短货物通关时间，提高贸易效率。为进一步促进数字贸易的发展，未来在"一带一路"倡议下中国和中亚国家将挖掘中国—中亚电子商务合作对话机制潜力，拓展数字贸易、绿色经济等新兴领域合作。中国海关推出了《跨境电商清单制度》，实现了对跨境电商的一站式监管。近300家中亚企业入驻中国电商平台，越来越多的中亚优质特色产品进入中国市场，同时越来越多优质中国商品也进入中亚市场。2017年，中方在首届"一带一路"国际合作高峰论坛上首倡共建数字丝绸之路，获得了中亚国家的积极响应。中国已与中亚五国签署《"中国+中亚五国"数据安全合作倡议》，共同推动区域性数字政策协调，携手打造开放、公平、公正、非歧视的数字发展环境。"丝路电商"成为经贸合作的新渠道和新亮点。2022 年，中国与中亚跨境电商贸易额同比增长 95%。这充分说明了"一带一路"倡议对于促进双边跨境电商发展产生了巨大的推动作用。

第四，资金融通为贸易发展提供了金融支持与保障。在货币金融合作方面，人民币在中亚区域的国际化取得了重要进展。人民币国际化为跨境贸易提供了更为便捷的支付和结算方式，降低了交易成本和风险，有助于稳定双边贸易和金融关系，减少了外汇风险和波动的影响，促进了双边贸易的发展以及投资金融合作。中国人民银行已与中亚国家央行签署了双边本币互换协议，建立了人民币清算安排。中亚国家已将人民币纳入外汇储备，人民币初步显现出区域储备货币的特征。在金融支持方面，"一带一路"倡议下构建了多个投资平台，丝路基金和亚投行是其中的重要机构，为中国和中亚国家建设的多个项目提供资金支持，包括：基础设施建设领域，如高铁、地铁建设等；产业发展领域，如投资建设工业园区、设立合资企业等；农业、能源等领域，如水电站、风电场、光伏电站等清洁能源项目。这些项目的落实促进了中国和中亚国家之间的经济合作与发展，进一步加强了双方的产业协同发展。

第五，民心相通增强人文交流与互相理解。民心相通不仅增进了中国—中亚的民间友谊，也为两国经贸合作打下了更加坚实的基础。在人文交流方面，中国与中亚国家之间在文化、教育、旅游等领域的交流越来越频繁，人员往来日益密切。随着中亚航线的有序增开，旅游服务贸易进一步扩大。在科技合作方面，拓展人工智能、智慧城市、大数据、云计算等高新技术领域的合作，推动了科技创新和产业升级，为双方的经济发展注入了新的动力。在人才培养方面，中国通过多种形式向中亚国家输送了大量的技术和管理人才，支持当地企业的发展。同时鼓励中国企业到中亚国家投资兴业，为中国企业和人才走出去提供了更多的机会和支持。此外，中国向中亚国家提供政府奖学金名额，组织相关领域专业人才赴华进修，为中亚国家的学生提供在中国学习和培训的机会。

2. 研究设计

（1）模型设定

根据"一带一路"倡议影响中国—中亚贸易的作用机制，以"一带一路"倡议为准自然实验，中亚国家为处理组，检验"一带一路"倡议实施对中国—中亚贸易的影响。双重差分模型设定如下：

$$Y_{it} = \alpha + \beta Treat_i \times Post_t + \gamma X_{it} + \mu_i + \lambda_t + \varepsilon_{it}$$

其中，i 表示国家，t 表示年份，被解释变量 Y_{it} 表示在 t 年中国与 i 国的进出口贸易额（经过对数变换）；$Treat_i$ 表示是否加入共建"一带一路"倡议的虚拟变量，加入共建"一带一路"倡议的国家取 1，未加入共建"一带一路"倡议的国家取 0；$Post_t$ 表示时间虚拟变量，2015 年之后取 1，2015 年之前取 0；模型中的交互项系数 β 是最令人感兴趣的估计系数，它从平均意义上度量了中亚国家在经历加入共建"一带一路"政策前后与中国贸易额的变化，相比于其他没有加入"一带一路"的国家的差异大小。如果共建"一带一路"倡议提升了中国与中亚国家贸易水平，则 β 将显著为正。X_{it} 表示一组可能影响与中国贸易的其他控制变量，选取了人口对数（lnpop）、人均 GDP（lngdp）与自然资源产出比例（Natural）作为控制变量，用于反映国家规模体量、经济基础与产业结构；μ_i 为国家固定效应，λ_t 为时间固定效应，用于控制国家层面不随时间变化的因素以及宏观趋势冲击；α 是截距项，ε_{it} 为随机误差项，包含了模型中其他不可观测的因素。同时，对除虚拟变量及比例变量以外的数据取自然对数处理，来消除各变量的异方差与非平稳性。[12]

（2）变量说明

被解释变量。在模型中，为全面客观反映中国—中亚贸易水平，Y_{it} 将分别用在 t 年中国与 i 国的进出口总额、中国对 i 国贸易出口额和中国自 i 国贸易进口额表示，以衡量中国—中亚贸易水平的不同指标作为被解释变量，有助于全方位检验相关因素对中国—中亚贸易的真实影响。由于笔者主要分析如何在"一带一路"框架下推进中国—中亚经贸合作，提升中国—中亚贸易高质量发展，故将以中国对中亚国家贸易出口额作为重点考察对象。

"一带一路"相关变量。在模型中，为检验"一带一路"倡议对中国—中亚贸易的政策冲击，将 $Treat_i$ 设定为区分处理组和对照组的虚拟变量，若贸易国为"一带一路"倡议覆盖的中亚国家，划分为处理组，该变量取值为 1；若贸易国为"一带一路"倡议覆盖之外的其他国家，划分为对照组，该变量取值为 0。$Post_t$ 设定为时间虚拟变量，以区分政策冲击前后的影响，"一带一路"倡议于 2015 年正式落地，故时间节点设定为 2015 年及之前，该变量取值为 0；否则该变量取值为 1。

控制变量。根据贸易引力模型理论，影响双边贸易的因素较多，具体包括领土接壤、语言、宗教文化、人口规模、经济规模等。由于中亚五国与中国空间地理距离相近，语言、宗教信仰、共同文化等也相近，笔者选取了人口对数（lnpop）、人均 GDP（lngdp）与自然资源产出比例（Natural）作为控制变量，用于反映国家规模体量、经济基础与产业结构。人口对数（lnpop）：一方面可以反映国家的市场规模，另一方面可以反映国家的劳动力资源，在国家之间的双边贸易中作为一个重要因素。目标国的就业人口越多，就越能吸引我国与其进行贸易往来。人均GDP（lngdp）：一方面可以反映经济发展程度，另一方面贸易国的经济规模是决定对外贸易的重要因素。自然资源产出比例（Natural）：中亚地区矿产资源富集，石油、天然气等矿藏资源丰富，出口以初级产品为主。[13]

（3）样本选择与数据说明

本书选取了中国与35个国家的面板数据，其中实验组国家即与中国签署了共建"一带一路"倡议的中亚五国，控制组则由未加入"一带一路"倡议的30个国家组成，进而与实验组中亚五国进行对比。这30个代表性国家选自：亚洲（印度）；北美洲（墨西哥、危地马拉）；南美洲（巴西、巴拉圭、哥伦比亚）；以及2022年以后参与共建"一带一路"倡议的国家（阿根廷、尼加拉瓜、菲律宾等）。贸易数据取自联合国的UNCOMTRADE数据库，控制变量数据来源于WDI数据库。[14]基于数据的可获得性，选定2003～2022年作为样本期进行实证检验。表8-1为上述各变量描述性统计。

表8-1　描述性统计

变量	中文含义	Obs	Mean	Std. Dev.	Min	Max
lnimpchn	自中国进口额的对数值	637	20.42713	1.984806	14.98045	25.02929
lnexpchn	向中国进口额的对数值	637	18.27115	3.033445	8.040769	24.58375
Silk_dum	参与共建"一带一路"	700	0.08	0.2714872	0	1
year	年份	700	2013.786	5.7728	2003	2022
lngdp	人均GDP对数	700	8.258536	1.346211	4.937555	11.15125
lnpop	人口对数	700	16.05839	1.535814	12.50372	21.01493
Natural	自然资源产出比例	700	5.161929	9.424737	0.0005882	86.45256

3. 实证结果分析

（1）基准回归结果

共建"一带一路"倡议对中国—中亚进出口贸易的影响渠道多元，形式多样，且存在政治风险与其他制约因素，因此影响效果较为复杂。本书采用2003～2022年相关的宏观数据，尝试运用双重差分模型对中国—中亚的进出口贸易效应进行实证检验。利用国家层面数据估计双重差分模型结果，如表8-2所示。所有估计方程均控制了年份层面的固定效应，汇报的标准误在国家层面聚类。作为比较，第（1）列和第（4）列只加入了核心解释变量。本书发现核心估计系数在1%的显著性水平上显著为正，说明"一带一路"倡议有效扩大了中国—中亚的进出口规模。为了缓解遗漏变量的影响，本书分别控制了人均GDP、人口对数与自然资源产出比三个关键因素，得到第（2）列和第（5）列。结果显示核心估计系数明显减小，但仍具有统计显著性。第（3）列和第（6）列在此基础上控制了国家层面的固定效应，从系数值大小看，中亚五国对中国出口规模受"一带一路"的影响平均扩大约 14.28%，进口额增加约 24.31%，分别在 10% 与 1% 的显著性水平显著为正。值得注意的是，"一带一路"倡议对中亚五国出口规模的影响程度小于进口。基准分析初步证实了共建"一带一路"倡议对中国—中亚进出口贸易规模起到了显著的推动作用，具有不容小觑的经济意义。

表 8-2　基准回归

	（1）lnexpchn	（2）lnexpchn	（3）lnexpchn	（4）lnimpchn	（5）lnimpchn	（6）lnimpchn
silk_dum	3.5804*** （1.0541）	0.3810 （0.4723）	0.1428* （0.0602）	2.0448*** （0.6939）	0.2157 （0.3499）	0.2431*** （0.1372）
lngdp	—	1.2608*** （0.2064）	0.1986 （0.4126）	—	0.8367*** （0.0698）	1.1556*** （0.1420）
lnpop	—	1.3321*** （0.1268）	0.7400 （1.6158）	—	0.8947*** （0.0645）	0.8794 （0.5785）
Natural	—	0.0665* （0.0338）	0.0376 （0.0397）	—	-0.0054 （0.0083）	0.0159* （0.0083）
_cons	18.0295*** （0.4418）	-13.9681*** （3.0430）	4.6229 （27.5776）	20.2891*** （0.2813）	-0.9476 （1.4411）	-3.4585 （9.3620）
Country_FE	No	No	Yes	No	No	Yes
Year_FE	Yes	Yes	Yes	Yes	Yes	Yes
r2_a	0.2427	0.7498	0.9122	0.3514	0.9005	0.9647
Obs	637	637	637	637	637	637

注：括号中的数值为标准差，*、** 和 *** 分别表示 10%、5%、1% 的显著性水平。

（2）平行趋势检验

基准回归结果揭示了共建"一带一路"倡议对参与国贸易的正面影响，但是该结论有一个重要的潜在假设，就是处理组与对照组在政策事件发生之前无显著差异，即中亚五国与中国签署"一带一路"倡议之前的贸易规模变化趋势与世界其他未参与此倡议的国家一致。如果现实情形违背了该假设，那么前期的趋势差异将会导致政策评估的偏差。为了验证平行趋势假设是否成立，本研究借鉴 Liu 和 Qiu（2016）的研究方法，对处理组和对照组的变化趋势进行进一步考察。[15] 实证方程设定如下：

$$Y_{it} = \alpha + \sum silk\_dum_i \cdot year_t + \gamma X_{it} + \mu_i + \lambda_t + \varepsilon_{it}$$

其中，$year_t$ 为年度虚拟变量，当年观测值取 1，其他年份观测值为 0。其他变量与基准模型一致。我们检验了 2015 年"一带一路"倡议正式落地之前 7 年直到样本最后一年的趋势变化。图 8-6 汇报了分析结果。从结果来看，2015 年以前的所有回归结果均不显著，表明在"一带一路"倡议实施前，处理组和对照组的变化趋势是一致的，不存在显著差异。而 2015 年及之后，处理组的贸易额相比控制组显著上升。因此，样本通过了双重差分法估计所需的平行趋势检验。

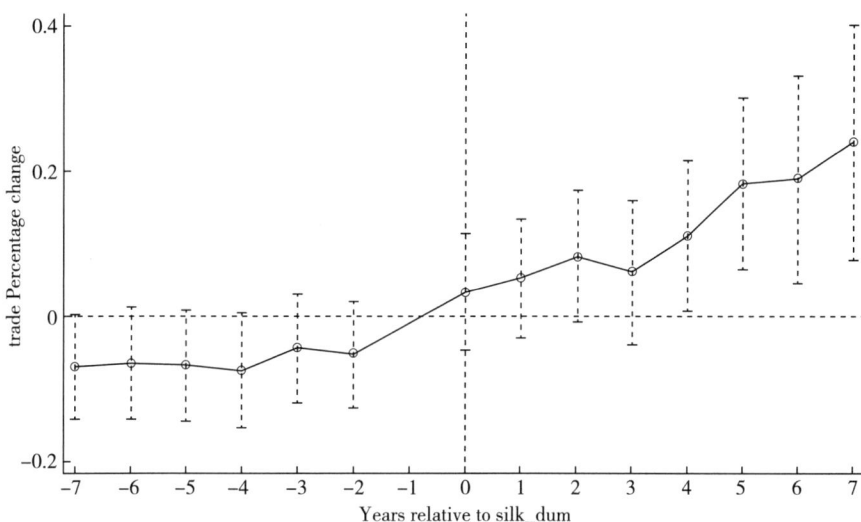

图 8-6　平行趋势检验

（3）异质性分析

前文所述的论证从平均意义上估计共建"一带一路"倡议对中亚国家总体进出口的影响。然而，由于不同国家的经济基础和产业结构存在很大差异，共建"一带一路"倡议所发挥的作用也会不尽相同。本书将进一步探究这种影响的异质性，在基准回归模型中分别加入核心解释变量与控制变量的交互项，并通过评估交互项系数来探究这种合作区的异质性影响，实证检验结果如表 8-3 所示。

表 8-3　异质性分析

	（1）	（2）	（3）	（4）
	lnimpchn	lnexpchn	lnimpchn	lnexpchn
silk_dum	1.5382 **	−2.7877	0.7185 ***	−0.5436
	（0.6495）	（1.7576）	（0.1518）	（0.4116）
silk_dum×lngdp	−0.1546 *	0.2851	—	—
	（0.0896）	（0.2127）		

	（1）	（2）	（3）	（4）
	lnimpchn	lnexpchn	lnimpchn	lnexpchn
silk_dum×Natural	—	—	0.0072 (0.0054)	0.0073 (0.0196)
国家固定效应	Yes	Yes	Yes	Yes
时间固定效应	Yes	Yes	Yes	Yes
r2_a	0.9633	0.9110	0.9506	0.9120
Obs	637	637	637	637

注：括号中的数值为标准差，$*$、$**$和$***$分别表示10%、5%、1%的显著性水平。

表8-3中第（1）列和第（2）列均加入了共建"一带一路"倡议与贸易国人均GDP的交互项，交互项的系数为负，表明在人均GDP相对较低的国家，共建"一带一路"倡议能够更好地拉动东道国的进出口规模。第（3）列和第（4）列共建"一带一路"倡议与贸易国自然资源产出占比的交互项显著为正，表明共建"一带一路"倡议对自然资源较为丰富的地区影响较大。结合本书的机制分析，人均GDP较低且对自然资源依赖度更高的国家通常开采技术、运输较落后。如理论假说中所述，共建"一带一路"倡议能够通过"五通"机制很好地解决以上这些问题，因而能够更好促进参与国的进出口。此外，共建"一带一路"倡议签署国与中国的双边政治关系更为稳定，双边本币互换安排与人民币清算安排使签署国融资约束更为宽松，相对稳定的营商环境保证贸易活动有序进行。

（4）机制分析

基于吕越等（2019）的研究成果和机制分析，本节分别从政策沟通、贸易畅通、资金融通、设施联通以及民心相通五个角度对"一带一路"倡议促进中国与中亚五国经贸合作的机制进行了探索。[16] 表8-4汇报了"一带一路"倡议促进互联互通的机制分析结果。①在第（1）列中，参考张建红和姜建刚（2012），使用双边高级官员互访数量（lnvisit，访问、问候以及第三国会晤之和的对数变换）作为政策沟通的代理变量。[17] 数据来自外交部网站。②在第（2）列中，使用WITS发布的贸易密集度指数衡量中国与各经济体之间贸易联系的紧密程度（trade intensity）。该指数越高，说明中国与目标经济体的贸易联系越紧密。③在第（3）列中，机构数量作为资金融通的代理变量。该数据是通过各主要中资银行网站手工收集得到。④在第（4）列中，使用中国与目标经济体之间的直飞航班数量作为设施联通的代理变量（airline），对设施联通的政策效果进行分析。数据来自国际民航组织（ICAO）。⑤在第（5）列和第（6）列中，根据联合国教科文组织（UNESCO）发布的《UNESCO文化统计框架》识别了中国货物出口中的文化商品。出口数据来自 UNCOMTRADE 提供的中国货物出口统计。我们使用纯文化商品以及文化产品支持材料与设备两类产品出口之和分别作为民心相通的代理变量。此外，考虑到控制组因变量潜在的变动趋势，加入处理组与时间趋势的交互项加以控制，估计结果列于表8-4中。

表8-4 "一带一路"倡议的"五通"机制检验

	（1）	（2）	（3）	（4）	（5）	（6）
	lnvisit	trade_ intensity	findev	airline	culture_ goods	culture_ goods
silk_ dum	0.090**	1.2787***	0.9531***	0.6882***	0.3213**	0.2293**
	(0.0319)	(0.1815)	(0.1521)	(0.0283)	(0.1600)	(0.1096)
国家固定效应	Yes	Yes	Yes	Yes	Yes	Yes
Obs	2052	2198	2052	907	1636	1636

注：括号中的数值为标准差，*、**和***分别表示10%、5%、1%的显著性水平。

表8-4第（1）列检验了"一带一路"倡议对于政策沟通的影响。可以发现，倡议提出后，中国与沿线经济体双边及多边政策沟通频率明显提升。这表明"一带一路"倡议在政策沟通方面的机制是显著的。第（2）列从贸易联系视角汇报了"一带一路"倡议对于贸易畅通的政策效应。可以发现，中国在沿线经济体对外贸易中的联系密切程度在倡议实施后显著提高。这显示出"一带一路"倡议对于完善沿线经济体贸易畅通能力起到积极作用。第（3）列从金融发展角度检验了"一带一路"倡议对中国与沿线国家资金融通便利程度的政策效果。可以发现，相比其他经济体，中资银行金融机构在沿线经济体分支机构数量显著增加。这一结果显示出倡议对中国以及沿线经济体资金融通的积极影响。第（4）列考察了倡议对于设施联通的影响。构建基础设施互联互通网络是倡议中设施联通的核心内容。我们从民用航空航班角度衡量设施联通的政策效果。第（4）列显示，倡议实施后，中国与沿线经济体之间的直飞民航航班相比其他经济体显著增加。这不仅表明倡议对中国与沿线经济体的互联互通程度的积极效果，也表明便捷的人员、文件以及货物互联互通网络为中国与共建"一带一路"国家开展经贸合作创造了积极条件。第（5）列和第（6）列分别汇报了上述两种口径文化商品出口回归结果。可以发现，"一带一路"倡议实施后，由于文化沟通有所加强，相关国家进口中国文化商品的规模显著提升。这一效应无论是从纯文化商品还是广义文化商品看均显著。

4. 研究结论

本节基于2003~2022年的国家层面面板数据，运用双重差分法对"一带一路"倡议的贸易效应进行了全方位评析。研究结果发现，共建"一带一路"倡议显著扩大了中国—中亚进出口贸易规模，进出口贸易额增长幅度分别高达 14.28%与 24.31%，该结论在平行趋势检验之后仍然成立。"一带一路"倡议主要通过"五通"促进中国与中亚国家的贸易水平，政策沟通、设施联通、贸易畅通、资金融通、民心相通是"一带一路"倡议促进经贸合作的有效机制。

高质量共建"一带一路"或将是参与国贸易额增长与贸易结构改善的可能路径，共建"一带一路"，是构建人类命运共同体的重要实践平台，中国政府应更加重视"一带一路"倡议特别是以"政策沟通、设施联通、贸易畅通、资金融通、民心相通"为主要内容的"五通"对沿线国家之间经贸合作的积极影响，加强沿线国家和地区在基础设施、物流运输、资金流动等方面的互联互通。

（三）中国—中亚多边经贸政策优化分析

基于上述分析结果，本节提出促进中国—中亚经贸合作的多边经贸政策优化建议。

1."一带一路"与上合组织框架下多边经贸政策优化的价值导向

首先，近年来，随着中国与中亚五国的深入合作，中国—中亚峰会成功举办。本次峰会有三大基调，交通、能源、经贸合作。中亚地区矿产资源富集，石油、天然气等矿藏资源丰富，但是开采技术、运输处在"一带一路"的中间地带。中国与中亚国家双方合作取得成效，在中国与中亚国家建立外交关系初期，中国就和绝大多数中亚国家签署了经济贸易协定和投资保护协定，与中亚各国建立了双边高级别合作委员会。经过多年发展，中国与中亚国家经贸关系与合作水平已经上升到较高的层次。过去签署的很多多边协议和协定已经不能满足当前经贸合作形势发展的需要，迫切需要在多边框架下签署新的协议和建立新的制度性安排。

其次，虽然与 40 年前相比，全球经济和各国政府应对经济挑战的能力有所加强[18]，但是目前纷繁复杂的国际政治军事形势，尤其是区域冲突升级，会对中国和中亚国家经贸合作深入开展带来极大的影响，更为政策制定者带来新的挑战。在这种情况下，更需要中国与中亚政府齐心协力，全方位加强经贸相关政策的协调，优化已有的多边政策。

从区域层面看，俄乌冲突对中亚区域合作影响巨大。其一，对中亚区域金融体系的影响。乌克兰危机升级以来，连带导致中亚国家金融市场剧烈动荡，中亚国家的货币对美元贬值，汇率普遍下跌，通胀率大幅上升。中亚五国与俄罗斯的金融支付体系遭受冲击，不得不启动新的跨境交易货币体系。中亚国家不得不重视金融多元化，以及能源、棉花、粮食等大宗商品交易市场和供给多元化，并开始收紧货币政策以应对通胀问题。其二，对中亚产业链和供应链的影响。中亚地区 70% 的生产生活资料依靠进口，主要来源于俄罗斯、中国、土耳其等国家。乌克兰危机升级导致产业链、供应链高度依赖俄罗斯的中亚五国深受影响，中亚国家的产业链需要重构，供应链流向需要更加多元化，这些不是一朝一夕可以完成的，势必会影响中国与中亚国家既有的经贸合作内容，但同时也更凸显了从制度上助推贸易结构优化升级和多元化的重要性。

因此，当前多边经贸政策优化的主基调是，在继续稳步推进已有政策落地的基础上，从合作协议的增量拓展和制度性安排的实质深化两个层面拓展中国—中亚经贸合作的空间和可持续性，增强多边合作的抗压性和复杂环境的适应性。

2. "一带一路"与上合组织框架下多边经贸政策优化路径

(1) 以产业政策推动贸易结构优化

中国是世界最大的能源消费国，矿物燃料等以自然资源为主导的初级产品在中国与中亚的双边贸易中所占比重大，并且双边贸易中仍存在一部分同质的劳动密集型产品，因此长期来看，优化贸易商品结构将有利于中国与中亚五国贸易的可持续发展。中国与中亚五国贸易具有较强的互补性，应充分挖掘双边贸易合作潜力，扩大经贸合作。因此，政策制定者应从各自国家内部的产业政策入手，向外寻求产业政策的协同，以此进行优化，以助推贸易结构优化，提升多边经贸合作的层次和可持续性。

在加强石油、天然气、金属矿石等能源领域战略合作的基础上，要进一步拓展制造业、高科技产业、数字服务业等领域的产业发展方案和对外合作方案。[19]从产业培育这一源头着手，挖掘贸易潜力，拓宽贸易合作领域。加强产业分工合作，建立深度贸易合作关系。

"一带一路"倡议下，中国应抓住数字时代机遇，一方面，优先发展先进制造业，进行"供给侧"改革，实现出口工业制成品从粗加工到精加工的转变，提高工业制成品在中亚地区的国际竞争力；另一方面，逐步加强与中亚五国的产业分工合作，结合各国经济发展水平、要素禀赋等实际情况，建立制造业区域价值链，将劳动密集型产业转移到乌兹别克斯坦、吉尔吉斯斯坦这类劳动资源丰裕型国家，推动高端制造业和高新技术产业的发展，形成中国与中亚五国优势互补的贸易合作关系。

(2) 以共建跨国交通运输网络体系促进互联互通

统一技术标准，加快发展国际多式联运业务。根据贸易非效率模型的分析结果，中亚国家的交通基础设施水平是影响中国与中亚五国双边贸易潜力发挥的重要因素。在"一带一路"倡议的推动下，中国与中亚五国在铁路、公路、管道等交通运输领域开展了广泛的合作，但离"五通"中设施联通的目标还相差甚远。首先，中国要推进与中亚五国交通基础设施技术标准体系的对接，双方在铁路轨距、公路运输车辆长度、限重等技术标准不统一，严重制约了跨国交通运输的合作发展；其次，要建立统一的运输规则，发展国际铁路、国际公路联运业务，创新国际多式联运方式，降低进出口货物的运输成本，提高运输效率。

加强跨国合作，构建立体综合交通体系。"一带一路"倡议下，中国和中亚五国要抓住"中国—中亚—西亚经济走廊"等建设的重点领域，借助亚洲基础设施投资银行和丝路基金两大融资平台，共同推进铁路、公路、航空、管道等交通运输项目建设。中国在建设交通主动脉的同时，要加强与中亚五国交通运输部门的合作，协调和简化跨国边境运输手续。加快建设以国际航空运输为重点的"空中丝绸之路"，以国际铁路、国际公路运输为重点的"陆上丝绸之路"，以原油、成品油、天然气管道运输为重点的"地下丝绸之路"，形成各种交通运输方式"互联互通"的跨国交通运输体系。

3. 加快区域经济一体化进程

推动中国—中亚多边经贸合作的政策优化终极点应当是加快区域经济一体化。中亚地区区域合作机制竞争加剧。中亚地区存在很多方向不一的区域一体化机制，已建立的诸如欧亚经济共同体、上海合作组织、亚信会议、欧安组织、集安组织等各种区域和次区域合作机制，既合作又竞争，取得实质性成效的很少，尚未形成一个具有绝对影响力的区域组织。区域合作的总体水平相对偏低，在机制建设与创新等方面都需要完善和提高。如何发扬包容互鉴、互利合作的"丝绸之路"精神，统合域内各种机制的合作，发挥该地区持续稳定发展的潜力，将是一个巨大的挑战。[20]

加快区域经济一体化能够促进中国与中亚五国双边贸易的发展。上海合作组织的成立为中国与中亚五国深入开展区域经济合作提供了有利条件，并推动了双边贸易的发展，"一带一路"倡议为中国与中亚五国的经贸合作开辟了新天地，也为建立自由贸易区创造了有利条件。中国要以上海合作组织为平台，抓住"一带一路"倡议契机，拓展与中亚五国的政策协调，强化与多种区域合作组织的对接，推进中国—中亚自由贸易区建设。

目前，中亚五国中的哈萨克斯坦和吉尔吉斯斯坦也是欧亚经济联盟的成员国，加强和推动上海合作组织和欧亚经济联盟的联系与合作，将有利于进一步推进中国与俄罗斯、中亚国家之间的区域合作。

中国要关注中亚各个国家的利益诉求，强调共建、共享的发展理念，构建以合作共赢为核心的新型国家关系，走一条具有中国特色的区域合作之路。中国要与中亚五国加强经济技术合作，共同推动贸易便利化，促进区域内人流、物流、资金流、技术流、信息流的自由流通。

最终加快推进中国—中亚自由贸易区建设，通过签署自由贸易协定逐步消除关税和非关税壁垒，进一步深化全方位开放合作，打造中国与中亚五国命运共同体。

参考文献

［1］江思羽，袁正清．"一带一路"倡议与上海合作组织：理念嵌入与合作实践［J］．俄罗斯东欧中亚研究，2023（4）：1-22+162.

［2］吴宏伟．"一带一路"视域下中国与中亚国家的经贸合作［J］．新疆师范大学学报（哲学社会科学版），2018，39（3）：94-101+2.

［3］凌胜利．上海合作组织扩员与中国的"一带一路"战略［J］．欧亚经济，2017（5）：52-56.

［4］王树春，刘思恩．"一带一路"建设与上海合作组织合作路径探析［J］．俄罗斯东欧中亚研究，2018（5）：104-115+157-158.

［5］吕越，马明会，李杨．共建"一带一路"取得的重大成就与经验［J］．管理世界，2022，38（10）：44-56+95.

［6］胡必亮．推动共建"一带一路"高质量发展——习近平关于高质量共建"一带一路"的系统论述［J］．学习与探索，2020（10）：102-119+2+192.

［7］张方慧．"一带一路"背景下中国与中亚国家经贸合作：现状、机制与前景［J］．现代管理科学，2018（10）：18-20.

［8］张文佳，蔡玮．亚投行推动"一带一路"建设的路径分析［J］．东北亚经济研究，2022，6（4）：110-120.

［9］杨波，唐朱昌．共建"丝绸之路经济带"：欧亚经济联盟国家学界的认知综述［J］．欧亚经济，2019（3）：102-124+126+128.

［10］张辉，闫强明，李宁静．"一带一路"倡议推动国际贸易的共享效应分析［J］．经济研究，2023，58（5）：4-22.

［11］倪月菊，牛宇柔．"一带一路"倡议对中国—东盟国家的双边贸易效应——基于结构引力模型分析［J］．南洋问题研究，2023（2）：40-58.

［12］孙楚仁，张楠，刘雅莹．"一带一路"倡议与中国对沿线国家的贸易增长［J］．国际贸易问题，2017（2）：83-96.

［13］张才华，刘伟发．中国与中亚五国贸易关系的实证分析［J］．对外经贸，2018（7）：42-47+54.

［14］宋甜，张军．"一带一路"倡议如何影响中欧服务贸易——基于双重差

分方法的实证分析 [J]. 价格月刊, 2021 (2): 43-51.

[15] Liu Q, Qiu D L. Intermediate input imports and innovations: Evidence from Chinese firms' patent filings [J]. Journal of International Economics, 2016, 103 (11): 166-183.

[16] 吕越, 陆毅, 吴嵩博, 等. "一带一路" 倡议的对外投资促进效应——基于 2005—2016 年中国企业绿地投资的双重差分检验 [J]. 经济研究, 2019, 54 (9): 187-202.

[17] 张建红, 姜建刚. 双边政治关系对中国对外直接投资的影响研究 [J]. 世界经济与政治, 2012 (12): 133-155+160.

[18] 王海燕. 中国与中亚国家经贸合作 30 年: 成就与前景 [J]. 欧亚经济, 2023 (4): 26-52+125.

[19] 陈晔. "一带一路" 视域下中国与中亚五国贸易影响因素研究——基于随机前沿引力模型的实证分析 [J]. 科技与经济, 2020, 33 (2): 106-110.

[20] 康磊, 祁婧. "一带一路" 框架下中国和中亚五国合作风险浅析 [J]. 北方经济, 2017 (5): 33-35.

第四部分　实践篇

九、中国—中亚经贸合作项目研究

（一）中国—中亚经贸合作基础设施投资合作项目

1. 已有中国—中亚经贸合作基础设施投资合作项目

（1）中国—哈萨克斯坦基础设施投资合作项目

"一带一路"建设不仅是中国促进经济发展的全新举措，更是一项促进发展并完善区域基础设施建设，推进区域经济一体化达到更高水平的伟大工程。自我国与哈萨克斯坦 1992 年正式建交以来，中哈一直都保持着睦邻友好的合作伙伴关系。近些年，哈萨克斯坦得益于国家有效治理和能源出口，经济发展突飞猛进。2014 年哈萨克斯坦 GDP 达到约 2300 亿美元，年增长率为 6%，人均 GDP 达到了13000 美元大关，虽然从 2015 年以后这种强劲的发展势头开始有所回落，但其依然保持着年平均 3% 左右的经济增长速度。而与此不相称的是哈萨克斯坦基础设施建设却已经不能满足本国以及地区经济快速发展的需求，处于比较落后的状态。

由于基础设施建设往往需要投入大量的资金，并且投入资金的回收期长，加之哈萨克斯坦尚处于国家各方面事业改革发展期，其他方面的建设也需要投入大量资金。因此，仅凭哈萨克斯坦自身财力，其基础设施建设所需要的资金还远远不足。加强中哈基础设施建设的合作开发，符合中哈双方对外战略诉求。在"一带一路"倡议提出一年后，哈萨克斯坦于 2014 年提出"光明之路"新经济政策，并同"一带一路"倡议实现对接。该政策致力于在哈萨克斯坦国内推进基础设施建设，助力于我国越来越多的企业参与对哈国的基础设施建设。

2006 年 11 月，中哈两国共同提出建设"双西公路"高速公路交通走廊，2008 年两国同时启动项目建设。随着"一带一路"倡议的提出，"双西公路"的建设与之完美契合。"中国西部—欧洲西部"公路（"双西公路"）中哈段于 2018年通车，使霍尔果斯至阿拉木图车程较之前缩短约 2 小时。该公路东起中国连云港，西至俄罗斯圣彼得堡，与欧洲公路网相连，途经中哈俄三国数十座城市，总长 8445 公里，其中哈萨克斯坦境内长 2787 公里，中国境内长 3425 公里。这条国际大通道建成后，将让沿途国家搭上亚太经济发展的"快车"，从而将推动沿线地区经济高速发展。同时把中国西部到西欧的广阔地域连为一体，极大改善了中亚国家之间的跨境物流条件，缩短了货物陆路运输时间，增强了各国的发展能力。

哈萨克斯坦为大力发展当地的基础产业，改善因国内油井水泥的产业空白导致的长期对油井水泥进口的局面。中国能建葛洲坝水泥公司于2017年4月援建哈萨克斯坦西里水泥项目，历经2年，于2019年5月投产。西里水泥项目建起哈萨克斯坦首条油井水泥生产线，助力哈国填补产业空白，完善产业链条，实现产业升级，彻底结束了每年消耗大量外汇购买油井水泥的历史。

目前，中哈两国基础设施合作已取得了"双西公路"高速公路交通走廊、西里水泥项目等一些成果，"欧洲西部—中国西部"交通走廊（双西公路）和西里水泥厂建设已成为中哈两国在基础设施建设方面的合作典范，为双方后续基础设施投资合作项目奠定良好的基础与开端。

（2）中国—塔吉克斯坦基础设施投资合作项目

随着共建"一带一路"沿着高质量发展方向不断前进，中国中铁充分发挥自身全产业链优势在中亚地区打造了一批精品工程项目，为推动中国—中亚合作进入新时代贡献中国力量。

中铁五局于2006年10月援建塔吉克斯坦沙尔—沙尔隧道项目，到2009年8月按期完工。该隧道是自塔吉克斯坦独立以来中国援塔最大项目，包括全长2224米的主体隧道、5公里的南北连接线和一座180米的桥梁，是连接塔吉克斯坦首都杜尚别至中塔边境口岸干线公路上的枢纽工程之一。隧道的建成将极大改善塔吉克斯坦交通状况，乃至对加强中塔商贸物流联系都具有重要意义，助力中塔互利合作迈上新的台阶。根据中国中铁积极响应"一带一路"倡议，充分发挥自身全产业链优势，中铁五局于2010年5月与塔吉克斯坦在北京签订塔吉克斯坦瓦赫达特至亚湾铁路项目设计施工总承包合同备忘录。于2015年5月15日正式开工，项目总长约48.65公里，包括3座隧道和5座桥梁，施工16个月。2016年8月24日，塔吉克斯坦"瓦赫达特—亚湾"铁路建成通车。瓦亚铁路的建成将使塔吉克斯坦中、南段铁路实现联网，大大缩短中南部地区的路程，对塔吉克斯坦经济社会发展具有十分重要的战略意义。同时，也将进一步促进"一带一路"的建设，加快我国与中亚地区的"互联互通"。

2021年3月，中建科工在塔吉克斯坦开工建设独立与自由公园，于2022年初竣工。该项目作为塔吉克斯坦共和国独立30周年标志性工程，建成后可满足新闻发布、旅游观光、民族产品展示、科普教育等多种需求，成为塔吉克斯坦大力发展旅游业、吸引外企外资、展示国家形象的响亮名片。

中塔合资企业塔铝金业的康桥奇锑金矿项目于2022年4月建成投产。该项目是拉赫蒙总统的优先项目，中塔两国矿业领域重要合作项目之一，也是落实推进塔吉克斯坦2022—2026年国家五年工业发展大纲计划的首个大型矿山项目，为实现国家工业发展年计划奠定了坚实的基础。

为构建更加紧密的中国—中亚命运共同体，为地区和平稳定发展注入强大正能量。中国中铁、中建科工等中企也积极投入到中亚国家地标性建筑的建造，为双方世代友好情谊奠定基础。中塔双方更是开创性地成立了合资企业进行基础设施建设，中塔合资企业塔铝金业的发展，对于塔吉克斯坦电力、建筑、物流运输、金融服务等其他产业具有强大的辐射带动作用，不仅增加了当地税收，而且创造大量就业机会，有力地促进当地社区条件改善，更有力地促进了塔吉克斯坦经济的增长。

（3）中国—吉尔吉斯斯坦基础设施投资合作项目

中亚地区是"一带一路"的首倡之地，也是共建"一带一路"合作取得成果的典范区。中国进出口银行已连续多年同中亚国家开展金融合作，融资支持了一批具有标志意义的典型项目。

吉尔吉斯斯坦南北第二条公路建设项目二期工程于2015年9月开工，北起纳伦州阿拉尔地区，南至贾拉拉巴德州卡扎尔曼地区，是吉尔吉斯斯坦南北第二条公路建设项目的重要组成部分，全长99公里，于2021年11月正式完工并顺利完成初验。南北第二条公路建设项目建成后将成为吉尔吉斯斯坦国家独立进程中的世纪工程，解决吉国南北陆路交通不畅的历史顽疾，成为吉国重要的运输干线公路，对改善吉国的交通运输环境和推动经济发展具有重要的现实意义。

根据中国中铁进一步秉承"共商、共建、共享"理念，大力推动共建"一带一路"在中亚地区开花结果，中铁五局于2017年4月开工建设吉尔吉斯斯坦BK（比什凯克—奥什）公路项目，于2021年9月1日全线沥青路面提前贯通。该公路作为吉尔吉斯斯坦首都比什凯克至奥什的一条重要交通枢纽，位于吉尔吉斯斯坦西北部，连接哈萨克斯坦和乌兹别克斯坦，也是中亚区域经济合作走廊的重要推进项目。自开工以来受到吉尔吉斯斯坦社会各界的高度关注。吉尔吉斯斯坦国家领导人先后5次来到施工现场视察指导。

在中国进出口银行优惠贷款的帮助下，由中国企业参与实施的吉尔吉斯斯坦新北南公路，一期、二期工程于2021年全面竣工。目前，三期工程正在建设中。

吉尔吉斯斯坦新北南公路三期项目建成后，它将成为连接吉南北的交通大动脉，乃至中亚地区重要的国际交通要道。建设新北南公路是"一带一路"项目的重要组成部分，并且新北南公路比现有比什凯克—奥什公路路程缩短一半，这使得从中国进口货物、从吉尔吉斯斯坦北部到南部的运输成本减半成为可能。这条公路将为建设水电站、开发偏远山区矿藏创造机会，将带动沿线地区经济社会发展，对该国发展具有重要战略意义，建成后将有力推动吉尔吉斯斯坦经济、旅游、商务的发展。

（4）中国—乌兹别克斯坦基础设施投资合作项目

在"一带一路"倡议提出的背景下，中国铁路隧道集团公司承建"安格连—

帕普"铁路卡姆奇克隧道，该隧道于 2013 年 9 月 5 日正式开挖，2016 年 2 月 25
日全线隧道贯通，用时 900 天，是乌兹别克斯坦具有国家重大意义的工程项目，
被列为"总统一号工程"，全长 129 公里，是连接乌兹别克斯坦东、西部交通的关
键工程，也是中乌共建"一带一路"的示范性项目。

中国十七冶集团与海螺集团积极践行"一带一路"倡议，保持深厚良好的合
作关系的背景下，中国于 2022 年 11 月 20 日援建乌兹别克斯坦塔什干海螺水泥项
目。该水泥生产线于 2023 年 8 月成功点火，预计 2024 年投产。

卡姆奇克隧道是乌兹别克斯坦有史以来第一条铁路隧道，也是中亚地区最长
隧道，有力地促进了乌兹别克斯坦境内铁路交通线路独立成网运行，并为乌兹别
克斯坦带来了巨大的经济效益。中乌双方更是合作建设了塔什干海螺水泥项目，
该项目正式投产后将对当地建筑业的发展提供有力支持，带动当地就业并造福当
地民生增添新动能，可以极大地促进乌兹别克斯坦地区的经济发展，为乌兹别克
斯坦的基础设施建设和城市现代化做出卓越贡献。

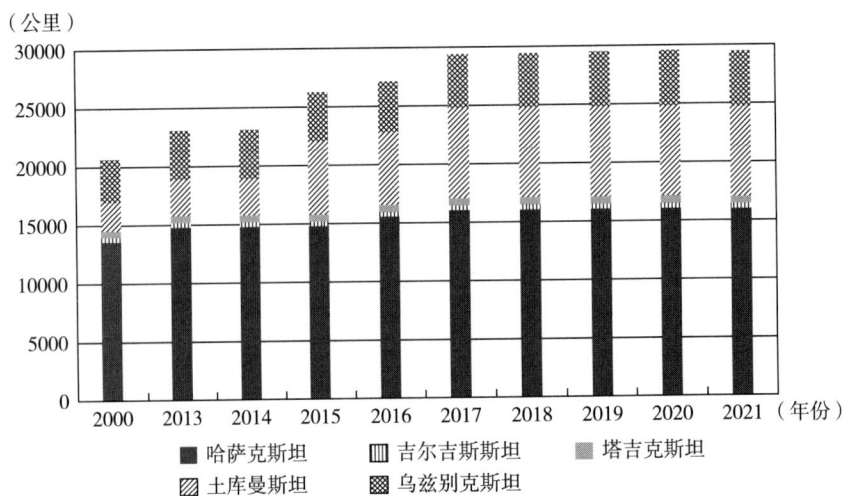

图 9-1 中亚五国铁路总长度

注：土库曼斯坦 2019~2021 年数据缺失，沿用 2018 年数据。

资料来源：世界银行《世界发展指标》。

2. 中国—中亚经贸合作基础设施投资合作项目初步合作意向

（1）中国—哈萨克斯坦基础设施合作意向

在基础设施领域，中国拥有越来越多的核心技术。以高铁为例，中国在工程
建造、列车控制、客站建设、系统集成、运营管理等领域都掌握了核心技术，具

有先进的防灾安全监控系统和完善的灾害预防措施、应急救援措施，能够及时发现和处理大风、降雨、冰雹、地震等自然灾害和各类突发事件，确保高速列车安全运行，形成了具有自主知识产权的核心技术体系。中国铁路已经形成了具有世界领先水平的集基础设施、移动装备、综合检测、防灾减灾、应急救援为一体的安全风险管理体系。拥有竞争力的新产品及新技术成为"走出去"必不可少的因素，为中国企业加快和加深对"丝绸之路经济带"沿线国家、地区的投资奠定了坚实的基础。随着"一带一路"逐步进入战略落实层面，中国与哈萨克斯坦的投资、合作渐入佳境，在铁路、产能合作等多个领域达成投资、合作意向。

2017 年 6 月，作为中哈产能合作标杆项目的哈萨克斯坦首条城市轻轨线路"首都阿斯塔纳轻轨一期工程"正式开工，这条轻轨全部采用中国标准、中国技术设计，并由我国的湘籍上市公司中联重科为该项目提供了近 1 亿元的各类机械设备。这条横贯哈萨克斯坦首都阿斯塔纳的轻轨连接了机场、市中心、火车站等重要枢纽和经济密集区，同时横跨绕城的伊希姆河，全长 22.4 公里，总投资近 19 亿美元。建成后，将是"一带一路"建设在哈萨克斯坦取得的又一重要成果。

2021 年 9 月 6 日，中工国际与土耳其耶尔德勒姆集团签署哈萨克斯坦江布尔州年产 50 万吨纯碱厂项目 EPC 合同。项目内容为建设一座年产 50 万吨的纯碱生产厂，为 EPC 交钥匙工程。工程范围包括纯碱工艺生产区、盐卤采卤区、石灰石采矿区和生活住宅区等配套设施。目前，已基本完成项目初步设计、场地平整等工作。项目建成后将成为独联体地区规模最大的现代化纯碱生产厂，也将填补哈萨克斯坦国内纯碱领域的空白，实现进口替代，为推动该国工业化进程，带动相关产业发展升级，促进经济、社会发展做出积极贡献。

以上的合作意向在很大程度上推动了哈国经济的发展，因此哈国政府目前十分重视基础设施的发展。通过与"一带一路"倡议的对接及其本国"光明大道"计划的推行，哈萨克斯坦投资环境逐步改善。从我国企业角度来看，哈国基础设施领域的投资空间较大。[1] 在哈萨克斯坦"2030 战略"中，哈萨克斯坦政府计划在 2020 年前拟新建和改造 1.6 万公里公路；15 个机场进入国际民航组织（ICAO）等级管理；大力开发本国的过境潜力；使过境运输能力到 2020 年增加一倍。在哈萨克斯坦"2050 战略"中，哈国政府也表示将大力发展基础设施建设。哈萨克斯坦的战略目标宏伟，这一系列基础设施的建设必然需要大量资金的投入，但哈国自身能力尚显不足，需要引入外部资源助其发展，随着中国经济、技术以及国际影响力的提升，中国不仅有愿望，而且也有能力开展与哈国的合作。

（2）中国—乌兹别克斯坦基础设施合作意向

为落实 2022 年上合组织撒马尔罕元首理事会合作倡议的重要成果，2022 年中工国际中标乌兹别克斯坦 2025 年亚青会"奥运城"项目。该项目建成后将成为

2025 年第四届亚青会的主比赛场地。赛后将转换成体育大学和公共体育公园。该项目商务合同签署并履行后将对中工国际公司经营业绩产生积极影响。

在世界水泥总包工程市场中，中国水泥的国际合作势头发展良好。2023 年 9 月 26 日，乌兹别克斯坦撒马尔罕日产 7500 吨熟料水泥生产线项目举行点火仪式。该项目由中国能建投资，是中亚地区单体规模最大的单条熟料水泥生产线。

中乌合作项目"奥运城"的建成，将有利于巩固中工国际在综合性大型体育场馆等民用建筑领域的专业优势，扩大公司在共建"一带一路"国家的市场份额。

中国能建投资的水泥生产线项目建成投产后，可为当地提供绿色新型水泥材料，为乌兹别克斯坦建材行业发展注入崭新活力，并将持续带动当地就业，助力经济社会发展与民生改善。

（3）中国—吉尔吉斯斯坦基础设施合作意向

在"一带一路"的大背景下，中吉"一带一路"项目吉尔吉斯国家化肥厂于 2022 年 12 月 15 日成功举办一期筹备启动仪式。该项目预计总投资 2.6 亿美元，由东光化工有限公司与河北百斗嘉肥料有限公司组成百斗嘉农业发展公司主导，国内多个企业参与，在吉尔吉斯斯坦采用 BOT 模式建设该国唯一的化肥厂。投资方运营 30 年后无偿移交吉尔吉斯斯坦政府。

为落实中国—中亚峰会签约项目"吉尔吉斯化肥厂项目"的顺利进行，2023 年 9 月在河北石家庄召开项目座谈会。这次会议的召开，得到了专业的股权基金支持，让项目资金来源更加稳健，进一步落实了项目的建设。项目建成投产后，将对改善吉尔吉斯斯坦土壤生态环境、促进农业发展、提高粮食产量都会产生极大促进作用。

（4）中国—塔吉克斯坦基础设施合作意向

2023 年 3 月，中铁五局海外分公司承建的塔吉克斯坦中亚道路连接线四期项目正式开工。

该项目建成后不但能有效提升中亚区域跨境贸易互联互通效率，更能进一步助力塔国境内索格特州和戈尔诺—巴达赫尚自治区的区域连接基础设施的复原力和安全性发展[2]，加快实现 CARs 计划的更高层次的发展目标（PrDO）：即增加跨境连接和加强区域综合发展，以振兴中亚和丝绸之路沿线地区历史上活跃的经济交流，为深化中塔全面战略合作伙伴关系及两国人民传统友谊做出应有的贡献。

（5）中国—土库曼斯坦基础设施合作意向

当前处于中土建交 31 周年之际，中土两国一致认为双方关系已进入全面发展的新阶段。基于两国合作的高水平，双方指出，互联互通领域是中土全面战略伙伴关系的新增长点，应加快商签《中土政府间国际道路运输协定》，推动两国道路联通和跨境运输合作，提升中—哈（萨克斯坦）—土—伊（朗）铁路集装箱班列、中—吉（尔吉斯斯坦）—乌（兹别克斯坦）—土国际多式联运运营频次和过货量，并继续在中亚区域经济合作、铁路合作组织等多边机制下保持沟通与协作。

（二）中国—中亚经贸合作能源设施投资合作项目

1. 已有中国—中亚经贸能源设施投资合作项目

中国与中亚国家的贸易合作由来已久，而能源贸易方面，在 20 世纪末才正式拉开中国与中亚能源合作的序幕。双方在合作初期签订的主要项目有中国购买哈萨克斯坦阿克纠宾油气股份、胜利油田与土库曼斯坦签订修井防砂合同、与乌兹别克斯坦签订共同开发乌卡克杜马拉克油田合同。这段时期的项目都较为单一，且体量较小，处于起步阶段。随着西部大开发倡议和上海合作组织的建立，中国与中亚的能源合作渐入轨道。特别是 2010 年之后，随着中哈石油管道和中国—中亚天然气管道的相继建成投产，丰富了中国能源进口运输方式，中国和中亚的能源合作也逐渐拓展至石油勘探开发和工程技术服务等一体化综合性领域，并以能源合作为切入点，深化了中国与中亚的经贸合作。

自中国"一带一路"倡议实施以来，中亚各国积极响应，成为共建"一带一路"的重要伙伴。哈萨克斯坦"光明之路"、土库曼斯坦"强盛幸福时代"、乌兹别克斯坦"福利和繁荣年"、塔吉克斯坦"能源运输食品"以及吉尔吉斯斯坦"国家稳定发展倡议"一系列国家发展倡议的提出，为进一步推动中国与中亚的能源合作提供了更加积极的政策环境。[3]

（10亿立方米）

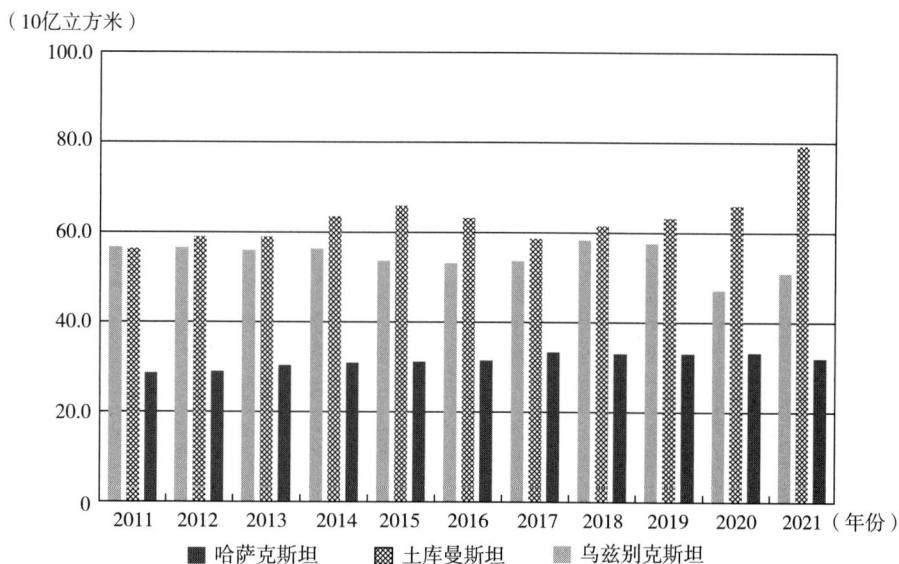

图 9-2　2011~2021 年哈土乌三国天然气产量

资料来源：2021 年世界能源统计年鉴。

加强能源合作是中国—中亚合作的重要内容。改革开放以来，伴随着能源消费量的迅速增长，我国国内能源供给不足、结构失衡的形势越来越严峻。位于里海沿岸的中亚国家能源资源丰富，哈萨克斯坦、乌兹别克斯坦、土库曼斯坦三国拥有丰富的油气资源，吉尔吉斯斯坦、塔吉克斯坦油气储量较少，但水、电等清洁能源丰富，而且是重要的油气路桥国。因此，中国—中亚能源合作符合双方的利益诉求，探究中国—中亚能源合作具有重要的现实意义。

（10亿立方米）

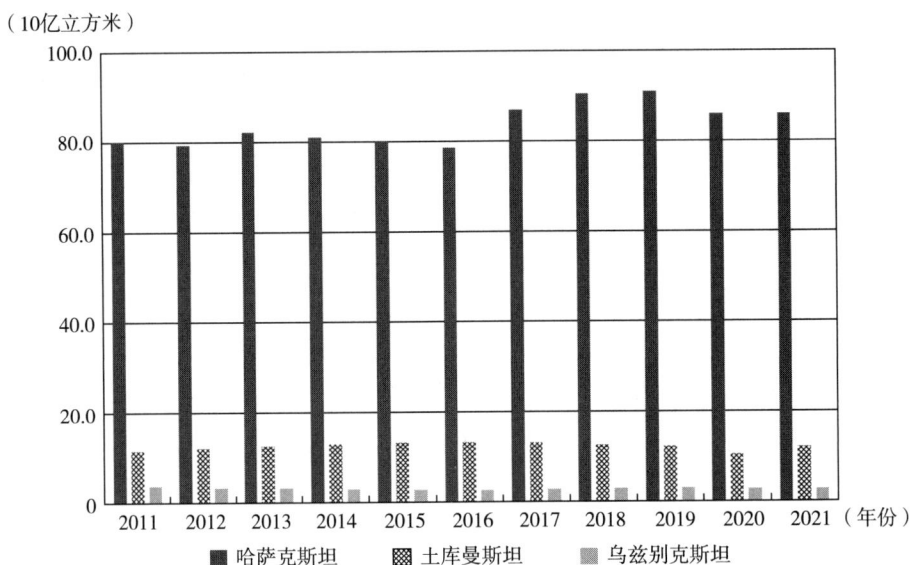

图 9-3　2011~2021 年哈土乌三国石油产量

资料来源：2021 年世界能源统计年鉴。

（1）中国—哈萨克斯坦能源设施投资合作项目

哈萨克斯坦位于中亚、濒临里海，拥有全球最多的锌、钨资源储备，铀矿资源储量位居世界第二，石油资源与天然气的储量也很丰富，是里海地区排名前三的油气资源国，仅次于俄罗斯和伊朗，是重要的能源生产国之一。

基于"马六甲困局"对于中国能源安全的威胁下，作为三大陆上倡议通道之一的中亚油气管道自建成，特别是"一带一路"倡议实施以来，无论是在保障中国能源安全还是在促进中亚各国能源出口贸易，又或是在中国与中亚能源合作中都发挥着越来越重要的作用。2006 年 5 月，中哈原油管道一期工程阿塔苏—阿拉山口段实现全线通油。中哈原油管道是我国第一条跨境长输原油管道，西起哈萨克斯坦阿特劳，东至我国阿拉山口，全线总长近 3000 公里，规划年输油能力为 2000 万吨，被誉为丝绸之路第一管道。中哈原油管道二期一阶段工程肯基亚克—库姆克尔段，长 761 公里，于 2009 年 7 月建成投产，实现由哈萨克斯坦西部到中国新疆全线贯通。中哈原油管道建成，改变了我国以往原油进口仅靠海上运输的方式，实现能源进口多样化，有力地保障了我国能源安全，对我国西部地区经济发展起到巨大推动作用，加强了与共建"一带一路"国家的能源合作。

新能源的开发利用是未来能源发展的方向，中国与中亚的能源合作在新能源领域也取得了突破性进展。在风力发电方面，2019年6月，中国电建与哈萨克斯坦萨姆鲁克能源公司共同投资建设的谢列克风电场。谢列克风电场投产发电将有效缓解哈萨克斯坦南部地区电力短缺问题，在一定程度上改变电力生产结构单一状况，进一步激活哈萨克斯坦开发利用清洁能源的潜能。作为两国高质量共建"一带一路"倡议的标志性项目，被列入中哈产能合作重点项目清单，为中哈共建"一带一路"再添新成果。2021年6月，由中哈共同投资、中国企业承建的札纳塔斯100兆瓦风电项目历经三年建设后竣工投产，成为中亚地区最大风电场，极大缓解了哈萨克斯坦南部地区缺电状况，改善当地居民生活，更点亮札纳塔斯小镇发展机遇。

哈萨克斯坦钨、铜、锌、铁、铅、钴、黄金等矿产储量均居世界前列，市场潜力巨大。2021年7月，金诚信与中国土木工程集团有限公司作为联合体与哈萨克斯坦沙尔基亚锌业有限公司，就哈萨克斯坦沙尔基亚铅锌矿矿山基建和施工工程达成合作协议，建设哈萨克斯坦沙尔基亚铅锌矿地下采矿开发工程。同年，中国土木援建哈萨克斯坦巴库塔钨矿项目，该项目被列入中哈产能56个重点建设项目之一，也是中国土木首个矿业"投建营"项目，标志着企业在"一带一路"矿山特色业务板块迈出了坚实的一步。

沙尔基亚铅锌矿位于哈萨克斯坦克孜勒奥尔达州，项目历史悠久，一直受到哈国领导和政府的密切关注。中国土木工程集团有限公司在项目管理、工程承包等诸多方面有着丰富的经验，深耕哈萨克斯坦市场多年，在项目推进中发挥了重要作用。本次双方组成联合体共同开拓哈萨克斯坦非煤矿山市场，既是优势互补，又是金诚信国际化战略提升和战术创新的重要一步。该项目充分发挥所在矿区的人力优势，聘用当地工人约350人，同时实现了项目稳步推进和当地社区可持续发展的目标。巴库塔钨矿项目的主要工作内容包括选矿厂、尾矿库、辅助及公用系统（外部供水、供电、电信及厂区设施等）等建设。2023年4月，项目控制性节点工程胶带斜井顺利贯通，项目取得了阶段性突破性进展。在项目执行过程中，公司严格遵守中哈两国相关法律法规，尊重当地传统文化，重视生态保护，为振兴当地经济作出应有的贡献。预计2024年，巴库塔钨矿项目就将全面投产，未来项目生产的矿石可以供应全球市场，在近几年原材料价格上涨的背景下，巴库塔钨矿项目具有重要战略意义。

中国与哈萨克斯坦在能源需求方面具有极强的互补性。中国经济的高速发展带来了巨大的能源需求，而国内石油、天然气的供需存在严重的不平衡，一次性能源供远小于求的局面导致了严重的进口依赖性。哈萨克斯坦的一次性能源也存在供需不平衡，而跟中国不同的是，哈萨克斯坦石油、天然气供过于求，而且其差距较大，因此基本以出口为主。此外，中哈两国在一次性能源领域存在的互补性以及巨大的合作空间又体现在新能源开发技术及设备的发展程度上。哈萨克斯坦在能源开采及深加工技术方面的发展水平仍相对较低。中国拥有着相当成熟，甚至位于世界前列的能源开采、挖掘以及深加工技术，因此，与中国的能源合作上，中哈原油管道、谢列克风电场以及中哈合作的矿场，对于正在谋求能源转型，需要大力发展新能源的哈萨克斯坦来说是极大的机遇。

（2）中国—乌兹别克斯坦能源设施投资合作项目

能源合作为中乌合作的传统领域，也是中乌新型合作的重要组成部分。2019年9月，由中工国际工程股份有限公司与上海寰球工程有限公司联合承建的乌兹别克斯坦聚氯乙烯生产综合体项目正式投产，相关产品不仅能满足乌兹别克斯坦国内需求，还可出口至周边国家及市场，带动国内相关化工产业的发展。

2020年9月，中国电建签署乌兹别克斯坦纳沃伊100兆瓦光伏电站项目。次年，坦纳沃伊100兆瓦光伏电站正式并网发电。这是乌兹别克斯坦境内首座大型光伏电站，是集乌国新能源战略开启和民生、经济发展多项重大意义于一身的电站项目，对乌国开启新能源战略具有划时代意义，将大力推动乌国新能源快速发展。

作为持续经营时间最长、全球化程度最高的中资银行，中国银行着力推动与共建国家基础设施"硬联通"、金融合作"软联通"，持续为高质量共建"一带一路"贡献着金融力量。中国银行作为独家全球牵头协调行，设计了符合国际惯例的项目融资结构，通过专业高效地统筹协调工作，成功筹组了由多家跨国银行和多边机构组成的国际银团，贷款超7亿美元，有效保障了乌兹别克斯坦锡尔河1500兆瓦燃气联合循环独立发电项目。该项目于2021年1月正式开工。锡尔河1500兆瓦燃机项目是调整乌国能源结构，提高电力产能的重要工程，同时该项目作为乌兹别克斯坦政府批准的第一个独立开发商投资项目，对乌兹别克斯坦能源领域发展具有里程碑式的意义。

中亚天然气管道是中乌在共建"一带一路"框架中开展能源合作的典范工程，对构建中乌"同命运、共呼吸"的能源结构具有重要意义。中亚天然气管道是实现中国与中亚国家能源互联互通的战略通道。作为"一带一路"设施联通的重要工程，中亚天然气管道中有2条线路横穿乌国境内，不仅极大地带动了乌兹别克斯坦境内沿线民众的就业，更促进了相关产业的迅速发展，将国内丰富的资源转化为经济收益，提升了乌兹别克斯坦的能源战略地位。

在共建"一带一路"框架下，中乌能源合作立足于传统的天然气合作的同时，大力开拓新合作领域，如中国电建、中国银行积极投建光电项目。促使两国能源合作迈上新台阶，这不仅有利于稳定中国能源供应，还有力促进了乌兹别克斯坦能源出口渠道多元化，为乌兹别克斯坦保障自身利益提供了良好条件。

（3）中国—土库曼斯坦能源设施投资合作项目

中国与土库曼斯坦的天然气合作互利共赢，在两国关系中扮演着重要角色，是两国关系的"压舱石"与"推进器"。中土天然气合作是一项综合性的"一揽子"战略工程，合作主要集中在上游气田开发建设与下游天然气贸易两个方向，是"一带一路"建设的合作典范，同时也推动了土库曼斯坦"复兴古丝绸之路"倡议的实施进程。

1997 年 5 月 16 日，井下作业公司以中国石油工程建设公司作为代理与土库曼斯坦国家康采恩"土库曼石油"正式签订了 TK0930 号修井防砂项目合同，标志着公司进入了国际市场开拓阶段。从 1997 年 5 月至 2002 年 12 月 22 日，TK0930 修井防砂项目生产工作全部结束，共修井 255 口，取得了很好的经济效益和社会效益。2003 年，井下作业公司在土库曼斯坦注册成立中国石化胜利石油管理局土库曼斯坦分公司，在土库曼斯坦竖起了中国石化胜利的品牌。2003 年 4 月 9 日，井下作业公司决定先进行修复外国公司曾 5 次大修未成功的 302 井、244 井和 252 井 3 口气井，经过现场 40 天的艰苦探索和精雕细刻，胜利拿下了头 3 口井的修复任务，投产后，302 井获得日产 12 万立方米的高产气流。在"一带一路"倡议部署路线中，胜利石油工程井下作业公司为我国的石油工程做出了巨大的贡献。

中土阿姆河右岸天然气勘探开发合作项目，是两国元首共同引领与推动的绿色能源项目，土库曼斯坦天然气是中国西气东输二线工程主供气源。自 2009 年 12 月 14 日土库曼斯坦实现对华供气以来，来自土库曼斯坦的约 3000 亿立方米天然气经过"中国—中亚"天然气管道与中国西气东输天然气管网系统，已被输运到了中国中西部、中南部、京津冀、"长三角"、"珠三角"等地区。3000 亿立方米天然气约可替代 4 亿吨煤炭、减排 4.26 亿吨二氧化碳及 660 万吨二氧化硫。在环保效果上，约相当于植树 39 亿棵，约相当于 2.46 亿辆小轿车停开一年的效果。土库曼斯坦天然气在中国调整能源消费结构、促进节能减排、确保民生用气需求稳定供应、生态建设等方面发挥了重要作用。我国能源结构长期以煤为主，煤炭占一次能源消费比重高达 55% 以上，因此我国实现碳排放和碳中和目标任务很艰巨。由于天然气属于低碳清洁能源，碳排放低于煤炭和石油，同时又比可再生能源便宜，所以在我国未来能源转型、实施碳中和目标进程中，天然气将发挥越来越重要的作用，未来我国天然气的进口量将进一步增长。[4]

土库曼斯坦实现对华稳定供气已近 14 年，土国天然气储量位列全球第四位，对华供气具备充足的气源基础。在某种意义上说，在中国实现碳中和目标进程中，中土天然气合作大有可为。中土天然气合作项目被土库曼斯坦总统别尔德穆哈梅多夫称为"对外开放合作的典范"，给土库曼斯坦带来了巨大的溢出效益，为土库曼斯坦现代化转型提供了强劲动力。

首先，中土天然气合作使土国实现了天然气多元出口的战略目标，为土国天然气出口多元化提供了巨大的稳定市场，中土间天然气直接贸易额累计超过720亿美元，天然气贸易收入成为土国外汇收入的核心来源。

其次，14年来中土阿姆河右岸天然气勘探开发合作项目累计投入超过80亿美元，项目公司累计为土国提供就业岗位超过2.2万个，培训当地员工超过11万人次。项目建设的同时还带动了当地建筑、物流、交通等相关产业发展。

再次，中土天然气合作帮助土国夯实了油气工业发展的基础并提升了其核心能力。中国油气企业将最先进的油气勘探技术、钻修井工艺、工程管理规范及经验传授给了土国同行，十几年来为当地培养了一大批石油管理与开发技术人才。

最后，项目公司积极参与当地社会福利和公益事业，累计投资数百万美元持续在当地开展体育、文化、教育、医疗及残疾人救助等公益活动。例如，项目一次性捐资400万美元援建的当地净化供水项目，成为土库曼斯坦境内最大的外商援建的单项民生公益项目，一次性解决了边远地区6000名居民的饮水困难问题。项目公司还每年划拨专项资金资助土国学生留学，为土国经济发展与社会建设培养急需人才。

当下新的国际形势，带给了中土更多的合作空间，尤其是在天然气领域，目前的中土天然气合作项目正带动更大范围、更高水平、更深层次的区域合作，为中亚地区乃至世界的和平、稳定与持续发展贡献积极力量。

（4）中国—吉尔吉斯斯坦能源设施投资合作项目

2013年中国中大石油公司在吉尔吉斯斯坦投资建设卡拉巴尔达炼油厂，是迄今为止吉尔吉斯斯坦最大规模的石油炼制项目。设计炼油能力为80万吨/年，投资约为3.6亿美元。此项目获得吉尔吉斯斯坦总理支持，对吉尔吉斯斯坦社会经济意义重大，不仅可以降低吉尔吉斯斯坦对进口燃料的依赖，还可以为其解决很多就业难题。

2015年8月28日，中国与吉尔吉斯斯坦大型能源合作项目——"达特卡—克明"500千伏输变电工程全线竣工。

该工程帮助吉尔吉斯斯坦结束了国内电力输送需要借道邻国的历史，实现了国家电网独立输电和国内外互联，大大提高了电网长距离大容量现代化输变电的水平和规模。同时，这项工程是中吉两国务实合作的又一个标志性工程，是中吉两国人民友谊的象征，也是两国共建丝绸之路经济带的重要举措。为共建丝绸之路经济带中吉关系进一步发展，注入了强大的生机和活力。

2. 中国—中亚经贸合作能源设施投资合作项目初步合作意向

（1）中国—哈萨克斯坦能源设施投资合作意向

哈萨克斯坦是世界领先的能源生产国之一。中国已成为世界工厂，其对能源、原材料和能源产品的需求在增长，它也在努力发展经济、电力和经济燃料。就GDP而言，中国经济仅次于美国，是世界上经济增长最快的国家。中国是全球（和美国）能源消费国，哈萨克斯坦经济对此特别感兴趣。两国之间存在巨大的互补性，因为哈萨克斯坦拥有原材料，中国有廉价劳动力的潜力。作为一个缔约方，哈萨克斯坦和中国的能源公司具有共同的地缘政治和经济利益。双方将加强能源框架内能源领域的务实合作与协调。能源对话将以下方式安排：油气联合体、煤炭工业、电力，包括核能、能效和可再生能源。

基于中国石化与哈萨克斯坦国家石油天然气公司多年的合作基础下，中国石化与哈萨克斯坦国家石油天然气公司于2023年5月，签署了哈萨克斯坦乙烷制乙烯项目关键条款协议，这标志着中国石化将以合作伙伴的身份共同参与并推进项目开发实施，各方预计2024年作出最终投资决策。该项目作为哈萨克斯坦大力发展石油化工产业的标志性项目，将双方合作关系提升到新的高度，并且中国石化在工程、市场销售和生产运营等方面的能力，与哈萨克斯坦国家石油天然气公司强大的本土能力和资源优势相结合，可以促进双方实现合作互补，谋求共赢发展。

2023年10月17日，"一带一路"企业家大会在北京举行。寰泰能源与哈萨克斯坦合作伙伴共同签署250兆瓦风电项目合作协议。这标志着，在"一带一路"倡议下，寰泰能源将开启在哈萨克斯坦投资合作的新纪元。根据上述合作协议，寰泰能源将与哈方合作伙伴共同在哈萨克斯坦投资4个共计250兆瓦的风电项目。签约后，这些项目将马不停蹄地开工建设，预计最早的项目将于2024年第三季度建成并网。至此，寰泰能源在"一带一路"首倡地——哈萨克斯坦的新能源项目总规模达到了630兆瓦；其中6个电站共计380兆瓦已建成投运，均被列入"中哈产能与投资合作重点项目清单"。寰泰能源，已成为当地规模最大的清洁能源供应商之一。近年来，寰泰能源更以哈萨克斯坦为起点，沿着"一带一路"不断拓展业务版图，一跃成为中亚地区最大、最具竞争力的清洁能源供应商之一。

从国际环境来看，未来哈萨克斯坦在能源资源开发和能源资源利用层面不会有太大突破和变化，未来几年内会处于能源供过于求的状态。从哈萨克斯坦周边国家的情况来看，除俄罗斯以外的周边国家能源储备较高，但是整体开发量不足。因此，哈萨克斯坦可以通过能源资源的充分开发来进一步推动本国经济的快速发展，这符合中哈双方利益和周边地区利益。

随着新能源资源的不断开发，能源利用效率的不断提升，传统能源合作领域的重磅资源石油的需求不断减少，石油资源在能源合作中的不可替代性受到挑战，这也迫使以石油为主要合作工具的国家不得不根据国际趋势改变合作内容。从我国国内环境来看，高质量发展逐渐形成，并大力推进创新驱动发展战略。随着我国综合国力的提升，合作的内部条件不断改善，内部基础不断加强，同时"一带一路"建设改善国际外围环境成效越来越明显。中哈两国具有巨大的能源合作空间及潜力，两国能源合作在未来很长一段时间内仍是一项互利共赢的项目，对两国发展具有重大意义。

（2）中国—乌兹别克斯坦能源合作意向

2022年9月，中国能建EPC总承包的乌兹别克斯坦布哈拉1吉瓦风电项目正式开工。该项目是中亚区域单体规模最大的风电项目，位于乌兹别克斯坦布哈拉州东北和西北方向，在巴什和赞克尔迪区域分别建设两座500兆瓦风电站和外送线路等。项目充分利用当地丰富的风资源，每年可向当地电网提供电量35亿余千瓦时，惠及乌兹别克斯坦百万居民，是乌兹别克斯坦政府规划的重要民生工程，也是推动中国大型设备"走出去"的范例。

2023年2月，中国能源建设集团与乌兹别克斯坦能源部签署了太阳能光伏电站的谅解备忘录。在备忘录框架下，中国公司将直接投资20亿美元，在乌兹别克斯坦的三个地区——卡什卡塔尔里亚州、布哈拉州和撒马尔罕州建设太阳能电站。这些电站每年将产生52亿千瓦时的电力，并节省14亿立方米的天然气，为乌兹别克斯坦提供更多的清洁能源，并推动乌兹别克斯坦能源结构的转型升级，促进能源供应的可持续发展。

（3）中国—吉尔吉斯斯坦能源合作意向

2022年3月31日，中国能建国际集团与中国能建葛洲坝国际公司组成联营体以云签约的形式签署吉尔吉斯斯坦巴特肯州150千米天然气输气管道EPC项目合同，成功突破吉尔吉斯斯坦国别油气市场，实现了"非电"业务加快"走出去"。该项目位于吉尔吉斯斯坦南部巴特肯州，项目线路起点为吉尔吉斯斯坦和塔吉克斯坦边境线以南约300米的北卡拉库姆油田，管道途经吉塔边境城市贾霍伊—阿洛，最终在巴特肯州州府巴特肯市接入吉尔吉斯斯坦国家天然气管道。项目主要工程内容包括150千米天然气输气管道的设计、土建、采购、安装、调试以及管道配套压气站的建设。项目顺利建成后将大幅度提高天然气的地区传输效率，保障重点地区和城市的天然气供应，为当地创造大量就业机会，促进当地社会经济的发展，助力当地民生改善。

2023年5月，中国电力与中铁二十局共同签署了总投资额约7.5亿美元的伊塞克库尔1000兆瓦光伏项目投资框架协议，开启了吉尔吉斯斯坦首个大型集中式光伏项目的建设进程。该项目的建成将极大地提升吉尔吉斯斯坦的自主供电能力。预计项目投运后，每年发电量约达 24 亿千瓦时，占据吉尔吉斯斯坦国内发电量的17%。这将对该国能源结构的优化和可持续发展产生积极影响。同时，这也体现了中吉两国在能源合作方面的深入合作和友好关系。

综上所述，中国—中亚能源合作是"一带一路"区域大合作的重要内容，合理有效的战略定位决定着中国—中亚能源合作的力度、深度和广度。

首先，从国际层面看，构建国际能源新秩序的目标势在必行，现有的国际能源秩序依附于当下的国际经济秩序，是以西方发达国家为主导的能源治理体系，而且全球无综合性、权威性的全球能源协调机构，全球能源治理载体是一个目标多元、主体分散、结构多层、机制碎化、领域交叉的治理网络。例如，以石油消费国为主的国际能源署（IEA）、以石油生产国为主的石油输出国组织（OPEC）等，都存在天然缺陷，而且这种缺陷随着全球能源形势的变化越发凸显：一是以化石能源石油为核心构建的能源治理机制不能适应全球能源低碳转型的大形势；二是将石油消费国集团和石油生产国集团割裂开来，不能有效协调全球能源供需；三是包括能源生产大国和能源消费大国在内的发展中能源大国的话语权与其能源现状不匹配。中国是世界最大的能源消费国和能源生产国，也是世界主要的能源进口国，中亚地区是世界重要的能源生产区和能源出口区，而且中国—中亚地域毗邻，深化中国—中亚能源合作，构建能源消费—生产国的能源治理机制，有助于提升发展中国家的能源话语权，从而推动国际能源新秩序的构建。

其次，从区域层面看，提升中国—中亚区域参与全球能源治理的能力，打造中国—中亚区域"丝绸之路能源带"的龙头地位。目前全球能源治理体系由西方发达国家主导，中国作为最大的发展中能源消费国影响力虽然有所提升，但是与能源大国的地位相差甚远。中亚属于内陆地区，由于其丰富的能源储量历来被世界各大国视为重要的战略要地，然而中亚五国受历史及国家资源禀赋的影响，经济发展较为缓慢，而且经济结构单一，虽然是重要的能源生产区和出口区，却始终处于全球能源治理的边缘。中国需要稳定的能源供给，而中亚国家需要稳定的能源消费市场，当前能源治理体系中居于主导地位的发达国家利益方不免会阻碍中国或中亚国家能源话语权的提升。中国—中亚能源深度合作，形成能源利益共同体、责任共同体、命运共同体，以中国—中亚区域形式参与全球能源治理，可以提升区域的全球能源影响力和治理能力。

最后，从各国发展层面看，能源合作不仅可以保障中国的国家能源安全，还可以促进中亚国家经济发展，提高中亚国家经济安全。中国巨大的经济体量和较快的经济增长速度使得能源消费量快速攀升，受国内资源禀赋和能源技术等因素的制约，能源供不应求的局面日益严峻，考虑到中国目前尚处于城镇化和工业化纵深推进阶段，这种情形未来还将持续。这就意味着中国能源获取不得不依赖于国际市场。2021年中国原油对外依存度达72%，远超国际警戒线，天然气对外依存度也攀升至46%，这给中国的能源安全带来深深隐忧，持续稳定地获得"价适量足"的能源是中国能源安全、经济安全乃至国家安全的重要保障。中亚地区油气资源丰富，而且地理上毗邻，由于中亚位于内陆，运输方式多为管道运输，深化中国—中亚区域能源合作，不仅能够从"量"上保障中国能源安全，同时可以分散中国石油进口来源集中度较高的风险，避免海上运输安全等问题，大大提高了中国的能源安全水平。

中亚五国经济发展极不均衡，经济结构单一，而且对俄罗斯经济依赖过高，总体来看中亚国家经济发展状况并不乐观。深化中国—中亚能源合作可以直接带动区域内各国能源产业的蓬勃发展，拉动当地就业，从而直接促进各国经济发展，并可以间接地通过能源深度合作促进双方其他方面的经贸合作，改善中亚国家经济结构单一的状况，降低这些国家对俄罗斯经济的依赖，从而提高其国家经济的安全性。

（三）中国—中亚经贸合作农业投资合作项目

1. 已有中国—中亚经贸合作农业投资合作项目

20世纪90年代初苏联解体，哈萨克斯坦、吉尔吉斯斯坦、塔吉克斯坦、土库曼斯坦以及乌兹别克斯坦五个中亚国家相继独立，中国于1992年1月先后与其建交，成为最早承认中亚国家独立并与之建交的国家之一，自此拉开中国与中亚五国的外交序幕，也拉开了中国和中亚农业合作的序幕。

中国与中亚农业合作是对丝绸之路经济带建设内容的有益支撑，中国与中亚国家建交三十年来，农业合作实现从无到有的稳步发展，合作成效显著。双方在保障自身粮食安全的基础上开展农业合作，不仅稳固了周边环境，还拉动了丝绸之路经济带沿线国家的经济发展。农业一直是丝绸之路经济带建设合作的重点领域，中国提出的共建"丝绸之路经济带"倡议与中亚各国自身发展战略相契合，使得中国与中亚农业合作步入快车道，中国与中亚农业合作在农业政策沟通、农产品贸易畅通、农业基础设施联通、农业投资资金融通、农业科技和人才相通等方面成效显著，农业合作政府主导性强、农业资源互补性强、整体性与差异性结合，合作特点突出。

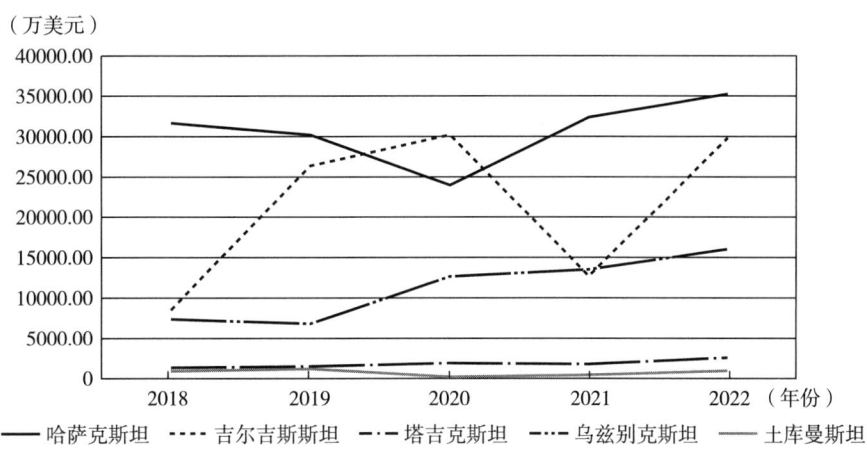

图 9-4　2018~2022 年中国对中亚五国农产品出口情况

资料来源：中国商务部中国农产品进出口统计公报。

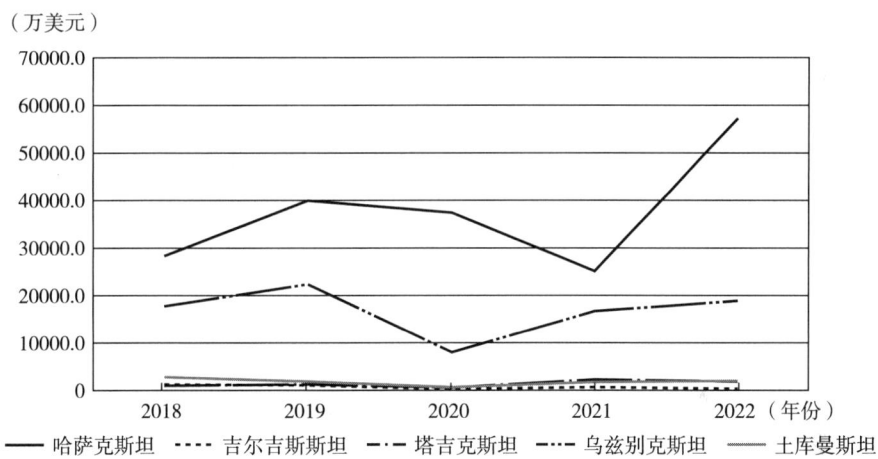

图 9-5　2018~2022 年中国对中亚五国农产品进口情况

资料来源：中国商务部中国农产品进出口统计公报。

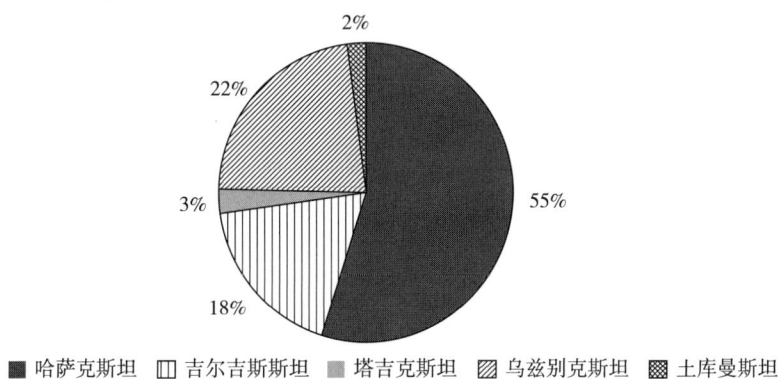

图 9-6　2018~2022 年中国对中亚五国农产品进出口总额比例

资料来源：中国商务部中国农产品进出口统计公报。

（1）中国—哈萨克斯坦农业投资合作项目

中国与哈萨克斯坦签署了多项协议来促进农业合作和农业经济发展。2008 年哈萨克斯坦政府主办"第一届国际农业投资论坛"并与中国国家开发银行签署了合作备忘录，为中哈两国的农业合作搭建融资平台，促进了双方农业领域的合作。2016 年 9 月，中哈签署《"丝绸之路经济带"建设与"光明之路"新经济政策对接合作规划》，根据该文件，双方将在投资和产能合作、跨境运输、农业等领域积极对接合作。2021 年，哈萨克斯坦在位于阿拉木图州的阿拉科尔区与中国接壤的阿拉山口—多斯特克口岸附近建造了一个新的货运站。2022 年，中国新疆维吾尔自治区与哈萨克斯坦东哈萨克斯坦州、杰特苏州、阿拜州和阿拉木图州进行对话，签署缔结友好区州关系意向书，双方将在经贸、科技、教育、农业等领域开展交流合作，预示着中哈合作更加广泛深入。除此之外，哈萨克斯坦政府制定并实施了一系列方案，包括《哈萨克斯坦—2050 战略》《农业经济—2020》等，重点发展农业，以增加农产品出口。

在共建"一带一路"倡议下，中国在哈萨克斯坦建设了多个农业合作示范园区（基地）、农业加工合资企业和农业科学技术研究所，极大地促进了当地农业发展。其中，哈萨克斯坦科克舍套农业科技示范园采取在中国国内育种研究与在哈萨克斯坦示范相结合的方法，完成在哈播种 5205 亩，其中，小麦新品系（种）2700 亩，引进油菜新品种 280.5 亩，其他本地品种 2054.5 亩。2021 年，中哈农业科学联合实验室获得哈萨克斯坦贸易和一体化部颁发的认可证书，正式投入使用。农业科学联合实验室的工作人员将在中国农业科学院进行培训学习，研究两国动物运输中的疾病传播问题。此实验室的建立进一步推动两国农产品标准互认，有助于消除两国农产品贸易中的技术性障碍。[5]

自 2011 年中欧班列开行至今，西安、成都、合肥、广西等城市和省份陆续开通直达哈萨克斯坦的班列，将数千万吨货物运送至哈萨克斯坦的同时也将其高质量农产品运回国内。2021 年，合肥中欧班列在哈萨克斯坦新开辟了契卡洛沃站点进行小麦等粮食的运输，为粮食企业提供完善供应链服务，助力两国农业贸易往来。截至 2022 年 4 月底，中欧班列长安号累计开行 1.2476 万列，仅 2022 年 1 至 4 月就开行 1061 列，运送货物总重达 84.6 万吨，重箱率为 100%。为促进中哈贸易不断发展，加强交通领域的互联互通，继开通阿拉山口—多斯特克铁路和霍尔果斯—阿腾科里铁路后，2022 年两国计划建设第三条跨境铁路。除此之外，哈方在阿拉山口口岸开设了一条到中国的运粮专列，目前每天运行 1 列，要求全部运输小麦或大麦。

哈萨克斯坦经济发展的任务是吸引外国公司大规模投资，增加国内科技投入，推进高附加值产品的生产。哈萨克斯坦不仅需要吸引外国直接投资，还需要引进技术和管理经验，从而提高劳动生产率，改善农工综合体的经营条件，走向集约化生产，增加农产品的产量和出口量。"哈萨克斯坦投资"股份公司的首要任务是吸引外国投资者从事农业原材料的加工，包括土豆、甜菜、油料籽和蔬菜等。西安爱菊粮油工业集团在中国海关总署、陕西省商务厅、陕西省商检局、西安市人民政府口岸管理办公室等部门的大力支持下，已被列入中哈产能与投资52个合作项目清单。该集团在哈投资建设油脂加工厂、牛羊肉加工厂、食品加工厂、粮库，目前已建成北哈萨克斯坦州爱菊农产品物流加工园区和新疆阿拉山口农产品物流加工爱菊园区。形成了以国内大循环为主体、国内国际双循环良性互动的新发展格局，打通了中国与共建"一带一路"国家特别是中亚国家的物流供应链，让境外优质粮源能够买得到、运得回。

目前，在促进中哈农业合作，为推动中国农业"走出去"的大背景下，要不断提高哈萨克斯坦国内农业管理水平，使之了解中国市场的需求，中国相关部门和企业也积极从各个方面，通过现场培训、举办研讨会、远程指导和交流等方式将农业技术、农产品加工等领域的知识传授给哈方，分享中国在农业发展中积累的经验，促进哈国农业现代化发展。

（2）中国—乌兹别克斯坦农业投资合作项目

乌兹别克斯坦是我国农业合作的重点国家，也是参与共建"一带一路"的重要节点。近年来，乌兹别克斯坦不断加大对本国农业基建的投资，灌溉系统得以更新，积极采用先进加工技术，农产品质量和产业附加值不断提高，日益受到中国采购商和广大消费者的青睐。聚焦农业合作领域。目前，多座中国城市与乌兹别克斯坦首都塔什干之间开通了空中航线，中国—吉尔吉斯斯坦—乌兹别克斯坦国际货运路线的开通也为乌兹别克斯坦向国际市场出口农产品提供了物流和运输便利。

中铁十二局自2019年进场施工，历时四年，布斯坦灌溉渠道修复项目于2023年3月7日顺利通水。该项目全长35.2公里，是乌兹别克斯坦西部地区规模较大的农业灌溉项目。该项目的建成通水有效改善了乌兹别克斯坦卡拉卡尔帕克斯坦自治共和国境内3个地区、150多万亩农田的水资源短缺问题，灌溉效率将提高60%，每年可节约近3亿立方米水资源。

中乌两国自建交以来，在农产品贸易、农业投资、农业劳务和农业科技合作等方面均取得了积极成果。当下中乌开通的空中航线、中铁十二局投建的灌溉渠道修复项目，更使两国农产品贸易渐入佳境。

（3）中国—吉尔吉斯斯坦农业投资合作项目

在"一带一路"框架下开展并实施的务实合作项目，中国援吉尔吉斯斯坦灌溉系统改造工程于2018年5月正式启动。该项目由中国中铁五局海外工程公司承建，位于伊塞克湖州和巴特肯州的三个灌区，是农业灌溉渠和附属结构的新建、维修和改扩建工程，于2021年竣工。该项目是中国政府在吉尔吉斯斯坦援建的第一个农业领域项目，建成后有效地改善了这个传统农业国居民用水困难、大量农田荒芜问题，增加了约2310公顷灌溉面积，提高了约11000公顷土地的供水保证率，惠及2万余人，为吉尔吉斯斯坦的经济发展创造了更多机遇。

丝绸之路经济带是最具有全球影响力和最大的基础设施项目，中国农业与世界农业高度关联，推进丝绸之路经济带建设中的农业合作对保障中国和中亚粮食安全、促进产业转型升级、服务丝绸之路经济带、提升国际话语权具有重要意义。

中国作为全球最大农产品进口国、第二大农产品贸易国、第五大农产品出口国，与中亚的农业合作已经形成多层次、多渠道、多形式的合作与交流，在深化中国和中亚农业合作过程中，面临外部环境挑战、内部挑战、农业领域的各种挑战遏制了双方农业合作。双方要继续巩固政治互信，从农业合作发展战略和政策需求入手，在已有的双边和多边合作机制基础上，构建更为长久稳定的对话平台和合作机制，加强农业领域合作战略对接，与上合组织、亚信会议等其他机制互为补充。增强与中亚地区的人文交流和文化认同感，消除中亚对中国的潜在顾虑，提升中国国际竞争力。

2. 中国—中亚经贸合作农业投资初步合作意向

中国与中亚农业合作过程中，机遇与挑战并存，丰富了双边经济合作，促进了各国经济社会稳定，巩固了政治互信基础，农业合作"朋友圈"不断扩大，农业合作领域不断拓展，农业合作方式不断创新，正迈向高质量发展，但是也面临严峻挑战，除了面临中亚地区大国竞争、"中国威胁论"等外部环境挑战，中国和中亚五国自身发展内部挑战以外，农业合作过程中在农产品贸易、农业技术人才、农业基础设施、农业投资等农业领域仍然存在一些问题和困难。除此之外，"互联网+"技术的出现为农业发展提供了便利平台，农业的组织形式、商业模式、盈利模式、合作模式都发生了变化。同时"互联网+"技术对新时代新征程农业合作提出新要求，中国和中亚五国需要根据时代的发展调整农业经营模式、农业人才培育模式、农业生产效率等，将互联网的触角延伸至农业产业中，推动农业生产智能化、经营网络化、管理智慧化、服务精准化。

（1）中国—哈萨克斯坦农业投资合作意向

农业是国民经济的基础。中国是农业大国，哈萨克斯坦是中亚最大粮食生产国和全球重要的粮食出口国，两国在农业领域都拥有雄厚的基础和巨大的发展潜力。农业合作为两国带来巨大经济效益的同时，也促进两国关系友好发展。中哈两国建立永久全面战略伙伴关系，双方农业合作和粮食贸易也进一步得到巩固和发展，中国已成为哈萨克斯坦主要的贸易伙伴。随着绿色有机农产品在中国市场的消费不断升级，哈萨克斯坦政府也计划扩大对华农产品的出口。未来，中哈两国要在推动本国农业发展的同时积极寻求更多的合作契机。

综上所述，在政府层面，国际市场形势瞬息万变，中哈两国要进行农业合作，首先要保障本国的农业安全、粮食安全，要积极完善本国农业方针政策，保障农民权益，保护农业用地安全。由于国情不同，两国在农业领域的方针政策也各有特点。在今后的合作中，双方政府之间应加强沟通，相互借鉴，努力创新农业合作模式，开拓新兴农业合作领域，签署更多的、农业合作协议，以积极的态度促进两国农业合作。在企业和机构层面，例如，爱菊集团致力于将哈萨克斯坦爱菊园区打造为我国境外投资平台，吸引更多中国企业入区建厂，进而形成产业集群。因此，中哈两国大型农业企业在积极研发优质农产品的同时，可以利用多渠道、多平台展示产品进行交流合作，如新媒体宣传、大型国际会议、与两国农业高校合作等。

哈萨克斯坦是"一带一路"的首倡之地。2023年是中国与哈萨克斯坦建交31周年，自两国建交以来，尤其是"一带一路"倡议提出以来，两国在能源、产能和投资等多领域展开合作并取得了丰硕的成果。随着中国经济发展和不断扩大对外开放，与哈萨克斯坦的合作将继续得到加强。未来，两国在农业领域的合作将取得更大成果。

（2）中国—乌兹别克斯坦农业投资初步合作意向

上合示范区是我国唯一面向上合组织国家开展地方经贸合作的国家级平台。随着上合示范区不断深入拓展与地方国家间的经贸合作，上合组织经贸学院与乌兹别克斯坦塔什干纺织与轻工业学院于2023年9月1日至8日出访期间签署合作协议，将在纺织人才培养、共建纺织及纺织机械领域智库等方面开展合作。

推进农业合作不能只谈农产品，还要注意结合农村和农民的发展。农业合作是经济合作的一部分，开展农业合作可结合其他领域合作。中国和中亚农业合作为中国向西扩展、强化战略主动性、建构命运共同体、实施地缘政治战略提供了有力平台，能够有效促进区域内农业要素有序流动和农业资源高效配置。新时代新征程加强中国与中亚地区的农业合作战略意义重大，面对丝绸之路经济带给中国和中亚农业合作带来的重要战略机遇，随着双方农业合作面临的机遇和挑战发生的新变化，需要从战略角度深化认识和有效应对，扩大农业合作的深度和广度。

综上所述，当前中国与中亚处于农业合作的黄金时期，开展农业合作能够实现优势互补，互惠双赢。从企业层面看，要推动企业联盟，打造农业国际产业链。农业产业的特殊性，使得主导国际贸易的农业企业往往是行业龙头，不仅资本实力雄厚，规模庞大，而且实施全产业链经营模式，企业广泛开展纵向和横向整合，组建企业集团开展国际化经营，针对中国与中亚五国农业合作企业规模较小，实力不强，融资能力不足等特点，需要组建农业产业国际化服务体系和中亚农业投资协会，鼓励赴中亚农业投资企业创建企业联盟。[6] 促进农业企业与非农企业、金融企业间的优势组合，形成上下游产业配套、分工协作的完整产业链，充分发挥新疆、甘肃、贵州等省份的地缘优势和合作基础、探讨公私合作伙伴关系模式在区域农业合作中的应用，开拓政府部门支持企业在中亚五国开展农业合作新思路，利用互联网和现代物流体系，创新农业区域合作的商业模式。

从政府层面看，要建立政府层面的中亚农业合作信息系统。政府主导设置和提供农业信息共享系统，并保持信息渠道和制度层面的畅通，包括网站建设、信息咨询、提供各种最新和最及时的市场信息和政策信息，为企业决策和政府制定政策服务，并保证信息及时更新。政府及时发布相关法律法规，对外贸易政策，以及农产品出口检疫检验、通关等技术规定和标准，使农产品贸易企业准确把握国内政策和要求，做好充分准备，提高通关效率；通过建立产学研合作平台，政府跟踪收集、分析并及时发布中亚农产品生产、需求动态、政策变动情况，及时向农业企业免费提供各种政策信息、展览信息、商务信息、进口商名录等，及时收集、整理、跟踪中亚国家的技术性贸易壁垒以及避免和预防措施等方面的信息，以供查询，并通过各种渠道定期向社会发布。

农业是国家安全的基础，随着中国综合国力增强和国际力量格局转换，世界发展重心向亚太地区转移，中国和中亚关联日益紧密。中国—中亚峰会为中亚国家同中国合作提供了新平台，引领双方关系进入了新时代。各方继续发挥元首外交战略引领作用，做大做强中国—中亚峰会机制，携手构建"中国—中亚命运共同体"，加强顶层设计和统筹规划，正确辨析新时代新征程上中国和中亚农业合作面临的机遇与挑战，借助数字时代的农业新技术，完善农业合作的理念和模式，为全球农业发展做出贡献。

（四）中国—中亚经贸合作文旅与"丝路电商"合作项目

1. 已有中国—中亚经贸合作文旅与"丝路电商"合作项目

文化是旅游的灵魂，旅游是文化的场景。根据《西安宣言》提倡的将"丝绸之路"作为一个整体列入世界文化遗产加以保护，在这一大背景下，2014 年 6 月，由中国牵头哈萨克斯坦、吉尔吉斯斯坦三国联合申报的"丝绸之路：长安—天山廊道的路网"成功列入《世界遗产名录》，包括 33 处遗产点（见表 9-1），其中中国 22 处，涉及河南、陕西、甘肃、新疆等省区，哈萨克斯坦 8 处，吉尔吉斯斯坦 3 处，这是"一带一路"倡议在文化领域的重要成果，是我国首例跨国合作、成功申遗的项目，也是全球范围内首个成功列入《世界遗产名录》的丝绸之路项目。[7]

表9-1　世界文化遗产"丝绸之路：长安—天山廊道的路网"分布

国家	文化遗产名称
中国	河南省（4处）：汉魏洛阳城遗址、隋唐洛阳城定鼎门遗址、新安汉函谷关遗址、崤函古道石壕段遗址；陕西省（7处）：汉长安城未央宫遗址、张骞墓、唐长安城大明宫遗址、大雁塔、小雁塔、兴教寺塔、彬县大佛寺石窟；甘肃省（5处）：玉门关遗址、悬泉置遗址、麦积山石窟、炳灵寺石窟、锁阳城遗址；新疆维吾尔自治区（6处）：高昌故城、交河故城、克孜尔尕哈烽燧、克孜尔石窟、苏巴什佛寺遗址、北庭故城遗址
哈萨克斯坦	阿拉木图州（3处）：开阿利克遗址、塔尔加尔遗址、卡拉摩尔根遗址；江布尔州（5处）：阿克托贝遗址、库兰遗址、奥尔内克遗址、阿克亚塔斯遗址、科斯托比遗址
吉尔吉斯斯坦	楚河州（3处）：阿克·贝希姆遗址、布拉纳遗址、科拉斯纳亚·瑞希卡遗址

在当前跨境电商货物出口品类繁多，且对时效要求较高的背景下，"全球飞翔"跨境平台将中亚市场作为重点开发的对象。在中亚五国首都设立办公室，并在哈萨克斯坦第一大城市阿拉木图，乌兹别克斯坦首都杜尚别设立公共海外仓，供平台入驻商家使用。同时，在跨境运输方面中国—中亚也积极开拓新的业务。中国—中亚首票9610跨境电商TIR运输于2023年7月成功启动。在9610模式下，跨境电商货物通过"清单核放、汇总申报"的方式进行海关申报，简化手续。开启TIR运输后，即可进一步享受通关便利——受益于各国海关监管互认，TIR运输货物全程施加关锁，沿途海关原则上不开箱查验，大幅简化过境程序，助力企业节省运输时间，降低运输成本。

为了配合国家"一带一路"建设的战略决策，中国不仅牵头哈萨克斯坦、吉尔吉斯斯坦三国联合申报"丝绸之路：长安—天山廊道的路网"，推动我国与中亚各国实现区域间合作革新和转型，更为我国与中亚各国共同建立多元互动人文交流大格局奠定基础。"全球飞翔"跨境平台和9610跨境电商TIR运输的建设为区域跨境电商贸易提供一站式"门到门"运输解决方案，为发展"丝路电商"注入新动力。

（1）中国—哈萨克斯坦文旅与"丝路电商"合作项目

中哈两国均将发展国内文化产业、传播和推广民族文化、提升国家形象、提高国家的国际竞争力和促进对外合作等作为对外文化合作的任务和宗旨。自哈萨克斯坦独立以来，两国在平等互利的基础上，在从中央到地方的各个层面开展了积极的文化合作与交流，内容包括举办各类文化节、主题文化活动、对历史名人的纪念活动、共同保护文化遗产项目等，并积极推动旅游方面的合作，取得一系列成果。文化合作，特别是各类文化宣传活动，更快拉近两国人民之间的距离，消除误解，作为中哈两国关系的重要组成部分，为两国永久全面伙伴关系的形成和巩固做出贡献。

中哈两国的文化合作历程可分为三个阶段。

第一阶段（1991~2000年），即中哈建交后的第一个十年。1991年哈萨克斯坦独立后，中哈文化合作立即被提上两国关系的议事日程，双方都意识到，只有国家间文化合作的全面发展，才能让两国人民更加亲近，才能摆脱对彼此的刻板印象，为各领域众多项目的实施开辟道路。因此，中哈两国正式建交后很快就签署了有关文化合作的法律文件，包括《哈萨克斯坦共和国与中华人民共和国新疆维吾尔自治区进一步发展旅游交流的协议》、《中华人民共和国政府和哈萨克斯坦共和国政府文化合作协定》（1992年8月）、《中华人民共和国文化部和哈萨克斯坦共和国文化部1993—1994年文化合作计划》（1993年10月）、《新疆维吾尔自治区首府乌鲁木齐与哈萨克斯坦首都阿拉木图友好合作协定》（1993年11月）、《中华人民共和国文化部和哈萨克斯坦共和国教育、文化与卫生部1998—2000年文化合作计划》（1998年5月7日），以及1998年7月5日中国国家体育总局与哈萨克斯坦教育、文化与卫生部在北京签署的关于体育和体育领域合作的协议。

这一时期双方文化交流的特点是，两国有关部门建立联系，寻找合作领域，策划联合活动。尤其是1992年签署的政府间文化合作协定，成为规范两国在文化领域交流与合作的框架性文件。缔约双方同意根据平等互利的原则，鼓励和支持两国在文化、教育、社会科学、卫生、体育、出版、新闻、广播、电视和电影等方面的交流和合作。

第二阶段（2001~2012年）。2001年，中哈文化部门批准一项扩大相互文化交流的行动计划。该计划开启了新一轮双边文化合作。两国在一系列协议和计划的框架内开始了活跃的文化交流，如互办文化节、举办文艺演出及体育竞技等一系列活动。特别是2005年，为进一步加强文化和人文合作，中哈两国领导人成立了中哈合作委员会下设的文化和人文合作分委会，这成为两国文化和人文交流的里程碑。中哈文化和人文合作分委会这一长效工作机制的建立有效整合了两国人文领域资源，推动了双方开展更为广泛和深入的交流与合作。从该分委会历届会议的内容看，分委会不仅在宏观层面指导两国机构之间的文化交流和往来，商签两国文化部门年度合作计划，而且制定具体的交流合作项目并予以实施。

这些项目涉及文化、旅游、大众传媒等领域，具体包括历史文化精品展、民歌节、开设文化之家、举办文化日和文化节等。中哈文化和人文合作分委会对推动中哈人文交流与合作、促进两国民心相通、拓宽双边和在上海合作组织框架内的多边务实合作起到重要作用，为两国关系长远发展提供更多人文支撑。[8]

第三阶段（2013年至今）。2013年9月，中国提出共建"丝绸之路经济带"

倡议，哈萨克斯坦在第一时间给予积极响应，双方战略互信日益加强。随着中国"丝绸之路经济带"倡议与哈萨克斯坦"光明之路"新经济政策深入对接，中哈文化交流持续升温，文化交往已经成为中哈两国关系发展中不可或缺的重要组成部分。2015年8月，在既有政府间文化合作协定的基础上，两国又签署新的政府间文化合作协定。目前，中哈双边文化交流主要在中哈合作委员会文化和人文合作分委会框架内进行。这使两国文化交流合作具备了更加完善的法律基础和制度保障。2017年，哈萨克斯坦"中国旅游年"成功举办，《中国秦始皇兵马俑文物展》在阿斯塔纳专项世博会期间展出，兵马俑在中亚地区首次亮相。该展会有利于进一步落实习近平主席提出共建丝绸之路经济带的宏伟倡议，同时促进中哈民心相通，为中哈友好交往与合作进一步夯实社会民意基础。

近年来，跨境电商这一新型贸易方式在中亚地区快速发展。阿里巴巴集团与哈萨克斯坦贸易政策发展中心于数字经济和数字贸易重大项目签约仪式上签署了合作备忘录。2023年5月19日，哈萨克斯坦在中国电商渠道设立的国家馆正式在京东上线。以电商作为切入点推动京东哈萨克斯坦国家馆的落地，将哈国优质品牌和特色产品通过国家馆集聚推介。在为哈萨克斯坦打造多元化、个性化的国家馆形象的同时，也为中国消费者带来极具哈国文化特色的品质好物，大力践行国家倡导的"一带一路"和"丝路电商"的发展战略。

随着共建"丝绸之路经济带"的深入发展，基础设施的互联互通为中哈文化交流带来更多便利。两国文化合作的形式更加多样。除了原有的国家层面的文化节、文化周、文化日之外，大型商演、展览、电影节、旅游年、主题文化活动等层出不穷，极大丰富了两国人民的精神生活。为不断深入电商合作，满足消费者多元化消费，目前已有超过150家的哈萨克斯坦企业作为"全球金牌供应商"入驻阿里巴巴国际站。丝路电商助力中亚国家中小企业加速数字化转型、利用线上窗口开展国际贸易，实现"买全球、卖全球"。

（2）中国—乌兹别克斯坦文旅与"丝路电商"合作项目

近年来，两国人文交流蓬勃发展。中乌两国立足于上海合作组织、孔子学院、中乌友谊协会和中亚友好交流协会开展教育合作与交流，促进中乌民众间的交流和来往，增强民众间的互信和情感，为两国开展新型合作奠定了坚实的民意和社会基础。

在两国元首的亲自推动下，中乌之间的文化交流与合作不断深入推进。当前，中国在乌兹别克斯坦已建成两所孔子学院，塔什干和撒马尔罕两所孔子学院成为中乌教育领域合作先行者，乌兹别克斯坦十余所学校开设中文课程，持续掀起"汉语热"。中乌文学、艺术等领域合作逐步推进，不断拓宽合作领域、丰富合作内容。中国民众对乌兹别克斯坦历史和文化的关注度不断升高，中国多所高校开设了乌兹别克语专业并成立乌兹别克斯坦研究中心。两国地方、智库、媒体、艺术等各界密切交流，多款中成药在乌兹别克斯坦获批注册，中国电视剧引发收视热潮，花剌子模州历史文化遗迹修复顺利完成，明铁佩遗址、康居文化等考古合作方兴未艾。

2014年，乌兹别克斯坦和中国决定合作开展希瓦古城保护修复工作。2019年，这一项目顺利竣工。希瓦古城位于中亚地区，是丝绸之路上的重要驿站，见证了古代商贸往来和东西方文明的交融。由于长期缺乏修缮，古城部分建筑已经面临严重损坏的风险。为了保护这一珍贵的历史遗迹，中国和乌兹别克斯坦展开了为期六年的合作修复工作。

通过修复希瓦古城，不仅得以保护这座千年古城的完整性和珍贵性，还为中乌两国人民提供了一个交流的平台。文明因多样而交流，因交流而互鉴，因互鉴而发展。中国致力于促进不同文明之间的交流与合作，通过修复历史遗迹和开展联合考古项目等方式，推动世界各国文明的共同发展。

在旅游方面，中乌深化旅游合作，共同创建具有丝绸之路特色的国际旅游线路，合力培养旅游人才，提升双方旅游合作质量。2015年，中国南航新增乌鲁木齐—塔什干的航班，作为中乌两国交往的空中桥梁，此次增班有助于带动两国城市开发旅游资源，带动两国间民众进行人文交流。2018年4月，西安外国语大学与撒马尔罕经济与服务学院签署旅游合作协议，共同推动双方在旅游领域的合作，这是中乌在共建"一带一路"框架内，加强人文合作与交流的一重大创举。人文交流在中乌新型合作中扮演着黏合剂的作用，将有效促进作为"一带一路"倡议中"五通"之一的民心相通建设。

（3）中国—塔吉克斯坦文旅与"丝路电商"合作项目

2022年3月，天津城市建设管理职业技术学院与塔吉克斯坦技术大学开始合作建设塔吉克斯坦鲁班工坊，同年11月工坊投入使用。

塔吉克斯坦鲁班工坊是中亚地区首家鲁班工坊，工坊的投入使用填补了中塔两国职业技术教育合作的空白，将为当地青年提供更多专业技术技能培训。同时也弘扬了中国的工匠精神，成为中国职业教育走向世界的"国家名片"。

2. 中国—中亚经贸合作文旅与"丝路电商"初步合作意向

2023年5月《中国—中亚峰会西安宣言》提出，各方商定逐步有序增开航班，研究中国—中亚合作商务旅行卡等人员往来便利化举措可行性。各方愿继续巩固教育、科学、文化、旅游、考古、档案、体育、媒体、智库等人文合作，推动地方省州（市）交流，促进更多地方结好，丰富青年交流形式，开展联合考古、文化遗产保护修复、博物馆交流、流失文物追索返还等合作。

2023 年 5 月 25 日，商务部新闻发言人束珏婷在例行发布会上表示，鼓励中国企业在中亚建设海外仓，支持中亚国家企业入驻中国电商平台，推动中亚优质商品进入中国市场。

2023 年 9 月 10 日，"共享上合机遇　区域协同发展"上合示范区走进喀什经贸合作交流会在新疆喀什举行，上合—喀什枢纽港、上合丝路电商—喀什跨境电商基地等 12 个项目集中签约，推动共建"一带一路"高质量发展。其中，上合—喀什—中亚航空客货运专线项目，集聚青岛、喀什两地航空产业生产要素，打通日韩—青岛—喀什—中西亚并延伸至欧洲的"空中丝路"走廊，推动东西航空枢纽客货发展，建强国际航空客货运战略大通道。

根据《中国—中亚峰会成果清单》可知，中国—中亚五国在峰会上提出文旅主要合作共识和倡议，未来将共同研究制定中国—中亚旅游线路的可能性、推动高校和大学生交流，举办青年文化节、论坛和体育赛事等活动。同时在电商发展上，中国将与中亚国家开展数字贸易，推动规则对接、标准互认和数字基础设施联通，分享人工智能、大数据、5G 等领域发展经验。

中国—哈萨克斯坦文旅与"丝路电商"合作不断深化。

中哈文化合作近年来发展势头良好，取得了重要进展。未来，两国文化合作与交流应注重增强系统性、整体性和协同性，以进一步发挥其对双边合作的重要支撑作用。目前来看，中哈文化合作与交流大多由政府出面组织实施，双方的民间文化合作还比较薄弱。因此，需要增进民间交流。在教育领域的合作，未来将加强设立孔子学院和孔子课堂。在高等教育方面，中哈两国将开展高等教育机构联合办学。

综上所述，文旅作为综合性产业，深化与中亚各国文化旅游合作，不仅有利于发挥各国多元文化旅游资源禀赋优势，助力实现各国产业结构多元化发展目标；更有利于加快推动我国构建新发展格局，促进国内超大规模市场和周边国家具有比较优势市场的有效对接，进而激发区域经济合作活力和提升产业链供应链韧性。[9] 另外，在共建"一带一路"高质量发展阶段，推动与中亚各国文化和旅游加强合作是有效应对国际格局发展新形势、把握构建中国—中亚命运共同体新机遇的必然要求。作为重要的民生工程，文化旅游交流合作可以在地缘政治不确定性因素和经济下行压力叠加下加强区域融合水平，有效帮助中亚五国降低贫困发生率，快速提升中亚五国民众的获得感、幸福感，同时对促进多元文化交流、提升我国文化影响力和软实力具有重要意义。

（五）中国—中亚合作园区

1. 已有中国—中亚经贸合作园区相关项目

中亚是"一带一路"倡议的核心地带，在"一带一路"倡议下中国对中亚五国的投资存量持续增加，中国作为中亚最主要的贸易伙伴国和投资来源国之一，在中亚五国设立的典型境外经贸合作区有 4 个，分别是中国—乌兹别克斯坦鹏盛工业园、吉尔吉斯斯坦亚洲之星农业产业合作区、中塔工业园区、塔吉克斯坦—中国农业合作示范园（见表 9-2）。其中通过商务部、财政部考核的有 2 个，分别是中国—乌兹别克斯坦鹏盛工业园和吉尔吉斯斯坦亚洲之星农业产业合作区。

表 9-2　中国在中亚设立的境外经贸合作区

国家	境外经贸合作区
乌兹别克斯坦	中国—乌兹别克斯坦鹏盛工业园
吉尔吉斯斯坦	吉尔吉斯斯坦亚洲之星农业产业合作区
塔吉克斯坦	中塔工业园区 塔吉克斯坦—中国农业合作示范园

（1）中国—哈萨克斯坦合作园区相关项目

2012 年，中哈霍尔果斯国际边境合作中心正式封关运营，是我国第一个跨境经济合作区。尤其是"一带一路"倡议提出以来，依托免签入境、跨境旅游、免税购物等优惠政策以及中欧班列在运输时间和成本上的优势，中哈两国的"淘金者"不断涌入。

如今，合作中心已逐步成为国家间、企业间合作交流的平台，欧亚财政经济论坛、中哈本币结算及汇率直接形成机制推介会、货币金融圆桌会议 2019 新疆论坛暨"一带一路"与人民币国际化研讨会等有一定影响力的国际会议在合作中心举办，中国—哈萨克斯坦霍尔果斯国际边境合作中心部级协调机制第一次会议、江苏连云港投资哈萨克斯坦"东门无水港"项目签约也都在合作中心举行，对我国向西开放和中亚区域经济合作发展具有重大的战略意义和深远的历史意义。

2014 年，中哈连云港物流合作基地正式启用，此项目成为丝绸之路经济带和海上丝绸之路"一带一路"建设的首个实体平台，主要经营国际多式联运、拆装箱托运、仓储等国际货物运输业务。此项目对推动连云港东西双向开放格局，加快自由贸易港区对上争取，促进区域经济协调发展具有重要意义。

（2）中国—乌兹别克斯坦合作园区相关项目

中国与乌兹别克斯坦 1992 年建交，目前，中乌两国关系处于历史上最好的时期：政治方面高度互信，经济方面互利合作，战略方面协调推进，各领域务实合作，不断取得丰硕成果。

中国—乌兹别克斯坦鹏盛工业园是首个中乌合资的中国民企在乌最大项目，是首个被中乌两国政府认可和批准的项目，2016 年 8 月被评为中国国家级境外经贸合作区。位于乌兹别克斯坦锡尔河州的锡尔河自由经济区，锡尔河州位于乌兹别克斯坦中心，距首都塔什干市约 70 公里，该州北与哈萨克斯坦接壤，南与塔吉克斯坦为邻，东部是塔什干州，西南部为吉扎克州。农业是锡尔河州的重要产业，主要依赖棉花和谷物生产。该州的工业以机械制造、建筑业、轻工业和面粉加工业为主。

工业园生产的产品填补了本地制造业乃至中亚地区的空白，使得产品市场价格大幅度降低，创造了良好的经济效益和社会效益，为促进当地经济发展、改善民生、稳定社会做出了较大贡献。2013 年 3 月 18 日，鹏盛工业园区被乌政府批准为吉扎克工业特区在锡尔河州的分区，2016 年经商务部考核确认为中国国家级境外经贸合作区，2017 年园区完成年工业产值约 1 亿美元，带动进出口约 7000 万美元。

（3）中国—吉尔吉斯斯坦合作园区相关项目

吉尔吉斯斯坦是中国的友好邻邦，政局较稳定，经济持续发展。中吉自 1992 年建交以来政治关系良好，双方是全面战略伙伴关系。近年来中吉经贸合作快速发展、合作水平不断提高，中国作为吉尔吉斯斯坦最大的贸易伙伴国，同时也是最大的投资来源国。中吉双方产业互补性强，吉国长期大量进口工业产品，而中国大量出口工业产品。中国大量进口矿产资源，而吉国出口的矿产品约占总出口的 70%。

亚洲之星农业产业合作区建设于 2011 年，是国家级"境外经贸合作区"之一，是农业部首批"境外农业合作示范区"建设试点单位，是我国目前唯一获得三部委确认的境外经贸合作区。合作区位于吉尔吉斯斯坦楚河州楚河区伊斯克拉镇，合作区的后面即是吉哈高速公路，距吉哈卡拉苏边境口岸 3 公里，交通十分便利。距比什凯克市 60 余公里，地理位置优越，交通便利。比什凯克市是吉尔吉斯共和国的主要的交通枢纽，公路交通四通八达，位于"第二亚欧大陆桥"沿线，与俄罗斯铁路网接通，航空线路相对便利，水路畅通，辐射中亚及欧盟相关国家，区位优势明显。

该合作区充分利用吉尔吉斯斯坦的政策、资源、市场、贸易便利化等优势，发展目标是把合作区打造成为具有"五大体系平台""四条完整产业链"的"三个国际化基地"。

（4）中国—塔吉克斯坦合作园区相关项目

中塔于 1992 年正式建交，2017 年两国成为全面战略伙伴关系。塔吉克斯坦是中国的友好邻邦，政局稳定，经济平稳发展，市场开放。中塔两国经贸合作发展势头良好，中国是塔吉克斯坦第三大贸易伙伴和第一大投资来源国。

2015 年塔吉克斯坦共和国议会批准"中塔工业园项目"，中塔工业园在塔吉克斯坦正式成立。中塔工业园是由上海海成集团与塔工业和新技术部签署合作备忘录确定的建设项目，也是中国在塔建设的首个工业园区。该工业园实施"一园多区"发展规划，以铅锌采选产业区为战略基础，以冶炼产业区为战略延伸，以索格特自由经济区为战略依托，逐步在各州科学布局设立多个产业区，通过招商引进中国优势产能，积极推动中资企业入园投资。

2015 年，由中泰集团控股和兵团建工集团参股的"新疆中泰新建新丝路农业投资有限公司"正式成立。公司在塔吉克斯坦投资建设中泰新丝路农业纺织产业园项目。该项目是塔吉克斯坦独立 25 年以来最大的农业纺织投资项目，受到塔吉克斯坦政府的高度重视，被列入国家及中塔合作重点项目。该产业园不仅带动了塔吉克斯坦棉花种植技术的提高和产业模式的发展，还助力塔吉克斯坦工业化发展。

中国境外经贸合作区的空间分布、产业类型和开发模式呈现出不同的特征。中国在中亚四国的境外经贸合作区的发展已经取得显著的成效。境外经贸合作区的设立给东道国带去了直接的和间接的经济效益和社会效益。

2. 中国—中亚经贸合作园区初步意向

（1）中国—乌兹别克斯坦园区合作意向

2023 年 4 月，乌兹别克斯坦与中国开始着手实施一个独一无二的联合项目，将在锡尔河州建中乌生物技术集群和创新技术园区。在此集群框架内，将与中国知名大学在古利斯坦共同开办国家教育研究型大学、创新医疗诊所、治疗癌症的细胞疗法中心、中亚基因组中心。此外，双方还就在锡尔河州创办生态、农业、水资源问题、灌溉领域的中乌高等教育和科学研究机构达成了初步协议。

2023 年 5 月 17 日，乌兹别克斯坦的总统前往我国西安市进行了国事访问，双方讨论了在塔什干州尤科里奇尔奇克区建立面积在 60 公顷的中国皮革和制鞋工业区的有关问题。根据备忘录内容，计划指定在该区生产中国著名鞋类品牌，此外还将建立培训中心，为该园区培训合格人员，同时建立一个产品质量研究和认证的实验室。目前，中国致力发展与乌兹别克斯坦的合作，对乌兹别克斯坦皮革工业的产品质量已经很了解。乌兹别克斯坦是加工和半加工皮革的主要供应商。下一步将在乌兹别克斯坦建立最大的中国鞋厂，塔什干州被选为生产设施的所在地。

（2）中国—吉尔吉斯斯坦园区合作意向

2023 年 5 月 25 日，吉尔吉斯斯坦表示将在新疆开设吉中贸易中心，吉尔吉斯斯坦经济和商业部与野马集团有限公司签署了关于建立吉中贸易中心的备忘录。

（3）中国—土库曼斯坦园区合作意向

目前，中国企业尚未在土库曼斯坦参与建立境外产业园，计划将重点推进青海绒业公司在土库曼斯坦建设纺纱厂，并以此为开端，在土库曼斯坦建设中国（青海）—土库曼斯坦纺织产业园区，争取纳入国家"一带一路"建设规划之中。

综上所述，在基础设施建设上，构建更加全面立体的交通基础设施体系，深化新基建合作。推进基础设施建设的"硬联通"，打造陆路、航空、互联网等"通道"。加快推进中国—中亚交通走廊建设，优化铁路资源配置，实施铁路运输设施现代化改造，加快推进中吉乌铁路、中哈塔城—阿亚古兹铁路等项目的落地建设。逐步有序增开民用、货运航班，建设中欧班列集结中心，支持头部企业建设海外仓，进一步推进航空运输市场开放，积极发展地区物流网络。深化信息基础设施等领域的多边合作，实现数据共享、智能协同基础上的设施广泛融合。

在能源投资方面，建立中国—中亚能源发展伙伴关系，促进能源全产业链合作，共谋能源绿色转型。打造稳定、高效、安全的能源通道与储备机制，构建利益共享、安全稳定的能源战略合作关系。制定能源合作短期目标和长期战略，构建有效的能源政策磋商机制。加快建设国际油气供应链服务保障系统，推动跨境管线建设，进一步拓展石油、天然气等传统能源领域合作。发展能源全产业链合作，加大在能源勘探、技术开发、产品创新、设备制造等方面的挖掘力度。共同开发新能源项目，推动中亚国家的能源转型。推动水能、太阳能、风能等可再生能源领域的技术合作，采用"油气+光伏""油气+风能""油气+地热"等多种模式，深耕低碳转型领域。强化氢能、储能技术，和平利用核能合作，建设"绿色丝绸之路"。

在农业方面，优化中国与中亚国家的农产品供求匹配，创新农业合作新模式新路径，深化农技交流与合作，发挥彼此互补性优势，促进能源全产业链合作。持续推动农产品进出口贸易发展，促进国内需求与中亚供给之间的有效匹配，增加优质农产品对华贸易。拓展农业发展新业态、新技术，创新农业合作新模式。探索在中亚地区布局农作物生产、加工、仓储基地和"海外牧场"，考虑布局粮油生产基地等。[10] 依托上合农业产业发展联盟，推进农产品深加工产业发展，促进一二三产业融合，延长产业链、提升价值链、稳定供应链。鼓励中国与中亚国家合作共建研发中心、联合实验室、农业产业创新园，共同开展种质资源、盐碱地治理开发、节水灌溉、旱作农业领域的技术研发，推动农业技术和知识的共享。

在文旅合作方面，中国与中亚国家应推动双方青年互学互鉴、携手成长，推进中国与中亚各国人民"心联通"。创新高等教育联合培养模式，推动人才国际交流，依托孔子学院拓展文化交流平台，丰富鲁班工坊等职业教育合作办学品牌项目。深化高等教育学位学历互认机制，构建层次丰富、形式多样的高等教育合作模式，深入开展"一带一路"人才联合培养计划。加大双方互派留学生力度，继续提供政府奖学金名额，支持更多中亚青年来华深造。依托孔子学院等汉语推广教育机构，培养一批懂中文的复合型人才，担任中国与中亚国家友好交流的民间使者。推动职业教育供给端与中亚不同国家的产业需求端紧密结合，推动以教促产、以产助教、产教融合走深走实。在中亚国家推动建设更多鲁班工坊，努力培养造就更多能够服务于中亚实体经济的大国工匠、能工巧匠、高素质技术技能人才。推进高科技领域合作与创新，加快建设多形式、多层次的国际科技合作基地，支持国内科研机构、企业与中亚国家共建合作研究站点，探索发展境外合作区。加强大数据、云计算、人工智能、智慧城市等高技术领域合作，深化创新合作，共同推进"一带一路"专项合作计划。

在电商发展上，深化双边数字经济应用、拓展与普及，发展数字化背景下的新制造、新外贸、新服务，挖掘跨境电商发展潜力，打造贸易新增长点。丝路电商是数字时代"一带一路"建设的时代创新，被认为是跨境电商的新蓝海。要深化丝路电商合作，挖掘中国—中亚电子商务合作对话机制潜力，与中亚各国签署电子商务合作谅解备忘录。建设更多面向中亚国家的跨境电子商务综合试验区，完善跨境电商的经营规则与标准。提升企业利用电子商务拓展贸易投资新渠道的能力，鼓励企业入驻彼此的电商平台，共同开拓跨境电商市场。

在产业合作园方面，根据中亚各国产业发展需求，共建经贸合作区，通过政府政策引导、企业主导建设、市场化运作，完善产业链布局，培育发展特色产业，打造关联企业相互补充、共同发展的产业集群，形成中国—中亚经济合作发展新优势。

参考文献

［1］高洋．"一带一路"背景下我国对哈萨克斯坦基础设施投资效应的实证研究［J］．苏州市职业大学学报，2020，31（1）：42-45.

［2］郭惠君．"一带一路"背景下中国与中亚地区的投资合作——基于交通基础设施投资的视角［J］．国际经济合作，2017（2）：71-75.

［3］李蕾，张帅．"一带一路"倡议下中国—中亚能源合作的战略定位、挑战与对策［J］．国际经济合作，2018（6）：90-95.

［4］祝辉．中亚的地区特点与中国的中亚能源外交［J］．新疆大学学报（哲

学·人文社会科学版），2011，39（2）：93-96.

［5］鄢鑫，尤立杰．"一带一路"高质量发展背景下中国对中亚农业投资现状及风险对策分析［J］．湖北农业科学，2022，61（21）：252-256.

［6］沈琼．"一带一路"战略背景下中国与中亚农业合作探析［J］．河南农业大学学报，2016，50（1）：140-146.

［7］闫静．丝绸之路经济带文化遗产旅游合作研究——以中国和中亚五国为例［J］．西安财经学院学报，2016，29（4）：23-27.

［8］侯胜东．推动我国与中亚五国深层次文旅合作助力形成区域性文旅国际市场［J］．兵团党校学报，2023（2）：103-108.

［9］李耀华，姚慧琴，王会战，等．新时代丝绸之路经济带跨国文化遗产旅游合作机制研究——基于中亚五国居民调研视角［J］．西北大学学报（哲学社会科学版），2018，48（2）：14-22.

［10］梁丹辉，吴圣，李婷婷．中国与中亚农业合作现状及展望［J］．农业展望，2017，13（8）：112-115.

十、中国—中亚经贸合作重点企业研究

本章将以金骆驼在哈萨克斯坦的合作、紫金矿业旗下中塔泽拉夫尚公司、华新水泥在塔吉克斯坦的投资以及同方威视在哈萨克斯坦的投资为例，从企业走出去角度进行深入分析，以期为相关企业走向中亚市场提供有价值的投资参考。

（一）中国与中亚经贸合作重点企业案例

1. 同方威视在哈萨克斯坦投资分析

（1）同方威视企业概况

公司简介：同方威视技术股份有限公司（简称"同方威视"），是一家源于清华大学，以辐射成像技术为核心，以提供自主知识产权的高科技安检产品为主要特征的安检解决方案和服务供应商。公司建于 1997 年，源于清华大学工程物理系。

同方威视以健康、稳定、协调和可持续发展为目标，坚持"走出去"战略，在全球范围内拥有广泛的市场布局，产品出口到 170 多个国家和地区。公司在全球范围内设立了多个分支机构和办事处，为客户提供本地化的销售和技术支持服务。

产品研发：同方威视技术股份有限公司在核技术应用、计算机软件和硬件、信息处理、电子技术、工业控制、辐射防护、应用化学等领域拥有众多高水平的专业人才。他们主要承担公司大、中、小型辐射成像设备、核监测设备、爆炸物监测设备等系列产品的研发设计工作。凭借多年的集成产品研发设计经验，公司关注行业发展，紧贴市场需求，丰富产品系列，拓展新的业务领域，陆续研发出多种市场竞争力和技术领先的安全检查产品。同方威视技术股份有限公司是致力于辐射应用技术相关领域产品的开发、生产和推广的专业公司。[1]

作为世界上为数不多的集装箱检查系统专业提供商之一，同方威视技术股份有限公司拥有占地面积达 100000 平方米、是世界上最大的专业集装箱检查系统产学研基地。该基地位于密云城区西南，距公司总部约 70 公里。基地设有先进的加速器车间、探测器车间、电子车间、总装车间和培训中心，配备了先进的生产、安装、调试和检测设备。同方威视密云产学研基地是集生产制造、研究开发、教学试验、培训参观等多种功能于一体的综合性产业基地。

业务分布：同方威视具有的全球化制造能力，使其形成了国内南北两翼、海外多个生产工厂的布局，初步形成了面向全球的供应链和制造支撑体系。凭借先进的技术水平和完善的售后服务体系，同方威视的产品受到了全球范围内的广泛欢迎。这些产品在中国各省区市以及澳大利亚、英国、挪威、韩国、阿联酋、南非、委内瑞拉等五大洲100多个国家和地区都有广泛的应用。

同方威视业务范围广泛，其安检系列产品及服务已进入民航、海关、铁路、公路、城市轨道交通、邮政物流、公司司法、大型活动赛场等众多领域，得到世界各国用户的广泛认可。作为安检解决方案和产品的主要供应商，同方威视参与了2008年北京奥运会、2010年上海世博会、2010年广州亚运会等多项重要大型活动的安全保障工作，为主要场馆、新闻中心和物流仓储等提供千余套多种型号安检产品和技术服务。

战略合作：同方威视与清华大学建立了优势互补的长期战略合作关系。[2] 双方于2004年成立了联合研究所，共同投入资源，面向需求进行研究开发，并共享知识产权、承担风险和分享收益。联合研究所与同方威视的研发中心在前瞻性技术研究和产品开发方面各有侧重，但又保持紧密联系，形成了威视独特的以企业为主体、以市场为导向、产学研相结合的创新机制。

知识产权：同方威视通过全面的知识产权战略布局，将知识产权的保护和应用贯穿到技术研发、市场拓展等环节，建立了完善的知识产权管理体系。目前，同方威视围绕核心产品在全球拥有授权专利3700余件，在海外50多个国家和地区获得授权专利约1900件。2003年和2009年公司曾两次获得中国国家知识产权局和世界知识产权组织联合颁发的中国专利金奖，并在2008年获得北京市发明专利奖特等奖。其NUCTECH商标和品牌影响力也持续提升，深受海内外客户的关注和好评。①

（2）同方威视境外投资概况

近十年来，同方威视在传统市场和新市场的开拓均实现了突破。在传统的货物车辆检查系统市场，同方威视产品全球占有率由2008年的24.7%，增长至2016年的40.7%，在全球排名第一。尤其在竞争激烈的欧洲和北美地区，公司凭借先进的技术和周到的服务，成功进入了英国、法国、德国、意大利和加拿大等国家。在墨西哥，公司打破竞争对手垄断，夺得了政府采购大单。在日本市场，公司凭借卓越的产品质量赢得了60%的市场份额。

---

① 资料来源：《中国对外投资发展报告2019》。

在国际民航安检市场，CT 型安检包产品成功破冰，相继进入了英国、荷兰、意大利、希腊、捷克、格鲁吉亚等多个国家。在印度，其产品更是覆盖了 70 多座大中型机场。此外，同方威视高端智能系列产品成功进入了新加坡樟宜机场、日本成田机场、土耳其伊斯坦布尔新机场、德国法兰克福机场、西班牙马德里机场、美国达拉斯机场等多个国际枢纽机场。[3]

二十年间，同方威视坚定不移走国际化发展战略，从北京总部一个研发中心，拓展到国内、海外多个研发中心，先后建立了江苏研发中心、欧洲（荷兰）研发中心。此外生产基地也拓展到国内南北两翼、海外多个生产工厂的布局，陆续在江苏、波兰、巴西建立生产制造工厂。[4] 2016 年，公司在波兰追加投资，购地建厂，占地 50 亩的现代化新工厂于 2018 年正式投入使用，这是中国高科技企业在波兰的第一个绿地项目。目前，同方威视华沙公司已经有波兰籍员工 70 人，当地员工数量已超过 90%。2017 年 5 月，同方威视华沙公司获得波兰最具活力和创新能力中小型企业第一名以及《福布斯》杂志波兰版钻石奖。巴西工厂，是同方威视继 2009 年波兰工厂后，建设的第二座海外工厂，其建成投产标志着同方威视的国际化发展进入新的阶段，即以产业链为突破口提升国际化运营能力，加强对海外客户的全球化服务能力。①

同方威视在拓展全球市场方面已经取得了不错的成果。除了在中国本土市场的成功，他们还积极扩大对南美市场、北美地区和西欧地区的投资力度。这一举措不仅体现了同方威视在国际市场的雄心壮志，也为该地区的经济发展和安全防护做出了积极贡献。通过持续的技术创新和全球化战略，同方威视正在成为全球安防领域的重要参与者，并为不同国家和地区提供优质的安全检查产品和解决方案。

（3）同方威视哈萨克斯坦投资分析

1）哈萨克斯坦项目基本状况

2004 年开始，哈萨克斯坦开始向同方威视采购大型集装箱检查设备，2010 年至 2012 年，同方威视连续 3 年在哈萨克斯坦累计中标 13 套大型集装箱检查设备。目前，已向哈萨克斯坦累计销售 26 套车大型设备，其中 8 套铁路货物/车辆检查系统，大大提高了哈萨克斯坦海关的技术装备水平和安全检测能力。除上述大型安检设备外，至今已有 300 余台套小型安全检查设备也正在哈萨克斯坦发挥着积极作用。

2）哈萨克斯坦项目投资策略分析

从宏观经济环境来说，2020 年的结构性危机对哈萨克斯坦经济造成了巨大的影响，但随着哈国经济整体复苏与增长，其国内生产总值、外贸额、对外直接投资均呈上升态势。

---

① 资料来源：《中国对外投资发展报告 2019》。

从政治环境来说，自托卡耶夫当选总统后采取的一系列民主化和现代化策略，促进了政府与社会的对话，完成了政权的平稳更替，维持了哈萨克斯坦的政治稳定。

从外交关系来说，哈萨克斯坦积极参与中亚地区的合作倡议，如"丝绸之路经济带"。并且哈国提出的"光明之路"新经济政策与我国"一带一路"具有高契合度和强互补性。未来两国将更加密切合作，共同促进繁荣发展。从投资环境来看，哈萨克斯坦一直致力于吸引外国直接投资，并采取了一系列措施来改善投资环境。该国推出的一揽子经济改革计划，通过简化商业注册程序、减少行政审批等方式提供更加便利的投资环境。

从双边贸易来说，中哈2021年双边货物进出口额达252.5亿美元，同比增长17.6%，中方顺差27.1亿美元，同比增长36.2%。其中中国从哈进口112.7亿美元，同比增长15.3%。中国向哈外贸出口139.8亿美元，同比增长19.5%。从中哈相互投资来看，2021年中方对哈全行业直接投资8.59亿美元，同比增长48%。哈萨克斯坦的对外投资自2016年以来呈逐年下降趋势，截至2021年底，哈在华投资总额约为1.54亿美元，与2020年的1.5亿美元基本持平。[5] 从技术合作来说，2021年中哈经贸技术合作在新能源、汽车制造和基础设施工程建设，以及数字电商平台建设、电商人才培训等方面有了新的发展。中国在太阳能、风能等可再生资源技术的开发、利用、管理上有着较为明显的优势，为共建"一带一路"国家经济转型，解决能源短缺和新能源技术的应用等方面提供了有力支持。

从微观环境来说，同方威视对哈萨克斯坦的市场需求进行分析，包括了解哈萨克斯坦市场对于安全防护产品和解决方案的需求情况，具体包括视频监控系统、人脸识别技术、安全检查设备等。通过市场调研和与潜在客户的接触，确定产品定位和市场定位的策略。另外，对其产品竞争力进行分析，分析竞争对手在当地市场上的产品特点、技术优势以及价格策略。同方威视确定自身产品的差异化优势，并根据当地市场需求做出相应的产品定制和改进。

从合作机制来说，目前哈萨克斯坦对中国企业投资合作设置有双边投资保护协定、避免双重征税协定以及其他一些保护政策。同方威视在与当地政府签署合作协议同时，与当地企业通过联合投资和合资形式推动项目顺利进行。最后还有关于品牌建设和市场推广方面的策略，同方威视在加强品牌在哈萨克斯坦市场认知度与形象塑造，主要是通过传统的广告宣传、参加行业展览、举办技术培训等方式来实现。

3）同方威视后续投资设想

市场拓展方面：根据市场反馈和需求，同方威视将基于现有的生产规模，加大对哈萨克斯坦规模生产和创新研发，未来可能开发更为先进的视频监控、人脸识别、安全检查等技术产品，以满足不断增长的市场需求，增加其市场份额。

区域化生产方面：基于哈国社会经济环境，同方威视未来将可能设立生产基地，生产线本地化，提高产品供应能力和交货速度，降低运输成本，打造适应当地市场需求的产品服务。

技术研发与创新方面：同方威视可能就目前在哈萨克斯坦投资基础上，继续加大研发投入，推动技术创新和升级，与当地科研机构、高校等合作，共同进行技术研究和创新，提升产品的竞争力和技术水平。

产品的国际化推广方面：同方威视未来将加大自主品牌建设方面投资，通过投入品牌建设和市场推广活动，提高品牌知名度和声誉，进一步增强其在中亚国家乃至全世界的国际竞争力。

（4）同方威视投资启示

同方威视在与中亚合作的众多企业中脱颖而出，得益于以下几个方面：积极融入"一带一路"倡议，与中亚国家建立了稳定的合作关系；参与各类国际组织和交流活动，提升品牌形象；注重知识产权保护，积极参与构建相关体系。这些举措使得同方威视在中亚地区取得了成功，并赢得了广泛认可。其经验蕴含的借鉴与启示有：

1）积极响应"一带一路"，与中亚国家建立稳定的合作关系

同方威视与国际先进研究机构合作，通过合作创新，迅速进入相关行业，掌握关键部件核心技术。他们与澳大利亚、美国、欧洲等合作伙伴展开了前瞻性、先导性和探索性的重大技术研究，成功研发了金矿品位在线分析系统、快中子射线融合成像系统、基于碳纳米技术的分布式光源模块以及太赫兹核心器件。这些成果为未来的技术更新和新兴业务发展奠定了坚实基础。

此外，同方威视通过积极响应"一带一路"倡议，推动口岸现代化项目的实施，如在哈萨克斯坦、亚美尼亚等国家，实现了通关便利化。他们还研发了用于互联互通的关键核心器件电子关锁，并将其产品化。同方威视与清华大学工程物理系的合作，在泰国、马来西亚都建立了加速器联合实验室，为科技创新合作与交流做出了贡献，并提升了他们在"一带一路"国家的高科技形象。

为了推动中欧高科技安检领域的合作，同方威视还在荷兰成立了欧洲研发中心，与欧盟及"一带一路"国家共同研发高科技安检产品。通过参与"一带一路"倡议，同方威视在海外市场的步伐更加稳健。他们秉承合作创新的理念，不断拓展全球合作伙伴关系，促进科技创新与国际交流，为企业的发展和品牌形象增添光彩。

2）注重知识产权保护，积极参与构建相关体系

保护知识产权一直是中国企业走向国际市场时面临的难题和挑战。在这方面，同方威视一直非常重视海外国际知识产权的保护工作。他们积极开展产权保护工

作，围绕核心技术和市场布局，主动建立起广泛而完善的海外知识产权保护网络，确保对公司核心技术的保护。

根据相关数据，同方威视专利申请量从十年前的 600 多件，增长到现在的 4000 余件，其中在 40 多个国家和地区申请了超过 2000 件国际专利，截至 2018 年底，同方威视在 72 个国家和地区申请商标 307 件，其中在 60 个国家和地区授权商标 186 件。同方威视还主责起草了 1 项国际标准、4 项国家标准、3 项行业标准，以及近 40 项企业标准。同方威视主要产品（服务）还获得了欧盟 CE 认证、欧盟民航 ECAC 认证、加拿大 CSA 认证、美国 FCC 认证/FDA 认证/TSA 认证、俄罗斯 GOST 认证、西班牙 CIEMAT 认证、沙特阿拉伯 SASO 认证、法国 BV/STAC 认证、瑞士 SGS 认证、意大利 ENAC 认证、印度尼西亚 POSTEL 认证，其中有多款产品为国内首次且唯一通过国外认证的产品。通过众多的国际认证，不仅保护了企业自身的创新成果和知识产权，还为企业国际业务发展提供了有力支持。[①]

3）参与各类国际组织和交流活动，提升品牌形象

过去几年，中国企业积极参与各类国际会展和活动，并通过赞助、展览、广告和推广等方式扩大其品牌的国际影响力。同方威视作为一个典型例子，在开拓海外市场的同时与多个国际组织建立了紧密的合作关系，如国际民航组织（ICAO）、国际原子能机构和国际海关组织等。通过参加国际民航组织等活动，展示了同方威视在国际民航安全领域的领先地位，得到了多国民航代表的高度关注和积极评价，有效推动了客户接待和方案交流。此外，同方威视还积极参加全球各地的国际展会活动，推广企业的一些先进技术和产品。[6] 通过相关展会，同方威视深入了解了潜在客户的需求和市场趋势，提高了品牌的知名度。例如，在 2019 年迪拜机场展（Airport Show）、伦敦候机楼设备展览会（2019 Passenger Terminal EXPO）以及美国全球安全展（Global Security Exchange）等重要展会上，同方威视展示了其在安检行业的创新能力和综合实力，同时获取了宝贵的市场信息。这些举措不仅展示了同方威视的国际化形象，也进一步巩固了其在海外市场的地位。

2. 华新水泥在塔吉克斯坦投资分析

（1）华新水泥企业概况

华新水泥股份有限公司（简称"华新水泥"）始创于 1907 年。被誉为中国水泥工业的摇篮，110 多年来为国家和地方经济社会发展做出了突出贡献。华新水泥企业资信为"AAA"级，"华新堡垒"为中国驰名商标。20 世纪 50 年代的北京十大建筑、北京亚运村、葛洲坝、京珠高速公路、长江中下游数十座公路和铁路大

---

① 资料来源：《中国对外投资发展报告 2019》。

桥、举世瞩目的三峡工程等国家重点工程，均选用华新水泥。进入 21 世纪后，华新人以创新战略促进企业转型发展，实现凤凰涅槃。

1994 年，公司 A、B 股在上海证券交易所上市。1999 年，与瑞士 Holcim 集团结为战略伙伴关系。2022 年 3 月 28 日，华新水泥成功实施 B 股转 H 股，正式登陆香港交易所主板。

近 20 年来，华新水泥发生了翻天覆地的变化，在中国水泥产量年均复合增长率为 7.5% 的背景下，华新水泥主要经济指标年均复合增长率连续 20 年保持 25%，华新水泥也从一家地方性水泥工厂，发展成为在全国十余个省市及海外拥有 300 余家分、子公司，涉足水泥、混凝土、骨料、环保、装备制造及工程、新型建筑材料等领域全产业链一体化发展的全球化建材集团，名列中国制造业 500 强和财富中国 500 强（净资产收益率位居第 10 位）。华新水泥连续多年入选"中国 500 最具价值品牌榜"，品牌价值突破 800 亿元人民币，排名进入前 80 名。

华新水泥目前水泥年产能 1 亿吨，水泥包装袋年产能 10 亿只，环保处置能力 600 万吨，商品混凝土生产能力 2400 万立方，骨料生产能力 6000 万吨，装备制造能力 5 万吨，具备每年建设 4 条完整生产线的 EPC 能力。[①]

企业综合实力稳居中国水泥行业前列。从黄石走出湖北、走向海外，在国内 13 个省市及中亚、南亚、非洲等地区，拥有 190 余家分子公司。近 20 年来，公司营业收入由 6 亿元提升至 314 亿元，年均复合增长率为 24%；折旧摊销息税前利润由 1.7 亿元提升至 105 亿元，年均复合增长率为 25%。在全国水泥需求增长 4 倍的同时，公司水泥销量由 200 万吨提高至 7600 万吨，实现超过 38 倍的增长。[7]

（2）华新水泥境外投资概况

2011 年开始，华新水泥开始启动海外业务的发展，在周边国家寻找可发展机会。2013 年，在国家发出"一带一路"倡议后，华新水泥正式将"海外发展"定义为公司发展四大战略之一。当年华新水泥第一个海外项目——华新塔吉克斯坦亚湾工厂正式投入运行。截至目前，华新水泥海外工厂已覆盖中亚、南亚、东南亚和非洲共 6 个国家，运营或在建水泥工厂 7 家、包装袋厂 1 家、物流公司 1 家，水泥总产能 1000 万吨，包装袋产能 1 亿只，中外员工总数约 2500 人，境外资产总额超过 70 亿元，海外工厂年营收超过 40 亿元。同时，华新水泥还实现了"投资一家，成功运营一家"的海外投资目标，每家境外工厂都做到了当年投产，当年盈利，成为中国建材行业走出去企业的成功典范和业绩标杆。[②] 10 年来，华新先后被投资所在国政府授予"友谊贡献奖""工业发展杰出贡献奖""最佳纳税贡献奖""优秀工业企业奖""最佳环境卓越奖""年度企业社会责任创新奖"，以及

---

① ② 资料来源：《中国对外投资发展报告 2020》。

"绿色发展奖"等称号，为这条造福世界的幸福之路增光添彩，在共建"一带一路"10年长卷上留下浓墨重彩的一笔。

公司积极扩张海外产能，截至2022年底，海外水泥年产能达1237万吨，约占公司水泥总产能的10.48%。2023年3月公布收购阿曼水泥制造商，同年6月宣布收购南非及莫桑比克水泥制造商 Natal Portland Cement Company，合计新增海外水泥产能约为2022年底公司海外水泥产能的70%。收购完成后，公司将在中亚、东南亚、中东及非洲的11个国家实现产能布局。[8]

在南亚，华新水泥选择了与中国友谊深厚的尼泊尔作为第一个投资目的地。2019年3月，华新水泥尼泊尔项目作为第二届"一带一路"高峰论坛签约成果项目正式开工。该项目计划投资1.5亿美元，建设年产150万吨水泥熟料生产线项目，项目建成后，可大幅提升尼泊尔水泥行业整体质量，改变当地高品质水泥全部依靠进口的局面，同时直接或间接创造1100个左右工作岗位。

在非洲，华新水泥于2019年与肯尼亚某上市公司达成协议，收购该公司位于坦桑尼亚的水泥工厂100%股权。此次收购也使该工厂成为坦桑尼亚最大的中国投资企业。2020年5月，华新水泥正式接管该工厂，并投入约5000万美元开始对工厂进行技术改造，用于恢复该工厂的生产能力。目前，该工厂的第一步改造已经基本完成，公司已经步入运营期。

除以上已投产的海外工厂和在建项目外，华新水泥还积极响应在非洲、中亚、南亚、东南亚、南美等地区积极拓展各类项目。未来，华新水泥还将继续积极响应"一带一路"倡议号召，坚定不移地实施海外发展战略，以当前已建成项目为支点向周边辐射，发挥公司在建材行业的管理和技术优势，逐步成为国际领先的跨国建材企业。[9]

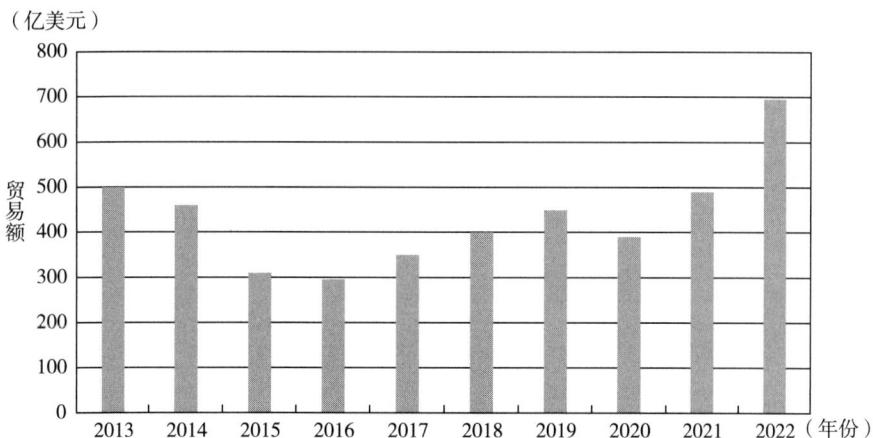

图 10-1　2013~2022 年中国与中亚五国贸易情况

资料来源：国家统计局、商务部。

（3）华新水泥中亚投资概况

2015年12月13日，在北京钓鱼台国宾馆召开的中哈企业家委员会第三次会议上，华新水股份有限公司董事长徐永模与哈萨克斯坦阿克托别州州长萨帕尔巴耶夫·别吉尔别克签订水泥项目投资协议。哈萨克斯坦总理及中哈政府有关部门和企业家代表等300余人见证了协议的签署。阿克托别州合作的一期项目投资1.5亿美元，新建年产150万吨新型干法熟料水泥生产线。该项目毗邻铁路，交通便利，项目投产后，水泥产品可辐射至哈萨克斯坦西北部五个州，还可以出口到俄罗斯，较好地支持哈萨克斯坦未来的基础设施建设。而且，与华新水泥过去建设的水泥项目不同的是，该项目采用当地丰富的天然气资源替代燃煤来生产水泥，将对于企业节能减排、降低生产成本发挥积极作用。华新水泥与哈萨克斯坦签署项目投资协议，意味着华新水泥中亚投资战略取得新的突破。未来华新水泥将以哈萨克斯坦为重点，加大投资，进一步巩固在中亚的领导地位。

塔吉克斯坦是与中国毗邻的世代友好国家，也是"一带一路"的重要节点国家。经过细致的调研和考察，华新水泥于2011年与塔吉克斯坦合作伙伴签订合作协议，正式选择塔吉克斯坦作为华新水泥实施国际化战略的第一站。2013年8月，由华新水泥投资1.2亿美元建设的年产100万亿吨水泥熟料生产线项目在塔吉克斯坦哈特隆州建成投产，这不仅是华新水泥的第一家海外工厂，也是中国建材行业大型企业在境外投资的第一家工厂，更是塔吉克斯坦首家新型干法水泥生产线。该工厂投产后，彻底改变了塔吉克斯坦以往高质量水泥长期依赖进口的局面，节约了宝贵的外汇，并使塔吉克斯坦工程建设成本大大下降。

2014年，华新水泥与塔吉克斯坦政府签署再投资协议，投资1.5亿美元在塔吉克斯坦北部索格特州建成了第二家水泥工厂。该工厂是世界水泥行业首家成功实现自备电厂孤网运行的水泥工厂，为在能源短缺国家投资建设项目树立了样板。如今，作为中塔合作的成功典范，华新水泥已成为塔吉克斯坦家喻户晓的第一品牌。

2018年，华新水泥在中部国际产能合作论坛上与乌兹别克斯坦政府签订了在吉扎克州的投资协议。2019年5月，项目举行开工典礼，经过中乌员工一年的奋斗，到2020年6月该项目仍顺利建成投产。作为乌兹别克斯坦历史上首家外国独资企业，华新水泥乌兹别克斯坦项目在建设过程中，得到了来自中乌两国政府的大力支持。

此外，2019年12月，华新水泥还通过并购形式获得了吉尔吉斯南方水泥公司100%股权。至此，华新水泥在中亚地区的工厂数达到4家，产能达到600万吨/年，产品可辐射乌兹别克斯坦塔什干、撒马尔罕、费尔干纳，塔吉克斯坦杜尚别、胡占德，吉尔吉斯斯坦奥什、比什凯克等，成为当地品牌声誉最好，产能最高，辐射射范围最广的行业领导者。

（4）华新水泥中亚投资策略分析

1）优势分析

①品牌和合作优势

华新水泥是中国水泥行业最早走出去的企业之一，拥有百年水泥品牌和国际化经验，与瑞士 Holcim 集团有战略合作伙伴关系，享有较高的知名度和信誉。2022 年，华新水泥在香港联交所成功完成 B 股转 H 股，提升了公司的国际化形象和资本运作能力。

②市场和盈利优势

华新水泥在中亚地区已成为当地水泥市场的领军者，拥有稳定的客户群和市场份额，具备较强的竞争优势和盈利能力。2022 年，华新水泥在中亚地区实现营业收入约 50 亿元，同比增长 20%，占公司总收入的 15%。

③产业链和附加值优势

华新水泥积极推进产业链一体化发展，涉足混凝土、骨料、环保、装备制造等多个领域，提高了产品附加值和抗风险能力。2022 年，华新水泥非水泥业务实现营业收入约 120 亿元，同比增长 50%，占公司总收入的 37%。

④环保和可持续优势

华新水泥注重绿色低碳发展，采用先进的生产技术和工艺，实现了资源节约和环境保护，符合国际社会的可持续发展理念。2022 年，华新水泥实现了全产业链碳中和目标，通过水泥窑协同处置技术处理了超过 1000 万吨废弃物，减少了二氧化碳排放量约 500 万吨。

2）劣势分析

①投资和运营劣势

华新水泥在中亚地区的投资规模相对较小，面临较大的运营风险和不确定性。2022 年，由于一系列外部因素的影响，华新水泥在该地区的业务收入为 9.5 亿元，同比下降 15%，占公司总收入的 3%。

②产品和竞争劣势

华新水泥在中亚地区的产品结构较为单一，主要以水泥为主，缺乏对上下游产业链的有效控制和协同效应，难以形成差异化竞争优势。2022 年，华新水泥在中亚地区的混凝土、骨料、环保等非水泥业务收入仅为 1.2 亿元，同比增长 5%，占该地区业务收入的 13%。

③技术和创新劣势

华新水泥在中亚地区的技术创新能力较弱，缺乏对未来水泥新产品和新技术的开发和研究投入，难以适应市场变化和客户需求。2022 年，华新水泥在中亚地区的研发费用仅为 500 万元，同比下降 10%，占该地区业务收入的 0.5%。

④人才和管理劣势

华新水泥在中亚地区的人才培养和管理机制不完善，缺乏对当地文化和商业习惯的深入了解和适应，难以建立有效的沟通和合作关系。2022 年，华新水泥在中亚地区的员工流失率高达 25%，同比上升 5 个百分点，导致人才断层和管理困难。

3）机会分析

①"一带一路"机遇

中亚地区是"一带一路"倡议的重要组成部分，随着中国与中亚国家之间的经贸合作不断深化，将为华新水泥提供更多的市场机遇和政策支持。2022 年，华新水泥在中亚地区参与了多个重大基础设施项目的建设，如塔吉克斯坦罗格水电站、乌兹别克斯坦图尔干隧道等，为当地经济社会发展做出了贡献。同时，华新水泥也享受了中国政府和中亚国家政府之间的优惠贷款、税收减免、市场准入等政策支持，降低了投资成本和风险。

②基础设施需求

中亚地区是一个发展中地区，基础设施建设需求巨大，水泥消费量持续增长，将为华新水泥带来更大的市场空间和增长潜力。2022 年，中亚地区的水泥消费量达到了 1.5 亿吨，同比增长 10%，高于全球平均水平。预计未来五年，中亚地区的水泥需求将保持 8% 左右的年均增速，主要受到城镇化进程、工业化进程、交通运输建设、能源建设等因素的推动。华新水泥作为中亚地区最大的水泥生产商之一，拥有约 2000 万吨/年的水泥产能，占据了中亚市场的 15% 份额，具备较强的市场竞争力和品牌影响力。

③多元文化资源

中亚地区是一个多元文化地区，具有丰富的人文资源和自然资源，将为华新水泥提供更多的学习交流和资源共享的可能性。2022 年，华新水泥积极开展了与中亚国家在人才培养、技术创新、环境保护等方面的合作交流活动，如在塔吉克斯坦建立了华新水泥技术培训中心、在乌兹别克斯坦与当地大学开展了科研合作项目、在吉尔吉斯斯坦实施了绿色发展计划等，提升了华新水泥在中亚地区的社会责任感和公信力。同时，华新水泥也利用中亚国家丰富的矿产资源和能源资源，优化了公司的原材料采购和生产成本结构。

④地缘政治意义

中亚地区是一个战略要地，连接欧亚大陆，具有重要的地缘政治意义，将为华新水泥提供更多的国际影响力和话语权。2022 年，华新水泥积极参与了中亚国家与中国及其他国家和地区之间的经济合作与对话机制，如上海合作组织、中国—中东欧国家合作、中国—阿拉伯国家合作论坛等，为推动区域和平稳定与共同发展发挥了积极作用。同时，华新水泥也借助中亚地区的地理优势，拓展了欧洲、中东、非洲等其他市场，实现了公司的国际化战略布局。

4）威胁分析

①政治和安全风险

中亚地区的安全和投资环境有待提升，导致华新水泥的投资和运营可能出现不确定的负面因素。2022年中亚地区受地缘政治的影响，导致华新水泥在该地区的部分项目受到停工、延期、损坏等影响。同时，华新水泥也面临着来自当地政府和民众的安全保护和赔偿要求，增加了公司的运营成本和风险。

②市场和贸易挑战

中亚地区存在市场竞争和一定程度的限制，可能面临来自当地和国际水泥企业的价格战、市场份额争夺、技术壁垒等挑战，给华新水泥的盈利能力和市场地位带来压力和威胁。2022年，由于中亚地区水泥需求下滑，水泥供过于求，导致水泥价格大幅下跌，华新水泥在该地区的销售收入和利润率均出现下滑。同时，华新水泥也遭遇了来自当地和国际水泥企业的激烈竞争，如乌兹别克斯坦国有企业乌兹别克建材集团、土耳其企业安卡拉水泥公司等，这些企业通过低价竞争、技术创新、市场拓展等手段，威胁了华新水泥在中亚地区的市场份额和领先地位。

③法律和监管障碍

中亚地区法律制度和监管环境还有提升的空间，当地的外国企业可能遭遇来自当地较多的条件要求，给华新水泥的合规性和合法性带来障碍和困扰。2022年，华新水泥在该地区的项目审批、土地使用权、税务优惠等方面遇到了一定的困难和阻碍，影响了公司的投资进度和效益。同时，华新水泥也由于其本身的经营给当地生态环境带来的负面影响而受到当地居民的举报和投诉，给公司带来了额外的经济负担和法律风险。

④经济和汇率冲击

中亚地区存在不确定的经济形势和汇率波动，可能受到来自全球经济危机、国际金融市场、原油价格等因素的冲击，给华新水泥的资金流动性和投资回报率带来不利影响。2022年，由于全球经济复苏乏力、国际贸易摩擦加剧、美元走强等因素，中亚地区经济增长放缓，通胀压力上升，货币贬值，导致华新水泥在该地区的市场需求和收入水平下降，同时也增加了公司的汇兑损失和资金成本。另外，由于中亚地区经济高度依赖于原油出口，原油价格的波动对该地区的经济稳定和政策调整产生了重大影响。2022年，由于国际原油供应过剩、需求疲软、伊朗核协议达成等因素，原油价格大幅下跌，给中亚地区的财政收入和外汇储备带来了巨大压力，也影响了华新水泥在该地区的投资环境和回报预期。

5）矩阵分析

根据 SWOT 分析（见表 10-1），华新水泥在中亚投资应该选择的战略是 SO 战略和 ST 战略，即利用自身的优势，抓住外部的机会，规避外部的威胁，实现在中亚地区的稳定发展和市场拓展。

表 10-1　华新水泥公司 SWOT 矩阵

因素交汇 SWOT 态势因素	优势分析 S • S1. 百年水泥品牌，国际化经验，与瑞士 Holcim 集团合作 • S2. 中亚水泥市场领导者，稳定的客户群和市场份额 • S3. 产业链一体化，涉足多个领域，提高产品附加值和抗风险能力 • S4. 绿色低碳发展，采用先进的生产技术和工艺，实现资源节约和环境保护	劣势分析 W • W1. 中亚投资规模有限，受当地经济政治因素影响，面临运营风险和不确定性 • W2. 中亚产品结构有待完善，上下游产业链的控制和协同能力还需加强，难以形成差异化竞争 • W3. 中亚技术创新能力亟待提升，需要新产品和新技术的开发和研究投入 • W4. 中亚人才培养和管理机制有待完善，对当地文化和商业习惯的了解和适应有待加强
机会分析 O • O1. 中亚是"一带一路"重要组成部分，有更多的市场机遇和政策支持 • O2. 中亚是发展中地区，基础设施建设需求巨大，水泥消费量持续增长 • O3. 中亚是多元文化地区，有丰富的人文资源和自然资源，有更多的学习交流和资源共享的可能性 • O4. 中亚是战略要地，连接欧亚大陆，有重要的地缘政治意义，有更多的国际影响力和话语权	SO 增长型 • SO1. 沟通协调中亚政府和社会组织，参与"一带一路"重大项目建设 • SO2. 拓展非水泥业务，形成产业链一体化发展模式 • SO3. 坚持绿色低碳发展理念，采用先进的生产技术和工艺 • SO4. 树立良好的社会形象和责任感	WO 转向型 • WO1. 增加对中亚地区的投资力度，扩大生产规模和市场覆盖范围 • WO2. 丰富产品结构和服务内容，开发或引进符合当地市场需求和客户喜好的新产品和新服务 • WO3. 加强对中亚地区的人才培养和管理，加大对当地文化和商业习惯的了解和适应 • WO4. 建立有效的沟通和合作关系，提高员工的忠诚度和满意度
威胁分析 T • T1. 中亚政治局势和安全形势复杂，可能发生突发事件，给投资和运营带来风险和损失 • T2. 中亚市场存在一定的竞争和贸易困难，可能面临价格战、市场份额争夺、技术壁垒等挑战 • T3. 中亚法律制度和监管环境有待优化，可能遭遇审批难、诉讼程序复杂等问题 • T4. 中亚经济形势和汇率波动不确定，可能受到全球经济危机、国际金融市场、原油价格等因素的冲击	ST 多元型 • ST1. 沟通协调中亚政府和社会组织，参与"一带一路"重大项目建设 • ST2. 建立良好关系，及时解决审批、诉讼程序复杂等问题 • ST3. 加强技术合作和创新交流，引进或开发适应当地市场需求和客户喜好的新产品和新技术 • ST4. 建立有效的风险管理机制，加强对中亚政治局势和安全形势的监测和预警	WT 防御型 • WT1. 谨慎选择投资项目和合作伙伴，避免涉及敏感或争议性的领域或对象 • WT2. 优化产品结构和服务内容，避免与当地和国际水泥企业发生直接的价格战或市场份额争夺 • WT3. 加强对中亚地区的法律制度和监管环境的了解和适应，遵守当地的法律法规和商业惯例 • WT4. 建立有效的财务管理机制，加强对中亚地区的经济形势和汇率波动的监测和预警

具体来说，一方面，SO 战略是利用华新水泥在中亚地区的品牌优势、产业链优势、绿色发展优势，抓住中亚地区基础设施建设需求、多元文化交流需求、战略合作需求等机会，进一步扩大市场份额，提升产品附加值，增强国际影响力。华新水泥可以加强与中亚国家政府和社会组织的沟通和协调，积极参与"一带一路"倡议下的重大项目建设，如塔吉克斯坦罗格水电站、乌兹别克斯坦图尔干隧道、吉尔吉斯斯坦北南公路等，提高华新水泥的知名度和信誉度。同时，华新水泥也可以拓展非水泥业务，如混凝土、骨料、环保等，形成产业链一体化发展模式，提高产品附加值和抗风险能力。此外，华新水泥还可以坚持绿色低碳发展理念，采用先进的生产技术和工艺，实现资源节约和环境保护，树立良好的社会形象和责任感。

另一方面，ST 战略是利用华新水泥在中亚地区的技术优势、合作伙伴优势、创新能力优势，规避中亚地区由于全球地缘政治不稳定对其自身带来的危害等威胁，保持稳定的运营和盈利水平。华新水泥可以建立与当地政府部门、社会组织、员工工会等方面的良好关系，及时解决可能出现的相关问题，保障公司的合规性和合法性。同时，华新水泥也可以加强与中亚国家的技术合作和创新交流，引进或开发适应当地市场需求和客户喜好的新产品和新技术，提升产品质量和差异化竞争优势。此外，华新水泥还可以建立有效的风险管理机制，加强对中亚地区政治局势和安全形势的监测和预警，制订应对突发事件的应急预案，减少运营风险和损失。

（5）华新水泥投资的启示

1）推动技术输出，树立行业标杆

中资企业在发展中国家参与投资合作时，不仅要在当地设厂建工，为当地基础设施建设做出贡献，也要将中国先进的工业技术和管理理念输送到欠发达地区。积极推动当地技术普及与革新，为产业升级提供"教科书"，树立行业标杆，塑造现代化的中国企业形象。[10]

2）深入民生，积极履行社会责任

除了在技术上的引领和扶持，有能力的中资企业要深入民生，为当地人民福祉做出积极贡献，积极履行社会责任。在中亚国家的一些区域，百姓日常生活水平仍处于温饱阶段，中资企业在投资建厂的同时，一定要注重维系与当地百姓之间的关系，在环保、民生等方面做出力所能及的帮助和支持，共建和谐共处的生产环境。

3. 金骆驼在哈萨克斯坦合作分析

（1）金骆驼公司概况

金骆驼集团有限公司（简称"金骆驼"）成立于 2016 年，注册于哈萨克斯坦图尔克斯坦州工业园区。自 2017 年 1 月 15 日启动项目建设以来，该项目一期占地面积 10 万平方米，建筑面积达 18320 平方米，总投资为 2222 万美元。项目投入了先进的全自动加工生产线设备，每日处理 100 吨骆驼奶和马奶制成乳粉。金骆驼集团以"质量创造品牌，品牌促进发展"为宗旨，不断追求卓越，致力于为人类提供安全健康的食品。[11]

该集团采用自然放牧和野外采食的畜牧方法，同时遵循专业生产和健康食品的标准。在哈萨克斯坦生产园区，金骆驼拥有 15 万平方米的土地，建有 20 个标准化奶站，配备了 30 万峰的骆驼奶源，并投入了先进的全自动加工生产线设备。此外，在中国内蒙古自治区苏尼特右旗，集团还拥有 3 万平方米的生产基地。金骆驼集团的日处理能力达到 100 吨骆驼鲜奶，该项目是"一带一路"中哈产能合作的重点项目。

金骆驼集团整合了研发、生产和销售，致力于打造国际知名品牌"金骆驼"。他们选择位于北纬 47°的黄金带骆驼奶源，以"100%纯驼奶，为健康中国保驾护航"为宗旨，致力于提供安全、天然、纯正的健康食品，让世界品味美食，共享健康。

金骆驼集团发展历程：2016 年，大庆金土地节水工程设备有限公司在哈萨克斯坦南哈州投资建设了金土地高科技产业园区，在突厥斯坦市工业园区注册成立了金骆驼集团有限公司，建设了日处理 100 吨骆驼奶、马奶乳粉项目，主要产品有全脂驼乳粉、儿童驼乳粉、中老年驼乳粉等乳粉系列及驼乳酸奶、驼乳奶片等。2017 年 1 月 15 日上午 10 点，在图尔克斯坦州美丽的历史名城图尔克斯坦工业区举行了"日处理 100 吨"骆驼奶乳粉生产项目开工奠基仪式。2018 年 1 月，金骆驼集团入驻内蒙古苏尼特右旗，对拉动全旗骆驼产业的发展，为苏尼特右旗脱贫致富而努力。2018 年 7 月，哈萨克斯坦国际企业领袖总理圆桌会议，中国企业家杨杰在圆桌会议上代表中国企业汇报工作。2018 年 9 月 2 日，"日处理 100 吨骆驼奶乳粉项目"顺利投产。2018 年 9 月 16 日，中哈产能与投资合作论坛上，金骆驼全脂骆驼乳粉第一次在世人面前呈现。2019 年 11 月 5 日，金骆驼参加第二届中国国际进口博览会。2020 年 4 月 17 日，"金骆驼"纯骆驼乳粉正式通过海关商检进入中国。

企业以质量创品牌，以品牌促发展，不断追求，为人类贡献安全健康食品为宗旨；以品牌与品质同步，人才与事业共进为经营理念；以精益求精，持之以恒，追求卓越为精神；承诺 100%自然放牧，100%野外采食，100%专业生产，100%健康食品。

（2）金骆驼境外投资概况

金骆驼集团在哈萨克斯坦投资巨额，总计 1.9 亿元人民币，兴建了占地 3.8

万平方米的生产基地。该项目分为三期工程，首期日处理 100 吨骆驼奶乳粉生产，其次是液态奶加工，最终发展骆驼生物制剂。生产基地包括生产车间、办公楼、科研专家楼、成品库房等，引入了德国盖渤、丹麦福斯、日本岛津和中国中轻机等国际领先的乳品生产线设备。这个项目不仅在国内及哈萨克斯坦创造了 600 余个就业机会，年利润可达 480 万美元。

同时，在苏尼特右旗，金骆驼集团进行了"骆驼产业深加工项目"的投资，总投资 6000 万元人民币，占地 3 万平方米，分两期建设，一期主要加工驼奶、酸奶和乳粉，二期专注于骆驼日化产品的深加工。每年可加工处理鲜奶 6000 吨，销售额达 7200 万元，带来税收近 1300 万元。此项目不仅带动了苏尼特右旗 300 户牧民从事专业骆驼养殖工作，还新增了 130 余个就业岗位。

在"一带一路"倡议和哈萨克斯坦"新工业化"项目的背景下，金骆驼集团投资 3000 万美元兴建的日处理 100 吨骆驼奶、马奶乳粉项目成为焦点。该项目启动于 2017 年 1 月 15 日，位于哈萨克斯坦图尔克斯坦州工业园区，占地 10 万平方米，建筑面积 18320 平方米。项目引入了世界一流的全自动化生产线设备和低温干燥技术，生产出保留了活性营养成分的金骆驼乳粉。该产品在提高免疫力、调节代谢功能方面表现出色，尤其适合婴儿、孕妇、老人、亚健康人群和慢性病患者。项目投产后，产品线包括全脂骆驼乳粉、儿童骆驼乳粉、中老年骆驼乳粉、骆驼乳奶片和化妆品等，远销中亚、东亚、欧洲、澳大利亚、港澳等地区。金骆驼集团在 2019 年与哈萨克斯坦达成进口驼奶粉协议，2020 年 4 月，产品正式进入中国市场。该集团在第五届中国国际进口博览会上与韩国、阿联酋等国签署了合作协议，总金额达 1800 万美元。这些举措不仅推动了各国人民的饮食健康，也增进了中哈及世界各国的民生福祉，构建了一场美食与健康的盛宴。

（3）金骆驼中亚投资分析

1）优势分析

①政府的大力支持

截至 2022 年，中国与中亚国家的贸易额已经达到 279 亿美元，较 2016 年的进口额增长了 2.3 倍。中国与中亚五国的贸易和投资迅速增长，为这六个国家的经济和社会发展注入了强大动力。2023 年 5 月，中国—中亚峰会成功举办，拉开了中国与中亚国家互利合作新篇章。峰会提出了一系列促进双边经贸发展的举措，包括扩大贸易规模、构建商品流通网络、建立边贸中心、加强电子商务合作等。

在这一背景下，中国商务部、国家发改委、外交部和黑龙江省商务厅的代表纷纷参观了金骆驼产品园区，并就园区建设提供了宝贵建议。同时，中国海外发展协会、黑龙江省政府、中国海外协会国际合作处、省贸促会和大庆市委相关领导，积极帮助解决了园区建设过程中遇到的各种实际困难。哈萨克斯坦前总理萨金塔耶夫关注了金骆驼集团拉动牧业发展项目，并亲自主持了开工剪彩仪式，下达了投产命令。同时，哈国首任总统纳扎尔巴耶夫、哈萨克斯坦农业部长以及中国海关代表签订了骆驼乳粉出口中国的合同。这表明，两国政府高度关心金骆驼集团的发展。此外，哈萨克斯坦投资发展部和图尔克斯坦州也为企业提供了大力支持与帮助，就项目选址、项目建设、产品营销等方面提出了建设性意见和建议，使该项目成为中哈产能合作的典范。

②地理位置优势

黄金带的牧场主要分布在南北纬度为40°至50°的温带草原地区。这些地区的四季温湿度、土壤成分、水源和降雨条件等因素共同构成了牧草和骆驼生存环境，也直接影响着鲜奶的品质。哈萨克斯坦共和国的图尔克斯坦州位于北纬47°，具备了理想的水土条件，适合骆驼的生长。这片土地上生长着丰富的针叶植被，是骆驼的理想食物。

金骆驼集团充分利用这片肥沃土地，在哈萨克斯坦建立了15万平方米的工厂。他们拥有30万峰的骆驼奶源，并建设了20个标准化奶站。通过精心供养，金骆驼集团培育出了产量丰富、香醇美味的驼乳，为消费者提供高质量的骆驼乳制品。

③品牌优势

骆驼一直以来都是丝绸之路上的代表性形象。在"一带一路"倡议的推动下，骆驼成为潜在的商机，发展骆驼经济能够增加收入，形成"一带一路"特有的经济特色。这种发展不仅可以调整骆驼产业结构，提高农牧民的经济收入，还能够帮助保护日益减少的骆驼资源，维护荒漠和半荒漠地区的生态环境，实现可持续发展。

长期以来，国际市场对骆驼奶的需求一直远远超过供应，全球市场的潜力预计将达到100亿美元。哈萨克斯坦具备发展农牧业和畜牧业生产的理想条件。在这里设立生产基地，充分利用资源、市场和人才等优势，有望为骆驼奶的推广和发展开辟广阔前景。

2）劣势分析

①牧场缺水与退化

哈萨克斯坦牧场大部分属于旱地草原，平均降雨量在100~300毫米；温度变化范围较宽，夏季超过30℃，冬季低于-25℃。由于该地区降水不规律，哈萨克斯坦只有小部分牧场能够使用天然水体，80%的牧场依赖人工灌溉和人畜饮水系统维持牧业生产。这些人工灌溉和人畜饮水系统（主要是有电源的竖井）大多建设于苏联时期。由于缺乏维护和更新，苏联时期建设的人工灌溉和人畜饮水系统仅有55%可以使用。而实际上，哈萨克斯坦牧场的人工灌溉和人畜饮水系统至少应该是当前数量的 2 倍。在供水得不到保证的情况下，牧民家庭会很少像过去一样赴远距离牧场放牧，这些未被利用的牧场约有 1 亿公顷。调研表明，哈萨克斯坦大约 72% 的家庭只使用村庄附近的公共牧场放牧。这又导致近距离牧场被过度使用和退化。当前，哈萨克斯坦退化牧场面积达 2400 万公顷，占该国牧场总面积的 13.2%。

②饲料短缺

虽然哈萨克斯坦的畜牧养殖以天然放养为主，但由于哈萨克斯坦纬度较高，冬季牧场面积有限，严冬时期，哈萨克斯坦畜牧养殖主要依靠饲料。因此，饲料的供应是影响哈萨克斯坦畜牧生产力的决定因素之一。而哈萨克斯坦牲畜冬季饲料投喂不足的比例达 58%，冬季饲料匮乏是该地区畜牧业的常态。哈萨克斯坦冬季饲料匮乏的原因主要有以下三个方面：第一，成品饲料产能不足。尽管近年来哈萨克斯坦饲料产量翻倍增长，从 2015 年的 72 万吨增加至 2019 年的 153 万吨。但是，哈萨克斯坦每年需要生产约 700 万吨饲料才能满足不断增长的国内需求。因此，哈萨克斯坦政府在有些年份会颁布行政命令禁止饲料出口。例如，2021 年8 月 19 日哈萨克斯坦农业部和财政部联合颁布法令，禁止出口饲料及相关原料，为期 6 个月。第二，牧草收割和保存技术落后。世界银行与哈萨克斯坦政府联合研究组（2004）的研究表明，由于收获和保存技术落后，哈萨克斯坦冬季干草的营养价值流失率达 30%~35%。第三，专用饲料作物种植面积大规模萎缩。2020年哈萨克斯坦饲料作物种植面积 32 万公顷，与 1991 年的 114 万公顷相比，种植面积下降 72%。专用饲料作物种植面积的减少，导致了高营养价值饲料原料的匮乏。改善牲畜营养饲养是提高畜牧产量的第一步，增加饲养产量和饲料投喂量有可能大大提高哈萨克斯坦的畜牧生产力，并成为缩小生产力差距的关键驱动力。

③饲养技术水平较低

联合国粮农组织（2010）关于哈萨克斯坦肉牛养殖的国别比较研究表明，在牧场放牧期哈萨克斯坦牛的日平均增重量与荷兰、美国、巴西和俄罗斯的区别不大；但在围栏养殖期，哈萨克斯坦牛的日平均增重量仅是美国、巴西、荷兰的一半，仅与俄罗斯相当。在养殖周期上，哈萨克斯坦牛犊从 80~420 千克需用 27.2月，与俄罗斯相当，分别是荷兰、美国、巴西的 1.8 倍、1.6 倍、1.4 倍。这说明哈萨克斯坦的饲养技术水平较低。

3）机会分析

①网络零售快速发展

电子商务行业的蓬勃发展和网络零售平台的兴起，为金骆驼集团提供了广阔的市场和销售增长潜力。网络零售为金骆驼集团提供了更加灵活的销售方式，使得消费者与生产厂家之间的联系更加紧密、交流更加便捷。因此，金骆驼集团在抓住网络零售快速发展机遇的基础上，应进一步提高产品质量和市场竞争力，提高市场份额，实现产业升级和可持续发展。如果骆驼奶行业能够利用这些渠道接触到更广泛的消费群体，那么增长的机会就是巨大的。

②不断扩大的国内市场

随着中国经济的增长和中产阶级的崛起，国内市场已经成为金骆驼新的增长和创新领域。国内拥有庞大的消费者群体与完善的物流体系，拥有强大的购买力，经济的增长带来居民物质需求的增长，使得国内消费者越来越偏好购买中高端的骆驼奶产品，如奶粉、奶片、化妆品等。由此可以看出，国内的骆驼奶市场消费增长潜力巨大，不断增长的国内市场需求可以减少金骆驼集团对国外出口市场的依赖性，降低外部市场波动和不确定性的影响。

③产融结合

随着金融、投资、财富管理的发展，生产产品与金融的融合已经成为中国的流行趋势。目前，银行信贷仍然是外部融资的主要途径，但许多中小骆驼奶企业可以抵押的财产非常少，向银行贷款的金额数量少且难度较大，在目前金融监管严格、银行对中小企业缺乏信任的现实条件下，产融结合为金骆驼集团提供了更广泛、更深入的融资和投资机会，可以扩大产业规模，加快产业升级，进而反哺产品销售。这种融资模式在很大程度上可以改善传统金融服务的缺点，也成为金骆驼集团中的中小企业解决融资难、融资成本高问题的一条捷径。

4）威胁分析

①激烈的市场竞争

金骆驼集团面临着国内外市场激烈的行业竞争，一方面，来自国内外的品牌企业和新兴企业都在竞相涌入。国外先进的生产技术和管理模式，以及自主品牌的市场特性，将是金骆驼本土企业的竞争对手；另一方面，市场需求不稳定，消费者对产品品质和环保性能的要求越来越高，企业需要不断地进行技术升级和品牌建设。同时，随着我国经济的快速发展，居民消费能力的提高对消费品市场的需求越来越高，这种需求也引导了新的市场、产品和服务。对于金骆驼集团来说，市场竞争加剧，可能导致市场份额、收益和盈利率下降。

②昂贵的人工成本

步入2023年，我国的人工成本已创新高，由于经济和社会发展的原因，劳动力成本的上升已成为各类企业面临的重大问题。金骆驼集团作为劳动密集型行业，为了保证产品的品质和生产效率，需要大量优秀的人才，引进人才付出的成本也随之攀升，这种人工成本上升而导致的生产成本上升会对企业的盈利能力产生影响。如何在提高产品质量的同时控制人工成本的上升导致的生产成本上升，是金骆驼集团需要思考的问题。

5）投资经验分析

①紧跟国家部署，投身"一带一路"建设

加快"一带一路"建设，有利于促进沿线各国经济繁荣与区域经济合作，加强不同文明交流互鉴，促进世界和平发展，是一项造福世界各国人民的伟大事业。[①] 2015年3月28日，国家发展改革委、外交部、商务部联合发布了《推动共建丝绸之路经济带和21世纪海上丝绸之路的愿景与行动》，贯彻落实了"一带一路"重大倡议，这为民营企业参与沿路投资建设指明了方向。在共建"一带一路"国家投资，符合国家宏观战略，符合企业发展愿景。

②注重研发，构建核心技术团队

金骆驼集团同哈萨克斯坦骆驼研究所、阿拉木图农业大学和中国内蒙古农业大学食品科学与工程学院积极开展合作，共同研究开发骆驼产品，站在世界骆驼发展的前沿，拉动产业发展。聘请骆驼学术领域带头人，中亚骆驼研究院院长吉日木图为集团技术总监。参股了中国唯一的骆驼研究院，该院由17名专家组成，一直从事骆驼基因组、转录组、骆驼理化特性及其医疗作用研究，在双峰驼遗传资源及生物多样性、产品开发等领域取得了一系列的成果。在生产经营环节，从中国、哈萨克斯坦、俄罗斯等国家招聘了多名工程师，其中高级工程师11名，这些专家都有世界知名的乳品、肉类加工企业的工作经验，多数担任过技术厂长或技术总监，为激发沿线国家分享科技创新成果贡献力量。[12]

③利用电子商务新模式拓宽销售渠道

公司实行"网络平台+直营"的模式开展市场营销，线上、线下双通道相互结合。线上与京东、天猫、小红书、企业官网及微信公众号等国内顶级平台合作，采取直销模式，全力打造品牌知名度，提升品牌的信誉度。线下铺设直营体验店，更好地为用户服务，让用户更真实、更便利地体验产品。截至目前，通过线上、线下双通道销售模式，已于港澳地区签署经销合同66家，与同仁堂等138家公司建立了供销关系，打通了集团与终端用户的桥梁。2020年3月，金骆驼集团驼乳粉进入中国市场，成为首批进入中国的中亚乳制品代表，填补了中国从中亚进口乳制品的空白，金骆驼集团从此走入14亿人口的庞大市场。

④遵守当地法律，坚守政策底线

公司聘请哈萨克斯坦当地的优秀律师团队，力求每一项条款都符合哈萨克斯坦当地政府招商引资的要求和当地的投资法规，绝不触碰红线，绝不做违背哈萨克斯坦法律的事情。公司严格按照哈萨克斯坦的用工规定，聘用哈萨克斯坦籍员工178名，综合运用岗位工资、效益工资、股权分红等分配方式，调动职工积极

---

① 资料来源：国家发展改革委、外交部、商务部联合发布的《推动共建丝绸之路经济带和21世纪海上丝绸之路的愿景与行动》。

性。在图尔克斯坦州，在工资水平高于当地企业 30% 的前提下，努力提高职工福利待遇，第一家开通职工通勤班车，第一家设立职工午餐免费食堂，第一家实行"15：15"工作制（职工每月工作十五天，休息十五天）。同时组织开展丰富多彩的业余文化生活活动，增强员工凝聚力和归属感。

⑤强化园区与产业关联度建设

准确把握园区功能定位和主导产业方向，围绕园区规划和产业布局，以商招商，不断增强产业关联度，采用"集团公司+示范基地+家庭牧场"的模式建设基地，形成了《中哈现代农业示范园区规划》和《中哈骆驼产业开发规划》，确保园区持续健康发展。加强与牧民的合作，先后为 10 个牧业村、107 户贫困牧民解决了购驼资金瓶颈，既实现了精准扶贫，又有效解决了企业奶源不足的困难，每年每户增加 8000 美元的收入，有效带动了产业源头上的当地牧民增收致富。

6）金骆驼公司在中亚投资的启示

①坚定不移地实施"走出去"战略

在习近平新时代中国特色社会主义思想的指引下，在实现高质量发展的要求下，中国企业必须坚持开放包容的态度，发扬奋进创新的精神，只有这样才能获取更多成长和发展的种子。如今，很多企业都响应"一带一路"倡议，顺应新常态下经济发展环境的变化和转型发展的要求，从产业链延伸、跨地域发展和品牌打造等方面提升自身实力，完成技术、人才、资本的积累。走出去，视野会更宽、机遇会更多，这是企业实现稳健发展、打造跨国经济的重要手段，必须大胆尝试、勇于突破。

②打造消费者放心的响亮品牌

产品品牌的命名主要源自产品的特性和受欢迎程度。骆驼行业需要根据产品的特点和目标消费者的需求，来为自己的产品进行品牌命名。一个响亮的品牌名称不仅能够体现产品的属性，更要悦耳、朗朗上口，言简意赅、一目了然。品牌要走向世界，受到欢迎，必须保证产品质量，打造良心产品，让消费者放心。

③充分了解消费者需求

消费需求就是对产品卖点的需求，产品卖点和消费者需求实现精准对接，才能赢得消费者重复购买的机会。成功营销重要一点就是了解消费者需求，品牌策略、市场策略、产品包装设计以及销售策划等都需要与消费者需求有效对接，在产品上市之前，对消费者进行专业、科学、准确的调研分析，找到企业产品的消费群体，才能实现产品的精准销售。

④充分掌握原材料的状态

在海外采购过程中，中资企业必须了解原料的基本情况和参数标准，对原始状态、在运状态、检验状态加强监管和控制。骆驼乳业的原材料是骆驼奶，应该重点关注改良品种、改善饲养管理水平等方面，争取提高骆驼的产乳量和利用率，深入系统地研究骆驼乳抗微生物因子，从而提高骆驼乳的利用价值。充分掌握原材料状态不仅为开拓新产品奠定基础，还能为保护自然生态环境开辟出一条新路，同时也能更好地推动相关产业的发展。

4. 紫金矿业中塔泽拉夫尚公司分析

（1）紫金矿业概况

紫金矿业集团股份有限公司（简称"紫金矿业"）是一家以金、铜、锌等金属矿产资源勘查和开发为主的大型矿业集团，形成了以金、铜、锌等金属为主的产品格局，投资项目分布在国内24个省（自治区）和加拿大、澳大利亚、俄罗斯等国家，已成为中国矿业在海外，尤其是共建在"一带一路"国家投资的先行者。截至2016年底，紫金矿业在10个国家（地区）投资了项目，分别以福建、新疆为中心向共建"一带一路"国家拓展，包括古丝绸之路的塔吉克斯坦、吉尔吉斯斯坦、俄罗斯，以及海上丝绸之路的南非、刚果（金）、澳大利亚、巴布亚新几内亚、加拿大和秘鲁，海外投资主要涉及金、铜、锌、铂族金属等矿种，总投资累计超过187亿元人民币。境外企业用工总数7736人，外籍员工7339人，境外企业员工本土化比例高达95%。[①]

紫金矿业坚持"生命第一，环保优先""要金山银山，更要绿水青山"的理念，将安全环保视作企业生存和发展的生命线，不断提升安全环保水平，持续推进绿色矿山和生态文明建设；公司秉承"和谐创造财富，企业、员工、社会协调发展"的价值观，积极主动履行社会责任。公司在不断拓展海外业务的同时坚持责任先行，积极为当地创造社会经济价值，遵守当地法律法规，尊重当地文化，坚持用工当地化，保护环境，参与公益事业，从多方面促进当地社区的繁荣发展。公司专门成立国际事业部，对海外项目的投资、建设、运营、环境保护和安全工作进行管理。国际事业部配备专业安全环保管理员，对海外项目的环境保护和安全工作进行考核，并根据所在国的法律法规聘请专业第三方机构开展技术服务。建立海外项目环境安全事故信息报送机制，确保第一时间掌握海外项目的工作动态并进行有效管控。

（2）紫金矿业对外投资概况

紫金矿业的主要在产、在建矿山大多在俄罗斯、中亚和非洲的共建"一带一路"国家，其中，塔吉克斯坦泽拉夫尚金矿年产黄金3.3吨，是该国最大的黄金生产企业；吉尔吉斯斯坦左岸金矿年产黄金2.2吨，是该国第三大金矿，也是中

---

① 资料来源：紫金矿业官网。

国企业在吉国最大的投资项目之一；俄罗斯锌多金属矿是中资企业在俄罗斯投资的第一个大型固体矿产开发项目，是西伯利亚地区最大的在产矿山；澳大利亚诺顿金田年产黄金 6 吨，是中国企业成功收购海外在产大型黄金矿山的首例；巴布亚新几内亚波格拉金矿是该国大型金矿之一，也是中国在巴布亚新几内亚最大的矿业投资项目。

紫金矿业海外项目建设运营带动了当地经济发展，塔吉克斯坦泽拉夫尚公司、俄罗斯图瓦龙兴公司、吉尔吉斯斯坦奥同克公司等均成为所在地区的财政支柱企业；公司坚持紫金创新理念与当地文化相融合，重视绿色环保，注重与当地社会、社区协调发展，努力成为当地的"本土企业"，实现"政策沟通、设施联通、贸易畅通、资金融通和民心相通"的目标，赢得了项目所在国及社区的尊重和支持，赢得了合作伙伴和当地员工的理解和信任，维护了中国企业的形象和紫金矿业的荣誉。塔吉克斯坦总统拉赫蒙多次前往泽拉夫尚金矿视察，赞誉紫金矿业是"塔中两国人民的连心桥"，并亲自访问福建上杭县及紫金山金铜矿，接受了"上杭县荣誉市民"称号。

（3）紫金矿业中塔泽拉夫尚公司运营现状

紫金矿业在塔吉克斯坦经营的泽拉夫尚项目克服困难，取得了优异的生产经营业绩，为民众提供了稳定就业岗位，同时为塔吉克斯坦贡献了大量税收，并积极参与当地交通和教育基础设施改造，高效履行了社会责任，为塔吉克斯坦经济和社会发展作出了巨大贡献。紫金矿业将以泽拉夫尚为基地，践行"开发矿业、造福社会"的绿色高质量共同发展理念，全面扩大在塔吉克斯坦合作，持续实施本土化战略，提高当地员工技能水平。

2022 年底，紫金矿业旗下塔吉克斯坦泽拉夫尚公司产金量、精矿销售量均提前完成年度任务。2022 年，泽拉夫尚公司科学谋划生产，选厂综合回收率大幅提高，设备运转率达 95%，全年矿石处理量增长超 9%，吨矿成本下降明显；含金废石综合利用持续开展，综合回收率达 37.2%，经济效益和资源效益双丰收。同时，项目坚持资源先行，新获得 2 个采矿权证，持续开展矿山周边及深部勘探找矿，保障企业可持续发展。

2023 年 8 月底，紫金矿业旗下塔吉克斯坦泽拉夫尚公司新建的 500 吨/天加压氧化项目实现首次投料试生产，比计划进度提前 1 个月。该项目建成后，处理规模将达到 16.5 万吨/年，年产金 2.3 吨。[①] 自 2021 年底动工以来，泽拉夫尚公司克服各种困难，及时调整工程发包方案并动态优化施工顺序，紧抓关键节点，按照加压系统调试要求，并先后开启冷水联动试车—热水联动试车，稳步高效推进

① 资料来源：紫金矿业官网。

项目，最终成功实现投料试生产。

（4）紫金矿业中塔泽拉夫尚公司投资的启示①

1）中国企业应与社会责任国际标准接轨，及时披露海外社会责任报告

在海外投资要责任先行、追求多赢企业社会责任已经成为国际投资和贸易规则的一部分，成为跨国投资者共同接受的"软法"。中国企业要进一步拓展海外投资并购，必须尽快学习、适应和采用体现企业社会责任的国际通行的社会和环境标准。中国企业要引进国际通行的公司治理机构、财务制度和管理工具，还要使用海外诸多利益攸关方"听得懂"的"语言"进行沟通，这些"语言"就包括企业社会责任。

2）积极承担社会责任，建立企业良好品牌形象

中国企业"走出去"跨国经营过程中，需尽快适应当地的经济市场环境、社会文化环境。重视并履行企业社会责任，为当地提供就业机会、创造更多价值，有助于企业尽快融入当地社会、跨越文化障碍，同时也树立了企业良好的品牌形象，有助于企业可持续发展。中国的企业在对外投资合作的过程，越来越注重运用技术和标准打造世界品牌效应，也积极探索稳健、可行和可持续发展的商业模式。越来越多的企业认识到，积极履行企业社会责任，重视民生、环保和当地人的发展，将在东道国当地社会产生深刻影响，这有助于中国企业建立国际品牌影响力。长远来看，品牌将给企业创造更多、更长久的收益。

3）融入社区，造福当地

"走出去""站住脚""融进去"，是中国企业对外投资合作实施跨国经营的必经过程。企业在当地建设项目的最终目的不仅仅是项目实施本身，更需要考虑融进去、实现可持续发展。因此，实施本土化经营也是必然选择，包括使用本地员工解决当地就业，提供培训培养当地人才，尊重当地风俗取得员工认同，积极推广投资国企业文化也包容当地文化，充分利用好自身技术管理优势也挖掘使用好当地资源，等等。尤其对于基础设施类工程企业，随着投资模式发展变化，在输出中国的技术、装备和产业标准并完成项目建设后，往往还要长期运营管理，企业实施本土化经营策略，有助于企业深度融入当地，成为本地企业，把企业发展与当地经济社会发展紧密融合在一起，从而实现企业长远发展。

（5）紫金矿业中塔泽拉夫尚公司 SWOT 分析

1）S—优势分析

①地企关系资源优势

泽拉夫尚有限责任公司是塔吉克斯坦最大的黄金生产商，公司注册地位于塔

---

① 资料来源：《中国对外投资合作发展报告 2017》。

吉克斯坦西北部的 Sogd 地区。中塔合资泽拉夫尚有限责任公司于 2007 年 7 月注册成立，为紫金矿业集团股份有限公司控股子公司，紫金矿业集团持有 75% 的股份，塔吉克斯坦共和国政府持有 25% 的股份，公司拥有大约 3000 平方公里的矿权面积。塔吉克斯坦是紫金矿业最早进行海外投资的国家之一。中塔泽拉夫尚公司原为外资亏损企业，2007 年紫金矿业进驻以来，全面加强管理和技术改革与创新，迅速扭亏为盈，并成为塔国最大黄金生产商。

②矿产资源优势

泽拉夫尚陆缘拉伸盆地目前是塔吉克斯坦最为重要的金矿产地，包括塔罗、吉劳、乔列、东杜奥巴、乌奇科尔、上库马尔格金矿[13]，与金有关的矿床类型包括矽卡岩型金和热液型矿床，其成矿时代现有资料显示与晚古生代岩浆作用有关[14]，如与矽卡岩有关的塔吉克斯坦塔罗尔铜金矿床和吉拉乌金矿床。泽拉夫尚东 Au 地球化学块体范围跨越晚古生代弧前增生楔、泽拉夫尚陆缘拉伸盆地和吉萨尔地块 3 个三级构造单元[15]，浓集中心该地球化学块体中部范围较大，发育有Au、Ag、Sb、W、Sn、Cu、Zn 和 U 等单元素区域异常，该地球化学块体为塔吉克斯坦面积最大，套合异常元素最多，是塔吉克斯坦形成大型矿产资源基地最有利的地区[16]。

2）W—劣势分析

①员工结构不合理

塔吉克斯坦中塔合资企业中塔泽拉夫尚有限责任公司成立于 2007 年，现拥有 2550 名员工，其中，中方员工 70 余名，其他均为塔方员工。公司推动员工本土化、建设本土人才管理梯队这一发展目标，深度契合塔国政府招商引资、解决民生问题的经济社会发展战略目标。根据中塔泽拉夫尚有限责任公司的需求，塔吉克斯坦民族大学孔子学院为来自该企业生产一线的 35 名本土基层管理人员开设了首期塔方员工汉语培训班。2023 年 7 月 21 日，技术公司派冶金技术人员赴泽拉夫尚公司开展技术服务，经过 1 个多月的现场工作，圆满完成各项任务。并且，本次技术服务为现场培养了 4 名高压釜试验人员。

②矿产资源不可再生

世界物产丰富，然而人均资源占有量却非常低，所以这就决定了在开发开采过程中，应当对资源进行有效保护，防止过度开发开采，坚决杜绝浪费和不必要消耗。[17] 在这种大的形势下，矿产企业的发展受到很大限制。传统的矿产企业存在产品结构单一和无序开采的现象，这在一定程度上造成了资源的极大浪费。对于不可再生矿产资源来说，从根源上其生命力就受到很大限制，同时在国家高压政策的约束下，很多地方出现了资源枯竭问题。每一个矿产企业都有着固定的井田面积和开采年限。[18] 随着科学技术以及智能化设备的应用，采掘效率不断提升，这势必会加快资源枯竭的速度。特别是和清洁能源相比，传统矿产资源在开发过程中还会对生态环境造成严重破坏，这对于当地的可持续发展也十分不利。

3）O—机会分析

①中国黄金矿业升级发展[19]

在新中国成立至今的70余年里，中国黄金矿业的发展大致经历了三个阶段。第一阶段是从1957年至2001年，以完成产量为主要目标。第二阶段从2001年至2015年，以资源整合为主要特征。第三阶段从2015年开始，联合开发将逐渐成为企业发展的主要方式。目前，中国黄金矿业正处于从资源整合到联合开发的过渡中。头部黄金企业整合其他企业、头部企业之间联合开发大型项目，推动着中国黄金矿业市场的高质量发展。头部企业由于大型项目开发资金量需求巨大，一家企业往往负担过重；大型项目往往对技术要求高，联合开发企业可以发挥各自的优势；一些资源富集区历史问题盘根错节，组成联合开发体能兼顾各利益相关方的诉求。基于这三个原因进行联合开发项目。

②共商、共建、共享

泽拉夫尚公司成为塔吉克斯坦的财政支柱企业；公司坚持紫金矿业创新理念与当地文化相融合，重视绿色环保，注重与当地社会、社区协调发展，努力成为当地的"本土企业"，实现"政策沟通、设施联通、贸易畅通、资金融通和民心相通"的目标，赢得了塔吉克斯坦及项目所在社区的尊重和支持，赢得了当地员工的理解和信任，维护了中国企业的形象和紫金矿业的荣誉。塔吉克斯坦总统拉赫蒙多次前往泽拉夫尚金矿视察，赞誉紫金矿业是"塔中两国人民的连心桥"。在环境保护方面，泽拉夫尚公司建立环境管理组织体系，对生产废水循环使用；建立节约使用土地资源制度，及时对动用的土地资源进行复垦。在社区建设方面，帮扶社区困难员工和老人、学校、医院和村庄，为社会公共服务提供资金支持，资助496万美元在当地建设幼儿园。

4）T—威胁分析

①市场环境不稳定

近年来，全球经济复苏乏力，面临着巨大的下行压力。全球大宗商品的需求不振，导致价格不断下降，宏观经济的复苏面临着很多困难。[20] 从全球有色金属产品价格波动层面来看，近年来主要经济体经济增长分化较为严重，在一定程度上导致了有色金属产品国际价格的下跌。从短期来看，再生有色金属产业发展面临着多方面困难，不仅包括需求不足和国内原料供应不足，同时还包括资金紧张和国外进口原料在港无法进入等。近年来，有色金属价格不稳定，市场依然有很多的不确定性，向上和向稳形势依然不是很乐观，保持长期低位震荡成为有色金属行业的主旋律。有色金属市场的不稳定，各项成本的增加，势必影响经济效益，制约企业。

②产业链条短[21]

企业产品大多为基础型的上游产品，对自身能力和基础没有进行充分考量。产业引进和投资水平比较低，使得企业产品同质化现象非常严重，产业发展也缺少特色，这样使得资源被极大地浪费掉。由于原材料工业基于当地资源而建立的工业体系的依赖性很强，原材料工业没有把所掌握的资源优势通过精细加工转化成产业优势，把价值增值的机会让给了其他市场主体。加工行业技术水平整体不高，铅和锌等原材料的精细加工程度还不够，产品的附加值较低，上下游产业出现了技术断层问题，原材料供需出现了错位现象，上下游企业之间的互动不够深入，无法催生出新型产业业态，导致资源型产业的转型升级受到较大约束。在任何一个地区的发展中，工业是能源消耗最大、环境污染最为明显的一个领域，单位能耗较高就会导致生产效益较低，这使得资源型产业产品的竞争力受到很大影响，导致大量资源被浪费，很可能对生态环境造成破坏。

紫金矿业中塔泽拉夫尚公司 SWOT 分析矩阵（见表 10-2）：

SWOT 分析就是对企业内外部环境中所有要素进行综合，进而进行匹配分析，进而得到四种战略，[22] 一是 SO 战略（优势—机会战略）；二是 ST 战略（优势—威胁战略）；三是 WO 战略（劣势—机会战略）；四是 WT 战略（劣势—威胁战略）。根据前文所述，针对紫金矿业中塔泽拉夫尚公司的业务结构，得到如下 SWOT 分析矩阵表。

表 10-2　紫金矿业中塔泽拉夫尚公司 SWOT 矩阵

	S 优势 • 较强的矿产资源获取能力 • 有色金属产品多元化	W 劣势 • 人力资源结构不尽合理 • 资源不可再生性
O 机会 • 中国黄金矿业不断升级 • 与塔方"共商、共建、共享"	SO 战略：发挥优势，抓住机会 • 调整企业战略方向 • 扩大生产能力，积极占领市场	WO 战略：弥补劣势，利用机会 • 多元化经营，延伸经营产业链 • 加大投资，提高资源利用率 • 优化人员结构，引进高技术人才
T 威胁 • 国际宏观经济增速放缓，经济下行压力 • 产业链结构单一	ST 战略：发挥优势，降低威胁 • 延伸产业链，提高风险防御能力	WT 战略：弥补劣势，规避威胁 • 加大老矿权深部和外围探矿权找矿力度，力求增加后备资源

基于以上的 SWOT 分析矩阵，可以得到紫金矿业中塔泽拉夫尚公司的四种战略方向：

SO 战略的重点是要立足于紫金矿业中塔泽拉夫尚公司自身优势，抓紧有限外部机会进而提高企业的竞争能力。具体而言，SO 战略的实施方向要及时调整战略脚步。另外，积极利用目前已经形成的产品多元化和研发优势，创造更大的盈利空间。

ST 战略的主要方向则要在自身优势的基础上注意规避外部威胁和风险，例如，公司要继续积极延伸产业链，寻求新的利润增长点并提高抵抗风险的综合能力。

WO 战略就是基于自身不足，对外部机会进行充分利用。通过前文所述，紫金矿业中塔泽拉夫尚公司的劣势主要是表现在人力资源结构不尽合理。因此在这个战略方向上，紫金矿业中塔泽拉夫尚公司要积极投入人力、物力，优化人力资源结构。

WT 战略的重点是要同时规避自身的劣势因素和外部环境中的威胁。具体来说，在此战略方向下，紫金矿业中塔泽拉夫尚公司可以将重点放在加大老矿权深部和外围探矿权找矿力度，力求增加后备资源。

（二）中国—中亚企业合作存在的问题

1. 项目规模尚待提升

目前，中国对中亚直接投资的企业主体以国有大中型企业为主，民营企业较少。国有大中型企业对标大市场的大规模生产技术，追求品种少、批量大的规模经济发展模式，中亚国家在非能源产业领域的购买力对于满足中国国有大型企业对规模生产的要求来说仍需提高与完善，以至于对中亚国家投资的国有企业大多是石油、天然气领域的公司。按照小规模技术理论，民营企业拥有与小市场相适应的小规模生产技术，适合于生产市场需求小、品种类别多的产品，而且中国的民营企业相较于中亚国家的企业具备一定的所有权优势，在市场份额竞争中占据优势。[23] 但是，由于受民营企业自身在生产实践中会面临国有企业不会遇到的困难这一客观因素的影响，中国的民营企业在中亚地区的投资数量低于其他地区。这就导致了国有大中型企业一枝独秀，而这些大企业更偏向于对能源产业的投资，致使中国对中亚的直接投资结构偏重能源产业领域。

2. 尚未覆盖所有中亚国家

在中亚能源市场上对中国企业构成竞争压力的主要是美国、俄罗斯和欧盟。[24] 美国在中亚市场上的政治、经济、安全等利益诉求，使之成为中国开拓中亚能源的现实竞争者；俄罗斯与欧美国家存在的竞争关系，实质上是挤占了中国潜在的市场份额，或成为中国的潜在竞争者；欧盟作为世界上主要的能源进口地之一，依靠其强大的经济实力及对中亚多样的援助政策，成为中亚能源博弈场上不可小觑的一部分。中国在继续努力开拓中亚市场的同时，也不能不顾及其他国家在中亚的利益，所以投资压力剧增。

3. 未实现项目群的经济带动效应

30 年来，中国与中亚国家携手同行、共谋发展，中国逐渐成为中亚国家最重要贸易伙伴和商品出口市场。中国对吉尔吉斯斯坦和塔吉克斯坦的投融资也达到了最高水平。贸易额和投资额都呈现出显著增长，显示出中国产业门类齐全、适应中亚国家经济发展的特点。共建"一带一路"倡议下的合作项目已经在中亚国家得到广泛实施，涵盖了多个领域如汽车、能源、冶金、化工和医药等，并且投资总额超过 200 亿美元。这些项目将有效地帮助中亚国家解决发展过程中面临的紧急问题，推动工业化和现代化进程。[25]

中国与中亚国家之间的互联互通水平也达到了前所未有的高度。地理上的便利性使得双方打造了包括公路、铁路、航空和油气管道等全方位、立体化的联通网络。例如，中吉乌铁路已经签署谅解备忘录并完成了可行性研究，2023 年开始实施。中哈连云港物流合作基地为中亚产品提供了通往太平洋的出海口。超过 80% 的中欧班列通过中亚，成为连接东西方、高效便捷的物流主干线。

但由于中亚投资企业、项目建设易受国际环境，如国际金融危机、俄乌冲突，还有经济环境和其他环境的影响，[26] 就会对油气、资源等大宗贸易产品的国际价格产生影响，对双方贸易价格产生波动，从而成为中亚企业在进行合作时面临的不确定性和风险。在实际操作中，跨国合作面临的障碍仍然存在，这在一定程度上限制了项目群的形成。

由于以上原因，中亚企业往往更倾向于开展单个项目合作，将注意力集中在特定项目上。小型项目数量众多，周期短、投资金额小；大型项目建设周期长，数量少。这样意味着无法实现项目群，无法形成有效的经济带动效应。

如果合作项目规模有限，未能形成项目集群，将难以发挥经济规模效应，无法实现持续的经济增长和区域融合发展。另外，由于抵御风险能力较低，在面对多元化的国际环境变化挑战时，将无法快速应对。

4. 国内企业行业协会服务功能较弱

行业协会是推动良好营商环境建设的重要推动者，其高水平的参与对于促进优质营商环境尤为重要。行业协会不仅可以在企业、行业主管部门和政府之间搭建桥梁、发挥纽带作用，还能够为企业提供政策解读、经营规划和发展方向的指引，帮助企业避免风险。通过行业协会的积极参与，企业能够更好地了解行业发展动态，获取先进的管理经验和业务技术，共同推动行业的健康发展。

自 2000 年至今，中国与中亚国家贸易额连年增长，一大批项目成功实施。投资存量从 2003 年的 0.44 亿美元增至 2012 年底的 78.237 亿美元，增长了 176 倍多。以哈萨克斯坦为例，中国与哈萨克斯坦的相互投资额呈现稳定增长，2021 年中国对哈萨克斯坦全行业直接投资 8.59 亿美元，在哈萨克斯坦贸易结构中，中国占哈萨克斯坦贸易额的 18.2%。随着与中亚合作的不断加深，行业协会对企业的服务作用将更加重要。[27]

然而，在中国与中亚国家的合作背景下，目前国内企业行业协会与当地政府和相关机构之间缺乏有效的沟通和协调机制。这导致企业在实施项目过程中难以获得当地政策、法规和市场信息，无法充分利用当地资源。此外，行业协会在面对中亚合作时，也面临一定的国际化服务能力不足的问题。具体表现为语言沟通障碍和文化差异理解不足等问题，进而影响了企业在中亚地区的合作和发展。同时，知识和信息匮乏可能导致无法为企业投资和经营提供全面的指导，使得企业在决策过程中缺乏准确的市场分析和风险评估能力。

（三）深化中国—中亚企业合作的建议

1. 鼓励中资企业加大对中亚投资规模

中国与中亚五国地缘关系紧密，在经济发展方面也有很强的互补性。目前，中国政府应继续全面巩固与哈萨克斯坦和乌兹别克斯坦的全面战略伙伴关系，全面巩固与土库曼斯坦、塔吉克斯坦和吉尔吉斯斯坦的战略伙伴关系。双方高层保持频繁互动，不断加强政治互信。[28]

中国政府对在中亚五国开展重大投资合作项目的企业，应给予一定的财政支持，支持引导发展势头较大的企业，有针对性地对中亚五国进行能源方面的直接投资。同时，相关中亚企业应在中国政府指导下，在遵循市场化运作方式的前提下，为中国企业提供多样化、多层次的融资产品，为中国企业在中亚的直接投资提供更充足的资金。

2. 实现中资企业抱团西出

在应对海外直接投资风险方面，中国政府有关部门应加快完善对中亚企业投资的风险评估体系，注重投资风险的综合测评，帮助企业准确分析风险，提供财政和信贷支持的安全性。此外，中国政府还要加强政策性风险补偿建设机制，鼓励中国企业主动购买境外投资保险。[29]

在创新企业投资模式方面，应鼓励中资企业投资于中亚国家全产业链，改变以往的单项投资模式，形成研发、加工、生产制造、物流管理、金融等协作体系。

产业链的集群发展不仅可以提高中国企业在国外的协作能力，降低交易成本，还可以提高产业整体竞争力，形成品牌效应。通过鼓励中资企业抱团西出，以此带动东道国经济的可持续均衡发展。

3. 增强项目风险管理能力[30]

中国"一带一路"倡议在中亚国家推进，可以很好地解决项目抵御能力低的问题，中亚合作应注重项目集群，通过整合各类项目资源，推动多个领域、多层次的合作。同时，共建国家风险管理和防范能力的提升，合作机制和规章制度的健全，信息交流和合作伙伴间的互信，推动了项目的顺利实施和可持续发展。

从企业自身来讲，中国企业在考虑投资中亚项目时，应全面收集相关国家的项目风险信息，并了解相关的法律、税收和投资政策，更好地评估项目的风险和回报，并制定相应的投资策略。通过深入了解中亚国家的发展规划和市场需求，选择具有差异化和互补性的产业领域进行投资，促进合作共赢。同时，与当地政府和企业建立良好的合作关系，推动产业协同发展。还可利用现行的国际规则和双边投资协定等，保护在中亚地区的投资利益和财产安全。积极参与区域性和国际性的投资保障机制，通过多渠道手段提升企业的投资保障能力，如投资保险、仲裁机制等。

4. 强化中国企业行业协会服务功能

从中亚国家与中国的合作来看，中国企业行业协会作用不可忽视。为加强中亚合作企业的服务，企业行业协会应加强对成员企业的培训和指导，提升其专业知识和能力。通过组织行业研讨会、发布行业报告等方式，为企业提供市场分析、风险预警等服务，协助企业做出更明智的决策。同时，与中亚国家的相关机构建立紧密的合作关系，促进信息共享和资源整合。与当地行业协会、商会等机构联合合作，提供更全面和准确的市场情报，帮助企业把握投资机会和风险。此外，行业协会还需加强自身的国际化建设，培养具备多语种和跨文化背景的专业人才，提供跨国企业在中亚的咨询、法律支持、人才招聘等服务。最后，还需要与国际组织和其他国家的行业协会建立合作关系，借鉴其成功经验，提升服务水平，为中国与中亚合作提供更全面和专业的支持，推动企业在中亚地区的投资和经营顺利进行。

参考文献

［1］原诗萌. 同方威视的创新之道［J］. 国资报告，2022（2）：97-99.

［2］孙昊. 同方威视：为物流安全保驾护航——专访同方威视技术股份有限公司邮政物流行业总经理祝俊［J］. 中国储运，2019（7）：72-73.

［3］王漪，马莹．同方威视："一带一路"上的安全守护者［J］．投资北京，2018（10）：70-73.

［4］操秀英．同方威视：手擎高新技术走遍全球［J］．发明与创新（大科技），2017（2）：22-23.

［5］田原，张滔．"一带一路"倡议下中国与中亚国家经贸合作现状及展望［J］．国际贸易，2019（8）：72-78.

［6］同方威视闪耀国际航站楼展览会［J］．中国安防，2016（4）：54.

［7］李奕璠．2021年哈萨克斯坦社会经济发展报告及中央预算的执行情况［R］．哈萨克斯坦蓝皮书，203-210.

［8］刘旭．古道焕新中哈共建"丝路"结硕果［N］．国际商报，2023（4）：01.

［9］湖北省商务厅．中国对外投资合作发展报告2020［R］．2021：184-189.

［10］武汉大学国家发展战略研究院课题组．深化中国—中亚全方位合作的战略思考［J］．经济纵横，2023（9）：1-7.

［11］王新萍，曲颂，王云松，张晓东．中哈农业合作不断深化［N］．人民日报，2023-09-12（18）.

［12］张颖举，刘赛敏．哈萨克斯坦畜牧业产能潜力及中哈畜牧产能合作机遇［J］．中国饲料，2022（17）：138-146.

［13］БАРАТОВ. Р. Б.，БУДАНОВ В. И. Геологические очерки Памиро-Алая［M］．Душанбе，2005：96-118.

［14］李宝强，孟广路，祁世军，等．兴都库什—西昆仑成矿带地质矿产概论［M］．北京：地质出版社，2013：2-38.

［15］张文专．塔吉克斯坦乔列金矿田地质特征与成矿规律浅析［J］．资源信息与工程，2021，36（1）：9-11.

［16］范堡程，张晶，孟广路，等．地球化学块体理论在塔吉克斯坦金资源潜力预测中的应用［J］．西北地质，2020，53（1）：138-145.

［17］要闻［J］．世界有色金属，2015（10）：79-80.

［18］吴翊诚．J省地矿局A公司资本运营战略研究［D］．江西财经大学，2018.

［19］谭向杰．中国黄金矿业升级路线图［N］．中国黄金报，2023-09-05（5）.

［20］闫博韬．W矿业集团国际化战略研究［D］．商务部国际贸易经济合作研究院，2022.

［21］孙美琦．BR矿业有限公司战略转型研究［D］．东北农业大学，2022.

［22］宋玉聪．新旧动能转换下煤炭企业的财务战略管理研究［D］．山东建筑大学，2023．

［23］王志倩．"一带一路"背景下中国对中亚五国对外直接投资现状分析［J］．理论探索，2021（1）：29-30．

［24］房神逸．中国对中亚国家直接投资的问题研究——基于"丝绸之路经济带"倡议背景［D］．山西大学政治与公共管理学院，2018．

［25］刘华芹．中国与中亚国家经贸合作现状与前景展望［J］．中亚研究，2021（7）：83-101．

［26］黄仁伟．"一带一路"不只是造桥修路，而是新型国际公共产品平台［Z］．澎湃新闻·大国外交，2023-10-19．

［27］王海燕．中国与中亚国家经贸合作30年：成就与前景［J］．欧亚经济，2023（4）：26-52+125．

［28］段秀芳，殷祺昊．"一带一路"背景下中国对中亚五国直接投资现状及对策建议［J］．改革与发展，2020（4）：24-26．

［29］人民网．当前我国与中亚五国贸易发展量质齐升［R］．丝路经济报道，2023．

［30］童伟，张居营．中亚国家经济风险对"一带一路"建设的影响［J］．东北亚论坛，2020，151（5）：100-115．